Uni-Taschenbücher 2243

AF125674

Eine Arbeitsgemeinschaft der Verlage

Beltz Verlag Weinheim und Basel
Böhlau Verlag Köln · Weimar · Wien
Wilhelm Fink Verlag München
A. Francke Verlag Tübingen und Basel
Paul Haupt Verlag Bern · Stuttgart · Wien
Verlag Leske + Budrich Opladen
Lucius & Lucius Verlagsgesellschaft Stuttgart
Mohr Siebeck Tübingen
C. F. Müller Heidelberg
Quelle & Meyer Verlag Wiebelsheim
Ernst Reinhardt Verlag München und Basel
Ferdinand Schöningh Verlag Paderborn · München · Wien · Zürich
Eugen Ulmer Verlag Stuttgart
Vandenhoeck & Ruprecht Göttingen
WUV Wien

Sven Bernhard Gareis/Johannes Varwick

Die Vereinten Nationen

Aufgaben, Instrumente und Reformen

Leske + Budrich, Opladen 2002

Die Autoren:
Dr. Sven Bernhard Gareis, Sozialwissenschaftliches Institut der Bundeswehr, Strausberg
Dr. Johannes Varwick, Institut für Internationale Politik, Universität der Bundeswehr, Hamburg

Gedruckt auf säure- und chlorfreiem, alterungsbeständigem Papier

ISBN 978-3-322-96400-7   ISBN 978-3-322-96399-4 (eBook)
DOI 10.1007/978-3-322-96399-4

© 2002 by Leske + Budrich, Opladen

Einbandgestaltung: Atelier Reichert, Stuttgart
Satz: Leske + Budrich, Opladen

Inhaltsübersicht

Vorwort

Das vorliegende Lehr- und Studienbuch führt in die zentralen Tätigkeitsfelder der Vereinten Nationen ein, bewertet ihre Reformperspektiven und diskutiert die Rolle der Weltorganisation in der internationalen Politik des 21. Jahrhunderts. Die analysierten Bereiche decken dabei nicht das gesamte Spektrum der Arbeit der UNO ab, sollen aber die Komplexität dieser größten Staatenorganisation exemplarisch widerspiegeln. Das Buch wendet sich vornehmlich an Studierende der Politik- und Sozialwissenschaften, will aber auch Lehrerinnen und Lehrer, Dozenten in der Politischen Bildung sowie einen breiteren wissenschaftlich interessierten Leserkreis in Politik, Journalismus und Gesellschaft ansprechen. Es ist so konzipiert, dass die wichtigsten Organe, Gremien und Mechanismen der Vereinten Nationen neben der Darstellung ihrer rechtlichen und institutionellen Verfasstheit auch einer politikwissenschaftlichen Betrachtung hinsichtlich ihrer Stärken und Schwächen unterzogen werden. Damit soll das Buch auch für Leser von Nutzen sein, die sich bislang noch nicht intensiv mit den Vereinten Nationen befasst haben.

Das Sachregister ermöglicht den schnellen Zugang zu speziellen Aspekten. Im Anhang finden sich neben der Charta der Vereinten Nationen und einigen ausgewählten Materialien auch Diskussionsfragen zu den einzelnen Teilen des Buches. Diese Fragen sollen zusammen mit den beigefügten Lektüreempfehlungen, dem ausführlichen Literaturverzeichnis sowie den Internethinweisen zur weiteren eingehenden Beschäftigung mit den Vereinten Nationen anregen. Bedanken möchten wir uns bei Edmund Budrich für die Anregung zu diesem Buch und bei der Bibliothek- und Dokumentationsstelle der Deutschen Gesellschaft für Auswärtige Politik in Berlin für die engagierte Unterstützung bei der Literaturbeschaffung. Herrn Dr. Wilhelm Knelangen (Universität Kiel) verdanken wir zahlreiche kompetente Hinweise.

Im August 2001   *Sven Bernhard Gareis/Johannes Varwick*

Inhalt

Übersichten

Teil A
Die Vereinten Nationen zwischen Anspruch und Wirklichkeit

1 Institutionenbildung, Regimedruck, Globalisierung – Eine Annäherung an Rolle und Funktion der VN

1.1 Zur Theorie internationaler Organisationen

Die Einhegung und Überwindung der Konkurrenzordnung der Staatenwelt, deren Hauptakteure keine höhere Gewalt über sich anerkennen, hat die Geschichte der internationalen Beziehungen sowohl in praktischer als auch in wissenschaftlicher Hinsicht seit Jahrhunderten geprägt. Die Grundfrage, wie und womit Staaten dazu gebracht werden können, ihre Konflikte mit friedlichen Mitteln zu lösen, ist so alt wie die Entstehung des neuzeitlichen Staatensystems und hat zahlreiche Philosophen von Niccolo Machiavelli (1469-1527) über Immanuel Kant (1724-1804) bis Jürgen Habermas (geb. 1929) beschäftigt und zu ganz unterschiedlichen Antworten geführt (Claude 1970, van der Pijl 1996, Czempiel 1998, Griffiths 1999). Mit der *United Nations Organization* (UNO bzw. Vereinte Nationen, VN) wurde nach dem Scheitern des Völkerbundes zum zweiten Mal auf politikpraktischer Ebene versucht, die internationale Unordnung zu ordnen, die vielbeschriebenen *perils of anarchy* zu minimieren und eine globale Organisation mit der Wahrung des Weltfriedens und der internationalen Sicherheit zu betrauen. Die Organisation der Vereinten Nationen hat mehr als ein halbes Jahrhundert nach ihrer Gründung (am 24. Oktober 1945 trat ihre Charta in Kraft) ihre Zusammensetzung und Tätigkeitsfelder erheblich ausgeweitet, ohne dass es bisher zu grundlegenden Änderungen in ihrem Gründungsdokument, der Charta, gekommen wäre. Von damals 51 Gründungstaaten ist die UNO auf fast 190 Staaten angewachsen, wobei zum Zeitpunkt der Gründung zwei Drittel der heutigen Mitglieder noch gar keine souveränen Staaten waren. Von einer Organisation, die in erster Linie den zwischenstaatlichen Krieg als Mittel der Politik ächten sollte, ist sie zu einem multifunktionalen globalen Forum geworden, in dem alle grundlegenden Weltprobleme diskutiert und zum Teil einer Lösung näher gebracht werden.

Unabhängig vom Urteil über die bisherige Arbeit der VN besteht bei Beobachtern, Analytikern und Praktikern der internationalen Politik Konsens darüber, dass die Organisation reformiert werden muss, weil Strukturen und Verfahren nicht mehr den weltpolitischen Realitäten des 21. Jahrhunderts entsprechen. Dabei ist die Frage zu beantworten, „welche Rolle die Mitgliedstaaten einer globalen internationalen Organisation bei der Gestaltung der internationalen Politik einzuräumen gewillt sind und bis zu welchem Maße sie bereit sind, das Instrumentarium und die Möglichkeiten einer solchen Organisation zur Durchführung einer kompromissbereiten, multilateralen Politik zu nutzen" (Knapp 1997: 426). Erst wenn diese grundsätzliche Frage beantwortet ist, kann über die geeigneten Mittel zur Erreichung der Ziele debattiert werden. Gleichzeitig wird von den VN zunehmend das Füllen einer ordnungspolitischen Lücke in der globalisierten Welt verlangt. Dieser Widerspruch zwischen den realen Möglichkeiten und den oft hochgesteckten Erwartungen erzeugt ein Klima der Überforderung und bewirkt eine oftmals ungerechte Bewertung der Arbeit der Vereinten Nationen.

Die Beurteilung der praktischen Erfolgschancen der Vereinten Nationen hängt auch von grundsätzlichen Einschätzungen über Funktionsweise und Struktur des internationalen Systems ab (Meyers 1997, Varwick 1998: 55-70, Krell 2000: 99-125 und 147-184, Hartmann 2001: 23-78). Dabei kommen unterschiedliche Selektions-, Ordnungs- und Erklärungsschemata (sprich: Theorien) zum Tragen, von denen hier nur drei knapp und in ihren Grundzügen angesprochen werden sollen. Bei der Darstellung der Theorien geht es um die Einschätzung der jeweils unterschiedlichen Voraussetzungen, Verlaufsformen und erwarteten Wirkungen internationaler Zusammenarbeit. Die Anhänger der so genannten *realistischen Schule* sind der Auffassung, dass das Streben nach Macht sowie das Eigeninteresse der Staaten die wichtigsten Kategorien zum Verständnis internationaler Politik darstellen, weil die souveränen Nationalstaaten keiner übergeordneten Instanz mit Sanktionskompetenz unterworfen sind und auch nicht sein können. Das Fehlen einer übergeordneten Instanz im internationalen System, die eine verbindliche Einhaltung gemeinsamer Entscheidungen und Grundprinzipien gewährleistet, führt dazu, dass Staaten durch Akkumulation von Macht ihre Existenz als souveräne Handlungseinheit zu sichern versuchen. In einem derartigen Zustand treibt ein „aus gegenseitiger Furcht und gegenseitigem Misstrauen geborenes Unsicherheitsgefühl die Einheiten in einen Wettstreit um Macht dazu, ihrer Sicherheit halber immer mehr Macht anzuhäufen, ein Streben, das unerfüllbar bleibt, weil sich vollkommene Sicherheit nie erreichen lässt" (Herz 1961: 130). Die Nationalstaaten müssten ihren machtpolitischen Souveränitätsanspruch aufgeben und sich einer gemeinsamen Willensbildung unterwerfen, um sich den historischen Erfordernissen zu stellen. Der Nationalstaat alter Prägung kann den an ihn gestellten Forderungen – nicht zuletzt im Bereich der Friedenssicherung – nicht mehr gerecht werden. Er ist im Gegenteil das zentrale Problem, denn der anarchische Zustand der Staatenwelt impliziert, dass Krieg ein „notwendiges, natürliches und unausweichliches Produkt dieser Ordnung" (Claude 1970: 372) ist. Durch dieses Sicherheitsdilemma in einem anarchischen internationalen Selbsthilfesystem kommt es fast zwangsläufig zu Kriegen und nullsummenspielartigen Auseinandersetzungen oder aber zu einem permanent bedrohten Gleichgewicht der Kräfte. Die Realisten sehen deshalb in der rein intergouvernementalen Zusammenarbeit der Nationalstaaten die einzige Möglichkeit, das Gleichgewicht der Kräfte zu erhalten und damit Kriege zu verhindern und Zusammenarbeit zu fördern. In dieser Sichtweise erfüllen internationale Organisationen „lediglich derivative, aus der Souveränität und den Interessen ihrer Mitglieder abgeleitete Funktionen, sind also durch die Handlungsbereitschaft der Mitglieder in ihrer Zielsetzung und Aktionsfähigkeit klar determiniert" (Siedschlag 1997: 227). Realisten empfehlen die traditionellen Mittel zur Gewährleistung von Sicherheit wie nationale Streitkräfte, Bündnisse und das gemeinsame Vorgehen der mächtigen und reichen Staaten gegen potentielle Unruhestifter auf Ad-hoc-Basis.

Für Wissenschaftler in der Tradition der *idealistischen Schule* stellen internationale Organisationen hingegen ein analytisches Konstrukt dar, das weniger eine Bezeichnung für eine bestimmte institutionelle Gattung, sondern „eine normativ-finale Vorstellung von der Entwicklung der internationalen Beziehungen" (Rittberger 1991: 363) umfasst. Sie heben nicht so sehr auf den vermeintlich anarchischen Grundzustand des internationalen Systems ab, bei dem keine über dem Staat stehende Autorität existiert, sondern fokussieren Kooperationsformen, die die internationale Anarchie regulieren sollen. Sie sind zudem der Auffassung, dass internationale Kooperation für alle Beteiligten Vorteile bringt und die Beziehungen zwischen Individuen, verschiedenartigen Organisationen und Staaten allmählich zu einer Art universellen Gemeinschaft führen, die aus sich heraus friedensstiftend wirkt. Charakteristisch für viele Situationen der internationalen Politik sind demnach nicht Nullsummen-Spiele, sondern Variable-Summenspiele. Dabei fallen den Akteuren Gewinne zu, die durch unilaterales

Handeln nicht erzielt werden können. Durch die Herausbildung verbindlicher Regelwerke könnte demnach eine zivilisierte Weltgemeinschaft hervorgebracht werden, die aufgrund eines gemeinsamen Lernprozesses ihre Konflikte nicht mehr mit Gewalt löst. So begreift etwa Klaus Dicke (1994: 317-333) internationale Organisationen als „Katalysator, Forum und Form" zwischenstaatlicher Kooperation, die den Staaten einerseits als Instrument der Zusammenarbeit dienen und gleichzeitig einen Ordnungsrahmen darstellen, der Ansätze zu Kooperationspflichten enthält und Kooperation auch normativ determiniert. Dicke weist damit gleichzeitig auf den normativen Aspekt des Konzepts internationaler Organisationen hin, dem die Idee des Rechts und des Friedens zugrunde liegt. „In dieser Hinsicht besagt der normative Gehalt des Konzepts internationaler Organisationen, dass sie die Imperative des Friedens und der Völkerrechtsordnung darstellen und zugleich Realisierungsmöglichkeiten anbieten. Diese Realisierungsmöglichkeiten indessen werden durch vielfältige Interessen und politische Erfahrungen bedingt" (Dicke 1994: 332).

In den vergangenen Jahren hat zudem die in idealistischer Tradition stehende, aber realistische Elemente aufgreifende so genannte *institutionalistische Schule* an Einfluss gewonnen. Institutionalisten halten im Unterschied zu Realisten stabile internationale Kooperation eher für möglich und schreiben darüber hinaus internationalen Institutionen, die einen bestimmten Politikbereich normativ verregeln, einen größeren Einfluss auf die Interessen und das Verhalten der Staaten zu. Für die Relevanz des Institutionalismus sind jedoch zwei Grundvoraussetzungen notwendig: Die Akteure müssen erstens gemeinsame Interessen besitzen, d.h. sie müssen einen erfahrbaren Vorteil durch Kooperation haben oder erwarten dürfen. Zweitens müssen Variationen im Institititutionalisierungsgrad substantielle Effekte auf das Verhalten der Staaten ausüben, denn wenn der Grad der Institutionalisierung beschränkt oder konstant wäre, würde es keinen Sinn machen, institutionelle Veränderungen hervorzuheben, um das Verhalten von Staaten zu analysieren. Die Grundthese des Institutionalismus lautet demnach, dass Variationen in dem Grad der Institutionalisierung internationaler Politik signifikante Auswirkungen auf das Verhalten der Regierungen haben. Dies bedeutet nicht, dass Staaten bei ihren Aktionen die realistischen Machtprämissen außer Acht lassen würden. Kooperation und Integration wird nicht im idealistischen Sinne als „vernünftiger" und damit relativ einfach zu erreichender Prozess verstanden, sondern ist sowohl schwierig zu initiieren als auch zu erhalten. Aber staatliche Aktionen hängen zu einem beträchtlichen Grad von der bestehenden institutionellen Ordnung ab. Diese durch Institutionen geprägte Ordnung beeinflusst:

- den Informationsfluss sowie die Gelegenheit zu verhandeln,
- die Möglichkeit der Regierungen, zu beobachten, ob sich andere Staaten an Abmachungen halten bzw. ihre Verpflichtungen umsetzen und einhalten, was wiederum eine Grundvoraussetzung für die Übernahme eigener Verpflichtungen darstellt und
- die herrschenden Erwartungen über die Stabilität von internationalen Vereinbarungen.

Nach Robert Keohane (1989: 150f) haben solche Institutionen regulative und konstitutive Aspekte: sie ermöglichen Staaten Aktionen, die sonst nicht vorstellbar wären, reduzieren die Kosten und beeinflussen das Rollenverhalten von Staaten in Bezug auf ihre Interessenvorstellungen. Zudem erhalten Staaten durch internationale Organisationen verlässliche Informationen über das Verhalten anderer Staaten, wodurch wiederum Vertrauen geschaffen und Angst abgebaut wird. Es wird angenommen, dass zwischen der Form einer Institution – also der Mitgliederstruktur und den Regelsystemen – und der Funktion – also der ausgeübten Aktivität – ein enger Zusammenhang besteht. Veränderungen in der Form führen zu geänderten Funktionen und umgekehrt.

Vor diesem Hintergrund gibt die moderne Politikwissenschaft ganz unterschiedliche Antworten auf die Frage nach Entstehung und Funktion von internationalen Organisationen. Analytisch ist zunächst grundsätzlich zwischen IGOs (*International Governmental Organizations*, d.h. Regierungsorganisationen, in denen die Mitglieder Staaten sind) und INGOs (*International Nongovernmental Organizations*, d.h. Nichtregierungsorganisationen, in denen die Mitglieder nichtstaatliche Akteure sind) zu unterscheiden. Hinzu kommen zur präziseren Erfassung Kriterienbündel wie geografische, sektorale und funktionale Reichweite bzw. Organisationsgrad sowie mannigfache andere – aus unterschiedlichen Wissenschaftsdisziplinen (Politikwissenschaft, Rechtswissenschaft, Soziologie, Sozialpsychologie) abzuleitende – Typisierungs- und Abgrenzungsmerkmale. Gemäß einer konsensfähigen Minimaldefinition kann unter einer IGO zunächst eine durch multilateralen völkerrechtlichen Vertrag geschaffene Staatenverbindung mit eigenen Organen und Kompetenzen verstanden werden, die sich als Ziel die Zusammenarbeit von mindestens drei Staaten (bei zwei Staaten würde es sich um Bilateralismus handeln) auf politischem und/oder ökonomischem, militärischem, kulturellem, sozialem o.a. Gebiet gesetzt hat. Durch einen Gründungsvertrag bzw. ein Gründungsabkommen wird neben den Zielen und Methoden der Zusammenarbeit charakteristischerweise auch die – wie auch immer geartete – ständige Organisationsstruktur zur Bewältigung der Aufgaben festgelegt. Die genannten Kriterien unterscheiden internationale Organisationen von so genannten internationalen Regimen, die eine vergleichsweise lockere Form der internationalen Zusammenarbeit in bestimmten Politikfeldern unterhalb der formalen Organisationsschwelle darstellen (Hasenclever/Mayer/Rittberger 1997). Das innovative Element der Regimeforschung ist dabei insbesondere darin zu sehen, dass auch nicht formal institutionalisierte Kooperationsformen analytisch einbezogen werden, sofern sie durch einen bestimmten Satz an Prinzipien, Normen, Regeln und Entscheidungsregeln gekennzeichnet sind. Damit lassen sich Prozesse des internationalen Regierens jenseits des Nationalstaates (*international governance*) besser erfassen als mit einer rein organisationszentrierten Analyse. Zu diesen Regimen gehören unter anderem die zahlreichen Weltkonferenzen der VN in den 1990er Jahren etwa auf den Gebieten Umwelt und Entwicklung, Menschenrechte, Rechte von Frauen und Kindern, soziale Entwicklung, Bevölkerungsfragen, menschliche Siedlungen und Ernährungssicherheit, aus denen zum Teil institutionalisierte Kooperationsformen erwuchsen.

Der Grad des staatlichen Souveränitätstransfers schwankt zwischen unterschiedlichen IGOs erheblich. Als Unterscheidungsmerkmal ist das idealtypische Begriffspaar *intergouvernemental* und *supranational* hilfreich. Während im ersten Fall keine direkten staatlichen Souveränitätsrechte abgegeben werden und die alleinige Entscheidungsbefugnis bei den Mitgliedstaaten verbleibt, treten im zweiten Fall Staaten Teile ihrer Souveränität an ein supranationales Gremium ab und müssen dann auch damit rechnen, in Einzelfällen überstimmt zu werden. Supranationalität äußert sich also darin, dass von einer internationalen Organisation die Mitgliedstaaten unmittelbar bindende Beschlüsse erlassen werden können.

Die Organisation der Vereinten Nationen ist eine internationale Organisation, die auf dem Prinzip der multilateralen intergouvernementalen Zusammenarbeit beruht. Dies bedeutet, dass die der Organisation angehörenden Staaten zwar eng zusammenarbeiten, aber keine direkten Souveränitätsrechte an die Organisation abgegeben haben. Eine Ausnahme stellt der Bereich der Friedenssicherung dar, in dem es formal alle Mitgliedstaaten bindende Entscheidungen des Sicherheitsrats geben kann, die sogar durch den Einsatz militärischer Zwangsmaßnahmen durchgesetzt werden können. Grundsätzlich ist die UN jedoch keine supranationale Organisation wie etwa in manchen Politikfeldern die Europäische Union, sondern muss sich in allen Fragen um einvernehmliche Lösungen bemühen: Ihr Medium ist das der freiwilligen Kooperation zwischen souveränen Staaten. Das Prinzip des Multilateralismus bedeutet aber im Gegensatz zur rein bilateralen (zweiseitigen, zwischenstaatlichen) Form der Zusammenarbeit, dass mehrere Staaten mit- und untereinander zusammenarbeiten und diese Zusammenarbeit nach festgelegten Prinzipien erfolgt, die das Verhalten der beteiligten Staaten mitbestimmen.

Übersicht 1: **Supranationale Integration und intergouvernementale Kooperation**

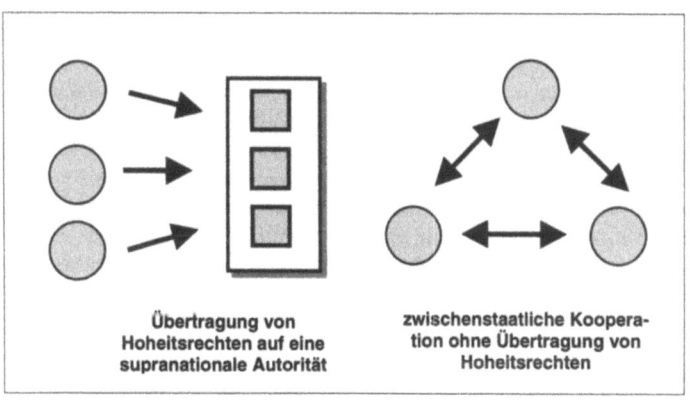

Übertragung von Hoheitsrechten auf eine supranationale Autorität

zwischenstaatliche Kooperation ohne Übertragung von Hoheitsrechten

Was aber sind die Entscheidungsträger in internationalen (intergouvernementalen) Organisationen? Wenn zu Recht betont wird, dass in den Vereinten Nationen die Mitgliedstaaten das letzte Wort haben, diese also nach ihren jeweiligen nationalen Interessen entscheiden, dann bedarf dies einer Präzisierung: der Frage, was „der Staat" ist. Zunächst gilt festzuhalten, dass sich die Akteure in internationalen Organisationen bei näherer Betrachtung in ganz unterschiedliche Kategorien unterteilen lassen. Zwar sind Regierungen die Hauptakteure in der internationalen Politik und die Regierungsvertreter haben das letzte Wort, ihr Handeln wird aber von zahlreichen anderen Akteuren (Parlamenten, Interessengruppenvertretern, NGO, Beratern, Massen-

17

medien etc.) beeinflusst. Die Theorie außenpolitischer Entscheidungsprozesse (Haftendorn 1990) unterscheidet drei Konzepte zur Analyse dieser komplexen Prozesse, die diesen Einfluss unterschiedlich gewichten:

- *Erstens* die Ansätze, die von einem rationalen, ziel- und zweckgerichteten Verhalten der beteiligten Akteure ausgehen (v.a. Realismus-Spielarten, *rational choice*),
- *zweitens* die Umfeldansätze, die das operative Milieu wie soziale und organisatorische Strukturen analytisch stärker einbeziehen (v.a. Organisationstheorie) und
- *drittens* die Ansätze, die Entscheidungen insbesondere mit Hilfe des psychologischen Umfeldes wie Wahrnehmungs-, Einstellungs- und Verhaltensvariablen (v.a. Politische Psychologie) zu erklären versuchen.

Nach dem realistischen Modell der rationalen Politik sind außenpolitische Ereignisse bewusste Entscheidungen von Regierungen souveräner Nationalstaaten mit dem Ziel der nationalen Interessendurchsetzung. Nach dem Modell des organisatorischen Prozesses der Umfeldansätze sind sie das Ergebnis eines organisatorischen Prozesses, der nicht unbedingt aus klar definierten Zielvorstellungen hervorgeht. Sie ergeben sich „vielmehr zum einen aus dem Zwang einer jeden Organisation, zur Selbstlegitimation akzeptable Leistungen abzugeben, und zum zweiten aus einer Mischung von Erwartungen und Forderungen anderer Organisationen innerhalb der Regierung, gesetzlicher Vollmacht, Forderungen von Bürgern und Interessengruppen und nicht zuletzt auch einem Verhandlungsprozess innerhalb der Organisation" (Lehmkuhl 1996: 136). Die Parameter dieser organisatorischen Prozesse bleiben aber weitgehend konstant und sind national definierbar. In dem Modell der bürokratischen Politik wird stärker darauf abgestellt, dass Regierungsentscheidungen in zunehmendem Maße Resultate von transgouvernementalen Verhandlungsprozessen sind. In diesem Modell sind weder der Nationalstaat noch verschiedene organisatorische Einheiten die alleine zu analysierenden Akteure, sondern die Akteure setzen sich zusammen aus einer Anzahl verschiedener Ebenen und Personen, die bestimmte Ämter vertreten. Ergebnis des Verhandlungsprozesses ist nicht zwangsläufig das, was als Optimallösung für ein Problem angestrebt wurde, sondern ergibt sich aus Kompromiss, Koalition und Wettbewerb. Neuere entscheidungstheoretische Ansätze (etwa Neack/Hey/Haney 1995) gehen im Gegensatz zu den klassischen Ansätzen – die den Staat als einen rationalen, einheitlichen und zu autonomen Handeln fähigem Akteur betrachten – zunehmend davon aus, dass eine außenpolitische Entscheidung definiert werden kann als „das Ergebnis eines sich innerhalb eines Organisationskomplexes vollziehenden psychologischen Auswahlprozesses, der darauf abhebt, aus einer gesellschaftlich definierten, beschränkten Anzahl problematischer Alternativen dasjenige Projekt zu ermitteln, das eine je bestimmte, von den Entscheidenden in Aussicht genommene zukünftige Lage der Dinge herbeiführen soll" (Meyers 1981: 72). Die so genannten interpretativen Ansätze der Politikwissenschaft, die auf den Annahmen aufbauen, „soziale Realität sei uns nur als Wirklichkeitskonstruktion zugänglich, Realitäten würden sozial ausgehandelt und entstünden in komplexen Interaktionen als Resultat von Interpretationskämpfen und Verständigungen über gemeinsam geteiltes Wissen" (Nullmeier 1997: 101), nehmen diesen Befund stärker ins Blickfeld. In Kontrast zu den neorealistischen *rational choice*-Ansätzen wird angenommen, dass nicht nur die nationalen Machtinteressen die Kalkulationen und Verhandlungsstrategien von Staaten beeinflussen, sondern diese auch von dem institutionellen Umfeld mitbestimmt werden. Interessen und Identitäten „sind nicht die unabhängige Variable, durch die Politikprozesse erklärt werden können – sie sind vielmehr selbst Produkt und Ausdruck internationaler Interaktionen und Institutionen. Intersubjektiv geteilte Überzeugungen, Erwartungen und kollektive Bedeutungen konstruieren jene Strukturen, die das Handeln der politischen Akteure bestimmen" (Nullmeier 1997: 119).

In funktionaler Hinsicht lassen sich IGOs in dreifacher Hinsicht differenzieren (Archer 1992: 131-178, Rittberger 1995: 22-33, Rittberger/Mogler/Zangl 1997: 25-99):

• Die erste Sichtweise sieht in internationalen Organisationen vornehmlich *Instrumente staatlicher Diplomatie*, d.h. Staaten instrumentalisieren internationale Organisationen, um ihre eigenen Interessen mit ihrer Hilfe in einer anarchischen Umwelt durchzusetzen. Abmachungen sind wenig verlässlich, weil ein Partner sie je nach Interesse jederzeit brechen und das kooperative Verhalten der anderen Seite ausnutzen kann.
• Eine zweite Sichtweise interpretiert internationale Organisationen vornehmlich als *Arenen in der internationalen Politik*, die als diplomatische Dauereinrichtungen unterschiedliche Politikfelder auf unterschiedlichen Kooperationsniveaus behandeln und im Unter-

schied zu der instrumentellen Sichtweise eher als Rahmen denn als Mittel zum Erreichen bestimmter Ziele gesehen werden.

- Die dritte Sichtweise weist internationalen Organisationen eine eigenständige Qualität als *Akteur in der internationalen Politik* zu, der zudem als ursächlicher Faktor in der Lage ist, die Grundmuster internationaler Politik im Sinne einer Minderung des anarchischen Grundzustands zu verändern.

Wird also einerseits der analytische Schwerpunkt auf die kooperationshemmende strukturelle Anarchie des internationalen Systems gelegt, auf nationale Interessen verwiesen und die Kooperationschancen insgesamt eher negativ beurteilt, rücken andere eher die Chancen der Kooperation mit der Hilfe von Institutionen in den Mittelpunkt und gehen von der Grundannahme *organizations matter* aus. Thorsten Benner und Jan Martin Witte (2001) haben vorgeschlagen, ein neues Leitbild für internationale Organisationen zu entwickeln. Als themenfokussierte Schnittstellen könnten internationale Organisationen demnach drei verschiedene Rollen wahrnehmen:

- Als *Verhandlungsplattform* ihre Reichweite nutzen und unterschiedliche Akteure zusammen bringen,
- als *Wissensmanager* Wissen zusammenfügen, Lernprozesse ermöglichen und Beratungsdienste anbieten, und
- als *Implementierungsagenturen* Vereinbarungen umsetzen und deren Einhaltung überwachen.

Die wesentliche Funktion internationaler Organisationen bestehe zukünftig darin, „Brückenfunktionen im internationalen System" zwischen verschiedenen Akteuren und Problembereichen zu übernehmen.

Für eine Bewertung der Arbeit der Vereinten Nationen ist es zum einen unerlässlich, auf Konstruktionsprinzipien hinzuweisen, die sie als intergouvernementale Organisation ausweist, in der die Mitgliedstaaten nicht nur „Herren der Verträge" sind, sondern eben auch in fast allen Einzelentscheidungen das letzte Wort haben (und auch gefragt werden wollen). Wie noch zu zeigen sein wird, ist es zum zweiten unerlässlich, nach Politikfeldern zu differenzieren, da „die" Vereinten Nationen als internationale Organisation kein einheitlicher Akteur sind, sondern vielmehr ein weit verzweigtes und komplexes Netzwerk von Haupt-, Neben- und Spezialorganen darstellen, die sowohl unterschiedliche Kompetenzen und Zuständigkeitsbereiche als auch differierende organisatorische Strukturen aufweisen. Somit variieren auch die Rollen der Vereinten Nationen (oder besser gesagt, des Systems der Vereinten Nationen) in der internationalen Politik: je nach Politikfeld ist sie mal vornehmlich Instrument, mal Arena und mal eigenständiger Akteur. Das Hauptcharakteristikum der Vereinten Nationen dürfte allerdings ihre Funktion als Forum sein, in dem die „verschiedensten Interessen formuliert und diskutiert werden können, um der Entwicklung globaler Problemlösungen näher zu kommen. Diese Funktion der UN wird von allen Staaten der Welt als unverzichtbare Leistung angesehen. In einzelnen Politikfeldern wie z.B. dem Menschenrechtsbereich, können Ansätze für eine Akteursorientierung festgestellt werden. [...] eine nennenswerte Autonomie der UN in den verschiedenen Politikfeldern ist allerdings auch heute nur in eng umgrenzten Ausnahmenfällen gegeben" (Rittberger 1994: 581).

1.2 Globalisierung als Strukturmerkmal internationaler Politik

Um dem Handlungsmilieu der Vereinten Nationen im internationalen System näher zu kommen, soll im folgenden ein wichtiges Strukturmerkmal der internationalen Politik analysiert werden, das gewissermaßen die Hintergrundfolie für eine problemangemessene Beurteilung für Rolle und Funktion der VN bildet. Der Terminus „Globalisierung" ist zu einem Schlagwort geworden, das in politischen, publizistischen und wissenschaftlichen Debatten seit einiger Zeit inflationär gebraucht wird (Varwick 2000). Umstritten ist sowohl, was unter Globalisierung zu verstehen ist und welche Auswirkungen sie für internationale Organisationen wie die VN hat, als auch die Frage, was sie von reiner Internationalisierung und dem generellen Bedeutungsverlust nationalstaatlicher Grenzen unterscheidet. So regt Michael Zürn (1998) an, den Begriff „ungleichzeitige Denationalisierung" dem der Globalisierung vorzuziehen, Ernst-Otto Czempiel (1999) spricht von sich „internationalisierender Politik". In der wissenschaftlichen Debatte verläuft die Trennlinie vor allem zwischen jenen, die im Zuge der Globalisierung das Ende des Nationalstaates samt seiner etablierten Steuerungs- und Legitimationsmechanismen prognostizieren und jenen, die dem Nationalstaat weiterhin die zentrale Rolle in der internationalen Politik beimessen. Auf der anderen Seite aber ist Globalisierung ein dynamischer realhistorischer Prozess, der zwar in seinen Ausprägungen in verschiedenen Weltregionen stark asymmetrisch verläuft, gleichwohl jedoch als weltumspannender Trend verstanden werden muss. Globalisierung kann allgemein als ein Prozess zunehmender Verbindungen zwischen Gesellschaften und Problembereichen dergestalt definiert werden, dass Ereignisse in einem Teil der Welt in zunehmendem Maße Gesellschaften und Problembereiche in anderen Teilen der Welt berühren. Bei diesen Verbindungen ist erstens eine quantitative Zunahme, zweitens eine qualitative Intensivierung und drittens eine räumliche Ausdehnung feststellbar. Dabei erodiert zunehmend jene Kongruenz von Staatsgebiet, Staatsvolk und Staatsmacht, von Territorialität und Souveränität, die den Nationalstaat kennzeichnet. Handlungsrelevante Räume sind somit vor allem funktional bestimmt und reichen über nationalstaatliche Grenzen hinweg. Neben Staaten und internationalen Organisationen treten mit transnationalen Konzernen und einer transnational vernetzten Zivilgesellschaft neue Akteure auf die Bühne der Weltpolitik.

Über die Ursachen für die zunehmende Globalisierung herrschen unterschiedliche Auffassungen. Im Dickicht der vielschichtigen und multikausalen Ursachenforschung lassen sich vereinfachend zwei Extrempositionen ausmachen. Die eine sieht in der Globalisierung einen exogenen Prozess mit einer eigenständigen Logik. Triebfedern sind dabei vor allem der technologische Fortschritt, die Entwicklung der Produktivkräfte und die tiefgreifende Veränderung der Produktionsverhältnisse einschließlich der Entstehung transnationaler Konzerne, die Ausdifferenzierung der internationalen Arbeitsteilung sowie der grundlegende soziale und kulturelle Wandel. So verstanden ist Globalisierung Bestandteil eines „Modernisierungs"- bzw. „Verwestlichungsprozesses", bei dem sich ein tendenziell globaler Übergang von „traditionalen" zu „modernen" Gesellschaften vollzieht. Dieser Prozess ist zudem dadurch gekennzeichnet, dass er relativ unabhängig von politischen Entscheidungen verläuft. Eine zweite Extremposition betont, dass Staaten die Rahmenbedingungen geschaffen haben, unter denen sich Globalisierung vollzieht. Sie ist demnach kein „Naturgesetz", sondern folgt einer politischen Logik in Tradition der idealistischen Theorie der Internationalen Beziehungen, die als Handlungsmilieu auf einen universalen Weltstaat mit horizontaler Schichtung zielt. Die Vernetzung der Märkte etwa wäre selbst bei den gegebenen technischen Voraussetzungen nicht ohne die politisch gewollte Deregulierung möglich gewesen.

Wie auch immer die einzelnen Ursachen zu bewerten sind, es dürfte unumstritten sein, dass – einmal in Gang gesetzt – der Globalisierungsprozess eine Eigendynamik besitzt. Aufgabe eines rationalen

Globalisierungsdiskurses ist es daher, zunächst die verschiedenen Dimensionen der Globalisierung zu dechiffrieren. Für alle Dimensionen gelten gleichwohl eine Reihe von Vorbehalten, die Generalisierungen so schwer machen. Der Globalisierungsgrad variiert je nach Region und Sachbereich (Scholte 1997: 18):

- *Erstens* unterliegen nicht alle Weltregionen in gleichem Maße der Globalisierung. Die abnehmende Bedeutung von Zeit und Raum betrifft zuerst – wenn auch nicht ausschließlich – die um die asiatischen Schwellenländer erweiterte OECD-Welt. Phänomene wie transnationale Konzerne oder Nutzung des *World Wide Webs* sind weitgehend auf diese Region beschränkt, wenngleich auch andere Regionen davon betroffen sind.
- *Zweitens* bedeutet Globalisierung nicht globale Vereinheitlichung. Kulturelle Diversifikation kann im Gegenteil sogar als Reaktion auf kulturelle Hegemonialbestrebungen im Zuge der Globalisierung verstanden werden.
- *Drittens* hat Globalisierung nicht das „Ende der Geographie" gebracht. Es werden vielmehr neue supraterritoriale Räume geschaffen, die bestehende Grenzen nicht bedeutungslos werden lassen, sondern allenfalls ergänzen und überlagern.
- *Viertens* greifen monokausale Erklärungsansätze wie technischer Fortschritt, Modernisierung, Fortschritt der Produktivkräfte oder Deregulierung als alleiniger Bezugspunkt zu kurz und schließlich ist Globalisierung
- *fünftens* weder ein Allheilmittel zur Erklärung internationaler Politik noch bedeutet sie den als „Ende der Geschichte" bezeichneten weltweiten Siegeszug liberal-demokratischer Regierungssysteme mit der Folge einer kriegsfreien und stabilen Welt.

Die zunächst offensichtlichste Dimension der Globalisierung vollzieht sich im Bereich der Wirtschaft. Zentraler Befund bei der ökonomischen Globalisierung ist die Ablösung von Staatsräumen durch Wirtschaftsräume. Um diese Dimension zu erfassen muss Globalisierung in mehrere Unterdimensionen (Handel, Investitionen, Finanzmärkte, Akteure) unterteilt werden. Sie zeigt sich zunächst darin, dass sich die nationalen Volkswirtschaften immer stärker integrieren. Der Welthandel wächst seit Jahren stärker als die Weltproduktion, Investitionen werden weltweit geplant, eine zunehmende Zahl an transnationalen Konzernen, so genannte *global players*, gestalten den Wirtschaftsprozess, Produkte und Dienstleistungen werden für einen weltweiten Bedarf hergestellt, Kapital kann frei über den Globus fließen und sucht sich die günstigsten Anlagebedingungen. Der steigende Verflechtungsgrad der Ökonomien und die darauf bezogene Ausweitung des Welthandels und die Internationalisierung der Produktion sowie der Bedeutungsverlust von Raum und Zeit haben auch erhebliche Folgen für Kulturen, Identitäten und Lebensstile. Den weltweiten Modernisierungsprozessen folgen zwar wachsende Gemeinsamkeiten im Sinne anerkannter, universaler Wertvorstellungen, doch lösen sie auch Prozesse der kulturellen und ideologischen Fragmentierung aus, die bis zum Zerfall von politischen Strukturen reichen. Die Bedrohung historisch gewachsener Identitäten begünstigt damit zweifellos partikulare Tendenzen, die ihre Ausprägung in fundamentalistischen und ethno-nationalistischen Bewegungen finden. Besonders deutlich wird Globalisierung – verstanden als weltweite Vernetzung von Problembereichen – schließlich im Bereich der Ökologie. Nicht nur der schlichte Befund, dass Schadstoffe an staatlichen Grenzen keinen Halt machen, sondern vor allem das Wissen um die Grenzen der Belastungsfähigkeit des globalen Ökosystems kennzeichnen diese Dimension. Die Risiken industrieller Entwicklung sind zwar so alt wie diese Entwicklung selbst, im Zeitalter der Globalisierung kommt diesen Risiken aber eine neue Qualität zu. Der Ort der *Entstehung* ist nicht mehr identisch mit dem Ort der *Betroffenheit*, sie heben die traditionellen Kategorien und Grenzen staatenzentrierter Politik zunehmend auf.

Die Ausprägung der hier kurz angerissenen Globalisierungsdimensionen kann internationale Politik nicht unberührt lassen. Zentraler Befund bei der Globalisierung der Politik ist die feststellbare Erosion nationalstaatlicher Souveränität. Die Einheit von Entscheidungs*macht* und Entscheidungs*wirkung*, die der umfassenden Dispositionsgewalt des Staates über gesellschaftliche Verhältnisse zugrunde lag, gehört in vielen Bereichen der Vergangenheit an. Handlungsrelevante Räume sind heute somit in erster Linie funktional und nicht mehr territorial bestimmbar. Bestandteil dieses Prozesses ist

- *erstens* sowohl die steigende Bedeutung internationalisierter politischer Kooperationsformen, die im Einzelfall supranationale Entscheidungsmechanismen entwickeln können, als auch
- *zweitens* die zunehmende Sektoralisierung der internationalen Politik in grenzüberschreitende Problemfelder mit dem Präfix „global" wie Sicherheitspolitik, Umweltpolitik, Finanzpolitik u.a.m.,

bei denen deutlich wird, dass der Nationalstaat als alleiniger Handlungsrahmen ausgedient hat.

Das internationale System besteht zu Beginn des 21. Jahrhunderts aus weniger als 200 Staaten, von denen – mit steigender Tendenz – etwa 60 Prozent als Demokratien zu bezeichnen sind (Freedom House 2001). Dazu kommen je nach Zählweise rund 300 völkerrechtsfähige Regierungsorganisationen (IGOs), über 5.000 Nichtregierungsorganisationen (INGOs) mit weltweiter oder regionaler Mitgliedschaft und etwa 60.000 transnationale Konzerne (Yearbook of international Organizations 2000/01). Ernst-Otto Czempiel (1993) hat schon vor einiger Zeit vorgeschlagen, die Analyse weltpolitischer Prozesse anhand der Koordinaten „Wirtschaftswelt", „Gesellschaftswelt" und „Staatenwelt" zu verorten. Die Lösungskompetenz internationaler Politik beschränkt sich dabei weitgehend auf die Belange der „Staatenwelt". Die Verdichtung globaler Verflechtungen in den Bereichen Wirtschaft, Kultur, Ökologie aber auch Technologie, Kommunikation, Verkehr, Migration u.a.m. haben gleichwohl zu abnehmender Steuerungsfähigkeit des einzelnen Staates geführt. Eine breite Palette von Problemen ist nur noch auf dem Weg internationaler Zusammenarbeit zu regeln. Auch in denjenigen Politikfeldern, „in denen die politische Verantwortung für die absehbare Zukunft in nationalen Händen verbleiben muss, verändern sich die traditionellen Muster internationaler Beziehungen zwischen souveränen Staaten zu reflexiven Interaktionen zwischen den Mitgliedern einer Gemeinschaft von Staaten, die sich ihrer gegenseitigen Abhängigkeit, ihrer gemeinsamen Verwundbarkeit und ihrer Verpflichtung, bei der Lösung der eigenen Probleme die Auswirkungen auf die Nachbarn zu berücksichtigen, bewusst sind" (Scharpf 1999: 181).

Global Governance als Ausweg?

Was bedeutet nun der hier in seinen groben Umrissen skizzierte Globalisierungsprozess für Rolle und Funktion der Vereinten Nationen, die sich die Aufgabe gestellt haben, ein Mittelpunkt für die Verwirklichung der vielfältigen Ziele der Charta (Sicherung des Weltfriedens, freundschaftliche Beziehungen zwischen den Nationen, Förderung der internationalen Zusammenarbeit) zu sein?

Einen erheblichen Teil des gegenwärtigen Weltordnungsdiskurses macht die Frage aus, *ob* über zwischenstaatliche Politik hinaus verbindliche Regelungen geschaffen werden können und müssen, die die in zahlreichen Politikfeldern erodierende nationale Souveränität im globalen Interesse relativieren und gleichzeitig die Fähigkeit zur Steuerung grenzüberschreitender Probleme zurückgewinnen. In einer kleiner werdenden Welt, so Volker Rittberger (2000: 188), existiere ein Bedarf an Leistungen, die traditionell durch den Staat erbracht worden sind und heute nicht mehr durch diesen übernommen werden können. „Eine wachsende Zahl von grenzüberschreitend tätigen Akteuren benötigt allgemein verbindliche Regeln und andere öffentlichen Leistungen, die sie in den Stand versetzten, ihre jeweils eigenen ebenso wie gemeinsame Interessen zu verfolgen, und die verhindern, dass Interessenskonflikte in einer für die Beteiligten wie für Dritte destruktiven Weise ausgetragen werden". *Wie* dies zu erreichen ist, wird in der Politikwissenschaft kontrovers diskutiert. Vertreter der schon weiter oben eingeführten realistischen Schule sehen insofern keinen Handlungsbedarf, als dass Globalisierung zwar das ökonomische, soziale und kulturelle Leben erheblich verändern mag, der Nationalstaat aber zentrale Instanz in der internationalen Politik bleibt. Vertreter der ebenfalls bereits erwähnten idealistischen Schule bewerten diesen Befund anders. Für sie bedeutet Globalisierung eine fundamentale Transformation weltpolitischer Prozesse, die realistische Vorstellungen zunehmend obsolet erscheinen lassen. Internationale Beziehungen stellen sich für sie als Spinnwebmodell dar, bei der der Staat als ein (wichtiger) Akteur unter vielen verstanden wird, der aber nicht mehr in der Lage ist, das Geschehen auf seinem Territorium isoliert zu bestimmen. Da aber gleichwohl hoher Regelungsbedarf für grenzüberschreitende Probleme gesehen wird, wird nach alternativen Steuerungsmodellen in der globalisierten Welt gesucht.

Ein Versuch zur Bewältigung der globalen Herausforderungen wird unter dem Schlagwort *Global Governance* diskutiert. Darunter versteht die Politikwissenschaft ein alternatives Steuerungsmodell des internationalen Systems, das sowohl internationale Organisationen als auch informelle Regelungen und Normen umfasst. Das Konzept ist ausdrücklich nicht mit gelegentlich anzutreffenden Vorstellungen von einer Art Weltregierung (*Global Government*) zu verwechseln, sondern ist am besten mit dem Begriff „Weltordnungspolitik" zu übersetzen. In diesem mühsamen Prozess der Weltordnungspolitik spielen die Vereinten Nationen eine zentrale Rolle, auf das zurückzukommen sein wird, wenn die Tätigkeitsfelder der Vereinten Nationen näher beleuchtet wurden (zu *Global Governance* siehe Teil E, Abschnitt 2).

Globalisierung lässt sich auch als ein Hinweis auf die sich beschleunigende erdumspannende Vernetzung von Akteuren und Aktionsfeldern verstehen. Dabei sind insbesondere die Problembereiche, die sich nicht (mehr) national bearbeiten lassen, ein zuverlässiger Indikator für den bereits erreichten Stand der Globalisierung. Somit besteht die zentrale Herausforderung für die Disziplin der Internationalen Beziehungen darin, nach grenzüberschreitenden Substituten für die abnehmende Steuerungsfähigkeit auf der nationalstaatlichen Ebene zu suchen. Wie unter diesen Voraussetzungen demokratisches und effektives Regieren jenseits des Nationalstaates möglich sein kann, gehört zu den offenen Fragen der Politikwissenschaft. Das Einfordern „intelligenter" Mechanismen für diesen Problembereich bedeutet nichts anderes, als dass diese noch nicht gefunden sind. Wir werden auf diese Frage und die Rolle der Vereinten Nationen in diesem Bereich in Teil E ausführlicher zurückkommen.

1.3 Hauptaufgaben der Vereinten Nationen und der Wandel des Sicherheitsbegriffs

Fragt man nach den konkreten Zuständigkeitsbreichen und Hauptaufgaben der Vereinten Nationen, so wird man unterschiedliche Antworten bekommen. Das liegt nicht zuletzt daran, dass sich die VN als weitgespanntes, globales Forum für internationale Zusammenarbeit verstehen, dessen genauer Zuständigkeitsbereich schwer abzustecken ist. „Die Vereinten Nationen wurden insofern als eine umfassende Organisation geschaffen, als dass ihr eine umfängliche Kompetenz zugesprochen wurde. Ihr Zuständigkeitsbereich war die Welt und alle Menschheitsprobleme, die internationale Aufmerksamkeit erforderten, mussten ihr somit zufallen" (Claude 1970: 67). Entwicklungspolitisch Interessierte werden daher den Aspekt der Entwicklungszusammenarbeit betonen, Umweltpolitiker den Umweltaspekt, Sicherheitspolitiker den Aspekt der Friedenssicherung usw.

Der Arbeit der Vereinten Nationen liegt zunächst eine breite Auffassung von Frieden zugrunde, die über die Verhinderung von Krieg hinaus die Verbesserung der humanitären und sozialen Lage für die Menschen, die Stärkung des Völkerrechts sowie weitreichende entwicklungspolitische Anliegen umfasst. Die fast sechs Jahrzehnte alte VN-Charta hat damit einer Debatte vorgegriffen, die die Politikwissenschaft zwar spätestens seit den Arbeiten von Johan Galtung über strukturelle Gewalt und einem positiven bzw. negativen Friedensbegriff in den 1960er Jahren diskutiert hat, die sie aber intensiver erst wieder seit den 1990er Jahren beschäftigt und seitdem – gelegentlich inflationär – unter dem Schlagwort „Wandel des Sicherheitsbegriffes" geführt wird (etwa Haftendorn 1993, Meyers 1995, Rosenau 1994, Stares 1998). Es handelt sich dabei um eine horizontale Ausdehnung hinsichtlich der Parameter von Sicherheit und um eine vertikale Ausdehnung hinsichtlich der Referenzpunkte von Sicherheit. Der Wandel des Sicherheitsbegriffes hat somit eine dreifache Dimension:

- *Erstens* haben ökonomische Verflechtung und militärtechnische Entwicklungen dazu geführt, dass die klassische Definition von Sicherheit in Bezug auf die Unversehrtheit des nationalstaatlichen Territoriums, den Erhalt der uneingeschränkten Souveränität und die Garantie nationaler Selbstbestimmung durch einen räumlich und inhaltlich weiter gefassten Sicherheitsbegriff abgelöst wird.
- *Zweitens* wird Sicherheit nicht mehr in erster Linie als militärisches Problem wahrgenommen, sondern es wird im Rahmen eines mehrdimensionalen Sicherheitsbegriffs von einem sicherheitspolitischen Gesamtkonzept ausgegangen, bei dem Außen-, Wirtschafts-, Finanz-, Umwelt-, Entwicklungs- und Sicherheitspolitik wechselseitig optimiert werden.
- *Drittens* wird damit schließlich die klassische Definition als Schutz vor äußerer Bedrohung relativiert. Das negative Sicherheitsverständnis wird durch ein positives komplettiert, bei dem über die Formulierung gemeinsamer Sicherheitsinteressen Mechanismen geschaffen werden, die unfriedliche Bedingungen von vornherein reduzieren und damit zu friedlicheren internationalen Beziehungen führen sollen.

In die Terminologie der Vereinten Nationen hat sich – angeregt durch den *Human Development Report* des UNDP 1994 und die *Commission on Global Governance* 1995 – der Begriff „menschliche Sicherheit" (*human security*) eingebürgert. Damit soll verdeutlicht werden, dass es nicht mehr alleine um die Sicherheit von Staaten, sondern eben auch und besonders um die Sicherheit der in diesen Staaten lebenden Bevölkerung geht. Als Konzept werden damit traditionelle Elemente des Sicherheitsbegriffes mit der Gewährleistung von Menschenrechten, dem Recht auf Entwicklung sowie dem Recht auf eine lebenswerte Umwelt verbunden. Die Ziele in der Charta der Vereinten Nationen (siehe Abschnitt 2.1) umfassen daher einen breiten Zuständigkeitsbereich von der Beilegung von Streitigkeiten mit friedlichen Mittel über die Suche nach kooperativen Lösungen für Probleme wirtschaftlicher, sozialer, kultureller und humanitärer Art bis hin zur Förderung eines Verhaltens, das mit den Grundsätzen des Völkerrechts in Übereinstimmung steht. Mit diesem ambitionierten Zielkatalog wird deutlich, dass sich die Vereinten Nationen nicht nur als Mittel zum Erfüllen eines bestimmten Zwecks verstehen, sondern auch neue Grundsätze in die internationalen Beziehungen gebracht werden sollen. Ihr siebter Generalsekretär, Kofi Annan (2000: 9), formuliert diesen Befund in seinem Millenniumsbericht an die Generalversammlung wie folgt: „Ganz abgesehen von den praktischen Aufgaben, um deren Wahrnehmung die Vereinten Nationen gebeten werden, hat die Organisation somit das erklärte Ziel, die Beziehungen zwischen den Staaten sowie die Art und Weise, in der die internationalen Angelegenheiten gesteuert werden, in ihrem Wesen zu verändern".

Die konkreten Aufgabenbereiche der Vereinten Nationen haben sich unabhängig von den im Wesentlichen unveränderten Bestimmungen der Charta stark ausgeweitet, wozu auch richtungsweisende Resolutionen der Generalversammlung (wie etwa die *Friendly-Relations-Resolution* vom 24. Oktober 1970 oder die Resolution zur Definition einer Aggression vom 14. Dezember 1974) beigetragen haben. In den ersten 45 Jahren ihres Bestehens standen die Vereinten Nationen, so Kofi Annan (2000: 11), „unter dem Bann des Kalten Kriegs, der sie daran hinderte, einige ihrer Kernaufgaben zu erfüllen, der aber auch dazu führte, dass sie im Schatten dieses Konflikts andere wesentliche Aufgaben entdeckten". Manche Autoren sind gar der Auffassung, dass sich die UNO aufgrund der Lähmung in ihrem originären Zuständigkeitsbereich in wachsendem Maße zu einer Organisation der Entwicklungshilfe (Knapp 1997: 443) gewandelt habe, ein Befund, der zugleich von einigen Autoren als krasse Fehlentwicklung gesehen wird (siehe Teil D, Abschnitt 1). Aber auch die Kernaufgaben selbst haben sich gewandelt. So waren in dem Bereich Friedenssicherung bei Gründung der Vereinten Nationen zwischenstaatliche Kriege die schwerwiegendste Herausforderung, während heute eher innerstaatliche Konflikte auf der Tagesordnung stehen. Die multidimensionale Arbeit der Vereinten Nationen lässt sich – abgesehen von Zuständigkeiten in weiteren Materien samt angrenzender Politikfelder – in insgesamt drei Hauptfelder einteilen, die in den Teilen B bis D des Buches genauer analysiert werden:

- *Erstens* Aufgaben im Bereich Sicherung des Weltfriedens und der internationalen Sicherheit (siehe Teil B),
- *zweitens* Aufgaben im Bereich des Menschenrechtsschutzes und der Fortentwicklung des Völkerrechts (siehe Teil C) und
- *drittens* Aufgaben in den Bereichen Wirtschaft, Entwicklung und Umwelt (siehe Teil D).

Diese Zuständigkeitsbereiche erheben keinen Anspruch auf Vollständigkeit, können aber gleichwohl als exemplarisch für die Arbeit der Vereinten Nationen gesehen werden. In dem abschließenden Teil E werden dann darauf aufbauend die Reformperspektiven in den analysierten Politikfeldern untersucht und ein Ausblick auf die Rolle der Vereinten Nationen in der Weltpolitik des 21. Jahrhunderts gewagt.

2   Das System der Vereinten Nationen

Die UNO ist eine internationale Organisation, in der sich derzeit 189 Staaten (Stand: August 2001) in der Absicht und gegenseitigen Verpflichtung verbunden haben, Frieden und humane Lebensbedingungen für die Völker der Welt zu gewährleisten. Diese für eine internationale Organisation einmalig hohe Mitgliederzahl hat die UNO im September 2000 durch die Aufnahme von drei südpazifischen Staaten erreicht und damit ihren Anspruch auf universale Gültigkeit ihrer Ziele, Normen und Grundsätze praktisch verwirklicht. Die beiden einzigen Staaten, die der Organisation formal nicht angehören, die Schweiz und Vatikanstadt, engagieren sich aber beide in vielfältiger Weise als aktive Nichtmitglieder.

Die Charta der Vereinten Nationen wurde im Juni 1945 von 50 Staaten als Gründungsmitglieder unterzeichnet (Polen, das an der Gründungskonferenz nicht teilnehmen konnte, trat später als 51. Gründungsstaat hinzu). Seit Gründung sind demnach 138 weitere Staaten Mitglied geworden. Diese Ausdehnung der Mitgliedschaft hatte fundamentale Folgen für die Arbeit der Vereinten Nationen. Es wurden neue Themen in das Aufgabenspektrum der UN einbezogen, neue Organe, Organisationen und Programme geschaffen und in der Generalversammlung änderten sich die Mehrheitsverhältnisse. Die Hauptgründe für diesen Mitgliederzuwachs liegen in der Vermehrung von Staaten im Zuge der Entkolonialisierung (bis in die 1970er Jahre) und der Neuordnung des Staatensystems im Zuge der Auflösung des Ost-West-Konflikts in den 1980er und 1990er Jahren. Durch den Zerfall und die Neugründung von Staaten ist nicht auszuschließen, dass sich die Mitgliederzahl in den kommenden Jahren weiter erhöht. In den Zeiten des Ost-West-Konflikts gab es zudem immer wieder Konflikte über die Aufnahme einzelner Staaten, die dazu führten, dass Aufnahmeanträge zeitweise am wechselseitigen Veto der Blockführungsmächte USA und Sowjetunion scheiterten und in Phasen weltpolitischer Entspannung dann zugelassen wurden.

Erwerb und Verlust der Mitgliedschaft sind in den Artikeln 3 bis 6 der Charta niedergelegt. Demnach können „alle friedliebenden Staaten" Mitglied werden (der Wesensgehalt dieses Begriffes ist aber nicht näher definiert), sofern sie „die Verpflichtungen der Charta übernehmen können und nach dem Urteil der Organisation fähig und willens sind, diese Verpflichtungen zu erfüllen". Ein Austrittsrecht ist in der Charta nicht vorgesehen (dennoch trat Indonesien als bisher einziges Land von März 1965 bis September 1966 aus), allerdings kann die Generalversammlung auf Empfehlung des Sicherheitsrates unter bestimmten Vorraussetzungen die Ausübung der Mitgliedsrechte zeitweilig entziehen und auch Mitglieder ausschließen, was allerdings in der Praxis noch nicht vorgekommen ist.

Übersicht 2: Mitgliederzuwachs der Vereinten Nationen

Gründungsmitglieder	51 Staaten
1945 – 1954	9 Staaten
1955 – 1974	78 Staaten
1975 – 1984	21 Staaten
1985 – 2001	30 Staaten
Mitglieder 2001	**189 Staaten**

Quelle: Basic Facts About the UN 2000: 295f

Die Aufnahme eines Staates in die Organisation der Vereinten Nationen erfolgt formal auf Empfehlung des Sicherheitsrates durch Beschluss der Generalversammlung. Der UNO können nur souveräne Staaten beitreten. Daher betrachten gerade neu entstandene Nationen ihre Aufnahme in die Vereinten Nationen als augenfälligstes Symbol ihrer Staatlichkeit. Fast zwangsläufig entstanden jedoch immer wieder Konflikte um die Frage, was einen Staat für die Aufnahme qualifiziert bzw. welchem staatlichen Gebilde das Vertretungsrecht in den VN zusteht. Ein Beispiel ist etwa die Repräsentation Chinas, die lange Zeit durch die Republik China (Taiwan) erfolgte, aber auf Beschluss der

Generalversammlung seit 1971 von der Volksrepublik China als einzig akzeptierter Vertretung Chinas wahrgenommen wird. Einen anderen Fall stellt die Weigerung der Generalversammlung in den Jahren 1974 bis 1994 dar, aufgrund der Rassendiskriminierung (Apartheid) die südafrikanische Regierung als legitime Vertreterin Südafrikas anzuerkennen. Im Falle Deutschlands wurde erst im September 1973 eine Aufnahme von zwei deutschen Staaten, der Bundesrepublik Deutschland und der Deutschen Demokratischen Republik, möglich. Durch den Beitritt der DDR zur Bundesrepublik Deutschland im Oktober 1990 wurde die Mitgliedschaft der DDR dann wieder hinfällig. Weitere Probleme ergeben sich aus der Auflösung von Staaten, oder aber im Fall der Sezession einzelner „Staatsteile", die dann die völkerrechtliche Souveränität beanspruchen. Die Modalitäten sind in der Charta nur unzureichend geregelt, es gibt aber neben juristischen Kommentaren der Charta zahlreiche Urteile des Internationalen Gerichtshofes (IGH) sowie weitere internationale Verträge, die Interpretationshilfen bieten. Allerdings liegt es in der Natur des Völkerrechts, dass es vorwiegend ein politisches Recht ist, d.h. dass die praktische Durchsetzung des Rechts oftmals an Grenzen stößt, weil das internationale System über kein vergleichbar verbindliches Sanktionsinstrument wie ein politisches System auf nationaler Ebene verfügt.

Es ist bereits angesprochen worden, dass der Arbeit der VN eine breite Auffassung von Frieden zugrunde liegt, der über die Verhinderung von Krieg hinaus die Verbesserung der humanitären und sozialen Lage der Menschen, die Stärkung des Völkerrechts sowie weitreichende entwicklungspolitische Anliegen umfasst. Die Charta der Vereinten Nationen enthält daher ein ganzes Bündel von Regelungen, nach denen die Hauptorgane (siehe Abschnitt 2.2) geeignete Neben- und Spezialorgane zur Wahrnehmung ihrer Aufgaben schaffen oder aber mit anderen Organisationen und Akteuren zusammenarbeiten können. Im Laufe der Geschichte der Vereinten Nationen ist auf diese Weise ein dichtes Geflecht von Institutionen und Kooperationsbeziehungen entstanden, für das sich die Bezeichnung UN-System eingebürgert hat und dessen Kern die Organisation der Vereinten Nationen (UNO bzw. VN) selbst bildet. Die Elemente dieses nach funktionalen und regionalen Kriterien differenzierten Systems lassen sich in zwei Kategorien unterteilen:

- *Erstens* sind es die durch die UNO selbst geschaffen, der Generalversammlung, dem Wirtschafts- und Sozialrat bzw. dem Sekretariat zugeordneten Spezialorgane, Programme und regionalen Einrichtungen,

- *zweitens* sind es die Sonderorganisationen, selbständige und durch Abkommen mit der UN verbundene Körperschaften mit eigener Rechtsnatur, die sich – so ein oft verwendetes Bild – zu einer *family of organizations* zusammenfügen.

Ergänzt wird dieses System durch vielfältige, mehr oder weniger formalisierte Verbindungen zu anderen Bereichen und Akteuren, etwa in der internationalen Zivilgesellschaft, der Wirtschaft und der Wissenschaft. So sind beim Wirtschafts- und Sozialrat mehr als 1.500 Nichtregierungsorganisationen mit Konsultativstatus registriert, auch unterhalten die Spezialorgane und Programme durchaus selbständige Kooperationsbeziehungen zu Expertengremien und staatlichen wie nichtstaatlichen Institutionen weltweit. Das so entstandene System der Vereinten Nationen ist ein dynamisches Gebilde, das stringent einzugrenzen schwerfällt und ein vollständiger Überblick über die weit verzweigten Tätigkeiten ist auch Experten kaum mehr möglich.

Mit der unterschiedlichen Rechtsnatur der beteiligten Institutionen sind zudem unterschiedliche Kompetenzen verbunden, die die vertikale Lenkung und horizontale Kooperation der in diesem System geleisteten Arbeit alles andere als leicht machen. Unübersichtlichkeit, Redundanz und zumindest partielle Ineffizienz gehören daher auch zu den am Häufigsten geäußerten Vorwürfen an die Adresse der Vereinten Nationen und des mit ihr verbundenen Systems. Dabei wird jedoch häufig zweierlei übersehen:

- *Erstens* ist dieses verschachtelte Gefüge nicht von selbst entstanden, sondern wurde durch die Entscheidungen der wichtigsten Akteure innerhalb dieses Systems, der Mitgliedstaaten, hervorgebracht. Ihrer Verantwortung unterliegt es, das, was unter anderen globalpolitischen Vorzeichen als richtig angesehen wurde, den gegenwärtigen und zukünftigen Herausforderungen anzupassen, auch wenn dabei erhebliche Interessengegensätze etwa zwischen Industrie- und Entwicklungsländern überwunden werden müssen.
- *Zweitens* ist im Laufe von fast sechs Jahrzehnten ein einzigartiges System universaler Kompetenz entstanden, das für jede der sich immer globaler entwickelnden Herausforderungen ein Forum für gemeinsame Problemanalyse und die Entwicklung von Lösungsmöglichkeiten bietet. Die Unzulänglichkeiten des Systems stünden seiner entschlossenen Nutzung durch die Mitgliedstaaten weniger

im Weg, als deren wenig stark ausgeprägter Wille zu multilateraler Kooperation.

Wenn also in der Fachliteratur vom „VN-System" oder gar von der „VN-Familie" gesprochen wird, so ist dies richtig hinsichtlich der Beschreibung des umfangreichen Netzes von Institutionen, das die VN im Laufe ihrer Geschichte ausgebildet haben. Eine solche Bezeichnung verschleiert jedoch die mangelnde Abstimmung innerhalb und zwischen diesen Netzen sowie die realen Machtstrukturen, bei denen die Mitgliedstaaten eine entscheidende Rolle spielen (Bertrand 1995: 82). Das VN-System zeichnet sich mithin durch eine „kompliziert-diffuse Struktur" aus, die „eher als Netzwerk von sehr lose miteinander gekoppelten, teils de jure, teils de facto autonom agierenden Institutionen zu kennzeichnen ist" (Hüfner 2000: 596).

2.1 Die Charta der Vereinten Nationen: Ziele und Grundsätze

Die Charta der Vereinten Nationen ist das Gründungsdokument der Weltorganisation. Sie entstand als Antwort auf das Scheitern eines schwachen, von seinen Mitgliedern kaum respektierten Völkerbundes, der den Zweiten Weltkrieg zu verhindern nicht in der Lage gewesen war. Diese Katastrophe, deren Dimensionen alle vorangegangenen Kriege in den Schatten stellte, musste zwangsläufig zum Nachdenken über eine neue Weltordnung führen, die weitere Kriege wirksam auszuschließen versuchte. Die Idee einer handlungsfähigen Organisation zur Sicherung des Friedens in einer neuen Weltordnung fand ihren prominentesten Befürworter in US-Präsident Franklin D. Roosevelt, der bereits im Sommer 1941 gemeinsam mit dem britischen Premierminister Winston Churchill in der Atlantik-Charta die Grundprinzipien einer derartigen Institution skizzierte, ohne diese freilich schon beim Namen zu nennen. Auch die Washingtoner *Declaration by United Nations* vom 1. Januar 1942, in der sich 26 Staaten auf die Prinzipien der Atlantik-Charta beriefen, kam noch ohne einen Bezug auf eine künftige Organisation aus. Erst nach der Einbeziehung der Sowjetunion und Chinas in den Kreis der hauptverantwortlichen Mächte für die neue Friedensordnung kam es zur Moskauer Erklärung der Vier Mächte, die auf die schnellstmögliche Schaffung einer allgemeinen, auf dem Prinzip der souveränen Gleichheit aller friedliebenden Staaten aufbauenden Organisation zur Aufrechterhaltung des Friedens und der internationalen Sicherheit zielte. Im Sommer 1944 einigten sich die USA, Großbritannien, die UdSSR und China während der Konferenz von Dumbarton Oaks (einem Vorort Washingtons) auf den Statutenentwurf für eine *General International Organization*, der unter Hinzuziehung Frankreichs vor allem den Vorrang der Ständigen Mitglieder in einem *Executive Council*, dem späteren Sicherheitsrat, festschrieb. Im Februar 1945 fanden die „Großen Drei", Roosevelt, Churchill und Stalin die so genannte Jalta-Formel über die Abstimmungsprozeduren im Sicherheitsrat und beschlossen, für den 25. April 1945 die Einberufung der Konferenz von San Franzisko, auf der sie ihre Übereinkünfte von Dumbarton Oaks und Jalta gegen zum Teil erheblichen Widerstand der übrigen Gründungsmitglieder weitestgehend durchsetzen konnten. Die am 26. Juni 1945 von 51 Staaten unterzeichnete Charta der Vereinten Nationen trat am 24. Oktober 1945 in Kraft.

Die Charta der Vereinten Nationen stellt in verschiedener Hinsicht einen Kompromiss dar, der nur in der existenziellen Ausnahmesituation des Zweiten Weltkriegs zustande kommen konnte. Die USA, Großbritannien und die UdSSR stellten ihre in den Verhandlungen über die Vorläuferdokumente noch deutlich zutage getretenen Auffassungsunterschiede bezüglich der Ausgestaltung der neuen Weltorganisation zurück. Sie einigten sich auf ein gemeinsam zu spielendes Großmächtekonzert, zu dem sie zwei Mitspieler kooptierten, die eher Hauptleidtragende des Krieges als seine Sieger waren. Die übergroße Mehrheit der 51 Gründungsmitglieder musste anerkennen, dass die von ihnen gewünschte funktionsfähige Weltorganisation nur um den Preis deutlicher Abstriche vom – ohnedies reichlich utopischen – Ideal der Gleichberechtigung der Mitgliedstaaten erreichbar war. Es entstand auf diese Weise ein kollektives Sicherheitssystem, das den Widerspruch zwischen der Unterwerfung der Staaten unter ein globales Friedenssicherungsregime und der Verweigerung der Großmächte, dessen Regeln für sich selbst zu akzeptieren, als einen Geburtsfehler durch die Jahrzehnte seiner Geschichte mit sich herumträgt (Grewe 1984: 755). Andererseits aber ist mit der Charta der Vereinten Nationen eine „Verfassung der Weltgemeinschaft" entstanden (Ress 1991: XLVII), die sich als robust und flexibel genug erwiesen hat, die globalen politischen Prozesse und Veränderungen in der zweiten Hälfte des 20. Jahrhunderts nicht nur zu überleben, sondern ihnen ein allgemein akzeptiertes völkerrechtliches Fundament und einen organisatorischen Rahmen zu geben. Gleichwohl ist die rechtliche Einordnung der Ziele und Grundsätze der Vereinten Nationen in der Charta in mehrfacher Hinsicht unklar oder zumindest auslegungsfähig. So ist der Grad an Verbindlichkeit bzw. die Folgen bei Verstößen gegen die Charta nicht präzise beschrieben, eine eindeutige Prioritätensetzung hinsichtlich der Ziele nicht direkt ableitbar, und auch die Kompetenzzuweisung an einzelne Organe und damit die Zuständigkeitsregelung ist interpretationsfähig.

Die in 19 Kapiteln und einer Präambel niedergelegten 111 Artikel der Charta

- binden das Verhalten der Staaten in ihrem Verkehr untereinander und in zunehmendem Maße auch in ihrer Innenpolitik an Normen und Regeln,
- klären als Organisationsstatut die rechtsgeschäftliche Fragen von den Mitgliedschaftsbedingungen bis zur Vertragsänderung,
- legen die Kompetenzen und Arbeitsweisen der Hauptorgane fest und
- grenzen die Zuständigkeiten der Organisation gegenüber den Mitgliedstaaten sowie anderen internationalen Einrichtungen ab.

In der Präambel, die erst auf der Konferenz von San Franzisko entworfen und der Charta vorangestellt wurde, werden zunächst in recht pathetischer Wortwahl allgemeine Bekenntnisse zur zukünftigen Gestalt der internationalen Beziehungen gegeben. „Wir, die Völker der Vereinten Nationen" sind fest entschlossen, „künftige Geschlechter von der Geißel des Krieges zu bewahren", den „Glauben an die Grundrechte des Menschen, an Würde und Wert der menschlichen Persönlichkeit, an die Gleichberechtigung von Mann und Frau sowie von allen Nationen, ob groß oder klein" zu bekräftigen, „Bedingungen zu schaffen, unter denen Gerechtigkeit und die Achtung vor den Verpflichtungen aus den Verträgen und anderen Quellen des Völkerrechts" gewahrt werden können sowie den „sozialen Fortschritt und einen besseren Lebensstandard in größerer Freiheit zu fördern". Für diese Zwecke will man „Duldsamkeit üben und als gute Nachbarn miteinander leben", die „Kräfte vereinen, um den Weltfrieden und die internationale Sicherheit zu wahren", Grundsätze annehmen und Verfahren einführen, „die gewährleisten, dass Waffengewalt nur noch im gemeinsamen Interesse angewendet wird" und „internationale Einrichtungen in Anspruch zu nehmen, um den wirtschaftlichen und sozialen Fortschritt aller Völker zu fördern". Die Ziele der Vereinten Nationen werden in Art. 1 der Charta in Form normativer Verpflichtungen für die Organisation wie auch für die sie tragenden Mitgliedstaaten festgelegt. Zugleich werden die grundlegenden Instrumente und Handlungsmaximen genannt, durch die diese Ziele verwirklicht werden sollen. Artikel 1 lautet: „Die Vereinten Nationen setzen sich folgende Ziele:

- den Weltfrieden und die internationale Sicherheit zu wahren und zu diesem Zweck wirksame Kollektivmaßnahmen zu treffen, um Bedrohungen des Friedens zu verhüten und zu beseitigen, Angriffshandlungen und andere Friedensbrüche zu unterdrücken und internationale Streitigkeiten oder Situationen, die zu einem Friedensbruch führen könnten, durch friedliche Mittel nach den Grundsätzen der Gerechtigkeit und des Völkerrechts zu bereinigen oder beizulegen;
- freundschaftliche, auf der Achtung vor dem Grundsatz der Gleichberechtigung und Selbstbestimmung der Völker beruhende Beziehungen zwischen den Nationen zu entwickeln und andere geeignete Maßnahmen zur Festigung des Weltfriedens zu treffen;
- eine internationale Zusammenarbeit herbeizuführen, um internationale Probleme wirtschaftlicher, sozialer, kultureller und humanitärer Art zu lösen und die Achtung vor den Menschenrechten und Grundfreiheiten für alle ohne Unterschied der Rasse, des Geschlechts, der Sprache oder der Religion zu fördern und zu festigen;
- ein Mittelpunkt zu sein, in dem die Bemühungen der Nationen zur Verwirklichung dieser gemeinsamen Ziele aufeinander abgestimmt werden."

Das Hauptziel der Vereinten Nationen ist die Wahrung des Friedens und der internationalen Sicherheit, „alle anderen Ziele haben diesem Hauptzweck zu dienen, der die Existenz der Weltorganisation letztlich alleine rechtfertigt" (Cede 1999: 14). Obwohl der Begriff des Friedens von zentraler Bedeutung für die gesamte Arbeit der Vereinten Nationen ist, er in der Charta 52 Mal verwendet wird, davon 32 Mal unter der Bezeichnung Weltfrieden (Dicke/Rengeling 1975: 15), fehlt in dem gesamten Vertragswerk seine präzise Definition. Entsprechend kontrovers ist die Diskussion um die Auslegung dieses Begriffes geführt worden, weil unterschiedliche Auffassungen von Frieden sich nachhaltig auf die Interpretation des gesamten Regelwerks der Charta auswirken und unterschiedliche Bewertungen der den Vereinten Nationen zukommenden Handlungskompetenzen nach sich ziehen (Lailach 1998: 27ff). In einer engen Auffassung des Friedensbegriffes würde sich das Spektrum möglicher Handlungen auf die Verhinderung von Krieg und Gewaltanwendung im internationalen Bereich beschränken. Doch verdeutlicht bereits der umfassende Zielkatalog des gesamten Artikel 1, dass dem Friedensbegriff der Charta eine sehr breite Auffassung von einem positiven Frieden zugrunde liegt, der Menschenwürde und Menschenrechte sowie die Schaffung sozialer Gerechtigkeit ausdrücklich in den Mittelpunkt stellt. Somit hat die UNO – anders als der Völkerbund – die Friedenssicherung bewusst und von Beginn an in engen Zusammenhang mit anderen Bereichen gestellt (Dicke 1994: 76-116). Dieser Auslegung des Friedensbegriffes entspricht auch die Praxis der Vereinten Nationen, die sich nicht nur durch die Schaffung neuer Spezialorgane, sondern stets auch durch eine ganze Vielzahl spezifischer Programme und Aktionen um die Beseitigung struktureller Ursachen von Krieg und Gewalt bemüht hat und hierin in zunehmendem Maße ihre zukünftigen Aufgaben sieht (Annan 2000). Die Entwicklung der Vereinten Nationen zu einem zentralen Interaktionsforum für die Gestaltung von *Global Governance*-Prozessen wäre bei der Orientierung an einem negativen Friedensbegriff kaum zu verwirklichen.

Andererseits stellt sich bei der Orientierung an einem positiven Friedensbegriff die Frage nach dessen Reichweite und den aus dieser abzuleitenden Rechten und Pflichten sowohl der Organisation wie auch der Mitgliedstaaten. So gerieten in der Geschichte der Vereinten Nationen und in verstärktem Maße in den 1990er Jahren immer wieder humanitäre Probleme und Fragen des Selbstbestimmungsrechts der Völker in Konflikt mit dem Souveränitätsgrundsatz und dem Interventionsverbot des Art. 2 der Charta. Randelzhofer (1991b: 1156) vertrat noch zu Beginn der 1990er Jahre die Auffassung, dass bereits die Existenz der in Art. 2 niedergelegten Grundsätze dafür spricht, dass die Staaten die Ziele der Vereinten Nationen nicht um jeden Preis zu erreichen trachteten. Demgegenüber gibt es zu Beginn des 21. Jahrhunderts – nach zahlreichen Interventionen der VN zu humanitären Zwecken – eine intensive Debatte darüber, ob der Menschenrechtsschutz und das Selbstbestimmungsrecht der Völker zumindest partiell als gleichrangig gegenüber dem Souveränitätsgrundsatz und dem Interventionsverbot betrachtet werden soll. Im Zusammenhang mit *Global Governance* ist auch die Präambel der Charta wieder in den Blick geraten. Diese enthält zwar eine Reihe von Formulierungen, die ebenfalls als Organisationsziele angesehen werden können, da sie den Mitgliedstaaten jedoch keine grundsätzlichen Verpflichtungen auferlegt (Wolfrum 1991a: 5), spielte sie in der Praxis eher eine Rolle als zusätzliche Interpretationshilfe für die Vorschriften der Charta. Die Millenniumsaktivitäten der Vereinten Nationen sind jedoch leitmotivisch unter die ersten drei Worte der Präambel „Wir die Völker" gestellt worden. Damit wurde zum Ausdruck gebracht, dass es sich bei den Vereinten Nationen nicht nur um eine Organisation zur Verwirklichung der Interessen und Anliegen der Staatenwelt handelt, sondern dass das Handeln der Staaten an die Verantwortung gegenüber den Völkern und Menschen gebunden ist, die in ihnen beheimatet sind (Gareis 2000: 32). Diese Rückbesinnung auf den ursprünglichen Daseinszweck der Organisation verdeutlicht mit Nachdruck die Orientierung an einem positiven Friedensbegriff, der Handlungskompetenzen der Vereinten Nationen auf den Gebieten der wirtschaftlichen und sozialen Entwicklung wie auch im Bereich des Menschenrechtsschutzes und der humanitären Angelegenheiten nicht nur legitimiert, sondern geradezu einfordert.

Art. 2 der Charta legt die Grundsätze fest, nach denen die Organisation gemeinsam mit ihren Mitgliedstaaten die Ziele der Vereinten Nationen verfolgen und realisieren soll. Zu diesem Zweck werden die Stellung der Mitgliedstaaten in der Organisation unter Festlegung ihrer Rechte und Pflichten geklärt, die Grundstruktur der Organisation definiert und dann die Kompetenzen der Vereinten Nationen gegenüber den Staaten abgegrenzt. Die Grundsätze werden in den sieben Ziffern des Art. 2 folgendermaßen beschrieben:

- souveräne Gleichheit aller Mitglieder der Organisation,
- Erfüllung aller mit der Charta übernommenen Verpflichtungen nach Treu und Glauben,
- Verpflichtung zur Streitbeilegung durch friedliche Mittel, so dass der Weltfriede, die internationale Sicherheit und die Gerechtigkeit nicht gefährdet werden,
- Verbot der Androhung und Anwendung zwischenstaatlicher und anderer mit den Zielen der Vereinten Nationen unvereinbarer Gewalt,
- Beistandspflicht für Maßnahmen der Organisation und Unterlassung von Beistand für Staaten, gegen die sich Vorbeugungs- und Zwangsmaßnahmen der Organisation richten,
- Verpflichtung der Organisation, dafür Sorge zu tragen, dass auch Nichtmitglieder nach den in Bezug auf den Weltfrieden und die internationale Sicherheit nach den Grundsätzen der Charta handeln,
- Ausschluss von Befugnissen der Organisation zum Eingreifen in Angelegenheiten, die ihrem Wesen nach zur inneren Zuständigkeit

eines Staates gehören, vorbehaltlich der nach Kapitel VII ergriffenen Zwangsmaßnahmen.

Nicht alle sieben Grundsätze, von denen einige in weiteren Artikeln und Kapiteln der Charta genauer spezifiziert werden, sind für die Praxis in den Vereinten Nationen gleichermaßen von Relevanz. So enthält Ziffer 2 lediglich eine nochmalige, deklaratorische Bekräftigung des alten Rechtssatzes *pacta sunt servanda* (Verträge müssen erfüllt werden). Es soll aber damit zum Ausdruck gebracht werden, dass das allgemeine völkerrechtliche Prinzip von Treu und Glauben unterstrichen wird und die Mitglieder die sich aus der Charta ergebenen Verpflichtungen ernst zu nehmen haben. Der Ziffer 6 kommt nach der faktischen Verwirklichung des Universalitätsprinzips nur mehr geringe Bedeutung zu. Die Beistandsverpflichtung nach Ziffer 5 enthält keine neuen, die Festlegungen in Ziffer 2 übersteigenden Verpflichtungen. Sie bezieht sich auf Zwangsmaßnahmen, die der Sicherheitsrat nach Kapitel VII der Charta ergreifen kann. Sie wird in Artikel 25 der Charta dahingehend präzisiert, dass die Mitglieder die Beschlüsse des Sicherheitsrates anzunehmen und umzusetzen haben. Eine Verpflichtung zur Truppenstellung bei der Durchführung militärischer Maßnahmen resultiert aus dieser Ziffer nicht, da diese Verpflichtung erst nach dem Abschluss von Sonderabkommen nach Art. 43 entstehen würde. In der Praxis beruht jedoch jedwede Abstellung nationalen Personals zu VN-Maßnahmen auf dem Freiwilligkeitsprinzip.

Hingegen gehört die in Ziff. 3 verankerte Verpflichtung zur friedlichen Streitbeilegung, die in Kapitel VI der Charta weiter spezifiziert wird und die in einer Reihe von VN-Erklärungen (siehe vor allem „Erklärung von Manila über die friedliche Beilegung von Streitigkeiten" vom 15. November 1982 und „Erklärung über die Verhütung und Beseitigung von Streitigkeiten und Situationen, die den Weltfrieden und die internationale Sicherheit bedrohen können" vom 5. Dezember 1988) immer wieder bekräftigt wurde, zu den tragenden Säulen der Vereinten Nationen. Friedliche Streitbeilegung zielt auf die umfassende und dauerhafte Beendigung von Konflikten als Voraussetzung für ein künftiges friedliches Miteinander. Die in ihrem Rahmen zur Anwendung kommenden Mittel sind weitreichender und differenzierter als die klassischen militärischen Instrumente zur Sicherheitsvorsorge. Konsensorientierung, Vertrauensbildung, Kooperation, fortschreitende Interdependenz und Verrechtlichung der Beziehungen sind die langfristig wirksamen Ansätze, die Methoden und Ziele friedlichen Streitbeilegung charakterisieren. Auf der Basis dieses Grundsatzes und in

Anlehnung an das Kapitel VI der Charta entwickelten die Vereinten Nationen ihre erfolgreichsten Instrumente zur nachhaltigen Friedenssicherung, von denen die auf dem Konsens der Streitparteien fußenden Friedensmissionen (sog. Blauhelmeinsätze) besondere Bedeutung erlangten (siehe Teil B, Abschnitt 2). Die Verpflichtung zur friedlichen Streitbelegung steht in unmittelbarem Zusammenhang mit dem Allgemeinen Gewaltverbot der nachfolgenden Ziff. 4, das zu einer zentralen zwingenden Norm des Völkerrechts geworden ist und oft als „Herzstück der Charta" bezeichnet wird (Cede 1999: 21).

Das Allgemeine Gewaltverbot ist die Antwort der Vereinten Nationen auf die gescheiterten Versuche des Völkerbundes, Krieg und Gewalt durch ein eben nur partielles Verbot aus den internationalen Beziehungen zu verbannen. Es knüpft an den Briand-Kellogg-Pakt vom 27. August 1928 an, erweitert dessen Ansatz eines Kriegsverbotes aber durch die Hinzunahme der Androhung und Anwendung von militärischer Gewalt in den Verbotsrahmen beträchtlich. Das Allgemeine Gewaltverbot ist ein Schutzrecht für alle Staaten, das in seiner umfassenden Form und in seiner Eindeutigkeit vor allem die Opferung kleinerer oder schwächerer Staaten im Dienste eines „übergeordneten Interesses an Frieden" (wie etwa im Falle der Tschechoslowakei durch das Münchner Abkommen 1938) zu verhindern sucht. Gewalt ist nach dieser Ziffer der Charta eine in den internationalen Beziehungen grundsätzlich unzulässige Option, die, wenn sie dennoch zur Anwendung kommt, besonderer Legitimation bedarf. Die beiden einzigen noch relevanten diesbezüglichen Rechtfertigungsgründe sind das in Art. 51 der Charta verankerte individuelle oder kollektive Selbstverteidigungsrecht sowie die Befugnis des Sicherheitsrates zur Anordnung militärischer Zwangsmaßnahmen bei Friedensbedrohungen und bei Angriffshandlungen gemäß Kapitel VII der Charta. Während bis zum Beginn der 1990er Jahre die Sicherheitsratspraxis auf das umstrittene Beispiel des Koreakrieges beschränkt blieb, ist die Problematik des Selbstverteidigungsrechtes hinsichtlich seiner Reichweite kontrovers diskutiert worden, etwa im Falle von Interventionen zum Schutz eigener Staatsangehöriger (z.B. Israel in Uganda 1976, USA im Iran 1980), von Präventivmaßnahmen (z.B. Israel gegen Ägypten 1976), von Vergeltungsschlägen (USA gegen Libyen 1986, USA gegen Afghanistan und Sudan 1999) oder von Versuchen zur Wiedererlangung „verlorener Territorien" (Argentinien wegen der Falkland-Inseln 1982). Mit der neuen Handlungsfähigkeit des Sicherheitsrates in den 1990er Jahren nahmen durch den Rat auf der Grundlage von Kapitel VII mandatierte Interventionen sprunghaft zu. Insbesondere die Kosovo-Krise der Jahre 1998/1999 verwies auf die Grauzone zwischen Gewaltverbot und der militärischen Intervention im Falle humanitärer Katastrophen wie Völkermord oder ethnischer Säuberungen (Varwick/Woyke 2000: 150-167). Das Allgemeine Gewaltverbot ist im Verlauf dieses Konfliktes ebenso in die Krise geraten wie das Monopol des Sicherheitsrates zur Legitimierung von Gewaltanwendung außerhalb der Selbstverteidigung. Das Allgemeine Gewaltverbot hat sich als zwingende Norm des Völkerrechts zwar behaupten können, jedoch ist die Schwelle zu seiner Durchbrechung abgesenkt worden (siehe Teil B, Abschnitt 1.1 und Teil C, Abschnitt 2.3).

Eng miteinander verbunden und das entscheidende Verfassungsprinzip der Vereinten Nationen bildend sind die Ziffern 1 und 7. Ziffer 1 stellt klar, dass die Mitgliedstaaten mit dem Beitritt zu den Vereinten Nationen ihre Souveränität keineswegs aufgeben, gerade weil sie die mit bestimmten Regelungen der Charta verbundenen Einschränkungen ihrer Hoheitsrechte freiwillig auf sich nehmen und diese Beschränkungen nicht an den Kern der Verfassungshoheit der Mitgliedstaaten heranreichen (Randelzhofer 1991: 34). Zudem betont es den Grundsatz der souveränen Gleichheit aller VN-Mitglieder, das einem tragenden Prinzip des Völkerrechts entspricht. Das Interventionsverbot der Ziffer 7 ergibt sich aus dem Souveränitätsgrundsatz. Es bildet ein Schutzrecht der Staaten gegenüber Eingriffen von Seiten der Organisation in Fragen, die „ihrem Wesen nach zur inneren Zuständigkeit eines Staates" gehören. Eine Einschränkung dieses Schutzrechtes findet sich nur bezüglich der Zwangsmaßnahmen, die die Organisation zur Wahrung des Weltfriedens durchführen darf. Hier treten Souveränitätsgrundsatz und Interventionsverbot hinter das kollektive Interesse an Frieden zurück. Die Reichweite der Souveränitätseinschränkungen, die aus dem Beitritt zu den Vereinten Nationen resultieren, gehören ebenso wie die Kompetenzen deren handelnder Organe bei der Auslegung der entsprechenden Vorschriften zu den umstrittensten Fragen im Verhältnis zwischen Organisation und Mitgliedstaaten. Dies gilt umso mehr, als es sich bei den Vereinten Nationen nicht um eine internationalen Gesetzen verpflichtete „Weltregierung" oder ein „Weltgericht" handelt, sondern um einen politischen Zusammenschluss, in dessen Entscheidungen politische Opportunitätserwägungen dominieren.

Galt es in der Praxis der Vereinten Nationen stets als mit dem Interventionsverbot vereinbar, auch innere Vorgänge in einem Mitgliedsland zu diskutieren und entsprechende Empfehlungen auszusprechen, lieferte der Sicherheitsrat mit seinen Sanktionen gegen Südrhodesien und Südafrika bereits in den 1960er bzw. 1970er Jahren zwei nachdrückliche Beispiele für eine Überwindung der Interventionsschranke zum Schutz der Menschenrechte. In beiden Fällen begründete der Sicherheitsrat sein Eingreifen mit der Gefährdung des Weltfriedens durch die innerstaatlichen Vorgänge in den betroffenen Ländern. Beginnend mit der so genannten „Kurdenresolution" (Res. 688 vom 5. April 1991) vergrößerte der Sicherheitsrat im Laufe der 1990er Jahren systematisch seine Kompetenzen zur Durchführung bzw. Autorisierung von Interventionen zu humanitären Zwecken sowie im Falle von Bürgerkriegen. Dabei wurden nicht nur eine Reihe neu geschaffener Instrumente von Straftribunalen bis hin zu vollständigen Übergangsadministrationen zum Einsatz gebracht, sondern beschlossene Maßnahmen auch mit militärischen Mitteln durchgesetzt. Der Erweiterung des Sicherheitsbegriffes und der Auffassung von internationaler Sicherheit folgte eine dynamische Fortentwicklung bzw. Neudefinition zentraler Grundsätze der Charta. „Die Schwierigkeit, im konkreten Einzelfall präzise abzugrenzen, was nach dem gegenwärtigen Stand der internationalen Beziehungen dem ausschließlichen Hoheitsbereich der Staaten zuzuordnen ist, in den sich weder die VN noch andere Staaten einmischen dürfen, rührt daher, dass sich die diesbezüglichen Vorstellungen in den letzten 50 Jahren grundlegend gewandelt haben" (Cede 1999: 24). Zwar bleibt das Prinzip der Staatensouveränität im Kern weiterhin unbestritten, doch sind die *domaines reservées* der Mitgliedstaaten deutlich kleiner geworden. Es bleibt offen, ob diese Entwicklung bereits als eine Veränderung der Grundsätze hin zu einer „Weltinnenpolitik" angesehen werden kann. Die seit mehr als zehn Jahren praktizierte weitreichende Auslegung insbesondere der Ausnahmeregel der Ziff. 7 verweist aber auf eine voranschreitende Erosion staatlicher Souveränität vor allem in humanitären Belangen und der Anwendung innerstaatlicher Gewalt.

2.2 Die Hauptorgane: Kompetenzen, Arbeitsweisen, Entscheidungsfindung

Das System der Vereinten Nationen besteht – wie bereits angedeutet – aus verschiedenen, zum Teil selbstständigen, dezentralen Organisationen und Programmen mit jeweils eigenen Satzungen, Mitgliedschaften, Strukturen und Haushalten. Gemäß der Charta hat sich die Kernorganisation im System der Vereinten Nationen, die eigentliche internationale Organisation „Vereinte Nationen" in Art. 7 sechs Hauptorgane gegeben, die für die Entscheidungsprozesse maßgeblich sind. Zusammensetzung, Kompetenzen und Fragen der Entscheidungsfindung werden in je eigenen Kapiteln geregelt, während die Arbeits- und Verfahrensweisen in den jeweiligen Geschäftsordnungen festgelegt sind. Die sechs Hauptorgane sind:

- die Generalversammlung (Kapitel IV der Charta),
- der Sicherheitsrat (Kapitel V der Charta),
- der Wirtschafts- und Sozialrat (Kapitel X der Charta),
- der Treuhandschaftsrat (Kapitel XIII der Charta),
- der Internationale Gerichtshof (Kapitel XIV der Charta) und
- das Sekretariat (Kapitel XV der Charta).

Mit Ausnahme des Internationalen Gerichtshofs in Den Haag haben alle Hauptorgane ihren Sitz in New York. Art. 7, Abs. 2 ermöglicht es den Hauptorganen, die Neben- und Hilfsorgane zu bilden, die sie für die Erfüllung ihrer Aufgaben als notwendig erachten. Dies ist ein Recht, von dem die Hauptorgane regen und vielfältigen Gebrauch machen, so dass Neben- und Hilfsorgane als Kommissionen, Ausschüsse, ständige Konferenzen, Fonds, Büros, Hochkommissare oder Missionen weltweit hundertfach im Einsatz sind. Diese abgeleiteten Strukturen sind organisch gewachsen und haben sich im Laufe der Zeit von der satzungsgemäß vorgesehenen Organisationsstruktur in unterschiedlichem Maße emanzipiert, und die abgeleiteten Organe weisen dementsprechend „verschiedene Eigenheiten etwa hinsichtlich ihres Aufbaus, dem Grade ihrer Abhängigkeit von den Hauptorganen und ihrer Finanzierung auf" (Trauttmansdorff 1999: 26).

Der Charakter der Vereinten Nationen als einer zwischenstaatlichen Einrichtung kommt in der Zusammensetzung ihrer Hauptorgane zum Ausdruck. Die zu politischen Entscheidungen befugten Organe werden durch weisungsgebundene Delegationen der Mitgliedstaaten gebildet, während im Sekretariat und im Internationalen Gerichtshof VN-eigene Mitarbeiter bzw. unabhängige Richter tätig sind. Die Stellung der Hauptorgane in der Organisation ist ebenso wie ihr Verhältnis zueinander grundsätzlich durch entsprechende Vorschriften in der Charta geregelt. Allerdings haben sich in der Praxis der Vereinten Nationen z.T. Veränderungen der Rolle und Bedeutung einzelner Hauptorgane ergeben, so dass die aktuelle Konstellation auch das Ergebnis der historischen Entwicklung der Organisation darstellt. Die Hauptorgane der Vereinten Nationen mit ihren Zuständigkeiten und

Kompetenzen sind in einer ganzen Fülle von Darstellungen und Analysen erschöpfend behandelt worden (siehe die betreffenden Beiträge in Simma 1991, Unser 1997: 36-144, Hüfner 1995, United Nations Department of Public Information 1998: 3-64; knapper Überblick bei Varwick 2000a: 497-500), so dass an dieser Stelle lediglich skizzenhaft auf ihre Funktionen innerhalb der Organisation und ihr Verhältnis zueinander eingegangen wird.

Übersicht 3: Die Organe der Vereinten Nationen

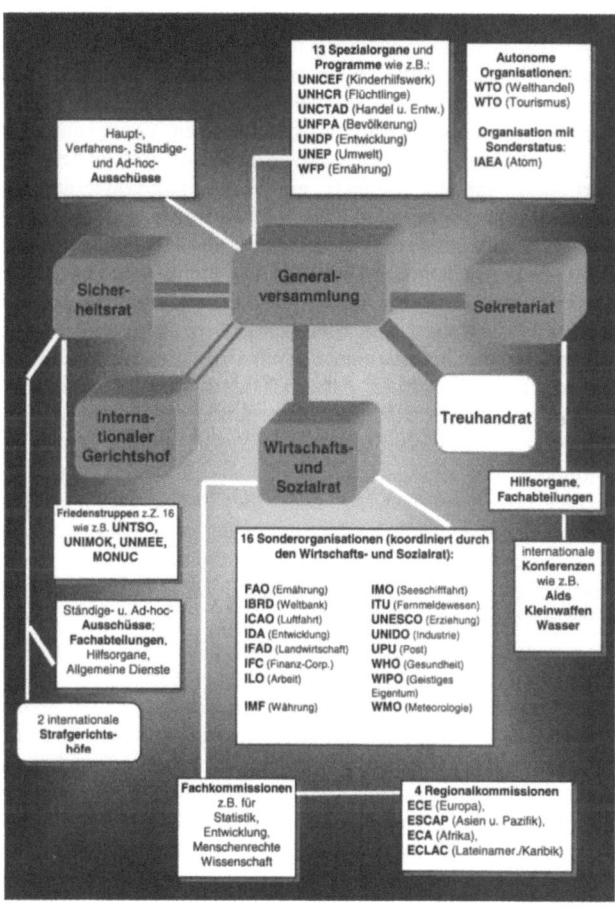

Die Generalversammlung bildet das organisatorische Zentrum der Vereinten Nationen. In ihr sind als einzigem Hauptorgan alle Mitgliedstaaten der Organisation nach dem Prinzip „Ein Staat – eine Stimme" gleichberechtigt vertreten. Die Vertretung der Mitglieder wird durch Delegationen von bis zu fünf Repräsentanten der jeweiligen Regierungen wahrgenommen. Ohne Stimmrecht, aber durchaus aktiv, wirken Beobachter an der Arbeit der Generalversammlung mit. Beobachter sind vor allem Staaten, die den Vereinten Nationen nicht als Mitglied angehören, Sonderorganisationen auf der Grundlage entsprechender Abmachungen, sowie andere internationale Organisationen und nationale Befreiungsorganisationen gemäß besonderer Beschlüsse der Generalversammlung. Der häufigen Verwendung dieses Begriffes zum Trotz ist die Generalversammlung alles andere als ein Weltparlament, sondern vielmehr ein Forum intergouvernementaler Konsultation und Kooperation. Die Arbeit der Generalversammlung vollzieht sich zum großen Teil in ihren sechs Hauptausschüssen, in denen die Entscheidungen im Plenum vorbereitet werden. In diesen Hauptausschüssen sind wie in der Generalversammlung selbst alle Mitgliedstaaten vertreten. Die Hauptausschüsse befassen sich derzeit mit Abrüstung und Internationaler Sicherheit (1. Ausschuss), Wirtschafts- und Finanzfragen (2. Ausschuss), sozialen, humanitären und kulturellen Angelegenheiten (3. Ausschuss), speziellen politischen und Fragen der Dekolonisation (4. Ausschuss), organisationsinternen Verwaltungs- und Budgetangelegenheiten (5. Ausschuss) sowie Rechtsfragen (6. Ausschuss) auf dem jedes Thema von internationalem Belang diskutiert und mit Empfehlungen versehen werden kann. Diese Grundstruktur der Generalversammlung wird durch eine Vielzahl von Neben- und Hilfsorganen ergänzt, die je nach Bedarf unbegrenzt eingesetzt werden können.

Die Generalversammlung beginnt ihre jährliche Sitzung Anfang September eines jeden Jahres mit den Wahlen ihrer Leitungsgremien und der zumeist von den Außenministern der Mitglieder geführten Generaldebatte. Endeten die Sitzungsperioden früher meist in der dritten Dezemberwoche, tagt die Generalversammlung seit längerer Zeit fast während des ganzen Jahres. Entscheidungen der Generalversammlung bedürfen in der Regel der einfachen Mehrheit, für wichtige Fragen (die in Art. 18, Abs. 2 aufgezählt sind) wie die Wahl nichtständiger Mitglieder des Sicherheitsrates oder die Aufnahme bzw. der

Ausschluss von Mitgliedern ist eine Zwei-Drittel-Mehrheit vorge-schrieben. Gegenüber den förmlichen Abstimmungen hat sich in den vergangenen Jahren die Zahl der im Konsens bzw. durch Akklamation angenommenen Resolutionen stark vergrößert, so dass über die über-wiegende Zahl der Beschlüsse ohne formale Abstimmung im Kon-sensverfahren entschieden wird. Bezüglich der politischen Arbeit der Generalversammlung können interne und externe Kompetenzen unter-schieden werden. Während die Generalversammlung in die Organisa-tion hinein quasi als „Gesetzgeber" wirkt und verbindliche Entschei-dungen treffen kann, die andere Hauptorgane (z.B. das Sekretariat) und die subsidiären Organe binden (etwa im Bereich Haushalt), fehlt ihr bezüglich ihrer externen Zuständigkeit eine derartige Befugnis. Die Empfehlungen erzeugen keine völkerrechtlich verbindliche Wir-kung und haben somit keinen Anspruch auf Befolgung durch die Mit-gliedstaaten. Der umfassenden Erörterungskompetenz entspricht „kei-ne korrespondierende Befugnis zur Fassung verbindlicher Beschlüsse. Von der Satzung her besitzt die Generalversammlung lediglich eine Kompetenz zur Abgabe von Empfehlungen in allen von ihr zu behan-delnden Angelegenheiten" (Trauttmansdorff 1999: 28). Die Ermächti-gung in Art. 10 erlaubt jedoch der Generalversammlung unter Berück-sichtigung einer Reihe von Spezifikationen in nachfolgenden Artikeln, sich mit praktisch jeder Frage von internationaler Bedeutung zu befas-sen. Die wichtige Einschränkung des Art. 12, nach der die General-versammlung keine Empfehlungen abgeben darf, solange der Sicher-heitsrat mit einer Angelegenheit befasst ist, hat allerdings in der Praxis an Bedeutung verloren. Auch wenn der Generalversammlung harte In-strumente wie Sanktionen fehlen, bedeutet dies nicht, dass ihre Ent-scheidungen und Erklärungen ohne Wirkung bleiben. Öffentlicher Druck hat zusammen mit der politischen und moralischen Autorität der Weltgemeinschaft zahlreichen Erklärungen und Empfehlungen der Generalversammlung zu universeller Akzeptanz verholfen und die Entwicklung politischer und rechtlicher Standards weltweit vorange-bracht. Weitere Instrumente der Generalversammlung zur Erzeugung öffentlicher Aufmerksamkeit in Fragen des Weltfriedens und der In-ternationalen Sicherheit sind ihre Notstandssondersitzungen, die sich in Situationen der Handlungsunfähigkeit des Sicherheitsrates mit akuten Krisen und Konflikten befassen. Dieses Recht zur Überwin-dung eines unbedingten Vorrangs des Sicherheitsrates geht auf die *Uniting-for-Peace-Resolution* vom 3. November 1950 zurück, als sich die Generalversammlung der Korea-Frage annahm. Was im Jahre 1950 noch eine Zuspitzung des Verhältnisses zwischen Generalversammlung und Sicherheitsrat gleichkam, hat sich zu einem akzeptierten Miteinander zwischen beiden Hauptorganen entwickelt. Dies kommt bereits darin zum Ausdruck, dass sechs von bislang zehn Notstandssondersitzungen vom Sicherheitsrat einberufen worden sind. Diese besondere Form von Sitzungen, deren bislang letzte im April 1997 auf Antrag von Qatar zur Frage der israelischen Besatzungspolitik in den palästinensischen Autonomiegebieten einberufen wurde, bleibt Situationen vorbehalten, in denen ein Tätigwerden des Sicherheitsrates nach Kapitel VII wegen der Blockade durch ein Veto eines Ständigen Mitgliedes nicht möglich ist. Die Beschlüsse der Generalversammlung bleiben allerdings auch in Notstandssituationen auf Empfehlungen beschränkt, so dass Zwangsmaßnahmen unterbleiben. Aus dieser Konstellation heraus entstand im Zuge der ersten Notstandssondersitzung im November 1956 zur Suez-Krise aufgrund von Empfehlungen der Generalversammlung und unter Zustimmung der Konfliktparteien mit der *United Nations Emergency Force* (UNEF I) nicht nur die erste Friedenstruppe der Vereinten Nationen, sondern wurden die Standards für ein neues und lange Zeit erfolgreiches neues Friedenssicherungsinstrument entwickelt (siehe Teil B, Abschnitt 2). Auf Ersuchen der Generalversammlung können schließlich Sondertagungen einberufen werden, die sich einem besonders aktuellen Thema widmen.

Der Sicherheitsrat

Der Sicherheitsrat besteht aus 15 Mitgliedstaaten der Vereinten Nationen, wobei die USA, Großbritannien, Frankreich, Russland und die Volksrepublik China dem Rat als Ständige Mitglieder angehören. Die Volksrepublik China trat im Oktober 1971 die Nachfolge der aus den Vereinten Nationen ausgeschlossenen Republik China (Taiwan) an, Russland setzt seit Dezember 1991 die Mitgliedschaft der aufgelösten Sowjetunion fort. Die zehn Nichtständigen Mitglieder werden von der Generalversammlung für eine je zweijährige Amtszeit gewählt, wobei eine unmittelbare Wiederwahl ausgeschlossen ist. Da jedes Jahr fünf Nichtständige Mitglieder bestimmt werden, ändert der Rat seine Zusammensetzung jährlich. Mit der zum Januar 1966 in Kraft getretenen Erhöhung der Zahl der Nichtständigen Mitglieder von sechs auf zehn wurde zudem eine angemessene geographische Verteilung der Sitze gefordert. In der Praxis des Sicherheitsrates hat sich ein Regionalschlüssel eingespielt, nach dem stets drei Staaten aus der afrikanischen, je zwei aus der asiatischen und lateinamerikanischen, ein Staat aus der osteuropäischen Regionalgruppe sowie zwei Länder aus der Gruppe der westeuropäischen und anderen Staaten im Sicherheitsrat vertreten sind. Deutschland war bisher dreimal Nichtständiges Mitglied (in den Perioden 1977/78, 1987/88 und 1995/96).

Die Arbeitsweise des Sicherheitsrates ist in seiner noch immer vorläufigen Geschäftsordnung geregelt. Er ist so organisiert, dass er seine Aufgaben jederzeit wahrnehmen kann, so dass jedes seiner Mitglieder durchgängig am Hauptsitz der Organisation vertreten sein muss. Der Präsident beruft Sitzungen ein, wann immer er dies für erforderlich hält, oder wenn ein Ratsmitglied, die Generalversammlung, ein Mitgliedstaat der Vereinten Nationen oder der Generalsekretär die Aufmerksamkeit des Rates auf einen Sachverhalt lenkt. Die Geschäftordnung fordert, dass zwischen zwei Sitzungen des Rates nicht mehr als vierzehn Tage verstreichen dürfen. In der Praxis tritt der Sicherheitsrat fast täglich, häufig mehrfach an einem Tag zusammen. Die Präsidentschaft des Sicherheitsrates wechselt im monatlichen Rhythmus unter den Mitgliedern in der alphabetischen Reihenfolge der englischen Staatsbezeichnungen. Beschlüsse des Sicherheitsrates kommen zustande, wenn neun der fünfzehn Mitglieder zustimmen. Art. 27 unterscheidet allerdings zwischen Verfahrensfragen und „allen sonstigen Fragen". Für die letzteren wird zusätzlich das Erfordernis der Zustimmung sämtlicher Ständiger Mitglieder aufgestellt (Art. 27, Abs. 3), wodurch deren Möglichkeit begründet wird, eine Beschlussfassung durch ihr Einzelveto zu verhindern. Die Stimmenthaltung eines Ständigen Mitglieds behindert das Zustandekommen eines Beschlusses nicht. Zur Wahrnehmung seiner Aufgaben kann der Sicherheitsrat Nebenorgane bilden (Art. 29), die derzeit in drei Kategorien unterschieden werden können:

- Ausschüsse (Generalstabsausschuss, Geschäftsordnung, Ausschuss für die Aufnahme neuer Mitglieder sowie Ad-hoc-Ausschüsse für die Durchführung der vom Sicherheitsrat verhängten Sanktionen),
- Friedensmissionen und die
- Straftribunale für das ehemalige Jugoslawien und Ruanda.

Der Sicherheitsrat ist das mit Abstand mächtigste der sechs Hauptorgane der Vereinten Nationen und auch im gesamten Bereich der internationalen Politik ein einzigartiges Instrument. Die Charta weist ihm die Hauptverantwortung für den Weltfrieden und die Internationale Sicherheit (Art. 24) zu und verleiht ihm weitreichende Kompetenzen bei der Wahrnehmung dieser Verantwortung. So kann er im Rahmen der friedlichen Beilegung von Streitigkeiten (Kapitel VI der Charta) jede Situation untersuchen (Art. 34) und in jedem Stadium einer Streitigkeit Empfehlungen zu deren friedlicher Erledigung aussprechen (Art. 36ff). Unter den Vorzeichen des Kapitels VI bleibt die Rolle des Sicherheitsrates beratend bzw. moderierend. Kapitel VII der Charta regelt dagegen die Ausübung von Zwang durch den Sicherheitsrat. Hierzu muss er nach Art. 39 feststellen, ob eine Situation eine Bedrohung oder einen Bruch des Friedens bzw. eine Aggressionshandlung darstellt. Gelangt der Sicherheitsrat zu einer solchen Feststellung, kann er geeignete Maßnahmen zur Beendigung dieser Situation empfehlen. Er kann aber auch Maßnahmen zur zwangsweisen Durchsetzung seiner Beschlüsse ergreifen. Nach Art. 41 kann es sich dabei in einem stufenförmigen Verfahren um nichtmilitärische – vor allem wirtschaftliche – Sanktionen handeln, nach Art. 42 können auch militärische Maßnahmen zur Friedenserzwingung angeordnet werden. Für die Durchführung von Zwangsmaßnahmen unter seiner Autorität kann der Sicherheitsrat regionale Abmachungen wie etwa die OSZE in Anspruch nehmen (Kapitel VIII, Art. 53). Gemäß Art. 25 müssen alle Mitgliedstaaten der Vereinten Nationen die Beschlüsse des Sicherheitsrates annehmen und umsetzen. Die besondere Stellung des Sicherheitsrates kommt auch durch seine Befugnisse innerhalb der Organisation zum Ausdruck, durch die eine Reihe wichtiger Entscheidungen vor allem der Generalversammlung an ein vorangehendes Votum des Rates gebunden wird. Dies betrifft vor allem die Aufnahme und den Ausschluss von Mitgliedern sowie die Wahl des Generalsekretärs und der Richter des Internationalen Gerichtshofes.

Muss bereits die aus ständiger Ratsmitgliedschaft und Veto-Recht resultierende doppelte Privilegierung von fünf Staaten überaus problematisch für den Grundsatz der souveränen Gleichheit aller VN-Mitglieder betrachtet werden, hat die Ausübung des Veto-Rechts zu einer jahrzehntelangen faktischen Lähmung des Sicherheitsrates geführt, so dass es zeitweilig zu Kompetenzkonflikten mit der Generalversammlung und für einen langen Zeitraum zu einer Gewichtverlagerung hin zu dieser kam. Erst als sich mit der Ost-West-Annäherung Mitte der achtziger Jahre und dem Ende der bipolaren Weltordnung zu Beginn der 1990er Jahre die Kooperationsbereitschaft zwischen den Ständigen Mitgliedern deutlich verbesserte, erlangte der Sicherheitsrat seine Handlungsfähigkeit zurück. Formale Vetos wurden zur seltenen Ausnahme. Obwohl die Drohung mit einem Veto in den Konsultationen des Sicherheitsrates weiterhin zur Normalität gehört, konnte der

Sicherheitsrat auch in neuen und schwierigen Situationen wie beispielsweise in Bürgerkriegsfällen Entscheidungen treffen und sein Instrumentarium weiterentwickeln. Zum Ende der 1990er Jahre geriet der Sicherheitsrat jedoch wiederum in eine Autoritätskrise und lief Gefahr, sein Monopol auf die Legitimation von Gewaltanwendung zu verlieren. Auch wenn letztlich alle Probleme der Wahrung des Friedens und der internationalen Sicherheit im Zuständigkeitsbereich des Sicherheitsrates behandelt wurden, bleibt festzuhalten, dass dies in einer Reihe von Fällen nicht mehr unter seiner Autorität geschah. Vor allem im Falle des ehemaligen Jugoslawiens waren es regionale Arrangements, die die Vorlagen erarbeiteten, die der Rat dann nur noch in Resolutionen umzusetzen hatte. Die Zukunft des Sicherheitsrates als Zentrum eines effektiven kollektiven Sicherheitssystems auf der Grundlage der Charta wird daher vor allem von seiner Reform und der Unterstützung seiner Arbeit durch die Mitgliedstaaten abhängen.

Der Wirtschafts- und Sozialrat

Der Wirtschafts- und Sozialrat, für den sich auch im deutschen Sprachgebrauch seine englische Abkürzung ECOSOC (*Economic and Social Council*) eingebürgert hat, umfasst nach einer Erweiterung in zwei Schritten 54 Mitglieder, die von der Generalversammlung gewählt werden. Seiner Hauptaufgabe, gemeinsam mit der Generalversammlung für die in Kapitel IX der Charta genannten Aufgaben auf wirtschaftlichen und sozialem Gebiet Verantwortung zu tragen, entspricht der Regionalschlüssel für seine Zusammensetzung, nach dem die Entwicklungsländer überproportional vertreten sind. 14 Mitglieder stammen aus der afrikanischen, elf aus der asiatischen, zehn aus der lateinamerikanischen und sechs aus der osteuropäischen Regionalgruppe, 13 aus der Gruppe der westeuropäischen und anderen Staaten. In jedem Jahr wird ein Drittel der Mitglieder für eine dreijährige Amtszeit bestimmt. Da eine unmittelbare Wiederwahl möglich ist, sind einige Staaten über längere Zeiträume bzw. als quasi-ständige Mitglieder im ECOSOC vertreten. Seit 1997 tritt der ECOSOC jährlich einmal zu einer vierwöchigen Sitzungsperiode zusammen, zu der er auch Nichtmitglieder, Vertreter von Sonderorganisationen oder von der Generalversammlung anerkannte Befreiungsorganisationen als Beobachter mit Vorschlags- aber ohne Stimmrecht einladen kann. Nach Art. 63 kann der ECOSOC, der auch das Bindeglied zu den Sonderorganisationen mit eigener Mitgliedschaft darstellt, in den Bereichen Wirtschaft, Sozialwesen, Kultur, Erziehung, Gesundheit und verwandten Gebieten tätig werden.

Ein Großteil der Arbeit des ECOSOC wird durch seine zahlreichen Nebenorgane geleistet, was ihm den Vorwurf eines gewissen „organisatorischen Wildwuchses" (Trauttmansdorff 1999: 38) eingebracht hat. Diese umfassen neun funktionale Kommissionen, unter ihnen die in Genf tagende Menschenrechtskommission, die Kommission für die Rechtsstellung der Frau, für Verbrechensverhütung und Strafrechtspflege, für nachhaltige Entwicklung, soziale Entwicklung, Bevölkerung und Entwicklung, fünf regionale Wirtschaftsorganisationen, vier ständige Ausschüsse, die die laufenden Arbeiten zwischen den Sitzungsperioden leisten, sowie eine ständig wechselnde Zahl von Arbeitsgruppen und Expertengremien zu spezifischen Fragen. Bedeutsam sind zudem die fünf regionalen Wirtschaftskommissionen. Zudem steht der ECOSOC in ständiger Kooperation mit einer Reihe von Spezialorganen und unterhält Konsultativbeziehungen mit mehr als 1.500 Nichtregierungsorganisationen. Gemäß der in Art. 1, Ziff. 3 niedergelegten Ziele der Vereinten Nationen und der in Art. 55 genannten Anliegen befasst sich der ECOSOC vornehmlich mit Fragen der Entwicklung in den armen Ländern (siehe Teil D, Abschnitt 1). Seine Befugnisse sind dabei allerdings begrenzt und unterliegen der Autorität der Generalversammlung, zu deren „Hilfsorgan" (Verdross/Simma 1984: 110) der ECOSOC mehr und mehr geworden ist. Zudem hat die Generalversammlung mit der Schaffung von Spezialorganen wie dem Entwicklungsprogramm (UNDP) oder der Konferenz für Handel und Entwicklung (UNCTAD) dem ECOSOC weitere Kompetenzen im Entwicklungsbereich entzogen, so dass ihm außer im Bereich der Menschenrechte kaum operative Betätigungsfelder bleiben (siehe Teil C und D).

Der Treuhandschaftsrat

Der Treuhandschaftsrat ist das einzige Hauptorgan der Vereinten Nationen, das seine Arbeit suspendiert hat, so geschehen nach der Entlassung des letzten Treuhandgebietes in die Unabhängigkeit (Palau am 1.10.1994). Das Treuhandsystem der Vereinten Nationen (Kapitel XII) und die Einrichtung des Treuhandschaftsrats (Kapitel XIII) geht auf die Mandatspraxis des Völkerbundes zurück, durch die koloniale Besitzungen des Deutschen und des Osmanischen Reiches nach dem Ende des Ersten Weltkrieges Mandatsstaaten zur Verwaltung übergeben wurden. Bezog sich das Mandatssystem des Völkerbundes ausschließlich auf ehemalige Feindgebiete, erweiterte das in der Charta der Vereinten Nationen geschaffene Treuhandsystem den Kreis der in Frage kommenden Gebiete. Als mögliche Treuhandgebiete galten nach Art. 77 der Charta die zur Zeit des Inkrafttretens der UN-Charta bestehenden Mandatsgebiete, die von Feindstaaten während des Zweiten Weltkriegs abgetrennten Gebiete sowie die von den für sie verantwortlichen Staaten freiwillig dem Treuhandsystem unterstellten Territorien. Für die letzte Kategorie allerdings gab es in der Geschichte des Treuhandsystems kein Beispiel. Grundlage für die Wahrnehmung der Treuhandschaft waren Treuhandverträge, deren Einhaltung durch den Treuhandschaftsrat zu überwachen war. Dem Treuhandschaftsrat gehörten die Mitgliedstaaten, die Treuhandgebiete verwalteten, die Ständigen Mitglieder des Sicherheitsrates sowie weitere VN-Mitglieder in der Zahl an, die erforderlich war, um eine Parität zwischen Treuhändern und Nicht-Treuhändern herzustellen (Art. 86). Mit der schrittweisen Entlassung der insgesamt elf Treuhandgebiete reduzierte sich die Zahl der Mitglieder immer weiter, so dass zum Zeitpunkt der Beendigung seiner Arbeit allein die Ständigen Mitglieder des Sicherheitsrates im Treuhandschaftsrat vertreten waren. Eine Streichung der Kapitel XII und XIII aus der Charta ist bislang nicht erfolgt. Auch eine Übertragung neuer Aufgaben auf den Rat ist trotz einiger Überlegungen, ihn etwa mit der Verwaltung von zusammenbebrochenen Staaten (*failed states*) zu betrauen, nicht erfolgt.

Der Internationale Gerichtshof

Der Internationale Gerichtshof (IGH) in Den Haag ist das aus 15 unabhängigen Richtern bestehende Hauptrechtsprechungsorgan der Vereinten Nationen (Art. 92). Die Richter werden in einem gemeinsamen Verfahren durch Sicherheitsrat und Generalversammlung bestimmt. Seine Befugnisse und Zuständigkeiten sind im Kapitel XIV der Charta wie auch in einem eigenen Statut verankert. Dieses Statut, das im Wesentlichen dem des Ständigen Internationalen Gerichtshofes des Völkerbundes entspricht, ist integraler Bestandteil der Charta, so dass jedes Mitgliedsland mit dem Beitritt zu den Vereinten Nationen automatisch Vertragspartei des IGH wird. Ferner können Nichtmitglieder der VN dem Statut beitreten, wie dies etwa die Schweiz bereits 1948 getan hat, oder aber sich generell bzw. im Einzelfall der Zuständigkeit des Gerichts unterwerfen. Parteien vor dem IGH können nur Staaten sein (Art. 34, Abs. 1 des IGH-Statuts), im Gegensatz zu zwei anderen Gerichtshöfen, die ihren Sitz ebenfalls in Den Haag haben bzw. nehmen werden: Vor dem 1993 als Nebenorgan durch den Sicherheitsrat geschaffenen Straftribunal für die Verbrechen im ehemaligen Jugoslawien werden Individuen zur Verantwortung gezogen. Gleiches gilt für den Internationalen Strafgerichtshof, der nach dem Inkrafttreten seines 1998 verabschiedeten Statuts eine allgemeine Zuständigkeit für die Verfolgung gravierender internationaler Verbrechen gegen die Menschlichkeit haben wird.

Die Rolle des IGH kann nicht mit der eines innerstaatlichen Gerichts verglichen werden. Es gibt keinen Rechtssatz im Völkerrecht, aus dem eine obligatorische internationale Gerichtsbarkeit gefolgert werden könnte (Kimminich 1997: 526). Vielmehr erfordert es der genossenschaftliche Charakter des Völkerrechts, dass der Unterwerfung unter ein internationales Gericht eine entsprechende Parteienvereinbarung vorausgeht. Fehlt diese Bereitschaft auch nur eines Staates, kann der IGH in einer Streitsache nicht tätig werden. Auch binden die Urteile des IGH nur die betroffenen Parteien in der verhandelten Streitsache, eine allgemeine Wirkung entfaltet seine Rechtssprechung nicht. Mit der so genannten Fakultativklausel des Art. 36, Abs. 1 können sich Staaten zwar uneingeschränkt oder vorbehaltlich bestimmter Bedingungen allgemein der Zuständigkeit des IGH in Fragen einer Vertragsauslegung, des Völkerrechts, der Verletzung internationaler Verpflichtungen sowie der aus diesen resultierenden Wiedergutmachungen unterwerfen. In der Praxis hat jedoch nur eine Minderheit der Staaten Erklärungen auf der Basis dieser Fakultativklausel beim VN-Generalsekretär hinterlegt, so dass eine Entwicklung hin zur Ausübung einer obligatorischen internationalen Gerichtsbarkeit durch den IGH nur schwer vorstellbar bleibt. Mit 65 Urteilen in über fünf Jahrzehnten hat der IGH keine allzu aktive Rolle in der internationalen Politik gespielt, durch seine Entscheidungen und seine 23 Rechtsgutachten jedoch in den von ihm behandelten Gebieten maßgebliche Arbeit bei der Fortentwicklung des Völkerrechts geleistet. Seine Bedeutung liegt in seiner besonderen Stellung als „universelles Rechtsprechungsorgan und der daraus fließenden Autorität seiner Rechtsprechung" (Trauttmansdorff 1999: 50f). Zudem ist er immerhin die einzige internationale gerichtliche Instanz, die ohne Beschränkung auf ein spezifisches Vertragssystem das Völkerrecht auslegen kann.

Das Sekretariat ist das Hauptadministrationsorgan der Vereinten Nationen. Gemäß Art. 97 der Charta besteht es aus dem Generalsekretär sowie den sonstigen von der Organisation benötigten Bediensteten. Der Generalsekretär wird auf Vorschlag des Sicherheitsrats durch die Generalversammlung gewählt. Keines der beiden Organe hat somit die alleinige Möglichkeit, über die Ernennung eines Kandidaten zu entscheiden. Seit einem entsprechendem Beschluss der Generalversammlung aus dem Jahre 1946 beträgt die Amtszeit des Generalsekretärs fünf Jahre mit der Möglichkeit einer einmaligen Wiederwahl. Mit Ausnahme von Generalsekretär Boutros Boutros-Ghali, dessen Wiederwahl im November 1996 durch ein Veto der USA im Sicherheitsrat verhindert wurde, wurden alle Generalsekretäre für eine zweite Amtszeit bestätigt.

Übersicht 4: Die bisherigen Generalsekretäre der VN

Amtszeit	Name	Herkunftsland
1946-1953	Trygve Lie	Norwegen
1953-1961	Dag Hammarskjöld	Schweden
1961-1971	Sithu U Thant	Birma
1972-1981	Kurt Waldheim	Österreich
1982-1991	Javier Perez de Cuéllar	Peru
1991-1996	Boutros Boutros-Ghali	Ägypten
seit 1997	Kofi Annan	Ghana

An der Spitze des hierarchisch gegliederten Sekretariats steht seit Januar 1997 Kofi Annan aus Ghana, dessen Amtszeit im Juni 2001 bis zum Jahr 2006 verlängert wurde. Das Sekretariat ist in Büros (*branches, divisions*) und Hauptabteilungen (*departments*) gegliedert, wobei Letztere von Untergeneralsekretären und beigeordneten Generalsekretären geleitet werden. Im März 1998 übernahm Louise Frechette aus Kanada das von der Generalversammlung neu geschaffene Amt des Stellvertretenden Generalsekretärs. Der Stellvertretende Generalsekretär wird wie alle anderen Bediensteten gemäß Art. 101 der Charta durch den Generalsekretär ernannt. Ende des Jahres 2000 waren im Bereich des Sekretariats rund 8.900 Personen aus 170 Mitgliedsländern beschäftigt (davon im höheren Dienst 3.750), die jedoch allein den Vereinten Nationen gegenüber in einem beruflichen Loyalitätsverhältnis stehen und keine Weisungen von anderer Seite annehmen dürfen. Das Sekretariat hat seinen Hauptsitz in New York und verfügt über drei Außenstellen in Genf, Nairobi und Wien. In einer Vielzahl weiterer Büros sind Mitarbeiter des Sekretariats weltweit im Einsatz. Zu den Aufgaben, die der Generalsekretär gemeinsam mit dem Sekretariat zu leisten hat, gehören solche klassisch administrativer wie auch politischer Art. Er koordiniert die Arbeit auch der anderen Hauptorgane mit Ausnahme des IGH, er ist verantwortlich für die Aufstellung des Haushaltsplanes und die Durchführung der Finanzverwaltung, er registriert und publiziert die bei ihm von den VN-Mitgliedern hinterlegten völkerrechtlichen Verträge und Notifikationen und repräsentiert im internationalen Bereich wie gegenüber den Mitgliedstaaten die Organisation als Ganzes. Zu seinen originären politischen Aufgaben gehört gemäß Art. 99, die Aufmerksamkeit des Sicherheitsrates auf jede Angelegenheit zu lenken, die seiner Meinung nach geeignet ist, den Frieden zu gefährden. Von dieser ungenau beschriebenen Kompetenz haben die Generalsekretäre sehr unterschiedlichen Gebrauch gemacht (Göller 1995). Boutros Boutros-Ghali hat es während seiner Amtszeit unternommen, die Position des Generalsekretärs stärker politisch zu definieren und sich nicht gescheut, die Mitgliedstaaten sehr nachdrücklich an ihre Verpflichtungen für den Weltfrieden zu erinnern. Nach Boutros-Ghalis Scheitern an den USA bewegt sich Kofi Annan vergleichsweise erfolgreich auf dem schmalen Grat im Spannungsfeld zwischen seinen unterschiedlichen Rollen als oberster Verwaltungsbeamter und als Moderator bzw. Katalysator in der internationalen Politik. Die ihm von der Generalversammlung und dem Sicherheitsrat übertragenen Mandate verleihen ihm ebenso wie sein Stab von Fachleuten einen Handlungsspielraum und die Möglichkeit zur Einflussnahme auf Entscheidungen dieser Hauptorgane wie keinem anderen Generalsekretär zuvor. Das heikle Wechselspiel zwischen der Orientierung an den kollektiven Anliegen der Organisation und der Berücksichtigung der partikularen bzw. Gruppeninteressen der Mitgliedstaaten sorgt jedoch dafür, dass das Amt des VN-Generalsekretärs der „schwierigste Job der Welt" (Waldheim 1979) bleibt.

Unmittelbar nach seinem Amtsantritt 1997 verordnete Generalsekretär Annan dem lange als schwerfällig und personell überbesetzt geltenden Sekretariat seine wohl umfassendste Reform, nicht nur in seiner Struktur sondern auch und vor allem hinsichtlich seiner Arbeits- und Kommunikationsverfahren. Eine völlig neue Managementkultur soll gewährleisten, dass Kapazitäten der Behörde optimal genutzt und Doppelarbeiten abgebaut werden. Neben der schon erwähnten Einführung eines Stellvertretenden Generalsekretärs wurde eine Hochrangige Managementgruppe geschaffen, die den Generalsekretär bei der Wahrnehmung seiner operativen und Verwaltungsaufgaben unterstützt. Diesem Kabinett steht eine Strategische Planungseinheit zur Seite, die globale Veränderungstrends und ihre Auswirkungen auf die Arbeit der Organisation abzuschätzen und in entsprechende Empfehlungen an den Generalsekretär umzusetzen hat. Zur Koordination der Arbeit von Hauptabteilungen des Sekretariats und den Spezialorganen und Programmen wurden vier Exekutivausschüsse ins Leben gerufen, die sich mit den Kernaufgaben der Vereinten Nationen, Frieden und Sicherheit, wirtschaftliche und soziale Angelegenheiten, Entwicklungszusammenarbeit sowie humanitäre Angelegenheiten befassen. Die Frage der Menschenrechte wurde zu Querschnittsaufgabe aller Kernbereiche der Arbeit der Vereinten Nationen gemacht. Die zehn Hauptabteilungen des Sekretariats wurden gestrafft und an der neuen Struktur ausgerichtet. Als technologische Basis der neuen Management und Kommunikationskultur wurde ein *Integrated Information Management System* eingeführt, das im September 2000 arbeitsfähig war (siehe Teil E, Abschnitt 1). Der Prozess der internen Optimierung der Sekretariatsarbeit wurde auch im Bereich der Kernaufgaben, vor allem in der Friedenssicherung fortgesetzt, wo neue Planungs- und Führungsstrukturen geschaffen wurden (Gareis 2001: 24ff).

Das Sekretariat, dessen Personalumfang innerhalb weniger Jahre um rund 20 Prozent reduziert wurde, ist damit durchaus auf dem Wege zu einem schlanken und schlagkräftigen Administrationsorgan, das seine vielfältigen Verwaltungsaufgaben und die ihm übertragenen politischen Funktionen in moderner Weise erfüllen kann. Allerdings bestehen angesichts der seit 1999 wieder steigenden Anforderungen in der Friedenssicherung massive personelle Defizite vor allem im *Departement of Peacekeeping Operations*, die umso stärker in Gewicht fallen, als der Verlust einschlägiger Kompetenz durch den Abzug des so genannten Gratis-Personals nicht kompensiert werden konnte. Bei diesem Gratis-Personal handelte es sich um Spezialisten, die den Vereinten Nationen durch eine Reihe von Mitgliedstaaten überlassen wurden. Weil die damit verbundenen Kosten nur von reicheren Staaten aufgebracht werden konnten, setzten die Entwicklungsländer mit ihrer Mehrheit in der Generalversammlung ein Ende dieser Praxis im Jahr 1999 durch. Bei allem Zwang zu schlanker Verwaltung (*lean management*) werden die Vereinten Nationen bei der Wahrnehmung ihrer Aufgaben vor allem in der Friedenssicherung um eine zumindest sektorale Vergrößerung ihrer Personalressourcen nicht umhinkommen.

2.3 Spezialorgane und Sonderorganisationen

Im System der Vereinten Nationen sind um die Kernorganisation eine Vielzahl funktionaler Institutionen integriert, die mit der Wahrnehmung spezifischer Aufgaben befasst sind. Bei diesen Institutionen ist – wie bereits angedeutet – zunächst in zweifacher Hinsicht zu unterscheiden:

- *erstens* Spezialorgane, die von der Organisation selbst geschaffen wurden und
- *zweitens* Sonderorganisationen bzw. internationalen Einrichtungen mit eigener Rechtsnatur, mit denen die Vereinten Nationen aufgrund vertraglicher Bindungen zusammenarbeiten.

Bei den Spezialorganen handelt es sich um Nebenorgane der Organisation, die von der Generalversammlung eingesetzt werden und ihr teils direkt, teils über den Wirtschafts- und Sozialrat berichten. Im Gegensatz zu den Sonderorganisationen verfügen sie über keinen eigenen völkerrechtlichen Status und sind an Weisungen durch die Generalversammlung gebunden. Sie verfügen über keine Budgethoheit, auch wenn die meisten Spezialorgane mit den freiwilligen, zweckgebundenen Zuwendungen durch die Mitgliedstaaten oder auch private Spenden über eigene Einkünfte verfügen. Wenn die Spezialorgane häufig dennoch als quasi-autonome Institutionen bezeichnet werden, so deshalb, weil sie gegenüber ihren Partnern außerhalb der Vereinten Nationen durchaus autonom auftreten und zur Wahrnehmung ihrer Aufgaben über eine differenzierte Binnenstruktur und eigene politische Steuerungsorgane verfügen (Hüfner 1995: 125). Bei den Aufgabenfeldern der Spezialorgane (siehe Teil D) handelt es sich vorwiegend um

- entwicklungspolitische Hilfsprogramme (beispielsweise das Entwicklungsprogramm UNDP, das Umweltprogramm UNEP, das Kinderhilfswerk UNICEF, die Konferenz für Handel und Entwicklung UNCTAD oder das Welternährungsprogramm WFP),
- humanitäre Anliegen (beispielsweise das Hilfsprogramm für die Palästina-Flüchtlinge UNRWA, der Hochkommissar für Flüchtlinge UNHCR oder das Welternährungsprogramm WFP) und um
- Ausbildungs- und Forschungsaktivitäten (beispielsweise die „Weltuniversität" UNU oder das Institut für Ausbildung und Forschung UNITAR).

Die Entstehung der meisten Spezialorgane fällt in die Phase der Dekolonisation, während der die Staaten der „Dritten Welt" die Mehrheit in der Generalversammlung erlangten und sich diese in der Folge vornehmlich mit den wirtschaftlichen und sozialen Problemen der Entwicklungsländer befasste. Die Generalversammlung wurde mit ihrem Prinzip der formalen Gleichberechtigung aller Mitglieder zum zentralen Artikulationsforum für die Interessen der neu entstandenen Staaten. Zudem war sie, im Gegensatz zum durch den Ost-West-Konflikt weitestgehend gelähmten Sicherheitsrat, durchaus handlungsfähig, zumindest in den Bereichen, die die Organisation selbst betrafen. Die beachtliche Zahl der in den ersten vier Jahrzehnten der VN-Geschichte geschaffenen Spezialorgane ist Ausdruck des Aufbegehrens der Entwicklungsländer gegen eine von ihnen als ungerecht empfundene Weltwirtschaftsordnung, die die Industrienationen einseitig begünstigt (Volger 1995: 137ff). Zwar gelang es ihnen auf diese Weise, den Nord-Süd-Konflikt fest in der Agenda der Vereinten Nationen zu verankern, zu seiner erfolgreichen Bearbeitung, die sich in strukturellen Verbesserungen für die Lage der Entwicklungsländer niedergeschlagen hätte, ist es indes nicht gekommen (siehe Teil D, Abschnitt 1). Die operativen Spezialorgane der Vereinten Nationen haben daher nach wie vor eher den Charakter von Feuerwehrprogrammen zur punktuellen Hilfe in latenten und akuten Notsituationen als den von Instrumenten zur nachhaltigen Verbesserung der Lage der Länder und Personengruppen, zu deren Unterstützung sie ursprünglich geschaffen wurden.

Die Sonderorganisationen, die teilweise die gleichen Aufgabenfelder bearbeiten wie eine Reihe von Spezialorganen, sind zwischenstaatliche Einrichtungen, die auf eigenen völkerrechtlichen Verträgen beruhen, eigene Mitglieder- und Organisationsstrukturen aufweisen und über eigene Budgets verfügen. Die Tätigkeitsfelder der Sonderorganisationen „erstrecken sich praktisch auf sämtliche technische, wirtschaftliche, sozial-, bildungs- und umweltpolitische Sachbereiche, die jeweils unter globalen Aspekten bearbeitet und betreut werden" (Knapp 1997: 448). Einige Sonderorganisationen sind bedeutend älter nicht nur als die Vereinten Nationen, sondern auch als deren Vorgänger Völkerbund, andere wurden auf Anregung durch die Vereinten Nationen von ihren Mitgliedstaaten geschaffen. Ihr Status als Sonderorganisation der Vereinten Nationen wird auf der Grundlage von Art. 63 durch Sonderabkommen begründet. Zweck dieser Zusammenarbeit ist, zur Erreichung der in Art. 55 der Charta niedergelegten wirtschaftlichen und sozialen Ziele beizutragen, die für die Gewährleistung eines weltweiten friedlichen Miteinanders der Staaten erforderlich sind. Die für alle Sonderorganisationen im Wesentlichen gleichen Abkommen werden nach Genehmigung durch die Generalversammlung vom Wirtschafts- und Sozialrat abgeschlossen und regeln die Formen der Zusammenarbeit sowie die gegenseitigen Rechte und Pflichten. Die Sonderorganisationen werden üblicherweise in drei Kategorien unterschieden (Hüfner 1992: 12, siehe auch Teil D):

• technische Sonderorganisationen (beispielsweise der Weltpostverein UPU, die Weltorganisation für Meteorologie WMO oder die Weltarbeitsorganisation ILO),
• Sonderorganisationen im sozialen, kulturellen und humanitären Bereich (beispielsweise die Weltgesundheitsorganisation WHO, die Organisation der Vereinten Nationen für Erziehung, Wissenschaft und Kultur UNESCO, die Organisation der Vereinten Nationen für industrielle Entwicklung UNIDO oder die Ernährungs- und Landwirtschaftorganisation FAO) sowie die
• Finanzorganisationen (Internationaler Währungsfond IMF, die Weltbankgruppe und der Internationale Fond für landwirtschaftliche Entwicklung IFAD).

Insgesamt existieren 16 Sonderorganisationen, die weltweit tätig sind (Stand: August 2001). In Kooperation mit den Vereinten Nationen stehen mit der Welthandelsorganisation (WTO), der Internationalen Atomenergiebehörde (IAEA) und der Welttourismusorganisation weitere wichtige internationale Organisationen. Da sie keine Abkommen auf der Grundlage von Art. 63 der VN-Charta mit den Vereinten Nationen geschlossen haben, gelten sie nicht als Sonderorganisationen, sondern als autonome Organisationen innerhalb des VN-Verbandes. Ähnlich wie im Falle der Spezialorgane spiegeln sich auch auf dem Feld der Sonderorganisationen die Interessenkonflikte zwischen Industrie- und Entwicklungsländern wider. Sehen die reichen Staaten eher die Finanzkorporationen, in denen sie aufgrund der Stimmgewichtung nach finanziellen Anteilen dominieren, als handlungsfähig und effizient an, legen die ärmeren ihr Gewicht auf die Organisationen für die multilaterale Entwicklungszusammenarbeit, die jedoch ebenfalls von der Unterstützung durch die Industrieländer abhängig sind. Zu einer Überwindung dieses Gegensatzes hat die Arbeit auch der einschlägigen Sonderorganisationen kaum beitragen können. Eine effektive Zusammenarbeit zwischen den Sonderorganisationen wird zudem dadurch erschwert, dass die Verantwortung für die Tätigkeit der Mitglieder in den Sonderorganisationen meist bei den jeweiligen Fachressorts liegt, so dass zu den zwischenstaatlichen auch innerstaatliche Koordinationsprobleme hinzutreten. Wie für die Vereinten Nationen insgesamt gilt auch für ihre Sonderorganisationen, dass der Erfolg ihrer Arbeit wesentlich vom Willen der sie tragenden Staaten zu multilateraler Kooperation abhängt.

2.4. Finanzierung des Systems der Vereinten Nationen

Die Arbeit der Vereinten Nationen wird im Wesentlichen durch die Beiträge ihrer Mitgliedstaaten finanziert, wobei drei Beitragsarten zu unterscheiden sind:

- Pflichtbeiträge zum ordentlichen Haushalt,
- Pflichtbeiträge für Friedensmissionen der Vereinten Nationen sowie für die Straftribunale für das ehemalige Jugoslawien und Ruanda sowie
- freiwillige Leistungen an Spezialorgane und Programme der Vereinten Nationen.

Aus dem ordentlichen Haushalt werden vor allem die Personal-, Verwaltungs- und Liegenschaftskosten der Vereinten Nationen beglichen. In geringerem Umfang fließen Gelder aus diesem Haushalt in die Arbeit der Spezialorgane und Programme ein, als Besonderheit werden derzeit zwei Beobachtungsmissionen (UNTSO und UNMOGIP) aus diesem Budget finanziert. Das Haushaltsverfahren sieht vor, dass der Generalsekretär einen Budgetplan erstellt, der zunächst dem Programm und Koordinierungsausschuss (CPC) zur Prüfung zugeht, um dann einer weiteren Überprüfung durch den beratenden Ausschuss für Budget- und Verwaltungsfragen (ACABQ) unterworfen zu werden. Nach Billigung schließlich durch den Fünften Hauptausschuss wird der Haushalt in der Generalversammlung mit Zwei-Drittel-Mehrheit verabschiedet. Für den Zwei-Jahres-Zeitraum 2000/2001 betrug der ordentliche Haushalt rund 2,536 Milliarden US-Dollar, ein Betrag, der sich angesichts der komplexen Aufgaben eher bescheiden ausnimmt und der gegenüber dem Vorjahr nur unwesentlich gestiegen ist.

Übersicht 5: Der Haushalt der VN-Hauptorganisation 2000/01 in US-$

I.	Allgemeine Politik, Gesamtleitung und Koordinierung	473.635.3
II.	Politische Angelegenheiten	231.645.3
III.	Internationale Rechtspflege und Völkerrecht	055,386.8
IV.	Internationale Entwicklungszusammenarbeit	268,767.9
V.	Regionale Entwicklungszusammenarbeit	347.230.4
VI.	Menschenrechte und humanitäre Angelegenheiten	123.613.1
VII.	Öffentlichkeitsarbeit	143.605.5
VIII.	Gemeinsame Unterstützungsdienste	441.857.4
IV.	Interne Aufsicht	019.220.6
X.	Gemeinsam finanzierte Verwaltungstätigkeiten und Sonderausgaben	060.845.5
XI.	Ausgaben betreffend das Anlagevermögen	042.617.4
XII.	Personalabgabe	314.248.0
XIII.	Entwicklungskonto	013.065.0
	Gesamtausgaben	**2.535.689.2**

Quelle: Resolution der Generalversammlung 54/529 (1999)

Tatsächlich deckt dieser Haushalt auch nur ein gutes Drittel der Gesamtausgaben der Kernorganisation ab. In diesen Haushalt zahlen die Mitgliedstaaten ihre Beiträge auf der Grundlage eines alle drei Jahre neu zu verabschiedenden Schlüssels ein. Maßgeblich für die Höhe der Beiträge ist die wirtschaftliche Leistungsfähigkeit eines Staates, berechnet auf der Basis des mittleren Pro-Kopf-Bruttosozialprodukts eines Landes während einer Referenzperiode, die üblicherweise zwischen drei und sechs Jahren liegt. Beitragssatzmindernd fließen in die Berechnung zudem die Höhe der Staatsverschuldung und die Varianz der tatsächlichen Einkommensverteilung ein. Gemäß des im Dezember 2000 verabschiedeten Beitragsschlüssels wurde die Obergrenze der Pflichtbeiträge bei 22 Prozent und die Untergrenze bei 0,001 Prozent des ordentlichen Haushaltes festgelegt. Durch diesen Schlüssel wurden den ärmsten Staaten Zahlungsverpflichtungen in Höhe von rund 10.000 US-Dollar, den Vereinigten Staaten von rund 250 Mio. US-Dollar auferlegt. Die Bundesrepublik Deutschland als drittgrößter Beitragszahler hat bei einem Anteil von 9,493 Prozent im Jahre 2001 gut 100 Mio. US-Dollar in den ordentlichen Haushalt der Vereinten Nationen eingezahlt. Insgesamt bringen 47 Mitglieder 99 Prozent des ordentlichen Haushalts auf.

Die friedenserhaltenden Maßnahmen der Vereinten Nationen werden ebenfalls durch Pflichtbeiträge der Mitgliedstaaten finanziert. Allerdings verfügt jede Operation über einen eigenen Finanzrahmen, so dass die Gesamtaufwendungen für Friedensmissionen sich je nach deren Zahl und Umfang verändert. Für jede Mission wird durch den Generalsekretär ein Kostenplan erstellt, der durch den Fünften Hauptausschuss gebilligt werden muss. Ist diese Billigung erfolgt, eröffnet der Generalsekretär ein eigenes Konto für die Mission und verfügt Zahlungsaufforderungen an die Mitgliedstaaten. Die Höhe dieser Beiträge orientiert sich grundsätzlich am Schlüssel für den ordentlichen Haushalt, von dem jedoch den ärmeren Staaten Abschläge eingeräumt werden. Das am 23. Dezember 2000 reformierte Beitragssystem für friedenserhaltende Maßnahmen sieht zehn Kategorien (A-J) vor, denen die beitragspflichtigen Länder nach dem Grad ihrer Finanzkraft zugeordnet werden. Die den Kategorien C bis J angehörenden Mitgliedstaaten erhalten Abschläge in Höhe von 7,5 bis 90 Prozent auf ihren Beitragssatz zum ordentlichen Haushalt, die Länder der Kategorie B bezahlen ihre regulären Anteile. Die aus den Abschlägen resultierenden Mindereinnahmen bei den ärmeren Staaten werden von den Staaten der Kategorie A, den fünf Ständigen Mitgliedern des Sicherheitsrates, übernommen. Aus den so entstehenden Budgets werden die laufenden Aufwendungen für die Mission wie Personalkosten (VN-Personal und vor Ort rekrutierte Unterstützungskräfte), Mieten, Transportkosten etc. beglichen. Personalstellende Mitgliedstaaten erhalten aus diesen Budgets einheitliche Rückzahlungen in Höhe von rund 1.000 US-Dollar pro Kopf und Monat sowie Entschädigungen für das eingesetzte Material. Je nach den tatsächlichen Kosten für ein truppen- bzw. personalstellendes Land bedeutet diese Form des *Reimbursement* weitere Aufwendungen für reichere oder aber durchaus attraktive Mehreinnahmen für ärmere Staaten. Die freiwilligen Beiträge für die Projektarbeit der Spezialorgane, Programme und Fonds liegen im Ermessen der Mitgliedstaaten. Die Personal- und Verwaltungskosten dieser Nebenorgane werden aus dem ordentlichen Haushalt bestritten. Die Summe der freiwilligen Leistungen übersteigt den ordentlichen Haushalt beachtlich und ermöglicht überhaupt erst die operative Arbeit der Nebenorgane.

Finanzkrisen haben die Vereinten Nationen bereits seit den frühen 1960er Jahren an den Rand des finanziellen Zusammenbruchs geführt und sind seitdem eine „ständige Begleiterscheinung der Organisation" (Schlesinger 1999: 267). Auch während der gesamten 1990er Jahre war die Finanzsituation der Vereinten Nationen prekär bis katastrophal, was nicht zuletzt auf den Versuch der USA zurückzuführen ist, durch einseitige Beitragskürzungen bzw. Zahlungsverweigerungen im Bereich der friedenserhaltenden Maßnahmen Reformschritte der Vereinten Nationen zu erzwingen (Koschorreck 2000: 142, Koschorreck 1997 und 1998) Aber auch andere Staaten gerieten mit ihren Zahlungsverpflichtungen so weit im Rückstand, dass sie gemäß Art. 19 der Charta ihr Recht zur Abstimmung in der Generalversammlung verlieren. Wegen der angespannten Situation im ordentlichen Haushalt wurden Gelder aus den Budgets für die friedenserhaltenden Maßnahmen entnommen, was zu beträchtlichen Schulden der Vereinten Nationen gerade bei den ärmeren truppenstellenden Ländern geführt hat. Eine grundlegende Finanzreform der Vereinten Nationen steht aus, Vorschläge, die der Generalsekretär im Rahmen seines Reformprogramms 1997 gemacht hat, wurden bislang nicht umgesetzt. Mit der Neujustierung der Beitragsskala im Dezember 2000 (siehe die Beitragstabelle im Anhang) konnte ein jahrelanger Streit mit den USA zwar vorläufig beigelegt werden, das Grundproblem der Abhängigkeit der Organisation von ihren potenten Beitragszahlern und deren Zahlungsbereitschaft indes nicht gelöst werden.

Übersicht 6: Ausgaben des VN-Systems in Millionen US-Dollar

Jahr	VN-Haushalt	Peace-keeping	Spezial-organe	Sonderor-ganisationen	freiwillige Beiträge	Gesamt-ausgaben
1986	725	242	1.142	3.075	951	6.135
1987	725	240	1.178	3.266	931	6.340
1988	752	266	1.349	3.868	1.129	7.364
1989	765	635	1.359	4.078	1.182	8.019
1990	838	379	1.495	4.436	1.346	8.494
1991	999	449	1.509	5.401	1.360	9.718
1992	1.008	1.697	1.731	5.888	1.271	11.595
1993	1.031	3.005	1.713	6.091	1.216	13.056
1994	1.087	3.357	1.826	5.967	1.126	13.363
1995	1.181	3.281	1.847	5.778	1.159	13.246
1996	1.112	1.522	2.057	5.009	1.045	10.745
1997	1.112	1.226	2.033	4.936	1.057	10.364
1998	1.265	907	1.866	k.A.	k.A.	k.A.
1999	1.265	1.110	1.792	k.A.	k.A.	k.A.
2000	1.267	1.800	1.766	k.A.	k.A.	k.A.

Quelle: Eigene Zusammenstellung auf Datenbasis des *Global Policy Forum*; nicht enthalten sind die Ausgaben für die Sondergerichtshöfe und die Bretton-Woods-Organisationen. Bei der Bewertung der Zahlen muss bedacht werden, dass der Aufgabenbereich der VN im Zeitverlauf deutlich zugenommen hat und damit die realen Ausgaben abgenommen haben. Detaillierte Angaben über die Ausgaben des VN-Systems finden in dem Bericht *Budgetary and financial situation of organizations of the United Nations System* (A/55/525) vom 26.10.2000.

Teil B
Das Instrumentarium im Bereich der Friedenssicherung

1 Der Kern der Vereinten Nationen: Kollektive Sicherheit

Betrachtet man die Charta der Vereinten Nationen im Lichte des in ihrem Art. 1 vertretenen positiven Friedensbegriffes, so fällt auf, dass sich die Festlegungen in den operativen Kapiteln sehr stark auf die Vermeidung bzw. die Beendigung klassischer zwischenstaatlicher Konflikte und Kriege konzentrieren. Ansätze, die auf die nachhaltige Beseitigung der vielfältigen wirtschaftlichen, sozialen oder humanitären Ursachen von Gewalt und Krieg zielen, werden in der Charta demgegenüber eher kursorisch behandelt. Verständlich wird diese Fixierung aus dem durch den Zweiten Weltkrieg geprägten Entstehungszusammenhang der Vereinten Nationen und dem daraus resultierenden Erfordernis, mit der Verdrängung des Krieges aus den internationalen Beziehungen zunächst die notwendige Voraussetzung für die weitere Entwicklung einer umfassenden globalen Friedensordnung zu gewährleisten. Das grundlegende Prinzip, auf dem die Bemühungen der Vereinten Nationen um die Wahrung des Weltfriedens aufbauen, ist das der „kollektiven Sicherheit". Bevor auf die normative und organisatorische Entwicklung und Ausformung dieses Prinzips durch den Völkerbund und schließlich die Vereinten Nationen eingegangen wird, erscheint es angebracht, den Gedanken der kollektiven Sicherheit zunächst hinsichtlich seiner Voraussetzungen, seiner immanenten Probleme sowie seiner tatsächlichen Möglichkeiten für die globale Friedenssicherung darzustellen und zu diskutieren.

Die Geschichte der internationalen Beziehungen ist seit jeher dadurch gekennzeichnet, dass Staaten zur Durchsetzung ihrer Interessen Gewalt anwenden. Mit dem Zusammenrücken der Welt als Folge der Zunahme politischer, wirtschaftlicher und kultureller Verflechtung und Interdependenz wurde seit der Entstehung des neuzeitlichen Staatensystems immer wieder versucht, die durch Kriege verursachten Störungen und Schäden in den betroffenen Staaten wie auch im internationalen System zu vermeiden oder zumindest zu begrenzen. Nichtangriffspakte, Verteidigungsallianzen, Rückversicherungsverträge und austarierte Gleichgewichtskonstellationen zwischen Großmächten erwiesen sich allerdings bis in die Katastrophe des Ersten Weltkriegs hinein als zu fragil, um den Willen von Staaten zur gewaltsamen Interessendurchsetzung dauerhaft zu bändigen. Vor allem das Fehlen international akzeptierter Verbotsnormen und machtvoller Instanzen zur Aufrechterhaltung einer auf diesen Normen aufbauenden Friedensordnung erlaubte den Staaten unter Berufung auf ihre Souveränität immer wieder den Rückgriff auf die *ultima ratio regum*, den Krieg.

1.1 Das Prinzip der kollektiven Sicherheit: Grenzen und Möglichkeiten

Der Ansatz kollektiver Sicherheit, wie er mit dem Völkerbund nach dem Ersten Weltkrieg erstmals in die internationale Politik eingeführt wurde, versucht diese Defizite zu beseitigen. Er geht davon aus, dass alle Staaten bereit sein können, ihren Souveränitätsanspruch, ihre partikularen Interessen und Bedürfnisse hinter ein gemeinsames Interesse an friedlichen und stabilen internationalen Beziehungen zurückzustellen und sich an der Errichtung eines globalen Systems zu beteiligen, das seine Mitglieder von der Androhung und Anwendung von Gewalt abzuhalten in der Lage ist. Im Gegensatz zu einem kollektiven Verteidigungssystem, dessen Mitglieder einander Beistand bei Bedrohung oder Aggression von außen zusichern, wendet sich ein kollektives Sicherheitssystem mit seinen Verpflichtungen und Sanktionsandrohungen an die in ihm selbst organisierten Staaten. Idealerweise müsste ein solches System wie ein Weltstaat mit Gewaltmonopol und exekutiven Befugnissen gegenüber den Einzelstaaten beschaffen sein. Weil jedoch die Errichtung eines derartigen Weltstaates wenig realistisch ist, bleibt für die Verwirklichung des Ansatzes kollektiver Sicherheit in der Praxis nur die freiwillige Selbsteinbindung der Staaten auf der Grundlage eines völkerrechtlichen Vertrages,

- der die Parteien zur friedlichen Austragung ihrer Streitigkeiten verpflichtet,
- durch den eine Instanz geschaffen wird, die über Art und Ausmaß möglicher Pflichtverletzungen einzelner Vertragsparteien sowie die daraus resultierenden Folgen zu entscheiden befugt ist, und

- in dem Maßnahmen zur Durchsetzung dieser Entscheidungen festgelegt werden (Doehring 1991: 406).

Die Funktionsfähigkeit eines so beschaffenen Systems ist jedoch von einer ganzen Reihe von Voraussetzungen abhängig. Zum einen müssen alle Staaten bereit sein, ihre Interessen an einer gewaltsamen Veränderung des politischen und territorialen Status quo hinter das Gewaltverbot zurückstellen (Claude 1971: 250), selbst wenn sie ihr Anliegen für noch so berechtigt halten. Zum anderen müssen sie bereit sein, möglicherweise wiederum unter Hintanstellung ihrer Interessen kollektiv gegen einen Friedensbrecher vorzugehen. Auf jeden Fall bedarf es eines institutionalisierten friedlichen Streitbeilegungsverfahrens sowie der Ausstattung einer zentralen Instanz mit hinreichender – auch militärischer – Macht zur Durchsetzung getroffener Entscheidungen (Varwick/Woyke 2000: 18). Für den Friedensbruch und die zu seiner Beseitigung zu ergreifenden Maßnahmen müssen nicht nur eindeutige und von allen Staaten akzeptierte Rechtsnormen und Regeln, sondern auch Prozeduren zu deren Fortentwicklung vereinbart werden. Der entscheidende, alle genannten Voraussetzungen durchdringende Faktor für die Funktionsfähigkeit eines Systems kollektiver Sicherheit aber ist Vertrauen. Jeder Staat muss sich darauf verlassen können, dass sich zumindest die überwältigende Mehrheit der Mitglieder des Systems dauerhaft an die gemeinsamen Regeln hält. Zudem muss jeder friedliebende Staat darauf vertrauen können, im Falle einer Aggression Beistand zu erhalten, was wiederum mit großen Ansprüchen an die Mitgliedstaaten wie auch an die Effektivität und die Unparteilichkeit der zentralen Entscheidungs- und Durchsetzungsinstanz des Systems verbunden ist (Claude 1971: 255, Claude 1966: 197).

Es sind vor allem diese komplexen Voraussetzungen, an denen sich ein Großteil der Kritik an der kollektiven Sicherheit entzündet. Von Seiten der realistischen Schule wird eingewandt, dass der kollektive Sicherheitsansatz zwar die internationale Anarchie mit egoistischen Staaten als den entscheidenden Akteuren als Ausgangsvoraussetzung akzeptiert, aber eine schlüssige Antwort auf die Frage schuldig bleibt, warum Staaten ihr gegenseitiges Misstrauen und die daraus resultierende Notwendigkeit der eigenständigen Sicherheitsvorsorge überwinden sollten. Schließlich geht auch der Ansatz der kollektiven Sicherheit gerade davon aus, dass es Staaten gibt, die sich aggressiv verhalten, und bestärkt so die realistische Sichtweise der fortbestehenden zwischenstaatlichen Unsicherheit und des permanenten Sicherheitsdilemmas (Mearsheimer 1995: 30f). Diesem grundsätzlichen Einwand werden weitere Bedenken bezüglich der Effektivität und der Effizienz eines kollektiven Sicherheitssystems hinzugefügt: In einem von Staaten gebildeten System mit von diesen kontrollierten Institutionen sind Entscheidungen stets von den Interessen der handelnden Akteure abhängig. Die irgendwann notwendige Unterscheidung zwischen Aggressor und Opfer fällt angesichts der meist sehr komplexen Kriegsursachen und der direkten und indirekten Verwicklung einer mehr oder minder großen Zahl weiterer Staaten alles andere als leicht. Klientelismus und fehlende Interessenkongruenz zwischen den in der Entscheidungsinstanz vertretenen Staaten lassen internationale Gremien als Mediatoren oder unparteiische Schiedsrichter tendenziell ungeeignet erscheinen (Touval 1994). Zudem tritt selbst in relativ eindeutigen Fällen das Problem auf, dass zwar viele Staaten an der Beendigung einer Aggression interessiert sein mögen, die Vorstellungen über die Verteilung der damit verbundenen Lasten aber rasch auseinander driften. Das bei kollektiven Maßnahmen regelmäßig auftretende Phänomen des Trittbrettfahrertums unterminiert gemeinsame Aktionen selbst bei weitgehender Übereinstimmung in den Notwendigkeiten und Zielen (Olsen/Zeckhauser 1966). Zumindest aber sorgt die Verweigerung von Unterstützung bereits durch eine relativ kleine Zahl von Mitgliedern des Systems für eine Verlangsamung oder gar Lähmung des kollektiven Sicherheitsmechanismus. Verschärft wird dieses Problem zusätzlich, wenn das System nicht einem, sondern mehreren Regelverstößen gleichzeitig begegnen muss. Umfassende und zwingende Normen vertragen ohne Verluste an ihrer Verbindlichkeit und Glaubwürdigkeit keine Selektivität. Wird jedoch versucht, jeder Aggression mit der gleichen Entschlossenheit zu begegnen, gerät das System rasch an die Grenzen seiner Leistungsfähigkeit (Roberts 1993: 5).

Bezüglich dieses Selektivitätsproblems muss zudem gesehen werden, dass kollektive Sicherheit tendenziell nur gegenüber kleineren Mächten erfolgversprechend erscheint. Tritt eine Großmacht mit einem entsprechenden militärischen Potenzial als Aggressor auf, werden die Kosten eines Einschreitens schnell höher als der zu erwartende Nutzen. Ihre besondere Stellung kann Großmächte zudem verleiten, ein kollektives Sicherheitssystem für ihre Zwecke zu missbrauchen, indem sie sich seiner Entscheidungsmechanismen bemächtigen und ihre Politik unter dem Vorwand des Handelns im kollektiven Interesse verfolgen (Butfoy 1993: 494, Hurrell 1992: 45). Ist es aber nicht möglich, auch Großmächte zwingend in ein kollektives Sicherheitssystem und seine Regeln einzubinden, bleibt, jedenfalls aus der Sicht des Realismus, als Ausweg kaum mehr als der Rückgriff auf die klassischen Verteidigungsallianzen, *Balance-of-Power* Arrangements oder Großmächtekonzerte. So kommen Anhänger der realistischen Schule zu dem Schluss: „Weil jeder Staat und erst recht jede Großmacht von Fall zu Fall nach eigener Interessenlage entscheidet, ob und wie einem angegriffenen Staat Hilfe geleistet wird, und weil gerade auch demokratische Staaten eine derartige Entscheidung von den oft langwierigen Überlegungen und von der (ungewissen) konstitutiven Zustimmung der parlamentarischen Gremien abhängig machen, erweist sich das Konzept der kollektiven Sicherheit als höchst unrealistisch" (Link 1998: 106). Aber auch liberale Theoretiker kritisieren das Konzept als für die Praxis internationaler Politik ungeeignet. Der Gedanke der kollektiven Sicherheit, so Ernst-Otto Czempiel (1994: 25ff), sei theoriegeschichtlich ein großer Fortschritt, in der Logik der Politik habe er sich aber als untauglich erwiesen. Die Politik verlasse sich auf einen Wirkungszusammenhang, der im globalen Maßstab nicht wirke.

Zielen diese Einwände darauf, den kollektiven Sicherheitsansatz mit seinen vielfältigen und komplexen Voraussetzungen in den Bereich der politischen Utopie zu rücken, setzen andere Kritiken an den immanenten Problemen selbst eines funktionierenden kollektiven Sicherheitssystems an. Wenn Gewalt in den internationalen Beziehungen grundsätzlich als Übel gilt, ein kollektives Sicherheitssystem seiner zentralen Machtinstanz aber dennoch die Legitimation zur Anwendung bzw. zur Ermächtigung von Gewalt verleiht, besteht immer die Gefahr auch des Missbrauchs dieser Befugnisse. Naturgemäß können in einem globalen System die diesem zugrundeliegenden Normen nur sehr abstrakter Natur sein und bedürfen im konkreten Entscheidungsfall der Interpretation. In einer komplexen Welt sind damit Werte- und Interessenkonflikte quasi vorprogrammiert: Was der einen Gruppe von Staaten als legitimes Vorgehen im Sinne des Friedens gilt, ist für andere möglicherweise der Versuch der Oktroyierung fremder Vorstellungen. Dies könne „einen gefährlichen Anlass für Kreuzfahrer" geben, warnt Stanley Hoffman (1981: 61) in diesem Zusammenhang. Aus begrenzten Konflikten können durch externe Eingriffe großflächige Auseinandersetzungen werden, umso mehr, je häufiger möglicherweise auch innerstaatliche Vorgänge auf die Agenda eines kollektiven Sicherheitssystems gehoben werden. Interventionen von Seiten des Systems in kleineren laufenden Konflikten können zudem dazu führen, dass diese Konflikte und Kriege ihre eigentliche Funktion, nämlich die Herbeiführung eines tragfähigen Friedensschlusses nicht mehr erfüllen können (Luttwak 1999). An die Stelle einer durch die Kriegsparteien hervorgebrachten Ordnung tritt dann eine durch das System gesetzte, die in der Folge von diesem verantwortet und aufrechterhalten werden muss, möglicherweise gegen den dauerhaften Widerstand einer oder auch aller ursprünglichen Konfliktparteien. Die so entstehenden internationalen Protektorate binden die Kräfte und Ressourcen des Systems wie seiner Mitgliedstaaten in erheblicher Weise und schränken seine Handlungsfähigkeit in weiteren potenziellen Konflikten nachdrücklich ein.

Die vielfältigen und ernstzunehmenden Einwände gegen den kollektiven Sicherheitsansatz lassen sich in der Frage zuspitzen, ob dieser nicht etwas schlechterdings Unmögliches versucht, nämlich die Hervorbringung eines globalen, alle partikularen Bedürfnisse absorbierenden Interesses, das von einer zentralen Instanz mit dauerhaftem Legitimationsanspruch gewährleistet werden soll. Ist kollektive Sicherheit also ein „Mythos", der nie funktioniert hat und auch nicht funktionieren kann (Czempiel 1994: 25ff)? Müssen sich Staaten und Mächte nicht vielmehr auf die Formulierung und Realisierung ihrer nationalen Interessen konzentrieren (Nye 1999) und durch klugen Umgang mit ihrer Macht und den Einsatz bewährter Instrumente dafür sorgen, dass sich globale Stabilität quasi als Summe der so gegeneinander austarierten Interessen einstellt?

Ein großer Teil der Kritik richtet sich gegen eine sehr idealtypische Auffassung von kollektiver Sicherheit, die viel von ihrem Utopismus verliert, wenn sie hinsichtlich ihrer normativen Forderungen als „Zielwert internationaler Beziehungen" (Bredow 1994: 73) und bezüglich ihrer organisatorischen Ausgestaltung als regelbasiertes Rahmenwerk für die Ordnung der internationalen Beziehungen aufgefasst wird. Ein kollektives Sicherheitssystem setzt nicht zwangsläufig Institutionen an die Stelle der Staaten als zentrale Akteure der internationalen Politik und macht nicht notwendigerweise die Instrumente klassischer Sicherheitsvorsorge überflüssig. Vielmehr kann ein solches System zur Schaffung von Bedingungen beitragen, unter denen friedliche Konfliktaustragung leichter und erfolgversprechender wird als unter den Voraussetzungen der internationalen Anarchie. Ein kollektives Sicherheitssystem ist in dieser Sichtweise eine Ergänzung, ein *added value* (Kupchan/Kupchan 1995: 54) und kein Ersatz für andere Formen und Ansätze der globalen und regionalen Friedenssicherung. Es bietet alternative Formen der Bearbeitung von Streitigkeiten unter Einschaltung von Institutionen, die zwar möglicherweise nicht vollständig unparteiisch sind, deren Initiativen und Entscheidungen aber auf Interessenabstimmungen und Kompromissen zwischen sehr unterschiedlichen Mächten beruhen, durch die wiederum Willkür begrenzt wird. In der institutionalisierten Bereitstellung entsprechender Konsultationsforen und in der tendenziellen Reduzierung von Willkür in den Entscheidungsmechanismen liegen die Vorzüge eines solchen Systems gegenüber den Ad-hoc-Maßnahmen einer internationalen Ordnung ohne vergleichbare Strukturen. Ein kollektives Sicherheitsarrangement kann zudem die Basis eines wesentlich weiterreichenden Systems kooperativer Sicherheit bilden, in dem auch für die Bearbeitung sozialer, wirtschaftlicher, humanitärer oder ökologischer Probleme entsprechende Foren bereitgestellt oder geschaffen werden können. Durch internationale Konsultation und Zusammenarbeit kann eine breite Palette von Organisationen, Institutionen, Verträgen oder lockereren Regimen entwickelt werden, die in abgestufter Verbindlichkeit für staatliches Handeln maßstabsbildend und richtungsweisend sind.

Die Vereinten Nationen bilden ein derartiges kollektives Sicherheitssystem, das einerseits eine Reihe realitätsbezogener Abstriche vom ursprünglichen Ideal vorgenommen, andererseits jedoch die Möglichkeiten zur Ausweitung seines Verantwortungs- und Handlungsbereiches auch im Sinne der kooperativen Sicherheit aktiv genutzt hat. Mit dem Art. 51 trägt die Charta dem fortbestehenden Erfordernis individueller und kollektiver Selbstverteidigung Rechnung, hat aber mit dem Allgemeinen Gewaltverbot und den Bestimmungen des Kapitels VII jede andere Form der Gewalt einem faktischen Legitimationsmonopol des Sicherheitsrates unterworfen und zwingend in der Völkerrechtsordnung verankert. Mit der herausgehobenen Position der fünf Ständigen Mitglieder des Sicherheitsrates wurde ein Konzert verantwortlicher Großmächte in das System integriert, das zumindest der Idee nach zu weithin akzeptablen Entscheidungen auf der Grundlage von Kompromissen zwischen äußerst heterogenen Interessen führt. Dieser Konstruktion war letztlich die notwendige Einbindung der entscheidenden Mächte in die neue Weltorganisation zu verdanken, auch wenn sie, wie weiter unten zu zeigen sein wird, nach über fünfzig Jahren der Existenz der Vereinten Nationen dringend der Überholung bedarf.

Gleichwohl sind die Vereinten Nationen auch in der Verantwortung für ihre Kernaufgabe, den Frieden durch kollektive Maßnahmen zu sichern, nach wie vor eher ein Forum als ein Akteur. Sie sind allerdings ein Forum, dessen Potenzial von den Staaten eher selektiv und in vielen Fällen überhaupt nicht genutzt wird. Diese Zögerlichkeit der Staaten ist zum einen durch die immanenten Probleme und Widersprüche in Charta und Organisationspraxis, vor allem aber durch deren fehlendes Vertrauen in multilaterale Institutionen begründet. Bevor in den weiterführenden Abschnitten auf Möglichkeiten zur Beseitigung dieser Defizite und zum Aufbau neuen Vertrauens in die Möglichkeiten und Kompetenzen der Weltorganisation eingegangen wird, soll zunächst die normative und organisatorische Entwicklung des kollektiven Sicherheitssystems der Vereinten Nationen, wie es sich in ihrer Charta darstellt, erläutert werden.

1.2 Das Allgemeine Gewaltverbot und die Verdrängung des Krieges aus den internationalen Beziehungen

Um seine Wirkungen effektiv entfalten zu können, bedarf ein kollektives Sicherheitssystem zunächst eines Sets allgemeiner Normen und Regeln, an denen seine Mitglieder ihr politisches Handeln auszurichten haben und durch die die Entscheidungen und Maßnahmen der zuständigen Instanzen des Systems legitimiert werden. In der Charta der Vereinten Nationen ragt aus diesen Grundsätzen das Allgemeine Gewaltverbot des Art. 2, Ziff. 4 als völkerrechtliche Fundamentalnorm (Bruha 1991: 234) hervor: „Alle Staaten unterlassen in ihren internationalen Beziehungen jede gegen die territoriale Unversehrtheit oder die politische Unabhängigkeit eines Staates gerichtete oder sonst mit den Zielen der Vereinten Nationen unvereinbare Androhung oder Anwendung von Gewalt." Dieses Allgemeine Gewaltverbot, das sein Komplement in der Pflicht zur friedlichen Streitbeilegung des Art. 2, Ziff. 3 der Charta findet, stellt den bislang weitestgehenden Versuch dar, eine globale Friedensordnung auf der Basis völkerrechtlicher Normen zu errichten. Die Handhabung dieses auf den ersten Blick eindeutigen und umfassenden Rechtsprinzips wirft jedoch eine Reihe von Fragen auf, die sich aus seiner Genese, seiner rechtlichen Tragweite sowie seiner politikpraktischen Handhabung ergeben und die im folgenden zu diskutieren sind.

Die Entwicklung des Allgemeinen Gewaltverbots

Wenngleich Versuche, die Beziehungen zwischen Staaten in Krieg und Frieden durch rechtliche Normen zu regeln, weit in die Geschichte zurückreichen, sind praktische Ansätze, die auf eine Verdrängung des Krieges aus den internationalen Beziehungen zielen, vornehmlich im 20. Jahrhundert entstanden. Noch der Erste Weltkrieg wurde begonnen auf der Grundlage der Überzeugung von Krieg und Frieden als quasi natürlichen, einander abwechselnden Zuständen in den zwischenstaatlichen Beziehungen. Jahrhunderte lang galten daher die Bemühungen zunächst der Moraltheologie und dann des Völkerrechts der „Hegung des Krieges" (Carl Schmitt), also der Beschränkung seiner Auswirkungen, keinesfalls aber seiner Beseitigung.

Die religiös geprägten mittelalterlichen Vorstellungen von Augustinus (354-430), die durch Thomas von Aquin im 13. Jahrhundert in der Lehre vom Gerechten Krieg (*bellum iustum*) ausformuliert wurden, wollten den Krieg nur unter strengen Auflagen zulassen: Zum ersten bedurfte es der *auctoritas principis*, also der umfassenden Machtbefugnis eines Herrschers, der sich sein Recht suchen muss, zum zweiten musste der Krieg einer gerechten Sache (*iusta causa*), etwa der Bestrafung von Unrecht wegen geführt werden, und drittens von der guten Absicht (*recta intentio*) geleitet sein, das Rechte zu fördern und das Böse zu bekämpfen (Grewe 1984: 136). Allerdings lässt die theologisch und durch ihre scholastische Systematik geprägte Lehre Aquins die Frage offen, nach welchen Maßstäben der praktischen weltlichen Politik die „gerechte Sache" zu beurteilen sei. Die *iusta causa* wurde in den konfessionell geprägten Auseinandersetzungen des ausgehenden Mittelalters und der beginnenden Moderne von allen Konfliktparteien für sich in Anspruch genommen. Da jedoch nur eine Seite im Besitz von Gerechtigkeit und Wahrheit sein konnte, führte die Berufung auf die *iusta causa* nicht nur zur Verteufelung des jeweiligen Gegners, sondern erforderte eine Kriegsführung, die über die Unterwerfung des Feindes hinaus seine totale Niederringung bis hin zur Vernichtung notwendig machte. Angesichts dieser gravierenden Schwierigkeiten trat die Orientierung an der *iusta causa* mehr und mehr in den Hintergrund und wurde das Augenmerk zunehmend auf das Vorliegen bestimmter formaler Voraussetzungen gerichtet: Es waren dies insbesondere die *auctoritas principis*, also die souveräne Macht des Herrschers, die zur Führung eines „gerechten" Krieges legitimierte, zudem mussten der Krieg erklärt und bestimmte Regeln zu seiner Führung beachtet werden (Grewe 1984: 243ff). Durch das mit der Kirchenspaltung und der Auflösung der mittelalterlichen Reichsidee einhergehende Verschwinden einer allgemein akzeptierten übergeordneten Instanz zur Entscheidung über Gut und Böse, Gerechtigkeit und Unrecht war ein neuer Weg vorgezeichnet. Über die von Francisco de Vitoria (1486-1546) und schließlich Alberico Gentili (1552-1608) geprägte Zwischenfigur des beiderseits gerechten Krieges (*bellum iustum ex utraque parte*) führte die Entwicklung zu einer moralisch indifferenten Auffassung des Krieges und schließlich zum aus der Staatensouveränität resultierenden Recht zum Kriege (*ius ad bellum*). Krieg und Frieden wurden, wie von Hugo Grotius (1583-1645) bereits 1625 vorgezeichnet, in der durch den Westfälischen Frieden 1648 geschaffenen Ordnung wertfrei als Rechtszustände im Verkehr souveräner Staaten untereinander aufgefasst (Kimminich 1997: 65f). Es entstand ein anarchisches System internationaler Politik, das der staatlichen Machtentfaltung keine rechtlichen oder moralischen Grenzen auferlegte. Die Kabinettskriege des 18. Jahrhunderts konnten ebenso wie die Eroberungskriege des imperialistischen 19. Jahrhunderts in der allgemein akzeptierten und von Clausewitz treffend formulierten Vorstellung geführt werden, dass Krieg die Fortsetzung der Politik mit anderen Mitteln sei. Noch 1918 verweigerten die Niederlande die Auslieferung des dort im Exil lebenden deutschen Kaisers Wilhelm II an die Siegermächte mit der Begründung, dieser habe bei der Entfesselung des Ersten Weltkrieges von dem einem souveränen Staat zustehenden *ius ad bellum* Gebrauch gemacht.

So problematisch die kriegsbegünstigenden Wirkungen des Prinzips der uneingeschränkten Souveränität im Rückblick betrachtet werden müssen, so deutlich muss auch herausgestellt werden, dass ohne dieses Prinzip als Grundlage des wertneutralen klassischen Völkerrechts die Entwicklung gleichberechtigter internationaler Beziehungen kaum möglich gewesen wäre. Die Überwindung des Denkens in den Kategorien von Gut und Böse hatte Folgen auch für die Kriegsführung, die jetzt von der faktischen Notwendigkeit befreit war, die unterlegene Partei umfassend zu bestrafen. Mit der Auffassung von Krieg als einem legitimen Instrument der Interessendurchsetzung wuchs zudem der Bedarf an rechtlichen Regelungen seines Beginns, seiner Führung und seiner Beendigung sowie zum Schutz der Zivilbevölkerung. Das Kriegsrecht (*ius in bello*) wurde so neben dem Friedensrecht zur zweiten tragenden Säule des Völkerrechts. Zwar war auch das *ius in bello* zu keiner Zeit auf Kriegsverhütung angelegt, doch schuf es mit der fortschreitenden rechtlichen Normierung der Kriegsführung und des allmählichen Ausbaus der Schiedsgerichtsbarkeit in internationalen Streitigkeiten durchaus Hürden für ein willkürliches Schreiten zum Krieg. Vor allem aber war in den Bemühungen des Kriegsrechts um eine Begrenzung der Schäden und Folgen des Krieges für Soldaten wie auch für unbeteiligte Zivilisten der Kern zur Entwicklung des humanitären Völkerrechts angelegt. Die als Ergebnis der Friedenskonferenzen von 1899 und 1907 entstandene Haager Landkriegsordnung ist das wichtigste, bis heute als Teil des Allgemeinen Völkerrechts gültige Dokument dieser Epoche, mit dem versucht wurde, die „Gesetze und Gebräuche des Landkrieges" unter humanitären Gesichtspunkten zu reglementieren.

Die Katastrophe des Ersten Weltkrieges führte den Staaten in dramatischer Weise die Unzulänglichkeiten eines bloßen Kriegsführungsregimes vor Augen (Bruha 1991: 235) und bewirkte ein grundsätzliches Umdenken. Es wurde erkannt, dass die totalen Dimensionen des modernen Krieges eine existenzielle Bedrohung des internationalen Gefüges und der Menschheit insgesamt darstellten. Mit der auf den „14-Punkten" des amerikanischen Präsidenten Wilson aufbauenden Völkerbundsatzung wurde die Etablierung eines partiellen Kriegsverbotes unternommen, welche durch ein kollektives Friedenssicherungssystem gewährleistet werden sollte. Vor allem aber wurde mit Art. 11 der Völkerbundsatzung das *ius ad bellum* als subjektives Recht eines jeden Staates abgeschafft: „Ausdrücklich wird hiermit festgestellt, dass jeder Krieg und jede Bedrohung mit Krieg, mag davon unmittelbar ein Bundesmitglied betroffen werden oder nicht, eine Angelegenheit des ganzen Bundes ist, und dass dieser die zum Schutz des Völkerfriedens geeigneten Maßnahmen zu ergreifen hat." Zu einem umfassenden Kriegs- oder gar Gewaltverbot indes haben sich die Staaten im Jahre 1919 noch nicht durchringen können. Bereits in der Präambel wird nur festgehalten, dass „es wesentlich ist, bestimmte Verpflichtungen zu übernehmen, nicht zum Kriege zu schreiten" (Völkerbundsatzung: 409). Auch Art. 12 der Satzung legt lediglich fest, dass Streitfragen, „die zu einem Bruche führen" könnten, entweder der Schiedsgerichtsbarkeit, dem gerichtlichen Verfahren oder der Prüfung durch den Rat zu unterbreiten seien. Während der Phase der Beschäftigung mit der Streitsache, die im Falle des Rates binnen sechs Monaten, im Falle der schiedsgerichtlichen bzw. gerichtlichen Prüfung innerhalb „einer angemessenen Frist" zu erfolgen hatte, sowie während eines sich an das Verfahren anschließenden Zeitraumes von drei Monaten durften die Parteien nicht zum Kriege schreiten. Praktisch lief diese Bestimmung auf ein rund neunmonatiges *Cooling-off*-Verfahren (Weber 1991: 1018) hinaus, nach dessen Scheitern die Kriegsaufnahme möglich war. Einzig für den Fall einer einstimmigen Empfehlung des Rates, der sich eine Streitpartei unterwarf, kam es zum Kriegsverbot (Art. 15, Abs. 6). Lagen dagegen nur mehrheitlich gefasste Empfehlungen vor, blieb es den Bundesmitgliedern überlassen, „die Schritte zu tun, die sie zur Wahrung von Recht und Gerechtigkeit für nötig erachten" (Art. 15, Abs.7). Allerdings bezog sich die aufschiebende Wirkung dieser Verfahrensfristen nur auf Kriegshandlungen, nicht aber auf die Gewaltanwendung unterhalb dieser Schwelle, wenn sie als Selbsthilfemaßnahmen deklariert wurden (Guggenheim 1932: 109).

Die durch die Beschränkung auf ein partielles Kriegsverbot entstehenden Lücken und Grauzonen im normativen Bereich wurden durch eine Reihe von Initiativen in der ersten Hälfte der zwanziger Jahre auszufüllen versucht. Im Zentrum dieser Bemühungen stand ein Ausbau der Völkerbundsatzung insbesondere um die Ächtung des nach wie vor zulässigen Angriffskrieges. Allerdings trat das Genfer Protokoll vom 2. Oktober 1924, das Angriffskriege wörtlich als „internationales Verbrechen" bezeichnete und eine obligatorische Schiedsgerichtsbarkeit durchsetzen wollte, nie in Kraft (Wehberg 1927). Die Locarno-Verträge vom 16. Oktober 1925 etablierten im Rahmen des Westpaktes ein regionales Verbot des Angriffskrieges zwischen Deutschland und Belgien einerseits und Deutschland und Frankreich andererseits sowie die obligatorische Schiedsgerichtsbarkeit zwischen Deutschland und Polen sowie der Tschechoslowakei. Zwar blieben auch diese Abkommen durch eine Reihe von Ausnahmen löchrig (Blum 1932: 30), doch beschleunigten die Locarno-Verträge eine weitergehende Entwicklung, die in das Allgemeine Kriegsverbot des Briand-Kellogg-Paktes vom 27. April 1928 mündete. Dieser aus einer französisch-amerikanischen Initiative hervorgegangene und nach den beiden Außenministern Aristide Briand und Frank B. Kellogg benannte Vertrag bedeutete einen entscheidenden Durchbruch. Nachdem die Völkerbundssatzung den Krieg nur unter bestimmten Voraussetzungen und die Locarno-Verträge nur Angriffskriege zwischen einer konkret benannten Gruppe von Staaten verboten, legte Art. 1 des Briand-Kellogg-Paktes unzweideutig fest: „Die Hohen Vertragschließenden Parteien erklären feierlich im Namen ihrer Völker, dass sie den Krieg als Mittel für die Lösung internationaler Streitfälle verurteilen und auf ihn als Werkzeug nationaler Politik in ihren gegenseitigen Beziehungen verzichten" (Briand-Kellogg-Pakt: 1680). Als Ausnahmen vom Kriegsverbot blieben die Selbstverteidigung eines angegriffenen Staates sowie kollektive Maßnahmen des Völkerbundes bestehen. Diese Ausnahmen stellten jedoch keine Relativierung des Allgemeinen Kriegsverbotes dar, sondern vielmehr dessen Bestätigung. Wie im innerstaatlichen Recht Notwehr und Nothilfe nur gegen strafbare Handlungen zulässig sind, bestätigen auf der völkerrechtlichen Ebene das Selbstverteidigungsrecht und die kollektive Hilfe den strafbaren Charakter der Handlung, gegen die sie sich richten. Dem Briand-Kellogg-Pakt traten insgesamt 63 Nationen bei, die überwältigende Mehrheit der in der ersten Hälfte des 20. Jahrhunderts existierenden Staatenwelt. Das Allgemeine Kriegsverbot ist daher bereits in den dreißiger Jahren des vergangenen Jahrhunderts zum Bestandteil des Völkergewohnheitsrechts geworden und hat auf diese Weise weltweite Gültigkeit unabhängig von der Mitgliedschaft im Briand-Kellogg-Pakt erlangt.

Trotz seiner eindeutigen Formulierung und seiner unbestrittenen rechtlichen Geltung konnte auch das Allgemeine Kriegsverbot den Beginn des Zweiten Weltkrieges nicht verhindern. Zum einen waren die *measures short of war* nicht durch den Briand-Kellogg-Pakt erfasst, wodurch das Grauzonenproblem aufrechterhalten wurde, zum anderen aber war die Durchsetzung des Kriegsverbotes auf das unzulängliche kollektive Sicherungssystem des Völkerbundes verwiesen. Mit der Charta der Vereinten Nationen sollten 1945 diese strukturellen Schwächen überwunden werden. Auf der organisatorischen Ebene wurde ein zumindest potenziell mächtiges Friedenssicherungssystem geschaffen. Im normativen Bereich wurden die Bestimmungen des Briand-Kellogg-Paktes durch das Allgemeine Gewaltverbot in umfassender Weise erweitert: Nicht nur die Anwendung, sondern bereits die Androhung von Gewalt in den internationalen Beziehungen wurde für unzulässig erklärt. Diese Fortentwicklung kann in ihrer prägenden Wirkung für das gegenwärtige Völkerrecht nicht hoch genug eingeschätzt werden. Kein internationaler Vertrag mit friedens- oder sicherheitspolitischer Zielsetzung ist ohne die Rückbindung an das Allgemeine Gewaltverbot als zentralem Grundsatz der Charta der Vereinten Nationen vorstellbar. Die faktische Verwirklichung des Universalitätsprinzips in den Vereinten Nationen verleiht dem Allgemeinen Gewaltverbot weltweite Gültigkeit, die durch seinen Eingang in das Allgemeine Völkerrecht selbst für den theoretischen Fall einer Auflösung der Vereinten Nationen fortbestehen würde.

Begriff und Umfang des Allgemeinen Gewaltverbotes

Die Bestimmungen des Art. 2, Ziff. 4 der Charta der Vereinten Nationen sind weniger eindeutig, als es ihr Wortlaut auf den ersten Blick vermuten lässt. Insbesondere bedarf der Gewaltbegriff einer Präzisierung, die die Unterscheidung zwischen der zulässigen internationalen Machtausübung durch Staaten und der unzulässigen Gewaltanwendung ermöglicht (Kimminich 1997: 255). Diese Präzisierung ist umso notwendiger, als ein Bruch des Allgemeinen Gewaltverbotes einzelstaatliche und kollektive Reaktionen rechtfertigen kann, die ihrerseits wieder mit Gewaltanwendung einhergehen.

Nach herrschender Meinung beschränkt sich Art. 2, Ziff. 4 auf das Verbot zwischenstaatlicher militärischer Gewalt (Randelzhofer 1991a: 73). Damit wird das Allgemeine Gewaltverbot aber keineswegs auf das ohnehin schon im Allgemeinen Völkerrecht verankerte Kriegsverbot reduziert, weil auch die Formen der militärischen Gewaltanwendung unterhalb der Schwelle eines Krieges erfasst werden. Aufschlussreich ist in diesem Zusammenhang die Prinzipienerklärung der Generalversammlung der Vereinten Nationen, die so genannte *Friendly Relations Declaration*, vom 24. Oktober 1970. Diese stellt zum Zwecke der fortschreitenden Entwicklung und Kodifizierung grundlegender völkerrechtlicher Normen das Allgemeine Gewaltverbot an die Spitze der Grundsätze, nach denen die Staaten zu handeln haben. In einer eingehenden Erläuterung des Allgemeinen Gewaltverbotes werden vor allem folgende Regeln und Pflichten festgelegt:

- Angriffskriege werden als Verbrechen gegen den Frieden gebrandmarkt;
- Staaten dürfen keine Gewalt zum Zweck der Verletzung bestehender internationaler Grenzen androhen oder anwenden, auch haben sie sich jeglicher Angriffspropaganda zu enthalten;
- sie dürfen keine gewaltsamen Vergeltungsmaßnahmen durchführen;
- sie dürfen sich an keiner Gründung oder Unterstützung der Gründung irregulärer Streitkräfte oder bewaffneter Banden beteiligen, deren Ziel es ist, in das Hoheitsgebiet eines anderen Staates einzufallen;
- sie müssen die Organisierung, Anstiftung oder Unterstützung von Bürgerkriegs- oder Terrorakten in einem anderen Staat unterlassen und dürfen die Unterstützung derartiger Aktionen von ihrem Hoheitsgebiet aus nicht dulden und
- sie dürfen nicht gewaltsam das Hoheitsgebiet anderer Staaten erwerben (Erklärung über freundschaftliche Beziehungen: 299ff).

Diese Präzisierungen bestätigen die Beschränkung des Allgemeinen Gewaltverbotes auf militärische bzw. paramilitärische Gewalt. Sie stellen zugleich jedoch klar, dass sowohl militärische Repressalien als auch jene Formen indirekter Gewaltanwendung, die über den Umweg der Unterstützung gewaltsamer Handlungen in einem anderen Staat ausgeführt werden, vom Verbotsrahmen des Art. 2, Ziff. 4 erfasst werden. Offen bleibt jedoch auch nach diesen Präzisierungen, welche Formen und Abstufungen der Unterstützung etwa von Rebellenorganisationen oder Bürgerkriegsparteien als Verstöße gegen das Allgemeine Gewaltverbot qualifiziert werden müssen. In seinem Urteil bezüglich der militärischen und paramilitärischen Aktivitäten in und gegen Nicaragua hat sich der Internationale Gerichtshof ausdrücklich auf die „Erklärung über freundschaftliche Beziehungen" berufen und die Bewaffnung und Ausbildung der „Contra"-Rebellen, nicht jedoch deren finanzielle Unterstützung durch die USA als Gewaltanwendung bezeichnet. Damit hat er zwar zu erkennen gegeben, dass es unter dem Gewaltverbot zulässige und unzulässige Formen des Eingreifens in Bürgerkriege oder Aufstände gibt, klare Kriterien zu deren Unterscheidung ist er dennoch schuldig geblieben (Randelzhofer 1991a: 76f).

Ausdrücklich nicht unter die Verbotsregeln des Art. 2, Ziff. 4 fallen nach dieser Präzisierung hingegen Formen des wirtschaftlichen Zwanges, auch wenn deren Einbeziehung in das Gewaltverbot während der Phase der Ost-West-Konfrontation und der Dekolonisation von Seiten der sozialistischen Staaten und der Entwicklungsländer immer wieder verlangt wurden. Allerdings wird wirtschaftlicher, politischer und anderer nichtmilitärischer Zwang in der selben Erklärung im Zusammenhang mit dem Interventionsverbot für unzulässig erklärt (Erklärung über freundschaftliche Beziehungen: 305). Des Weiteren werden im Abschnitt zum Interventionsverbot auch militärische und paramilitärische Aktivitäten benannt und verboten, die den im Zusammenhang mit dem Gewaltverbot genannten Handlungen entsprechen. Weil wirtschaftlicher und militärischer Zwang zudem in der Praxis oft Hand in Hand gehen, scheint die strikte Beschränkung des Allgemeinen Gewaltverbotes auf die klassische militärische Gewaltanwendung zumindest problematisch (Arangio-Ruiz 1979: 99f). In der Praxis ist daher im Einzelfall unter der erweiterten Perspektive einer möglichen Friedensbedrohung durch den Sicherheitsrat zu entscheiden, welche Formen wirtschaftlichen oder anderen nichtmilitärischen Zwanges zulässig bzw. unzulässig sind.

Ausnahmen vom Allgemeinen Gewaltverbot

Obwohl das erklärte Ziel der Vereinten Nationen eindeutig in der Verdrängung von Krieg und Gewalt aus den internationalen Beziehungen liegt, schließt ihre Charta Gewaltanwendung nicht absolut aus. Sie stellt vielmehr in Rechnung, dass es Staaten gibt, die in der Verfolgung ihrer Interessen und Absichten militärische und andere gewaltsame Maßnahmen ergreifen können, zu deren Abwehr wiederum Gewaltanwendung notwendig werden kann. Dem grundsätzlichen Gewaltverbot müssen daher Formen zulässiger Gewaltanwendung gegenübergestellt werden, durch die die Verbotsnorm nicht relativiert, sondern sie in ihrem Charakter bestärkt wird. Die in der Charta verankerten Ausnahmen vom Allgemeinen Gewaltverbot sollen diesen Zweck erfüllen. Sie richten sich ausschließlich auf die Abwehr unzulässiger Gewalt und bedeuten daher keineswegs die verdeckte Wiedereinführung eines *ius ad bellum*. Dies wird vor allem dadurch zum Ausdruck gebracht, dass diese Ausnahmen nicht uneingeschränkt, sondern nur unter einer Reihe von ebenfalls in der Charta geregelten Auflagen gelten. Die Ausnahmen vom Allgemeinen Gewaltverbot nach der Charta der Vereinten Nationen sind:

- kollektive Maßnahmen gegen einen Friedensstörer auf der Grundlage des Kapitels VII,
- das Selbstverteidigungsrecht gegen einen bewaffneten Angriff nach Artikel 51 und
- Maßnahmen gegen ehemalige Feindstaaten gemäß der Artikel 53 und 107.

Das Allgemeine Gewaltverbot kann sowohl von den Bestimmungen der Charta her als auch in der politischen Praxis der Vereinten Nationen nicht losgelöst von dem in Kapitel VII beschriebenen kollektiven Sicherheitssystem betrachtet werden. Mit dem Gewaltverbot und der Friedenssicherungspflicht werden den VN-Mitgliedern Rechtspflichten auferlegt, deren Einhaltung durch die Völkergemeinschaft und die von ihr hierzu beauftragten Organe, namentlich den Sicherheitsrat, überwacht werden. Verstöße eines Mitglieds gegen die gemeinsamen Normen müssen in der Logik eines kollektiven Sicherheitssystems angemessene und geeignete Maßnahmen bis hin zum militärischen Zwang nach sich ziehen.

Artikel 39 der Charta legt in normativer und prozeduraler Hinsicht fest, unter welchen Bedingungen derartige Zwangsmaßnahmen ergriffen werden dürfen. Zunächst muss der Sicherheitsrat feststellen, ob eine Bedrohung oder ein Bruch des Friedens bzw. eine Angriffshandlung vorliegt. Kommt er zu diesem Ergebnis, ist der Sicherheitsrat dann befugt, nichtbindende Empfehlungen an die Mitgliedstaaten bezüglich ihrer Verhaltensweisen gegenüber dem Friedensstörer abzugeben. Er kann aber auch Zwangsmaßnahmen beschließen, die sowohl für den Adressatenstaat wie auch für alle anderen Mitgliedstaaten der

Vereinten Nationen verbindlich sind. Erst wenn die in Art. 41 vorgesehenen nichtmilitärischen Sanktionen zu keiner Veränderung des friedensstörenden Verhaltens des betreffenden Staates führen, kann der Sicherheitsrat nach Art. 42 militärische Zwangsmaßnahmen anordnen, die dann unter seiner Führung oder aber aufgrund von Ermächtigungen durch einzelne Mitgliedstaaten oder deren geeignete zwischenstaatliche Einrichtungen (Art. 48) durchgeführt werden können. Für derartige Entscheidungen ist im Sicherheitsrat das für inhaltliche Fragen vorgesehene Quorum von neun Stimmen bei Einstimmigkeit der fünf Ständigen Mitglieder erforderlich. Zur Durchsetzung von Zwangsmaßnahmen unter seiner Autorität kann der Sicherheitsrat auch regionale Abmachungen im Sinne von Kapitel VIII der Charta in Anspruch nehmen. Diese Bestimmungen des Kapitels VII machen deutlich, dass Gewalt außer zum Zwecke der individuellen und kollektiven Selbstverteidigung gemäß Art. 51 (s.u.) nur auf der Grundlage eines entsprechenden Beschlusses des Sicherheitsrates angewendet werden darf. Dem Sicherheitsrat kommt dadurch ein faktisches „Gewaltlegitimationsmonopol" zu (zur Ausgestaltung des kollektiven Sicherheitssystems der Vereinten Nationen siehe eingehender Abschnitt 1.3).

Der Sicherheitsrat ist zwar kein Weltgericht, sondern ein politisches Entscheidungsgremium, in seinen Kompetenzen ist er gleichwohl an die Bestimmungen der Charta und das Völkerrecht gebunden (Bruha/Krajewski 1998: 16). Daher bedürfen die in Art. 39 genannten, seine Zuständigkeit begründenden Tatbestände Friedensbedrohung, Friedensbruch und Angriffshandlung der genaueren Betrachtung. Ein Friedensbruch wird durch die Aufnahme bewaffneter Kampfhandlungen zwischen mindestens zwei Staaten begründet. Er liegt auch dann vor, wenn ein effektiv unabhängiges De-facto-Regime, das nicht als Staat anerkannt ist, Waffengewalt einsetzt oder Opfer militärischer Gewalt wird (Frowein 1991: 563). Trotz dieses relativ klaren Kriteriums hat der Sicherheitsrat bislang erst in vier Fällen (Korea 1950, Argentinien/Großbritannien 1982, Irak/Iran 1987, Irak/Kuwait 1990) sein Tätigwerden mit dem Vorliegen eines Friedensbruches begründet (Lailach 1998: 49). Jede Angriffshandlung stellt zwar ebenfalls einen Friedensbruch dar, jedoch bedarf es zu deren Feststellung zusätzlich der Nennung des Aggressors. Zur präziseren Fassung des Tatbestandes der Aggression hat die Generalversammlung am 14. Dezember 1974 eine Definition dieses Begriffes verabschiedet, die in ihrem Art. 3 eine (nicht abschließende) Aufzählung von sieben Handlungsweisen vornimmt, von denen jede einzelne eine Aggression darzustellen vermag (Aggressionsdefinition: 319). Diese Definition ist als Resolution der Generalversammlung für den Sicherheitsrat zwar nicht bindend, kann aber von ihm zur Bewertung eines Sachverhaltes herangezogen werden. Tatsächlich hat der Sicherheitsrat in einer Reihe von Fällen das Verhalten von Staaten als *acts of aggression* bezeichnet, so im Falle der Übergriffe Süd-Rhodesiens auf Sambia 1978, des israelischen Luftangriffs auf PLO-Ziele in Tunesien 1985 oder der südafrikanischen Interventionen in Angola 1985. Allerdings hat der Sicherheitsrat dann festgestellt, dass durch diese Akte eine Bedrohung des Friedens bewirkt wird. Die Feststellung einer Angriffshandlung im Sinne von Art. 39 der Charta ist durch den Sicherheitsrat selbst in relativ eindeutigen Fällen wie der irakischen Invasion in Kuwait bislang nicht vorgenommen worden.

Von den drei in Art. 39 genannten Tatbeständen eröffnet derjenige der Friedensbedrohung dem Sicherheitsrat den weitesten Interpretationsspielraum. Trotz seiner begrifflichen Unschärfe und schwierigen rechtlichen und politischen Fassbarkeit ist er aber insofern der zentrale Tatbestand für die kollektive Friedenssicherung, weil er sich auch auf Situationen und Verhaltensweisen im Vorfeld eines offenen Friedensbruches erstreckt und so noch eine gewaltfreie Lösung eines sich anbahnenden Konfliktes ermöglichen kann. Wie flexibel der Sicherheitsrat mit dem Begriff der Friedensbedrohung umzugehen vermag, zeigt seine Praxis in den 1990er Jahren. Die Unterstützung von terroristischen Aktivitäten durch Staaten wurde ebenso wie innerstaatliche Vorgänge vom Bürgerkrieg über Vertreibungen und andere großflächige Menschenrechtsverletzungen bis hin zum Zusammenbruch der staatlichen Ordnung und der damit einhergehenden zügellosen Gewaltanwendung durch Banden und Milizen als Friedensbedrohungen angesehen, die die Verhängung kollektiver Zwangsmaßnahmen rechtfertigten. Grundsätzlich können alle Maßnahmen eines Staates, die möglicherweise bewaffnete Gegenreaktionen hervorrufen, als Friedensbedrohung aufgefasst werden, also auch solche, mit denen wie beispielsweise beim Aufstauen eines Flusses in seinem Oberlauf keine unmittelbare militärische oder andere physische Gewalt verbunden ist. Sind sich die Mitglieder des Sicherheitsrates einig, kann der Begriff der Friedensbedrohung außerordentlich weitreichend aufgefasst werden (Frowein 1991: 567). Durch die konsequente Nutzung und Ausdehnung dieses Interpretationsspielraumes bei der Feststellung einer Friedensbedrohung hat der Sicherheitsrat in den 1990er Jahren seinen Zuständigkeits- und Handlungsrahmen beträchtlich erweitert. Die Effektivität des kollektiven Sicherheitssystems der Vereinten Nationen ist jedoch, wie in Abschnitt 1.3. zu zeigen sein wird, hinter den durch diese Praxis eröffneten Möglichkeiten zurückgeblieben.

Die zweite in der Charta der Vereinten Nationen verankerte Ausnahme vom Allgemeinen Gewaltverbot besteht im naturgegebenen Recht eines Mitgliedstaates, sich individuell oder im Verein mit anderen Staaten kollektiv gegen einen bewaffneten Angriff zu verteidigen (Art. 51). Doch macht bereits der Wortlaut dieses Artikels deutlich, dass die Charta auch das Selbstverteidigungsrecht nicht uneingeschränkt gewähren will. So klafft zwischen den Bestimmungen des Art. 2, Ziff. 4 und denen des Art. 51 eine Lücke: Das Selbstverteidigungsrecht bezieht sich nicht auf jede Form der Androhung oder Anwendung von Gewalt, sondern bleibt auf das Vorliegen eines bewaffneten Angriffs beschränkt. Was unter einem bewaffneten Angriff zu verstehen ist, lässt die Charta allerdings offen. Auch die Aggressionsdefinition der Generalversammlung vermag diese Frage nicht vollständig zu klären, weil sie eine Präzisierung des in Art. 39 verwendeten Begriffs „Angriffshandlung" vornimmt und ausdrücklich keine Regelungen des Selbstverteidigungsrechts gegen einen bewaffneten Angriff vorsieht (Aggressionsdefinition: 321, Art. 6). Immerhin aber kann mit Hilfe dieser Definition das Verhältnis bestimmt werden, in dem die Begriffe „Angriffshandlung" und „bewaffneter Angriff" zueinander stehen: Der bewaffnete Angriff ist ein Spezialfall der Angriffshandlung, woraus wiederum folgt, dass nicht alle Angriffshandlungen das Selbstverteidigungsrecht eines Staates im Sinne von Art. 51 begründen können. Diese eng gefasste Auslegung steht zwar durchaus im Einklang mit dem Geist und der Logik der Charta, deren zentrales Anliegen es ist, die Fälle einzelstaatlicher Gewaltanwendung auf ein Minimum zu reduzieren. In der politischen Praxis jedoch sind, wie weiter unten gezeigt wird, Probleme hinsichtlich der Befolgung dieser Regel vorprogrammiert.

Ein bewaffneter Angriff liegt dann vor, wenn ein Staat in erheblichem Umfang und über längere Zeit militärische Gewalt einsetzt (Schulze 1991: 753ff). Kurzfristige Grenzverletzungen und mit diesen einhergehende kleinere Scharmützel stellen demnach zwar Angriffshandlungen im Sinne der Aggressionsdefinition und damit Verstöße gegen das Allgemeine Gewaltverbot des Art. 2, Ziff. 4, nicht jedoch bewaffnete Angriffe im Sinne des Art. 51 dar. Gegen sie sind zwar auch gewaltsame Abwehrmaßnahmen zulässig, doch müssen diese unterhalb der Schwelle militärischer Einsätze bleiben (Verdross/Simma 1984: 289f). Um sein Selbstverteidigungsrecht ausüben zu können, muss ein Staat zudem tatsächlich Opfer eines bewaffneten Angriffs geworden sein, eine bloß bedrohliche Situation rechtfertigt keine Gewaltanwendung. Art. 51 unterstreicht also das naturgegebene Recht auf Selbstverteidigung, beschränkt es gleichzeitig aber auch durch die Anknüpfung an die Tatbestandsvoraussetzung des gegenwärtigen bewaffneten Angriffs. Der präventive Einsatz von Streitkräften bleibt ebenso verboten wie die militärische Reaktion auf andere Völkerrechtsverstöße und die gewaltsame Durchsetzung selbst legitimer, durch Schiedsverfahren oder internationale Gerichtsbarkeit bestätigter Rechte. Darüber hinaus ist ein angegriffener Staat selbst in der begründeten Ausübung seines Rechts auf Selbstverteidigung nicht frei in der Wahl seiner Mittel. Wie im innerstaatlichen Recht für den Fall der Notwehr ist auch im Völkerrecht die Verteidigung gegen einen bewaffneten Angriff an den Grundsatz der Verhältnismäßigkeit gebunden. In der Praxis eher bedeutungslos ist eine weitere in Art. 51 vorgesehene Beschränkung des Selbstverteidigungsrechtes, nach der die betroffenen Staaten ihre Verteidigungsmaßnahmen dem Sicherheitsrat zu melden haben und deren Ausführung nur so lange zulässig ist, bis durch den Sicherheitsrat entsprechende kollektive Maßnahmen eingeleitet worden sind. Durch diese Festlegung soll der grundsätzlich subsidiäre Charakter von Selbstverteidigung im Rahmen eines kollektiven Sicherheitssystems herausgestellt werden. Allerdings ist es in bislang keinem Fall zu einer Ablösung der Selbstverteidigung eines Landes durch das Einschreiten der Vereinten Nationen gekommen.

Art. 51 spricht einem angegriffenen Staat das Recht nicht nur zur individuellen, sondern auch zur kollektiven Selbstverteidigung zu. Dies bedeutet, dass auch Staaten, die nicht selbst angegriffen wurden, einem angegriffenen Staat unter Einsatz militärischer Mittel zu Hilfe eilen können, ohne dass dies einen Verstoß gegen das Allgemeine Gewaltverbot darstellt. Das Recht zur militärischen Unterstützung durch andere Staaten ist jedoch an die gleichen Voraussetzungen wie die Ausübung des Selbstverteidigungsrechts durch den betroffenen Staat gebunden, also vor allem an das Vorliegen eines bewaffneten Angriffs und den Grundsatz der Verhältnismäßigkeit. Präventive Gewaltanwendung bleibt daher auch als Unterstützungsmaßnahme verboten. Nicht eingeschränkt wird durch Art. 51 indes die Möglichkeit zur Gründung präventiver Verteidigungsbündnisse wie der NATO oder des früheren Warschauer Paktes (Ipsen 1967: 27ff, Walter 1996: 50). Für das Recht zur Unterstützung eines angegriffenen Staates ist es unerheblich, ob dieser zuvor in eine solches Verteidigungsallianz eingebunden war oder nicht. Erforderlich für diese Art der internationalen Nothilfe ist jedoch das Einverständnis bzw. das Ersuchen des betroffenen Staates. Das Recht zur kollektiven Selbstverteidigung kann nur von Staaten in Anspruch genommen werden, so dass die Unterstützung von Bürgerkriegsparteien oder bedrängten Volksgruppen innerhalb eines Staates nicht über diesen Ausnahmetatbestand vom Allgemeinen Gewaltverbot legitimiert werden kann (Tomuschat 1999: 33).

Vollständig bedeutungslos sind im Laufe der Geschichte der Vereinten Nationen die so genannten Feindstaatenklauseln der Art. 53 und 107 geworden, welche die dritte der in der Charta verankerten Ausnahmen vom Allgemeinen Gewaltverbot bilden. Als Feindstaat galt, wer während des Zweiten Weltkrieges Feind eines Unterzeichners der Charta der Vereinten Nationen war (Art. 53, Abs. 2), so dass neben Deutschland auch Bulgarien, Finnland, Italien, Japan, Rumänien und Ungarn unter die Feindstaatenklauseln fielen. Für Maßnahmen gegen diese Feindstaaten wurden regionalen Abmachungen (Art. 53) sowie „den hierfür verantwortlichen Regierungen" (Art. 107), also den VN-Gründungsmitgliedern, Sonderrechte bezüglich der Freistellung vom Allgemeinen Gewaltverbot eingeräumt. Die Ausnahmerechte bezogen sich auf präventive Zwangsmaßnahmen gegen die Wiederaufnahme der Angriffspolitik durch einen Feindstaat bzw. auf die Durchführung von Kriegsfolgemaßnahmen wie die Herbeiführung eines Friedensvertrages und dessen Ausgestaltung. Die Feindstaatenklauseln stellen, wie bereits die Überschrift des Kapitels XVII verdeutlicht, Übergangsbestimmungen dar, die sich aus der Entstehung der Charta der Vereinten Nationen während des Zweiten Weltkrieges und der ungewissen Effektivität der gerade gegründeten Weltorganisation erklären. Auch bedeutet die Feindstaateneigenschaft kein ewiges Stigma, sondern kann durch den Beitritt zu den Vereinten Nationen abgestreift werden. Zwar enthalten weder Art. 4 noch Art. 53, Abs. 2 in ausdrücklicher Form entsprechende Regelungen, doch kann aus dem Grundsatz der souveränen Gleichheit aller Mitglieder (Art. 2, Ziff. 1) sowie aus der in Art. 4 als Voraussetzung für eine Mitgliedschaft geforderten Friedensliebe geschlossen werden, dass kein Mitglied der Vereinten Nationen nach seinem Beitritt als Feindstaat diskriminiert werden darf (Trützschler v. Falkenstein 1975: 104, Ress 1991a: 688, dort auch zahlreiche weitere Nachweise). Da zwischenzeitig alle ehemaligen Feindstaaten den Vereinten Nationen beigetreten sind und zum Teil wiederholt als Nichtständige Mitglieder des Sicherheitsrates Verantwortung für den Weltfrieden übernommen haben, sind die Feindstaatenklauseln als Ausnahmetatbestände vom Allgemeinen Gewaltverbot obsolet geworden. Die hohen Hürden, die für eine Änderung der Charta gemäß Art. 108 vorgesehen sind, haben die Entfernung der Feindstaatenklauseln bislang verhindert. Allerdings hat sich die Generalversammlung in ihrer Resolution 50/52 vom 11. Dezember 1995 selbst beauftragt, die Feindstaatenklauseln im Rahmen einer zukünftigen umfassenden Reform der Charta abzuschaffen.

Probleme

Das Allgemeine Gewaltverbot ist als grundlegende Verfassungsnorm des Völkerrechts weltweit gültig und von allen Staaten formal akzeptiert. Zugleich aber wurde und wird es wie kaum eine andere völkerrechtliche Regel immer wieder durchbrochen. Jedoch weist auch das Gewaltverhütungsregime der Charta trotz der im Vergleich zu den vorangegangenen Verträgen erzielten Fortschritte bereits auf der Ebene seiner Normen noch einige Grauzonen auf, die eine eindeutige rechtliche und politische Beurteilung bestimmter Formen der Gewaltanwendung durch Staaten außerordentlich schwer machen. Zudem erlegt das Gewaltverbot mit seinen eng gefassten Ausnahmen den Mitgliedstaaten erhebliche Beschränkungen bei der Ausübung militärischer Gewalt auf, die zu akzeptieren ihnen häufig umso schwerer fallen, als es das kollektive Sicherheitssystem der Vereinten Nationen an Effektivität nach wie vor mangeln lässt. So folgt aus der bereits angesprochenen Lücke zwischen den Bestimmungen des Allgemeinen Gewaltverbotes und des Selbstverteidigungsrechtes, dass Staaten bestimmte Formen von Gewalt hinnehmen müssen, ohne ihrerseits mit militärischen Mitteln antworten zu dürfen.

Durch die Staaten wurde allerdings immer wieder und nicht ohne Erfolg versucht, ihr Selbstverteidigungsrecht möglichst extensiv zu interpretieren, um militärische Maßnahmen in oder gegen andere Staaten zu rechtfertigen. Vor allem Rettungsaktionen zugunsten eigener Staatsangehöriger auch ohne Einverständnis oder gegen den Willen des Aufenthaltsstaates sind in den zurückliegenden Jahrzehnten immer wieder durchgeführt worden. Zu den spektakulärsten Aktionen dieser Art gehören die belgischen Einsätze im Kongo in den Jahren 1959/60 sowie 1964, die Erstürmung einer gekaperten israelischen Verkehrsmaschine auf dem Flughafen von Entebbe/Uganda durch ein israelisches Militärkommando im Jahre 1976 und der 1980 fehlgeschlagene Versuch der Vereinigten Staaten, ihre in der Teheraner US-Botschaft festgehaltenen Staatsbürger zu befreien. In Grenada (1983) und Panama (1989) führten die USA die Rettung eigener Bürger als einen von mehreren Interventionsgründen an. Während des Ruanda-Konflikts evakuierten 1994 belgische Fallschirmjäger eigene und Staatsangehörige anderer Nationen, im März 1997 führte die Bundesrepublik Deutschland erstmals eine militärische Rettungsaktion von 20 Deutschen und 40 anderen Staatsangehörigen in Tirana/Albanien durch. In keinem Falle konnten sich die Staaten auf eine völkerrechtliche Regel berufen, durch die derartige Maßnahmen erlaubt worden wären. Nach den geltenden Bestimmungen und der herrschenden Meinung der Völkerrechtslehre stellen solche Interventionen keine Selbstverteidigungsmaßnahmen, sondern vielmehr Verstöße gegen das Allgemeine Gewaltverbot dar (Pape 1997: 105f, dort zahlreiche weitere Nachweise). Andererseits sind bislang keine Maßnahmen zur Rettung eigener Staatsbürger durch den Sicherheitsrat verurteilt worden. Allerdings kann aus der Hinnahme solcher rechtswidriger Aktionen nicht auf eine völkergewohnheitsrechtliche Entwicklung hin zu einem Recht zum Schutz eigener Staatsbürger im Ausland als Teil des Selbstverteidigungsrechtes geschlossen werden. Die meisten dieser Aktionen sind in ihrer rechtlichen und politischen Bewertung strittig geblieben, so dass sich weder eine allgemeine Staatenpraxis noch eine einheitliche Rechtsüberzeugung (*opinio iuris*) herausgebildet haben. Auch das Völkergewohnheitsrecht eröffnet demnach keine neuen Legitimationstatbestände für einzelstaatliche Gewaltanwendung neben der VN-Charta (Deiseroth 2000: 3087), selbst wenn unter den Voraussetzungen einer akut andauernden Bedrohung von Leib und Leben eigener Staatsbürger und der Unfähigkeit bzw. Unwilligkeit des Aufenthaltsstaates, deren Schutz zu gewährleisten, sowie bei Anwendung geeigneter und verhältnismäßiger Mittel solche Rettungsaktionen als noch tolerable Verstöße gegen die geltenden Normen gelten können (Stein 2000: 6). Angesichts der überwiegenden Ablehnung des Selbstverteidigungsrechts als Rechtfertigungsgrund für militärische Gewaltanwendung zugunsten eigener Staatsbürger im Ausland, wird vielfach die Rechtsfigur der humanitären Intervention herangezogen. So ist Blumenwitz in der Auffassung zuzustimmen, dass es rechtslogisch keinen Sinn macht, bei dieser Form der internationalen Nothilfe zwischen dem Schutz eigener Staatsbürger und der Unterstützung von Angehörigen fremder Nationen im Falle massiver Menschenrechtsverletzungen zu unterscheiden (Blumenwitz 1994: 7). Doch muss gesehen werden, dass gerade die Inanspruchnahme eines Rechts zur humanitären Intervention Probleme in sich birgt, die das Allgemeine Gewaltverbot und die Friedenssicherungsmechanismen der Vereinten Nationen in ihrem Kern berühren.

Die mit dem Ende der Ost-West-Konfrontation einsetzende Verlagerung des globalen Konfliktgeschehens von der klassischen zwischenstaatlichen auf die innerstaatliche Auseinandersetzung hat die Vereinten Nationen vor neue und tiefgreifende Herausforderungen gestellt. Die Zuständigkeiten der Vereinten Nationen und der Zuschnitt ihrer Organe wurden festgelegt, um die bei ihrer Gründung wichtigste Form der Friedensstörung, den Krieg zwischen Staaten, zu verhindern bzw. einzugrenzen. Innerstaatliche Vorgänge wie Bürgerkriege, Menschenrechtsverletzungen, humanitäre Katastrophen, aber auch der Völkermord in Kambodscha fielen nach allgemeiner Auffassung unter das Interventionsverbot des Art. 2, Ziff. 7 und waren einer Bearbeitung durch die Vereinten Nationen nicht zugänglich. In den 1990er Jahren hat sich angesichts der Qualität und der Intensität der in innerstaatlichen Konflikten angewendeten Gewalt der Sicherheitsrat vom Irak und Somalia über Ruanda und Haiti bis ins ehemalige Jugoslawien und Ost-Timor in einer langen Reihe von Fällen mit derartigen Vorgängen befasst und nach der Feststellung einer Friedensbedrohung gemäß Art. 39 Zwangsmaßnahmen verhängt und humanitäre Interventionen unter Einschluss militärischer Mittel autorisiert (Pape 1997: 155-255, Stein 1999: 161-298, Bartl 1999: 15-20, Ansprenger 1999: 1189-1192, von Bredow 1999: 1192-1195). Diese ausgreifende Kompetenzerweiterung des Sicherheitsrates wird überwiegend als durch die Charta gedeckt (Herdegen 1998: 14, Fink 1999: 877) und sogar als „unverzichtbar" (Eitel 1999: 127) aufgefasst. Wenn der Sicherheitsrat befugt ist, eine aus innerstaatlichen Konflikten resultierende Friedensbedrohung festzustellen, dann entsprechen – im Rahmen bestimmter Verfassungsschranken (Bruha/Krajewski 1998: 16) – auch kollektive Maßnahmen zur ihrer Beseitigung den Bestimmungen und der Logik der Charta. Allerdings kennt die Charta im Falle innerstaatlicher Konflikte oder massiver Menschenrechtsverletzungen kein subsidiäres Recht, das betroffenen Parteien oder Volksgruppen analog zum Selbstverteidigungsrecht der Staaten zustehen würde. Eine in Bedrängnis geratene Volksgruppe darf sich zwar wehren, sie kann aber kein Hilfeersuchen an andere Staaten richten, durch das eine Ausnahme vom Allgemeinen Gewaltverbot begründet würde. Gewaltsame humanitäre Interventionen sind folglich nur als kollektive Maßnahmen unter der Autorität des Sicherheitsrates zulässig. Dies bedeutet aber auch, dass der militärische Schutz elementarer Menschenrechte bzw. die Hilfeleistung zugunsten einer gravierenden Menschenrechtsverletzungen ausgesetzten Gruppe innerhalb eines Landes von der Effektivität des Gewaltverhütungsregimes der Vereinten Nationen abhängt. Angesichts der immer wiederkehrenden Entscheidungsunfähigkeit des Sicherheitsrates durch das angedrohte oder eingelegte Veto eines

Ständigen Mitgliedes wird eine gravierende Lücke zwischen dem Bedarf an einem wirksamen Menschenrechtsschutz und den rechtlich zulässigen Mitteln erkennbar (Delbrück 1999: 148, Guicherd 1999: 23f). Diese Lücke haben die Staaten der NATO 1998 und 1999 auszufüllen versucht, indem sie zunächst mit der massiven Androhung militärischer Gewalt und schließlich deren Anwendung den Rückzug der Sicherheitskräfte der Bundesrepublik Jugoslawien aus der Provinz Kosovo und die Beendigung gravierender Menschenrechtsverletzungen an der albanischen Bevölkerungsgruppe erzwangen. Der Sicherheitsrat hatte zuvor in zwei Resolutionen (Resolution 1199 vom 23. September 1998, Resolution 1203 vom 24. Oktober 1998) die Situation im Kosovo als Friedensbedrohung bezeichnet, nachdem er bereits im März 1998 mit einem Waffenembargo eine erste Zwangsmaßnahme verhängt hatte (Resolution 1160 vom 31. März 1998). Eine Autorisierung zur Anwendung militärischer Gewalt ist jedoch aufgrund russischer und chinesischer Bedenken unterblieben. Über die Zulässigkeit dieser nicht-autorisierten Gewaltanwendung zu humanitären Zwecken ist weltweit eine breite Diskussion in Politik, Wissenschaft und Öffentlichkeit geführt worden, die an dieser Stelle nicht nachvollzogen werden kann und soll (verwiesen wird exemplarisch auf Lutz 1999/2000 und Merkel 2000). Doch selbst wenn der wohl vorherrschenden Meinung zuzustimmen ist, dass das Vorgehen der NATO als Nothilfeaktion zu rechtfertigen ist (Tomuschat 1999, Ipsen 1999, Varwick/Woyke 2000, Simma 2000, Thürer 2000), ist die Beschädigung der Effektivität des Allgemeinen Gewaltverbots und des kollektiven Sicherheitssystems unübersehbar (siehe auch Teil C, Abschnitt 2.3).

Bereits seit längerer Zeit und auch in anderen Grauzonenbereichen hat sich das Gewaltverbot zum „Fall-Recht" zurückentwickelt (Bruha 1991: 239), etwa bei Vergeltungsmaßnahmen für terroristische Anschläge (USA gegen Libyen 1992, USA gegen Afghanistan und Sudan 1998) oder in Fällen präventiver Gewaltanwendung bei unmittelbar bevorstehenden Angriffen (Israel gegen Ägypten 1967). Auch wenn das Allgemeine Gewaltverbot unabhängig von der Effektivität des zu seiner Aufrechterhaltung geschaffenen kollektiven Sicherheitssystems gültig ist, bleiben Verstöße, so gerechtfertigt sie in der Einzelfallbetrachtung sein mögen, nicht ohne Folgen für den Regelungsanspruch dieser zentralen völkerrechtlichen Verfassungsnorm. Mit jeder Durchbrechung wird dem Gewaltverbot weiterer Schaden zugefügt und das Gewaltlegitimationsmonopol des Sicherheitsrates weiter in Frage gestellt (Pradetto 1998: 26f). Der allen Rückschlägen zum Trotz recht weit gediehene Versuch der Vereinten Nationen, das System der internationalen Beziehungen durch rechtliche Verregelungen stabiler und sicherer zu machen, wäre durch eine fortschreitende Verwässerung oder gar Auflösung des Allgemeinen Gewaltverbotes schlussendlich zum Scheitern verurteilt. Auf die Entwicklung eines derogierenden, die völkervertraglich fixierten Normen teils außer Kraft setzenden, teils ergänzenden Gewohnheitsrechts zu setzen, scheint wenig erfolgversprechend. Die gewaltsamen Interventionen einzelner oder Gruppen von Staaten sind neben der vorgeblichen oder tatsächlichen Orientierung an allgemeinen humanitären Zielen und Standards stets auch durch partikulare Interessen geleitet. Die Herausbildung einer durch die allgemeine Staatenpraxis getragenen *opinio iuris* ist damit äußerst unwahrscheinlich.

Das Allgemeine Gewaltverbot hat den Krieg nicht aus den internationalen Beziehungen verdrängen können. Es ist aber zu einer grundlegenden Orientierungsnorm für individuelles und kollektives staatliches Handeln geworden und damit aus dem System der internationalen Beziehungen kaum mehr wegzudenken. Allerdings bleibt festzuhalten, dass das immer wiederkehrende Auseinanderklaffen von völkerrechtlichen Regeln und Teilen der Staatenpraxis zu erheblichen Problemen führt. Eine Duldung von Verstößen gegen das Allgemeine Gewaltverbot führt tendenziell zur Absenkung der Schwelle zu seiner Durchbrechung und damit zur Erosion dieser Norm. Eine Stärkung der kollektiven Sicherheitsstrukturen der Vereinten Nationen bleibt daher unausweichlich, wenn die internationalen Beziehungen nicht auf das *ius ad bellum* oder gar den gerechten Krieg zurückgeworfen werden sollen. Daher soll im Folgenden zunächst das kollektive Sicherheitssystem der Charta der Vereinten Nationen dargestellt und diskutiert werden, bevor dann in weiteren Schritten die Handhabung dieses Systems in der politischen Praxis (Teil B, Kapitel 2) und die Möglichkeiten seiner Reformierung (Teil E) untersucht werden.

1.3 Vom Völkerbund zu den VN: Die organisatorische Entwicklung der Friedenssicherung

Das Verständnis der dem kollektiven Sicherheitssystem der Vereinten Nationen zugrundeliegenden Intentionen und Normen bleibt unvollständig ohne eine zumindest skizzenhafte Darstellung des Völkerbundes. Beide Organisationen werden häufig so zueinander in Zusammenhang gebracht, dass die Vereinten Nationen die normativen und strukturellen Schwächen und Defizite ihres Vorgängers haben beseitigen wollen. So zutreffend dies auf der einen Seite ist, so sehr wird andererseits übersehen, dass bereits durch den Völkerbund Entwicklungen von weitreichender Bedeutung in Gang gesetzt und organisatorische Voraussetzungen geschaffen wurden, an die die Vereinten Nationen anknüpfen konnten. Dies gilt insbesondere für den Grundansatz des Völkerbundes, ein auf internationalen Rechtsnormen basierendes Kriegsverhütungsregime zu schaffen und die Verantwortung für den Frieden auf eine internationale Organisation zu übertragen.

Die Katastrophe des Ersten Weltkrieges hatte das endgültige Scheitern der postwestfälischen Staatenordnung in Europa offenkundig werden lassen. Bereits während des Krieges legten daher eine Reihe von Friedensgesellschaften wie die *Union of Democratic Control*, das *Schweizer Friedensbureau* oder die *League of Nations Society*, aber auch Einzelpersonen wie Léon Bourgeois, Henry Noel Brailford oder Matthias Erzberger Entwürfe für eine Nachkriegsordnung auf der Grundlage einer internationalen Bundesorganisation vor (Schücking/Wehberg 1924: 7-10). Der amerikanische Präsident Woodrow Wilson griff auf diese Überlegungen zurück, als er, aus Anlass des Kriegseintritts der Vereinigten Staaten, in seiner Rede vor beiden Häusern des Kongresses in 14 Punkten die amerikanischen Kriegsziele umriss und forderte: „Eine allgemeine Gesellschaft der Nationen muss aufgrund eines besonderen Bundesvertrages gebildet werden zum Zweck der Gewährung gegenseitiger Garantien für politische Unabhängigkeit und territoriale Integrität in gleicher Weise für die großen und kleinen Staaten" (Wilson 1918: 367). Parallel zur Friedenskonferenz von Paris erarbeitete ab Februar 1919 eine aus den Vertretern von vierzehn Staaten bestehende Völkerbundkommission einen stark durch Wilsons Vorstellungen geprägten Entwurf der Völkerbundssatzung, der am 28. April 1919 durch die Vollversammlung der Friedenskonferenz angenommen wurde. Mit nur wenigen Veränderungen wurde diese Satzung dann zum integralen Bestandteil jedes der vier am 28. Juni 1919 unterzeichneten Friedensverträge von Versailles, St. Germain, Trianon und Neuilly. Diese enge Verknüpfung zwischen den Friedensverträgen und der Völkerbundsatzung wurde nicht nur von den unterlegenen Mittelmächten kritisiert, sondern entsprach auch nicht den Erwartungen der neutralen Staaten, die sich mit ihren Vorschlägen zur Satzung nicht hatten durchsetzen können. Die Völkerbundsatzung wurde so „in eine Umgebung eingeführt, die ihr in den Augen der Welt viel von ihrer Weihe nahm" (Schücking/Wehberg 1924: 27). Zwar waren diese Verknüpfungen eher äußerlicher Natur und blieb die Völkerbundssatzung ein eigenständiges Werk mit universeller Zielsetzung. Aber der Umstand, dass nur die Kolonien und abgetrennten Gebiete der unterlegenen Mächte unter die Mandatsverwaltung gemäß Art. 22 fielen und dem Völkerbund eine Reihe von Kriegsliquidationsaufgaben übertragen wurden (Eupen-Malmedy, Saargebiet, Danzig, Memel) erwies sich als Hypothek für seine Akzeptanz (Unser 1997: 17).

Die Mitgliedschaft im Völkerbund stand zwar prinzipiell allen Staaten offen, doch wurde zwischen den ursprünglichen und den später aufgenommenen Mitgliedern unterschieden. Die ursprünglichen Mitglieder waren die Signatarmächte der Friedensverträge (außer den unterlegenen Staaten Bulgarien, Deutschland, Österreich und Ungarn) sowie dreizehn neutrale Länder, die ohne jeden Vorbehalt durch einseitige Erklärung ihre Mitgliedschaft begründen konnten. Von den 32 Signatarstaaten der Friedensverträge verweigerten neben Ecuador und Hedjas (ein Teil des späteren Saudi-Arabiens) auch die USA die Ratifikation der Friedensverträge und traten damit ihre Mitgliedschaft im Völkerbund nicht an. Zur Aufnahme neuer Mitglieder war eine Zweidrittelmehrheit in der Bundesversammlung erforderlich. Zudem war die Zulassung zur Mitgliedschaft an die Annahme einer durch den Bund festzulegenden Streitkräfte- und Rüstungsordnung gebunden. Da derartige Ordnungen nur einstimmig beschlossen werden konnten, war die Unterscheidung im Mitgliedschaftsstatus von erheblicher politischer Relevanz. Neumitgliedern konnten so Bedingungen auferlegt werden, die die ursprünglichen Mitglieder nicht für sich gelten lassen mussten. Dennoch wurden im Laufe der Zeit 21 Staaten einschließlich aller unterlegenen Mächte des Ersten Weltkrieges als neue Mitglieder in den Völkerbund aufgenommen. Allerdings war auch ein Recht zur Kündigung der Mitgliedschaft bei Einhaltung einer Frist von zwei Jahren vorgesehen. Mit neunzehn Kündigungen, unter ihnen das Deutsche Reich (1933), Japan (1933) und Italien (1937), machte fast ein Drittel aller dem Völkerbund jemals angehörenden Staaten von diesem Recht Gebrauch. Gemäß der Satzung konnte ein Mitglied wegen Satzungsverstößen ausgeschlossen werden. Erforderlich hierzu war die Zustimmung „aller anderen im Rate vertretenen Bundesmitglieder", so dass auch ein Ratsmitglied aus dem Völkerbund entfernt werden konnte. Als einziger Staat wurde die Sowjetunion am 14. Dezember 1939 wegen ihres Angriffs auf Finnland aus dem zu diesem Zeitpunkt schon daniederliegenden Völkerbund ausgeschlossen.

Hauptorgane des Völkerbundes waren gemäß seiner Satzung die Bundesversammlung, der Rat und das Ständige Sekretariat. Das Ständige Sekretariat war am Sitz des Bundes in Genf angesiedelt, wo in der Regel auch die Sitzungen von Bundesversammlung und Rat stattfanden. In der Bundesversammlung waren alle Mitgliedstaaten durch Delegationen vertreten, die über je eine Stimme verfügten. In Streitfällen, in denen der Bund zu vermitteln hatte, konnten allerdings auch in diese Auseinandersetzungen involvierte Nichtmitglieder stimmberechtigt zu Sitzungen der Bundesversammlung hinzugezogen werden. Der Bundesversammlung waren umfassende Zuständigkeiten bezüglich aller die Tätigkeitsfelder des Völkerbundes oder den Weltfrieden betreffenden Fragen zugewiesen, so dass sie sich jedes Sachverhaltes annehmen und Empfehlungen aussprechen konnte. Der Rat bestand aus Ständigen und Nichtständigen Mitgliedern, deren Zahl sich im Laufe der Geschichte des Völkerbundes mehrmals änderte. Für das Jahr des Inkrafttretens der Satzung 1920 waren mit den „Vertretern der Alliierten und Assoziierten Hauptmächte" der Friedensverträge fünf Ständige (Frankreich, Großbritannien, Italien, Japan, USA) und vier Nichtständige Ratsmitglieder vorgesehen, deren letztere durch die Bundesversammlung nach freiem Ermessen zu bestimmen waren. Durch den Nichteintritt der USA in den Völkerbund blieb deren Ständiger Sitz allerdings frei. Für Deutschland wurde 1926 ebenso wie für die Sowjetunion 1934 aus Anlass ihres Eintritts in den Völkerbund je ein Ständiger Sitz geschaffen und die Zahl der Nichtständigen Mitglieder in zwei Schritten auf elf erhöht. Seine Beschlüsse und Empfehlungen traf der Rat in der Regel einstimmig, es sei denn die Satzung sah in bestimmten Fällen ausdrücklich ein anderes Quorum vor. Falls Ratsmitglieder in eine Streitsache involviert waren, waren sie von der Stimmabgabe ausgeschlossen, so dass ein Veto in eigener Sache nicht möglich war. Der Rat, der in der Regel zu fünf (später vier) ordentlichen Sitzungen pro Jahr sowie ad hoc zusammentrat, war mit den gleichen umfassenden Kompetenzen ausgestattet wie die Bundesversammlung, so dass eine konkurrierende Zuständigkeit zwischen beiden Hauptorganen bestand.

Dieses Problem wurde jedoch durch eine arbeitsteilige Praxis in der Weise abgemildert, dass dem Rat als dem kleineren und häufiger tagenden Gremium die dringlicheren Fälle vorgelegt wurden (Weber 1991: 1017). Das Ständige Sekretariat unter seinen beiden Generalsekretären Sir James Eric Drummond (bis 1933) und François Joseph Avenol bildete die Verwaltungsbehörde des Völkerbundes. Dem Generalsekretär, der über zwei Stellvertreter und drei Untergeneralsekretäre verfügte, unterstand eine internationale, nach Fachabteilungen gegliederte Behörde, deren Personal sich im Wesentlichen aus der Fachbeamtenschaft der Mitgliedsstaaten rekrutierte.

Zur Gewährleistung von Weltfrieden und internationaler Sicherheit wurde durch die Völkerbundssatzung ein duales System kollektiver Sicherheit geschaffen, das zum einen auf Kriegsverhütung durch Verfahren der friedlichen Streitbeilegung ausgerichtet war, zum anderen jedoch auch einen Sanktionsmechanismus zur Beendigung bereits begonnener Kriege vorsah. Das partielle Kriegsverbot der Völkerbundssatzung verpflichtete alle Mitgliedstaaten zur Beteiligung an einem *cooling-off-Verfahren* in jenen Streitfällen, die möglicherweise zu einem Krieg führen könnten. Ziel dieses Verfahrens war, die strittige Angelegenheit entweder einem Schiedsgericht, dem Ständigen Internationalen Gerichtshof oder dem Rat zu unterbreiten. Binnen sechs Monaten hatte der Rat die Angelegenheit zu untersuchen und einen Bericht abzufassen, für das Gerichts- bzw. Schiedsverfahren waren angemessene Fristen vorgesehen. Während dieser Phase sowie einer sich daran anschließenden weiteren Frist von drei Monaten, durfte keine Partei zum Kriege schreiten. Für den Fall, dass eine der Streitparteien ein Urteil oder einen Schiedsspruch bzw. eine einstimmig durch den Rat abgegebene Empfehlung akzeptierte, trat ein Kriegsverbot ein. Im Falle von nur mehrheitlichen Empfehlungen stand es allerdings im Ermessen der Konfliktparteien, ihre Ziele durch kriegerische Maßnahmen zu verfolgen. Zu den gravierenden Schwächen dieser Regelungen gehörte, dass alle Formen der Gewaltanwendung unterhalb der Schwelle eines Krieges nicht in diesen Verbotsrahmen fielen. Daher musste die Frage offen bleiben, wann zulässige Gewaltanwendung in einen verbotenen Krieg überging. Diese Unschärfen waren von erheblicher Bedeutung für die Effektivität der kollektiven Sicherheitsmaßnahmen. Zwar eröffnete die Satzung dem Völkerbund die Möglichkeit, gegen einen Staat Sanktionen zu verhängen, wenn dieser entgegen den Festlegungen einen Krieg begann. Diese kollektiven Maßnahmen, deren Spektrum von wirtschaftlichem und politischem Boykott bis hin zu militärischem Zwang reichte, waren von allen Bundesmitgliedern zu exekutieren. Zudem konnten für den Fall einer Kriegsgefahr auch gegen Nichtmitglieder des Bundes entsprechende Maßnahmen verhängt werden. Allerdings herrschte aufgrund des Fehlens einer klaren Aggressionsdefinition sowie gerade wegen der Unschärfen zwischen zulässiger und verbotener Gewaltanwendung große Unsicherheit bezüglich der Voraussetzungen für die Verhängung von Zwangsmaßnahmen im Allgemeinen und über die Reichweite der militärischen Beitragsverpflichtungen im Besonderen (Röttger 1931: 7ff). Die Sanktionspraxis des Völkerbundes blieb denn auch auf einen Fall begrenzt: Im Abessinien-Krieg 1937 verhängte der Rat ein Embargo gegen Italien, das allerdings seinen Zweck, die Beendigung der italienischen Aggression, verfehlte. Bereits im Falle der japanischen Invasionen in Nordchina zu Beginn der dreißiger Jahre war der Völkerbund untätig geblieben und konnte, zumal nach dem 1933 erfolgten Austritt Japans aus der Organisation, den Ausbruch des japanisch-chinesischen Krieges ab 1935 nicht verhindern. Die sowjetische Aggression gegen Finnland führte im Dezember 1939 zwar zum Ausschluss der UdSSR aus der Organisation, doch war angesichts des im September 1939 begonnenen Zweiten Weltkriegs der Völkerbund zu diesem Zeitpunkt als kollektives Sicherheitssystem bereits endgültig gescheitert.

Für das Scheitern dieses ersten Versuches zur Etablierung eines globalen Sicherheitssystems werden allgemein und zutreffend Defizite und Unschärfen im Normenbereich der Satzung wie die schon diskutierte unzweckmäßige Beschränkung auf ein partielles Kriegsverbot verantwortlich gemacht. Aber auch strukturelle Schwächen in der Organisation selbst müssen als Ursachen genannt werden. Die institutionelle Befassung des Bundes mit der Ausführung von Bestimmungen der Pariser Friedensverträge brachten auch den Völkerbund ins Visier des hemmungslosen Revisionsstrebens der unterlegenen Mächte (Weber 1991: 1019) und beschleunigten so seinen Niedergang. Vor allem aber ist es dem Völkerbund zu keiner Zeit gelungen, alle damals existierenden Großmächte einzubinden. Die USA zogen der Ratifikation der Pariser Friedensverträge einen Separatfrieden vor und blieben dem Völkerbund vom Beginn an fern. Das Deutsche Reich trat 1933 nach der nationalsozialistischen Machtübernahme umgehend aus dem Bund aus, desgleichen Japan. Die Sowjetunion wurde erst 1934 aufgenommen. Zu einer universalen Organisation konnte der Völkerbund so nie werden. Am 18. April 1946 erfolgte auf der 21. Bundesversammlung seine Auflösung.

Dennoch wäre es verfehlt, den Völkerbund als ein auf der ganzen Linie gescheitertes Unterfangen abzuqualifizieren. Der Völkerbund steht für eine ideengeschichtliche Wende in den internationalen Beziehungen, auch wenn die Staaten zu seiner Zeit noch nicht bereit waren, diesem revolutionär neuen Grundanliegen der Kriegsverhütung und der Friedenssicherung durch ein globales System eine wirkliche Chance der Realisierung einzuräumen und ihn zumindest zu einem *Clearing House* für Fragen globaler Sicherheit werden zu lassen (Guggenheim 1932: 272ff). Sein letztendliches Scheitern in der Katastrophe des Zweiten Weltkriegs hat nicht grundsätzlich zu der Überzeugung geführt, dass die dem Völkerbund zugrundeliegenden Ideen und Normen utopisch oder überflüssig wären. Vielmehr wurde durch den Beginn und den Verlauf des Zweiten Weltkrieg die Notwendigkeit eines effektiven kollektiven Sicherheitssystems in dramatischer Weise unterstrichen. Mit der Charta der Vereinten Nationen nahm die Welt einen zweiten Anlauf zur Etablierung einer globalen Organisation zur Friedenssicherung.

1.4   Das kollektive Sicherheitssystem der VN-Charta

Wie zuvor der Völkerbund errichteten auch die Vereinten Nationen ihr kollektives Sicherheitssystem auf den zwei tragenden Säulen der Kriegsverhütung und des gemeinsamen Vorgehens gegen Friedensstörer durch Zwang. Doch gelang es der VN-Charta anders als der Völkerbundssatzung, ein umfassendes Verbot der Androhung und Anwendung von Gewalt (Art. 2, Ziff. 4) ins Völkerrecht einzuführen und so einen erheblichen Teil der Unschärfen und Grauzonen bereits im Bereich der Normen und Regel zu beseitigen. Darüber hinaus konnten, wiederum anders als ein Vierteljahrhundert zuvor, alle Großmächte für die Mitwirkung in der neuen Organisation gewonnen werden und mit dem Sicherheitsrat ein potenziell mächtiges und handlungsfähiges Organ zur Wahrnehmung der Hauptverantwortung für den Frieden (Art. 24) geschaffen werden. Allerdings stellte sich unter den Vorzeichen des Ost-West-Konflikts schnell heraus, dass der für ein effektives Sicherheitssystem erforderliche Konsens aller Großmächte in der Praxis nicht bzw. nur unzulänglich herzustellen war (Bothe 1991: 538). Der Sicherheitsrat als wichtigstes Hauptorgan war jahrzehntelang faktisch gelähmt. Folglich konnte das kollektive Sicherheitssystem der Vereinten Nationen so, wie es in der Charta angelegt wurde, nie zum Einsatz kommen, sondern es wurden in Anlehnung an die Charta neue Instrumente der Friedenssicherung wie etwa Beobachtungs- und Blauhelmmissionen entwickelt. Auch als nach dem Ende der bipolaren Weltordnung der Sicherheitsrat seinen Handlungsspielraum beträchtlich erweitern konnte und in einer Reihe von Fällen Zwangsmaßnahmen bis hin zum Einsatz militärischer Mittel beschloss, geschah dies zwar unter Rückgriff auf und im Einklang mit den entsprechenden Normen und Regeln der Charta, jedoch ohne Nutzung der in Kapitel VII vorgesehenen Strukturen und Instrumente. Dennoch ist es geboten, an dieser Stelle kurz auf das in der Charta verankerte kollektive Sicherheitssystem einzugehen. Seine trotz aller Fortschritte bestehenden Mängel und Schwächen, vor allem aber seine den politikpraktischen Möglichkeiten der Staatenwelt weit vorauseilenden Intentionen und Ansprüchen bilden die Folie, vor der die abweichende Praxis der Vereinten Nationen und ihrer Mitgliedstaaten nachvollziehbar und verständlich wird. Diese reale Praxis wird dann in den folgenden Kapiteln untersucht.

Die Verpflichtung zur friedlichen Beilegung von Streitigkeiten des Art. 2, Ziff. 3 sowie das aus diesem zwingend folgende Allgemeine Gewaltverbot (Ziff. 7) bilden den normativen Kern des kollektiven Sicherheitssystems der VN-Charta. Ihr Verhältnis zu den beiden anderen zentralen Verfassungsgrundsätzen des Art. 2, dem Souveränitätsprinzip (Ziff. 1) und dem Interventionsverbot (Ziff. 7) kann dergestalt interpretiert werden, dass die souveräne staatliche Entscheidung über die Wahl der Mittel bei der Verfolgung politischer Ziele dem kollektiven Interesse an Weltfrieden und internationaler Sicherheit untergeordnet ist. Mit dem Beitritt zu den Vereinten Nationen haben sich die Mitgliedstaaten zu dieser Prinzipienhierarchie bekannt, sie ist zudem Bestandteil des allgemeinen Völkergewohnheitsrechts geworden und wirkt damit über die Charta hinaus.

Weil noch so klare normative Festlegungen keine Gewähr für ihre Befolgung bieten, haben die Vereinten Nationen in Kapitel VI ihrer Charta die Prinzipien und Verfahren der friedlichen Streitbeilegung näher zu präzisieren versucht. In Kapitel VII werden hingegen diejenigen Maßnahmen dargelegt, die von der Gemeinschaft im Falle einer Friedensbedrohung, eines Friedensbruchs oder einer Aggressionshandlung gegen ein abtrünniges Mitglied ergriffen werden können. Ins Zentrum dieses so beschriebenen Sicherheitssystems stellt die Charta den Sicherheitsrat, dem sie die Hauptverantwortung für den Frieden übertragen hat. Der Sicherheitsrat ist ein Exekutivorgan mit weitreichenden Befugnissen bei der Bewertung internationaler und innerstaatlicher Vorgänge hinsichtlich ihres friedensgefährdenden Potenzials, er verfügt zudem als einziges Hauptorgan der Vereinten Nationen über die Kompetenz, Entscheidungen zu treffen und Maßnahmen zu beschließen, die alle Mitgliedstaaten rechtlich binden (Art. 25).

Kapitel VI: Die friedliche Beilegung von Streitigkeiten

Im Kapitel VI ihrer Charta legen die Vereinten Nationen ihren Mitgliedern zahlreiche aus Art. 2, Ziff. 3 abgeleitete Rechtsverpflichtungen bezüglich der Formen und Verfahren der friedlichen Streitbeilegung auf. So bestimmt Art. 33, dass sich „die Parteien einer Streitigkeit, deren Fortdauer geeignet ist, die Wahrung des Weltfriedens und der internationalen Sicherheit zu gefährden" zunächst um eine Beilegung durch Verhandlung, Untersuchung, Vermittlung, Vergleich, Schiedsspruch, gerichtliche Entscheidung, Inanspruchnahme regionaler Einrichtungen oder Abmachungen oder durch andere friedliche Mittel eigener Wahl bemühen. Dieser einleitende Artikel des Kapitels VI weist die primäre Verantwortung für solche Bemühungen den Mitgliedstaaten zu (Tomuschat 1991: 476), während die Rolle des Sicherheitsrats in diesem Kapitel im Wesentlichen auf die eines Moderators oder Katalysators entsprechender Verfahren beschränkt bleibt. Zwar kann der Sicherheitsrat durch jedes Mitglied der Vereinten Nationen auf eine Streitsache aufmerksam gemacht werden. Auch kann er sich aus eigener Autorität einschalten, gemäß Art. 34 jede Situation auf ihr friedensgefährdendes Potenzial untersuchen und Empfehlungen zu ihrer Beilegung aussprechen (Art. 36). Jedoch fehlt ihm in allen Verfahren zur friedlichen Streitbeilegung ein bindendes Weisungsrecht. Selbst einen Vermittlungsvorschlag kann der Sicherheitsrat gemäß Art. 38 nur dann vorlegen, wenn er durch alle Parteien hierzu aufgefordert wird.

Kapitel VI räumt im Spannungsfeld zwischen Staatensouveränität und kollektivem Handeln der Ersteren den Vorrang ein. Die wesentliche Einschränkung ihrer Souveränität – neben dem Gewaltverbot – entsteht für die Staaten durch Auflage, sich um eine friedliche Streitbeilegung zu bemühen, nicht jedoch darin, ein bestimmtes Ergebnis hervorzubringen oder aber sich an einen bindenden Spruch von dritter Seite zu halten. Auch später verabschiedete Erklärungen der Generalversammlung zur Präzisierung der Verfahren der friedlichen Streitbeilegung zementierten die Dominanz des Souveränitätsgrundsatzes eher als dass sie gangbare Wege zu neuen Formen der Konfliktbearbeitung unter Einschluss kollektiver Bemühungen aufgewiesen hätten. Insbesondere die „Erklärung von Manila über die friedliche Beilegung von Internationalen Streitigkeiten" vom 15. November 1982 verbeugt sich „geradezu devot vor einem Fetisch Souveränität" (Tomuschat 1983: 734), wenn sie feststellt, dass Verfahren der friedlichen Streitbelegung nicht als mit dem Prinzip der souveränen Gleichheit unvereinbar angesehen werden können. Die Hervorhebung des Souveränitätsprinzips ist für eine von Staaten gebildete internationale Organisation sicherlich angemessen. Intervention und Zwang von Außen sind, zumal in frühen Phasen einer Streitigkeit wenig geeignet, eine tragfähige Lösung herbeizuführen. Kooperation und institutionalisierte Konfliktaustragung vor einem Schiedsgericht oder dem IGH bzw. die Inanspruchnahme Guter Dienste sind demgegenüber erprobte und erfolgreiche Verfahren der Kriegsverhütung und Friedenssicherung (Delbrück 1996: 212-220), die allerdings gleichberechtigte Partner voraussetzen. Dieses Prinzip der Gleichberechtigung und Gleichwertigkeit und mit ihm die Aussicht auf einen dauerhaften Konsens bzw. Kompromiss würde durch frühzeitige und nicht von allen Parteien akzeptierte Eingriffe von dritter Seite in Frage gestellt. Gleichwohl ist Czempiel zuzustimmen, wenn er beklagt, dass die Verpflichtung auf derartige Verfahren in Kapitel VI nicht deutlicher ausfällt (Czempiel 1994: 141) und die Funktionen des Sicherheitsrates sowie der ohnehin nur kursorisch erwähnten Generalversammlung eher bescheiden bleiben. Zwar würden weiterreichende Verpflichtungen zu bestimmten Verfahren tatsächlich den Ermessensspielraum und damit die Souveränität der Staaten weiter beschränken, doch liegt gerade dies in der Natur und der Absicht eines kollektiven Systems zur Friedenswahrung. Zudem könnten abgestufte Regelungen dergestalt geschaffen werden, dass ein Vermittlungs- oder Schiedsverfahren durch den Sicherheitsrat erst dann vorgeschrieben wird, wenn die Streitparteien nicht aus eigener Kraft zu einer Lösung gelangen und die Friedensbedrohung fortbesteht. Der Einwand einer unzulässigen Beschränkung der Souveränität durch einen höheren Verbindlichkeitsgrad bezüglich der Verfahren der friedlichen Streitbeilegung ist auch deshalb nicht überzeugend, weil das Regime der Charta für den Fall des Scheiterns konsensorientierter Verfahren die Möglichkeit zur Ausübung von Zwang unter den Bestimmungen des Kapitels VII vorsieht. Durch derartige Zwangsmaßnahmen wird die Souveränität der betroffenen Staaten regelmäßig erheblich beeinträchtigt. Darüber hinaus fügt etwa ein Handelsembargo auch völlig unbeteiligten Staaten möglicherweise erhebliche Nachteile und Schäden zu, etwa wenn sie ihre politischen oder wirtschaftlichen Beziehungen zu einem von Sanktionen betroffenen Staat einschränken müssen. Die Einführung verbindlicherer Verfahren der friedlichen Streitbeilegung wäre demzufolge keine unzumutbare Einschränkung der Staatensouveränität, sondern vielmehr ein moderierender Zwischenschritt. In ihrem Kapitel VI ist die Charta in diesem zentralen Punkt der Aufrechterhaltung des Friedens jedoch auf halbem Wege stehen geblieben. Die Hauptschwäche im Bereich der friedlichen Streitbeilegung bleibt der oft mangelhafte politische Wille der Staaten, sich dieses Rahmens zu bedienen und sich im Einzelfall auch Entscheidungen zu unterwerfen. Wenn die immer wieder geforderte präventive Konfliktbearbeitung erfolgreich im System der internationalen Beziehungen verankert werden soll, wird eine Reform auch des Kapitels VI unausweichlich sein.

Kapitel VII: Maßnahmen bei Bedrohung oder Bruch des Friedens und bei Angriffshandlungen

Während Kapitel VI, wie gezeigt wurde, weitestgehend auf dem Prinzip der Suche nach Konsens und Kompromiss zwischen gleichberechtigten und souveränen Staaten aufbaut, eröffnet Kapitel VII dem Sicherheitsrat die Möglichkeit, Zwangsmaßnahmen gegen den Willen des oder der betroffenen Staaten zu verhängen. Formale Voraussetzung für die Anwendung von Zwang ist das Scheitern der friedlichen Streitbeilegung und das Fortdauern einer Friedensstörung. Das Spektrum dieser Maßnahmen reicht von friedlichen Sanktionen bis hin zur Anwendung militärischer Gewalt und von der damit einhergehenden Beschränkung von Souveränitätsrechten bis hin zu deren weitgehender Aufhebung. So wurden gerade in der jüngeren Praxis der 1990er Jahre in Kambodscha, im ehemaligen Jugoslawien oder in Osttimor durch den Sicherheitsrat Übergangsverwaltungen mit quasistaatlichen Befugnissen eingesetzt und die Hoheitsbefugnisse des Territorialstaates zeitweise faktisch aufgehoben.

Für ein Tätigwerden des Sicherheitsrates nach Kapitel VII schreibt dessen einleitender Art. 39 die rechtlichen und prozeduralen Voraussetzungen vor. Zunächst muss der Sicherheitsrat mit dem üblichen Quorum von mindestens neun Stimmen ohne Gegenstimme eines der Ständigen Mitglieder feststellen, ob einer der drei seine Zuständigkeit begründenden Tatbestände Friedensbedrohung, Friedensbruch oder Angriffshandlung vorliegt (siehe Abschnitt 1.2). Gelangt er zu einer solchen Feststellung, kann er Empfehlungen aussprechen oder Zwangsmaßnahmen gemäß Art. 41 oder 42 beschließen. Der Unterschied zwischen Empfehlungen und Maßnahmen besteht darin, dass erstere keinen Anspruch auf Befolgung durch den Adressatenstaat sowie durch die übrigen Mitgliedstaaten enthalten. Ansonsten jedoch ist ihre Abgrenzung gegenüber Zwangsmaßnahmen in der Charta nicht eindeutig geregelt. So ist unklar, ob der Sicherheitsrat Verhaltensweisen empfehlen kann, die bei Befolgung durch die Mitgliedstaaten den Charakter von Zwangsmaßnahmen gegenüber dem betroffenen Staat annehmen können, also etwa der Abbruch von Wirtschaftsbeziehungen. Die Existenz klarer Regelungen für Zwangsmaßnahmen in den Artikeln 41 bzw. 42 spricht eher gegen diese Möglichkeit (Frowein 1991: 570), so dass der Sicherheitsrat wohl nur Empfehlungen abgeben kann, deren Befolgung den betroffenen Staat nicht in seinen durch Charta und Völkerrecht zugesicherten Rechten beeinträchtigen. Ein Beispiel hierfür wäre die Empfehlung des Sicherheitsrates an die Mitgliedstaaten, einem Land keine Waffen mehr zu liefern oder einem angegriffenen Staat in der Ausübung seines kollektiven Selbstverteidigungsrechts oder anderweitig beizustehen. Ebenfalls im Vorfeld der Verhängung von Zwangsmaßnahmen kann der Sicherheitsrat gemäß Art. 40 die Befolgung vorläufiger Maßnahmen fordern. Dies geschieht in der Praxis des Sicherheitsrates häufig, zumeist in Form von Aufforderungen zur Beendigung von Kampfhandlungen oder anderer friedensgefährdender Verhaltensweisen.

Die Zwangsmaßnahmen nach Art. 41 und 42 sind der harte Kern des Kapitels VII. Ihrem Wesen nach gegen den Willen des betroffenen Staates und auch ohne Zustimmung der übrigen, nicht dem Sicherheitsrat angehörenden VN-Mitglieder verhängt, bilden Zwangsmaßnahmen den eng begrenzten Bereich, in dem die Vereinten Nationen supranationale Funktionen entfalten können. Sie stellen keine Strafen gegenüber einem Staat dar, sondern kollektive Druckmittel, die die Gemeinschaft ergreifen kann, um einen Staat zu Veränderung seines friedensstörenden Verhaltens zu bewegen. Sie sind daher nur so lange zulässig, wie die Friedensstörung anhält, und müssen nach deren Beseitigung aufgehoben werden. Dem Wesen der VN als einer konsensorientierten Staatenorganisation entsprechend wird von diesen Maßnahmen nur selten Gebrauch gemacht. In der Geschichte der Vereinten Nationen wurden in 15 Fällen – davon allerdings 13 seit 1990 – friedliche Sanktionen (siehe Abschnitt 2.2) ausgesprochen und in lediglich zwei Fällen (Korea 1950, Irak 1990) zum Mittel des militärischen Zwangs gegriffen. Art. 41 enthält eine breite Palette von Maßnahmen, die – unter Ausschluss von Waffengewalt – von der vollständigen oder teilweisen Unterbrechung von Wirtschaftsbeziehungen, von Verkehrs- und Kommunikationsverbindungen bis hin zum Abbruch der diplomatischen Beziehungen reichen. Diese nicht abschließende Aufzählung kann nach dem Ermessen des Sicherheitsrates um geeignete Mittel erweitert werden. So hat der Sicherheitsrat in Wahrnehmung seiner Befugnisse nach Art. 41 (Ahlbrecht 1999: 242, dort zahlreiche weitere Belege) durch Resolution 827 vom 25. Mai 1993 ein Internationales Straftribunal zur Verfolgung gravierender Verletzungen des humanitären Völkerrechts im ehemaligen Jugoslawien eingesetzt und diesen Schritt im folgenden Jahr für Ruanda wiederholt (Resolution 955 vom 8. November 1994).

Kommt der Sicherheitsrat zu der Auffassung, dass sich die friedlichen Sanktionen als unzulänglich erwiesen haben oder erweisen würden, kann er die für die Wahrung oder Wiederherstellung des Friedens erforderlichen militärischen Maßnahmen ergreifen und Land-, Luft-

sowie Seestreitkräfte zum Einsatz bringen. Die Charta schreibt also keine Eskalationshierarchie vor, nach der zunächst die Wirkung weicherer Maßnahmen abgewartet werden muss, bevor durch den Sicherheitsrat zur Gewaltanwendung geschritten werden darf (Frowein 1991: 587). Auch werden dem Sicherheitsrat keine ausdrücklichen Auflagen bezüglich der Intensität der von ihm ergriffenen militärischen Maßnahmen gemacht. Allerdings ergibt sich aus der Bindung des Sicherheitsrates an die Charta sowie das allgemeine Völkerrecht, dass er trotz seines großen politischen Ermessensspielraumes auch die Einhaltung einiger Grundsätze zu berücksichtigen hat. Dies sind vor allem die Eignung der von ihm ergriffenen Maßnahmen für die Erreichung der intendierten Ziele sowie die Verhältnismäßigkeit der eingesetzten Mittel (Bruha/Krajewski 1998: 17).

Die Durchführung der beschlossenen Maßnahmen liegt, je nach Ermessen des Sicherheitsrates bei diesem selbst oder bei den durch ihn beauftragten Mitgliedern der Vereinten Nationen. Letztere Möglichkeit ergibt sich aus dem Wortlaut von Satz 2 des Art. 42, in dem von Einsätzen der Streitkräfte von Mitgliedern die Rede ist. Sie ergibt sich auch aus Art. 48, Abs. 1, demzufolge die Maßnahmen zur Durchführung der Beschlüsse von allen oder von einigen, gegebenenfalls auch von einem Mitglied der Vereinten Nationen getroffen werden können (Bryde 1991: 607). In diesem Falle muss der Sicherheitsrat einen Auftrag bzw. eine Ermächtigung an die durchführenden Mitglieder aussprechen. Der Sicherheitsrat kann zudem für die Durchführung von Zwangsmaßnahmen regionale Abmachungen im Sinne von Kapitel VIII in Anspruch nehmen (Art. 53, Abs. 1). Dies ist im Rahmen der Missionen im ehemaligen Jugoslawien wiederholt im Falle der OSZE praktiziert worden. Für die Durchführung militärischer Zwangsmaßnahmen durch den Sicherheitsrat selbst ist es erforderlich, dass die Mitgliedstaaten ihm auf sein Ersuchen hin und auf der Grundlage eines oder mehrerer Sonderabkommen Truppen zur Verfügung stellen (die nicht mit dem inzwischen eingerichteten *Stand-By-Register* zu verwechseln sind). Die hierzu in Art. 43 getroffenen Festlegungen verpflichten die Mitglieder indes nur, mit dem Sicherheitsrat in Verhandlungen über Sonderabkommen einzutreten, nicht jedoch dazu, diese auch abzuschließen. Tatsächlich sind derartige Sonderabkommen bislang nicht zustande gekommen, so dass kein Staat verpflichtet ist, dem Sicherheitsrat Truppen zur Verfügung zu stellen (Kühne 2000a: 295). Maßnahmen nach Art. 42 können demnach unter der Autorität des Sicherheitsrates nur auf der Grundlage freiwilliger Ad-hoc-Gestellungen durchgeführt werden, doch ist auch dies nach der bisherigen Praxis der Vereinten Nationen nicht zu erwarten (zu den Reformperspektiven siehe Teil E). In allen Fällen, in denen der Sicherheitsrat militärischen Zwang ausgeübt hat, geschah dies auf dem Wege der Ermächtigung von Mitgliedstaaten (Golfkrieg) oder anderer internationaler Organisationen wie der NATO (ehemaliges Jugoslawien, Ost Timor und andernorts).

Ähnlich wie im Falle des Art. 43, der im Wesentlichen toter Buchstabe geblieben ist, verhält es sich mit den Bestimmungen des Art. 47, der die Bildung eines Generalstabsausschusses vorsieht. Dieser Generalstabsausschuss, der aus den Generalstabschefs der Ständigen Mitglieder des Sicherheitsrates bzw. deren Vertretern gebildet wird (Abs. 2), hat als einziges in der Charta verankertes Nebenorgan eine herausgehobene Stellung. Er soll den Sicherheitsrat in allen militärischen Fragen der Sicherung des Weltfriedens beraten und unterstützen (Abs. 1) sowie die Verantwortung für die strategische Leitung aller dem Sicherheitsrat zur Verfügung gestellten Streitkräfte übernehmen (Abs. 3). In der Praxis ist er allerdings eines der kurioseren Gremien der VN geblieben. Rund 40 Jahre lang traten im 14-tägigen Rhythmus Streitkräftevertreter der Ständigen Mitglieder auf der Ebene der in Washington akkreditierten Verteidigungsattachés zu informellen Treffen zusammen, ohne jedoch *matters of substance* zu erörtern. Seit Beginn der 1990er Jahre finden diese Zusammenkünfte zwischen den Militärberatern der jeweiligen VN-Vertretungen der Ständigen Sicherheitsratsmitglieder statt (Eisele 2000: 67). Vorschläge, den Generalstabsausschuss in die Leitung der von den VN entwickelten Peacekeeping-Operationen einzubinden, sind nicht weiterverfolgt worden, so dass der Generalstabsausschuss keinerlei militärische oder politische Funktionen entfalten konnte.

Kapitel VII stellt, ganz anders als das vorangehende Kapitel zur friedlichen Streitbeilegung, hohe Anforderungen an das kollektive Engagement der VN-Mitgliedstaaten und eilt damit den politikpraktischen Möglichkeiten weit voraus. Für den Abschluss von Sonderabkommen zur Truppenstellung für kollektive Sicherheitsmaßnahmen ist ein Ausmaß an Solidarität unter den Mitgliedern des Systems erforderlich, das die Staaten nicht aufbringen wollen und wohl auch nicht können. Die Schnittmengen des abstrakten kollektiven Interesses an Frieden sind im konkreten Fall meist zu klein, als dass sich Staaten aufgrund allgemeiner Verpflichtungen bereit erklären würden, das Leben ihrer Soldaten aufs Spiel zu setzen. Den Vereinten Nationen fehlt damit ein Herzstück eines effektiven und schnell handlungsfähigen kollektiven Sicherheitssystems. Dies bedeutet jedoch nicht, dass militärische Zwangsmaßnahmen der Vereinten Nationen unmöglich wären, wie seit dem Golfkrieg (Heinz/Philipp/Wolfrum 1991) die Praxis der 1990er Jahre zeigt. Doch sind die Verfahren zu ihrer Durchführung tendenziell komplizierter und langwieriger als sich dies die Schöpfer der Bestimmungen des Kapitels VII vorgestellt haben. Immerhin hat gerade das Beispiel des Golfkrieges gezeigt, dass unter günstigen weltpolitischen Konstellationen und hoher Interessenübereinstimmung bei den handelnden Staaten auch sehr schnelle und großflächige Operationen möglich sind.

Allerdings rührt die Angewiesenheit der Vereinten Nationen auf derartige *coalitions of the willing* an den Kern des Prinzips kollektiver Sicherheit. Die vornehmlich aus partikularen Interessen resultierende Bereitschaft der Staaten zur Beteiligung an gemeinsamen Aktionen führt fast zwangsläufig zu Selektivität. Die Entscheidung für oder gegen kollektive Maßnahmen richtet sich nicht nach den Erfordernissen des zu bearbeitenden Konflikts, sondern nach dem Grad des Interesses der Staaten an seiner Lösung. Die komplexen Friedensmissionen der 1990er Jahre haben gezeigt, dass kollektive Maßnahmen zu ihrer Durchführung nicht nur auf willige, sondern vor allem auch auf in finanzieller, technologischer und anderer Hinsicht befähigte Staaten angewiesen sind. Die nach der gescheiterten Somalia-Aktion vor allem bei den Industriestaaten unübersehbare interessengeleitete Selektivität legt aber den Verdacht der Instrumentalisierung des kollektiven Sicherheitssystems durch bestimmte Länder nahe. Neben der Effektivität des kollektiven Sicherheitssystems insgesamt gerät so auch die Legitimität der Entscheidungen des Sicherheitsrates weiter in die Krise. Tatsächlich sind Zusammensetzung, Abstimmungsverfahren und Arbeitsweisen des Entscheidungszentrums Sicherheitsrat wenig geeignet, diesen Verdacht auszuräumen. Die Machtverhältnisse in diesem wichtigsten Hauptorgan spiegeln zu sehr die weltpolitische Konstellation zum Ende des Zweiten Weltkrieges wider, als dass sie unverändert bestehen bleiben könnten und der Sicherheitsrat weiterhin einen allseits akzeptierten Anspruch auf Befolgung seiner Beschlüsse erheben kann. Eine ausgewogene Repräsentanz aller Weltregionen im Kreis der Ständigen Mitglieder ist daher ebenso erforderlich wie eine Modifikation der Abstimmungsregeln unter Beseitigung des Vetorechts.

Es ist bereits angedeutet worden, dass die Vereinten Nationen im Bereich der Friedenssicherung auch regionalen Abmachungen Bedeutung zumessen. In Art. 52 der Charta wird ausgeführt, dass Regionalorganisationen – sofern sie mit den Zielen und Grundsätzen der Vereinten Nationen übereinstimmen – versuchen sollen, Streitigkeiten friedlich beizulegen, bevor der Sicherheitsrat der VN damit befasst wird. Die Gründer der Vereinten Nationen dachten an eine bessere Kenntnis der Konfliktsituation von Organisationen, die näher an dem Geschehen sind als auch an eine Entlastung der VN. Diese Nähe zu einem Konflikt kann allerdings auch nachteilig sein. So fällt möglicherweise Konfliktparteien die Akzeptanz einer Einmischung von Außen leichter, wenn es sich um Unbeteiligte handelt. Allerdings ist dieses Instrumentarium ausschließlich für die friedliche Beilegung von Streitigkeiten konzipiert, während Zwangsmaßnahmen in jedem Fall der Ermächtigung des Sicherheitsrat gemäß Art. 53 der Charta bedürfen. Völkerrechtler sind sich allerdings nicht einig, was eine regionale Abmachung im Sinne der Charta ist. Während einerseits eine enge Auffassung vertreten wird, die insbesondere Militärbündnisse wie die NATO nicht zu dieser Gruppe zählt, hat sich in der Praxis eine Definition entwickelt, die sich lediglich auf einen regionalen Zusammenhang und eine Mitgliedschaft bezieht, die geringer als die der VN ist. Galten zunächst Einrichtungen wie die Arabische Liga, die Organisation Amerikanischer Staaten (OAS), die Organisation für Afrikanische Einheit (OAU) oder die Organisation für Sicherheit und Zusammenarbeit in Europa (OSZE) als solche Abkommen, so wird heute auch die NATO zu dieser Kategorie gezählt. Die Vereinten Nationen haben in zahlreichen Fällen Regionalorganisationen mit der Durchführung von Friedensmissionen beauftragt bzw. sie dazu ermächtigt. Als prominente Beispiele gelten die Durchsetzung des Friedensabkommens von Dayton ab Dezember 1995 in Bosnien-Herzegowina (IFOR/ SFOR) sowie die Einsetzung der Friedenstruppe im Kosovo (KFOR) seit Juni 1999, die jeweils unter Führung der NATO standen.

Die stärkere Einbeziehung von regionalen Abmachungen bietet sowohl Risiken als auch Chancen. Befürworter betonen die Entlastung der Vereinten Nationen sowie eine bessere internationale Arbeitsteilung und regen sogar an, stärker über regionale Autorisierungsmechanismen für Zwangsmaßnahmen nachzudenken (Kühne 2000a: 307-318), während Kritiker darin eine Aushöhlung der Zuständigkeit der

VN in ihrem Kernbereich sehen, die eher zu Unübersichtlichkeit und Chaos führt (Mutz 1998).

2 Die Praxis der VN-Friedenssicherung im Wandel

Das kollektive Sicherheitssystem der Charta ist in der Praxis der Vereinten Nationen in mannigfacher Hinsicht verändert und reformiert worden. Diese Praxis ist Gegenstand der Untersuchungen im folgenden Kapitel.

Es ist schon mehrfach angeklungen, dass trotz des Allgemeinen Gewaltverbots der „Krieg" nicht aus den internationalen Beziehungen verdrängt worden ist. Bevor im Folgenden in zwei Schritten die Praxis der VN-Friedenssicherung analysiert wird, soll zunächst ein knapper empirischer Befund über die Entwicklung des Kriegsgeschehens einerseits (ausführlich mit weiteren Nachweisen: Pfetsch 1991, Gantzel/ Schwinghammer 1995, Art/Waltz 1999, Pfetsch 2000, AKUF 2000, Tangredi 2000) und die Entwicklung der Friedenssicherungsinstrumente der Vereinten Nationen andererseits (ausführlich mit weiteren Nachweisen: Rikhye/Skjelsbaek 1991, Bardehle 1991, Durch 1993, Erhart/Klingenburg 1996, UN Department of Public Information 1996, Bothe/Dörschel 1999) gegeben werden.

Seit Gründung der Vereinten Nationen im Sommer 1945 haben in der Welt mehr als 200 Kriege stattgefunden (obgleich die Zahl je nach Definition und Forschungsansatz stark variiert), die zusammen mehr Tote forderten, als der gesamte Zweite Weltkrieg. Beginnend mit den frühen 1960er Jahren stieg die Zahl der weltweit geführten Kriege über drei Jahrzehnte nahezu kontinuierlich an, wobei der vorläufige Höhepunkt zu Beginn der 1990er Jahre lag. Aber selbst der zwischenzeitliche, drastische Rückgang der Kriegshäufigkeit von 1992 bis 1997 hat nicht zur Bestätigung der optimistischen Annahme geführt, dass sich die Zahl der Kriege dauerhaft reduzieren ließe. Zwar sind insbesondere in der so genannten „OECD-Welt" (der derzeit 30 Mitgliedstaaten der Organisation für wirtschaftliche Zusammenarbeit und Entwicklung) Kriege selten geworden und die Annahme, dass Demokratien untereinander keine Kriege führen – sich mithin ein signifikanter Zusammenhang zwischen den Konfliktlösungsmodi im Inneren und dem Verhalten nach Außen ergibt – hat sich bestätigt. Global betrachtet bleibt die kriegerische Konfliktaustragung jedoch offenbar „Begleiter gesellschaftlicher Entwicklungsprozesse" (AKUF 2000:

11) und ein „zentraler Bestandteil des politischen Wirkens auch im 21. Jahrhundert" (Hoch 2001: 17), unter anderem deshalb, weil Demokratie als Herrschaftsform eben nicht in allen Staaten der Welt anzutreffen ist. Aber auch an den Rändern der „Friedenszonen" lässt sich eine gewisse Grauzone ausmachen, die durch Instabilität gekennzeichnet ist. Einige Analytiker argumentieren gar, nach dem Ende des Ost-West-Konflikt befinde sich die Welt vom Kalten Krieg zum *hot peace* (Parsons 1995) bzw. *deadly peace* (Carnegie Commission 1998).

Übersicht 7:   Anzahl der jährlich geführten Kriege weltweit

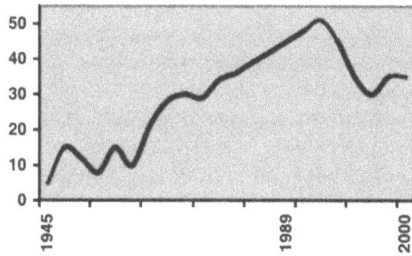

Quelle: Arbeitsgemeinschaft Konfliktursachenforschung

Im Jahr 1999 wurden nach Angaben der Arbeitsgemeinschaft Kriegsursachenforschung (AKUF) 34 Kriege geführt, von denen 41 Prozent in Afrika, 32 Prozent in Asien, 18 Prozent im Vorderen/Mittleren Orient, sechs Prozent in Lateinamerika und drei Prozent in Europa stattfanden. Andere Institute, wie etwa das *Stockholm Institute for Peace Research* (SIPRI) oder das *International Institute for Strategic Studies* (IISS) kommen aufgrund anderer Kriterien zu etwas anderen Zahlen. So zählt SIPRI für 1999 insgesamt 27 „major armed conflicts", die definiert sind als ein militärischer Konflikt zwischen zwei oder mehr Regierungen bzw. einer Regierung und mindestens einer organisierten bewaffneten Gruppe, bei der jährlich mehr als 1.000 Tote zu beklagen sind. Nach Definition der AKUF (2000: 59) handelt es sich bei einem Krieg um „einen gewaltsamen Massenkonflikt, der alle folgenden Merkmale aufweist: (a) an den Kämpfen sind zwei oder mehr bewaffnete Streitkräfte beteiligt, bei denen es sich mindestens auf einer Seite um reguläre Streitkräfte (Militär, paramilitärische Verbände, Polizeieinheiten) der Regierung handelt; (b) auf beiden Seiten muss ein Mindestmaß an zentralgelenkter Organisation der kriegführenden Parteien und des Kampfes gegeben sein, selbst wenn dies nicht mehr bedeutet als organisierte bewaffnete Verteidigung oder planmäßige Überfälle

107

(Guerillaoperationen, Partisanenkrieg, usw.); (c) die bewaffneten Operationen ereignen sich mit einer gewissen Kontinuität und nicht nur als gelegentliche, spontane Zusammenstöße, d.h. beide Seiten operieren nach einer planmäßigen Strategie, gleichgültig ob die Kämpfe auf dem Gebiet eines oder mehrerer Gesellschaften stattfinden und wie lange sie dauern". Die AKUF unterscheidet idealtypisch insgesamt fünf Kriegstypen, wobei in der Praxis auch Mischformen feststellbar sind:

- Antiregime-Kriege, bei denen um des Sturz der Regierenden oder um die Veränderung des politischen Systems oder auch der Gesellschaftsordnung gekämpft wird;
- Autonomie- und Sezessionskriege, bei denen um größere regionale Autonomie innerhalb des Staatsverbandes bzw. um Sezession vom Staatsverband gekämpft wird;
- Dekolonisationskriege, in denen um Befreiung von Kolonialherrschaft gekämpft wird;
- zwischenstaatliche Kriege sowie
- sonstige innerstaatliche Kriege.

Der klassische zwischenstaatliche Krieg (dessen Verhinderung zentrales Motiv bei der Gründung der Vereinten Nationen war) ist allerdings zunehmend zur Randerscheinung geworden, wenngleich im Zeitraum 1945 bis 1995 immer noch rund 17 Prozent der weltweiten Kriege diesem Typus zuzuordnen waren (im Jahr 1999 waren es neun Prozent). Nach Zählweise der AKUF waren 1999 drei Viertel aller Kriege reine innergesellschaftliche Konflikte. Den größten Anteil (41 Prozent) machten dabei die Antiregimekriege aus, bei denen ein politischer Machtwechsel gewaltsam herbeigeführt werden soll. An zweiter Position lagen mit 32 Prozent Autonomie- bzw. Sezessionskriege. An die Stelle des zwischenstaatlichen Krieges trat und tritt zunehmend ein neuer Kriegstyp (van Creveld 1998, Kaldor 2000), der sich wiederum ganz verschiedenartig darstellt und sowohl öffentliche und private, inner- oder zwischengesellschaftliche, internationale und nationale, als auch regionale und lokale Kriegsparteien als Akteure umfasst. Dieser Kriegstypus „verbindet miteinander Momente des klassischen Krieges, des Bürgerkrieges, des organisierten Verbrechens und der planvollen weitreichenden Verletzung der Menschenrechte. Er ist zugleich gekennzeichnet durch die tendenzielle Privatisierung der Gewaltanwendung und die Behauptung seiner politischen Natur, durch die Teilhabe regierungsamtlicher Akteure, durch die Verfolgung klassischer Ziele territorialer Herrschaft ebenso wie durch den Versuch, durch gewaltsame Setzung neuer Grenzen, durch eine Politik der ethnischen Inklusion/Exklusion und durch Unterdrückung oder Vertreibung Andersdenkender neue (Gruppen-)Identitäten zu stiften oder verschüttete Identitäten zu reaktivieren" (Meyers 2001: 14). Des Weiteren unterliegt derzeit das gesamte Militärwesen einem dramatischen Wandel. Phänomene wie „postmoderne Kriegsführung", *revolution in military affairs* und *information warfare* (Arqilla 1997, Morgan 2000) sind dabei die Schlagwörter. Wichtiges Merkmal des Kriegsgeschehen zu Beginn des 21. Jahrhunderts ist deshalb, dass es „den" Krieg nicht mehr gibt, sondern unterschiedlichste Formen des Krieges sowohl hinsichtlich der beteiligten Akteure sowie der Formen des Konfliktaustrags, als auch der Folgen für das internationale System existieren.

Es liegt auf der Hand, dass die sich wandelnden Kriegsformen auch ein modifiziertes Verständnis der Friedenssicherungsinstrumente erfordern. In den neuen Einsatzformen vermischen sich insbesondere traditionelle Rollen der Soldaten in Richtung einer Verquickung militärischer mit polizeilichen und zivilen Verwaltungsfunktionen (von Bredow/Kümmel 1999). Dabei ist im Kontext der Vereinten Nationen zunächst zwischen der bereits diskutierten Friedens*sicherung* nach Kapitel VI der Charta und der Friedens*erzwingung* nach Kapitel VII der Charta zu unterscheiden. Nachdem das in der Charta vorgesehene kollektive Sicherheitssystem unter den skizzierten Bedingungen seine Wirkungen nicht entfalten konnte, wurden in der Praxis alternative Formen der Sicherung des Friedens entwickelt, die den Interessen der Ständigen Mitglieder nicht zuwiderliefen und den Grundsatz der souveränen Gleichheit aller anderen Mitgliedstaaten nicht in Frage stellten, die aber dennoch geeignet waren, den Anspruch der Vereinten Nationen auf Geltung ihrer Ziele und Grundsätze zu untermauern. Es entstanden mit dem Einsatz von VN-Friedenstruppen bzw. VN-Beobachtermissionen – die aufgrund ihrer markanten Kopfbedeckung so genannten „Blauhelme" – neue Maßnahmen der Friedenssicherung. Im englischen Sprachraum hat sich dafür der Begriff *peacekeeping operations* bzw. *peacekeeping* eingebürgert, im Deutschen werden verschiedene Begriffe verwendet (friedenserhaltende, friedensbewahrende bzw. friedenssichernde Maßnahmen). Allerdings wird man die Blauhelmkonstruktion im Wortlaut der Charta vergeblich suchen. Auch die genaue Definition dieser Einsatzarten ist wegen ihrer Vielschichtigkeit kompliziert. Sie umfassen so verschiedene Instrumente wie die Entsendung von zivilen Beobachtermissionen bis hin zum Einsatz militärischer Einheiten. Es haben sich in den mehr als 50 Jahren des Peacekeeping mehrere Typen friedensichernder Operationen herausgebildet (siehe Abschnitt 2.1 und 2.2), die zwar formal zur selben Gattung der Friedenseinsätze gehören, deren konkrete Ausgestaltung jedoch unterschiedlicher kaum sein könnte.

Das weite Feld des Peacekeeping stellt in seiner klassischen Version ein Verfahren der militärischen Friedenssicherung dar, das jedoch ausdrücklich nicht auf Zwang beruht. In der Redewendung *There is no peacekeeping if there is no peace to keep* kommt das zentrale Element des klassischen Peacekeeping zum Ausdruck. Diese Konstruktion kann durchaus als wichtige Modifikation des Prinzips der kollektiven Sicherheit verstanden werden. Der Widerspruch zwischen *in concert* und Zwang wurde in der Praxis dahingehend aufgelöst, dass auf den Zwang verzichtet und das Konzert, also die Übereinstimmung, verstärkt wurde. Durch die Fortentwicklung dieser Konzeption in der Praxis der Vereinten Nationen ist ihre Charta quasi durch ein informelles „Kapitel sechseinhalb" ergänzt worden, angesiedelt zwischen den konsensorientierten klassischen Verfahren der friedlichen Streitbeilegung wie Vermittlungsbemühungen und Erkundungsmissionen einerseits und dem Einsatz von Zwangsmaßnahmen andererseits. Der Konsens unter den Betroffenen unterscheidet Maßnahmen der Friedenssicherung nach Kapitel VI von denen des Kapitel VII, bei denen Zwangsmaßnahmen auch gegen den Willen der Konfliktparteien beschlossen werden können. Wie bereits dargestellt, bestand in den Zeiten des Ost-West-Konflikts (d.h. bis 1989/90) die Option nach Kapitel VII weitgehend auf dem Papier. Zwar hat der dafür zuständige Sicherheitsrat in einer Vielzahl von Fällen über Zwangsmaßnahmen bei Bedrohung oder Bruch des Friedens beraten (Fink 1999), allerdings nur in spezifischen Ausnahmefällen (Ermächtigung zum Militäreinsatz einzelner Staaten unter der Führung der USA in Nordkorea im Sommer 1950, Wirtschaftsboykott gegen Südrhodesien im Winter 1966 und Waffenembargo gegen Südafrika im Herbst 1977) tatsächlich Zwangsmaßnahmen verabschiedet. Durch das Veto der ständigen Sicherheitsratsmitglieder (es wurde bis 1990 je nach Zählweise rund 240 Mal einsetzt, am häufigsten von der UdSSR mit 118 und den USA mit 69 Vetos, gefolgt von Großbritannien mit 32, Frankreich mit 18 und China mit drei Vetos (Mingst/Karns 2000: 28)) trat eine Lähmung des Sicherheitsrates ein. Vereinzelte Versuche der Generalversammlung, im Falle einer Selbstblockade des Sicherheitsrates mehr Befugnisse im Bereich der Friedenserzwingung zu erringen, sind weitgehend wirkungslos geblieben. Prominentester Versuch der Generalversammlung, die Blockadehaltung des Sicherheitsrates zu durchbrechen, war die bereits erwähnte *Uniting for Peace-Resolution* vom

November 1950, mit der die Generalversammlung versucht hatte, an Stelle des Sicherheitsrates den Mitgliedstaaten Zwangsmaßnahmen zu empfehlen. Durchgesetzt hat sich gleichwohl die in Art. 24 festgelegte Hauptverantwortung des Sicherheitsrates für die Aufrechterhaltung der internationalen Sicherheit (s.u.).

In den mehr als vierzig Jahren des klassischen VN-Peacekeeping (1948 bis Ende 1988) begannen die Vereinten Nationen insgesamt 16 Friedensmissionen, von denen einige bis heute andauern (siehe Übersicht 8). Seit der durch die Ost-West-Annäherung ermöglichten Renaissance des Peacekeeping im Jahre 1988 – dem Jahr, in dem die Friedensmissionen der Vereinten Nationen mit dem Friedensnobelpreis ausgezeichnet wurden – ist die Gesamtzahl der begonnenen bzw. abgeschlossenen Missionen stark angewachsen, teilweise auch unter Bezug auf Kapitel VII der Charta (siehe Übersicht 9 und 10). Dennis Jett (2000: 21-34) hat in einer Kategorisierung der bisherigen verschiedenen Friedenssicherungseinsätze der Vereinten Nationen (von 1948 bis August 2001 fanden insgesamt 54 solcher Einsätze statt) sieben unterschiedliche Phasen des Peacekeeping ausgemacht:

- In der „Entstehungsphase" von 1948 bis 1956 fanden lediglich zwei Missionen statt (die beide bis heute andauern), für die der Begriff Peacekeeping allerdings noch nicht explizit benutzt wurde;
- in der „Behauptungsphase" von 1956 bis 1967 wurde ein innovatives Konzept der Friedenssicherung entwickelt und in zahlreichen Fällen – mit unterschiedlichem Erfolg – angewandt;
- in der „Schlummerphase" von 1967 bis 1973 kehrte Ernüchterung ein, die sich in der Blockade weiterer Einsätze durch den Systemantagonismus der beiden Supermächte manifestierte;
- in der „Reanimierungsphase" von 1973 bis 1978 wurden einige wenige neue, klassische Missionen gestartet;
- in der „Aufrechterhaltungsphase" von 1978 bis April 1988 trat erneut eine Lähmung durch den sich wieder zuspitzenden Ost-West-Gegensatz ein und es wurde keine neue Mission unternommen;
- in der „Expansionsphase" von 1988 bis 1993 kam es im Zuge der weltpolitischen Veränderungen zu einer Expansion der Einsätze (in den fünf Jahren wurden mehr Einsätze beschlossen, als in den 40 Jahren zuvor), die zudem mit weitreichenden konzeptionellen Veränderungen und komplexen Mandaten einhergingen;
- in der „Schrumpfphase" seit 1993 ist schließlich in Folge des Scheiterns zahlreicher Missionen eine gewisse Ernüchterung eingekehrt, die sich einerseits in einem oft undifferenzierten *UN-*

bashing manifestiert, andererseits Anlass für zahlreiche Reformen gegeben hat.

Andere Autoren wie auch die Vereinten Nationen selbst bevorzugen eine inhaltliche Typologisierung nach „Generationen" der Friedenssicherung (etwa: Unser 1997: 108f). Missionen der „Ersten Generation" sind demnach traditionelle Blauhelmeinsätze zur Beobachtung und Überwachung von bereits beschlossenen Friedens- bzw. Waffenstillstandsabkommen, während sich Missionen der „Zweiten Generation" nach 1988/89 durch ein erweitertes Aufgabenspektrum auszeichnen und sich bei denen der „Dritten Generation" Friedenserhaltung mit Friedenserzwingung vermischt. Eine wiederum andersartige Einteilung hat sich seit Vorlage der „Agenda für den Frieden" des damaligen Generalsekretärs Boutros-Ghali im Jahr 1992 eingebürgert, in der zwischen „Vorbeugender Diplomatie" (*preventive diplomacy*), „Friedensschaffung" (*peacemaking*), „Friedensicherung" (*peacekeeping*) und „Friedenskonsolidierung" (*post-conflict peacebuilding*) unterschieden wird (siehe Abschnitt 2.2).

Im Folgenden werden in zwei Abschnitten zentrale Merkmale und Problembereiche des Peacekeeping herausgearbeitet, während auf die aktuellen Reformbemühungen im Bereich der Friedenssicherung ausführlich in Teil E eingegangen wird.

2.1 Die ersten vier Jahrzehnte der Friedenssicherung

Als erster größerer Einsatz der VN in der „Entstehungsphase" der Friedenssicherungseinsätze von 1948 bis 1956 (zuvor hatte die Generalversammlung im Oktober 1947 mit der UNSCOB-Mission ein Spezialkomitee zur Unterstützung der friedlichen Entwicklung auf dem Balkan beschlossen, das jedoch nicht der UNO unterstand) gilt die bis heute andauernde UNTSO-Mission. Wenngleich der Name Peacekeeping noch nicht explizit verwendet wurde, war ihr ursprünglicher Zweck die Überwachung des Waffenstillstandes nach dem ersten arabisch-israelischen Krieg 1948. Im November 1947 hatte die Generalversammlung einen Plan zur Teilung Palästina gebilligt, der die Schaffung eines arabischen und eines jüdischen Staates vorsah. Der Plan wurde jedoch von den arabischen Staaten abgelehnt, woraufhin im Mai 1948 Großbritannien das Mandat über Palästina beendete und der Staat Israel ausgerufen wurde. Ende Mai 1948 forderte der Sicher-

heitsrat in seiner Resolution 50 die Einstellung der in Folge der Ausrufung des Staates Israel begonnenen Feindseligkeiten in Palästina
und beschloss, dass der Waffenstillstand durch einen VN-Vermittler
und eine Gruppe von Militärbeobachter überwacht werden soll. Die
erste Gruppe traf im Juni 1948 in der Region ein und hat seitdem
wechselnde Aufgaben übernommen. Ihre maximale Größe bewegte
sich im Bereich um 200 Einsatzkräfte, die jährlichen Kosten betrugen
Ende der 1990er Jahre rund 30 Mio. US-Dollar.

Übersicht 8: Friedensmissionen der VN von 1948 bis 1988

Name der Mission	Zeitraum	Einsatzort
UNSCOB	1947 – 1951	Spezialkomitee für den Balkan
UNTSO	seit Juni 1948	Mission zur Überwachung des Waffenstillstandes in Palästina
UNMOGIP	seit Jan. 1949	Militärische Beobachtergruppe in Indien/Pakistan
UNEF I	Nov. 1956 – Juni 1967	Erste Noteinsatztruppe im Sinai
UNOGIL	Juni 1958 – Dez. 1958	Beobachtertruppe im Libanon
ONUC	Juli 1960 – Juni 1964	Einsatz im Kongo
UNSF	Okt. 1962 – April 1963	Sicherheitstruppe in West-Neuguinea
UNYOM	Juli 1963 – Sept. 1964	Beobachtermission im Jemen
UNFICYP	seit März 1964	Friedenstruppe in Zypern
DOMREP	Mai 1965 – Okt. 1966	Mission in der Dominikanische Republik
UNIPOM	Sept. 1965 – März 1966	Beobachtungsmission in Indien/Pakistan
UNEF II	Okt. 1973 – Juli 79	Zweite Noteinsatztruppe im Sinai
UNDOF	seit Juni 1974	Beobachtertruppe zur Truppen-entflechtung zwischen Syrien und Israel
UNIFIL	seit März 1978	Interimstruppe im Libanon
UNGOMAP	Apr. 1988 – März 1990	Gute-Dienste-Mission in Afghanistan
UNIIMOG	Aug. 1988 – Febr. 1991	Beobachtertruppe im Irak/Iran

Quelle: UN Department of Peacekeeping Operations

Die zweite größere Mission fand ebenfalls im Spektrum zwischenstaatlicher Auseinandersetzungen statt. Es handelte sich um die Mission zur Einhaltung des Waffenstillstands zwischen Indien und Pakistan
(UNMOGIP). Bereits im Januar 1948 beschloss der Sicherheitsrat mit
Resolution 39 die Einrichtung einer Kommission für Indien und Pakistan, die zwischen beiden Konfliktparteien vermitteln sollte. Nachdem
im Juni 1949 mit dem Abkommen von Karatschi ein Waffenstillstand
erreicht worden war, beschloss der Sicherheitsrat im März 1951 mit

der Resolution 91 die Überwachung der Waffenruhe durch UN-MOGIP. Seitdem überwachen ca. 50 Militärbeobachter die Grenze mit der Aufgabenstellung, Beschwerden über Verletzungen der Waffenruhe nachzugehen und die Ergebnisse der Untersuchungen an beide Konfliktparteien sowie den Generalsekretär der VN zu übermitteln. Obwohl es immer wider Auseinandersetzungen über das Mandat gibt, dauert die Mission bis heute an, die Kosten (1998 ca. 8 Mio. US-Dollar) werden aus dem ordentlichen VN-Haushalt bezahlt.

In die „Behauptungsphase" von 1956 bis 1967 fallen insgesamt acht neue Missionen. Sie reichen von Beobachtertruppen (UNOGIL im Libanon, UNYOM im Jemen, DOMREP in der Dominikanischen Republik und UNIPOM in Indien/Pakistan) bis hin zu umfassenden Missionen, die komplexe und neuartige Aufgaben übertragen bekommen haben (UNEF I in Ägypten, ONUC im Kongo, UNSF in Neu Guinea, UNFICYP in Zypern). Die Neuartigkeit dieser Phase wird treffend von Dennis Jett (2000: 23f) beschrieben: „Erstmals übernahm die UN zeitweilige Autorität über ein Territorium auf dem Weg zur Unabhängigkeit, ergänzte zivile Polizei zu einer Friedensoperation, wurde in einen Bürgerkrieg verwickelt, führte einen Einsatz im größeren Ausmaß durch und erlaubte den Blauhelmtruppen das Tragen von Waffen". Von besonderer Bedeutung ist zunächst der Einsatz der ersten Notstandstruppe der Vereinten Nationen, der *United Nations Emergency Force* (UNEF I) vom November 1956 bis Juni 1967 in Ägypten, der als Geburtsstunde des klassischen Peacekeeping gilt. Die in der Hochphase im Februar 1957 über 6.000 Militärkräfte umfassende Friedenstruppe wurde eingesetzt, um die Einstellung der Feindseligkeiten inklusive des Abzugs der Streitkräfte Frankreichs, Israels und Großbritanniens von ägyptischem Staatsgebiet zu überwachen und nach dem Abzug als Puffer zwischen den ägyptischen und israelischen Truppen zu wirken. Im Verlauf der sich zuspitzenden israelisch-ägyptischen Auseinandersetzungen war es zuvor nicht möglich gewesen, im Sicherheitsrat eine Verurteilung der israelischen Aggression sowie der ägyptischen Verstaatlichung des Suez-Kanals zu erreichen. Der in Fragen der internationalen Sicherheit eigentlich zuständige Sicherheitsrat war erstmals durch das Veto von Großbritannien und Frankreich lahmgelegt, so dass sich – gestützt auf die *Uniting for Peace-Resolution* – die Generalversammlung einschaltete, die zunächst mit der Resolution 997 vom 2. November 1956 sowohl die israelische Besetzung des ägyptischen Hoheitsgebiets im Sinai als auch die Blockade des Suez-Kanals verurteilte und dann die Einsetzung der Friedenstruppe empfahl. Rechtlich war dieses Vorgehen zwar umstritten, allerdings galt es aufgrund der Zustimmung der Konfliktparteien nicht als Zwangsmaßnahme im Sinne des Kapitel VII (in dem Fall wäre der Sicherheitsrat zuständig gewesen), so dass der Sicherheitsrat sich diesem Vorgehen nicht widersetzte. Ein weiterer Grund mag darin gelegen haben, dass weder die Supermächte USA und UdSSR, noch andere wichtige Großmächte ein Interesse hatten, gegen diese Regelung zu opponieren und auf der Zuständigkeit des Sicherheitsrates zu beharren. Zudem ersuchte die Generalversammlung den Generalsekretär, Dag Hammarskjöld, die Durchführung der Resolution zu überwachen und dem Sicherheitsrat und der Generalversammlung zu berichten, falls weitere Maßnahmen erforderlich sein sollten. Auseinandersetzungen über die rechtlichen Grundlagen der friedenserhaltenden Maßnahmen blieben allerdings bestehen. Die UdSSR und Frankreich verweigerten neben anderen Staaten die finanzielle Beteiligung an der UNEF und später auch an der ONUC im Kongo mit dem Argument, diese seien nicht mit der VN-Charta vereinbar, weil gemäß Artikel 24 Abs. 1 der Sicherheitsrat die Hauptverantwortung für die Friedenserhaltung trage. Der Internationale Gerichtshof, dem diese Frage zur Klärung vorgelegt wurde, stellte allerdings die funktionale Zuständigkeit sowohl des Sicherheitsrates als auch der Generalversammlung fest (Sucharipa-Behrmann 1999). In der Praxis hat sich also ein akzeptiertes Miteinander dieser beiden Organe entwickelt, wenngleich seit der Kongo-Krise 1960 (s.u.) der Sicherheitsrat die Initiative und Entscheidungsbefugnis stärker an sich gezogen hat.

Der Generalsekretär spielte im Vorfeld der UNEF-Mission eine zunehmend wichtigere Rolle mit erheblichem Gestaltungsspielraum. Die Generalversammlung ersuchte ihn mit Resolution 998 vom 4. November 1956 nur wenige Tage später, innerhalb von 48 Stunden einen Plan zu unterbreiten, mit dem eine internationale Notstandstruppe der Vereinten Nationen unter Zustimmung der betroffenen Staaten aufgestellt werden könnte. Mit der Resolution 1000 vom 5. November wurde die internationale Friedenstruppe unter der Führung eines durch die VN bestimmten Generals eingesetzt. „Die UN-Truppe", so Ernst-Otto Czempiel (1994: 114f) „konnte und wollte den Nahostkonflikt nicht lösen. Sie konnte auch die kämpfenden Parteien nicht dazu zwingen, auf die Gewalt zu verzichten. Aber sie konnte, solange die betroffenen Parteien dazu bereit waren, sich zwischen sie schieben und den Gewaltverzicht auf Dauer stellen. [...] Der Konsens der betroffenen Parteien ist entscheidend. Er ist keine feste, sondern eine flexible Größe; er lässt sich beeinflussen, dehnen. Erodiert oder zerbricht er, ist das Instrument der Friedenssicherung untauglich geworden". Konsequenterweise rief der Nachfolger im Amt des Generalsekretärs, Sithu U Thant, die UNEF im Mai 1967 zurück, weil der Konsens der Konfliktparteien zerbrochen war und Ägypten den Abzug forderte. Es zeigte sich, dass der Konflikt tatsächlich nicht gelöst war, immerhin jedoch konnte die konfliktreiche Region für zehn Jahre befriedet werden.

Die UNEF-Mission ist insbesondere durch einen wichtigen Umstand in die Geschichte der internationalen Friedenssicherung eingegangen. Der Generalsekretär formulierte im Vorfeld des ersten größeren Friedenssicherungseinsatzes in mehreren Berichten an die Generalversammlung und den Sicherheitsrat wichtige Grundprinzipien der Notstandstruppe, die fortan den Prototyp für weitere Einsätze nach dem Modell des klassischen Peacekeeping bilden sollten:

- *Konsens der Konfliktparteien*: Klassische Blauhelmmissionen können ihrem Wesen nach nicht gegen den Willen eines Staates disloziert werden. Vielmehr müssen alle Parteien im Zuge einer Konfliktbeendigung durch Waffenstillstand oder Friedensvertrag einen Konsens über das Ob und das Wie einer Friedenssicherung durch Blauhelme finden. Die Zustimmung der Betroffenen bildet die conditio sine qua non dieser Art der Friedenseinsätze. Die Entscheidung im Konsens erleichtert nicht nur die Akzeptanz der Truppe in ihrem Einsatzgebiet, sondern ist eine wichtige Voraussetzung für die Bereitschaft der Mitgliedstaaten zur Truppengestellung, weil hierdurch die Gefahr gemindert wird, dass die Blauhelme in Kampfhandlungen einbezogen werden.
- *Verantwortlichkeit der Vereinten Nationen*: Im Gegensatz zu Militäreinsätzen wie in Korea, dem Golfkrieg oder in jüngerer Zeit auf dem Balkan, werden VN-Peacekeeping-Operationen in der Regel nicht nur durch den Sicherheitsrat autorisiert, sondern auch unter der operativen Leitung durch den Generalsekretär der Vereinten Nationen durchgeführt. Im VN-Sekretariat wurde für die Planung und Durchführung von Friedensmissionen eine entsprechende Hauptabteilung, das *Departement of Peacekeeping Operations* (DPKO) geschaffen. Die militärische Führung im Einsatz obliegt einem durch den Generalsekretär ernannten *Force Commander*, politische Leitungsfunktionen werden in der Regel durch einen Sonderbeauftragten des Generalsekretärs (*Special Representative of the Secretary General*, SRSG) wahrgenommen. Finanziert werden VN-Friedensmissionen in der Regel durch ein eigenes Budget, das für jede Mission in einem Umlageverfahren

durch die Mitgliedstaaten aufgebracht wird. Die eingesetzten Soldaten und Zivilbediensteten werden durch die Mitgliedstaaten gestellt, Hilfskräfte erforderlichenfalls vor Ort eingestellt. Auch wenn die truppenstellenden Länder in allgemein- und dienstrechtlicher Hinsicht für ihre Soldaten und Zivilbediensteten verantwortlich bleiben, fungieren Beobachtungsmissionen und Friedenstruppen im Einsatz als Nebenorgane des Sicherheitsrates der Vereinten Nationen. Dieser Status ist von entscheidender Bedeutung für die Akzeptanz von Friedensmissionen durch Staaten, die sonst einem Truppeneinsatz auf ihrem Hoheitsgebiet nicht zustimmen würden.

- *Unparteilichkeit*: Mit dem Konsensprinzip unauflöslich verbunden ist der Grundsatz der Unparteilichkeit der eingesetzten Friedenstruppen. Klassischerweise bilden die Blauhelme eine Pufferzone zwischen den entflochtenen Streitkräften der Konfliktparteien und beugen so einer Wiederaufnahme von Kampfhandlungen vor. Auch die Bereitstellung „Guter Dienste", etwa für ein Treffen von Verhandlungsdelegationen in Einrichtungen der Friedensmission, gehört zu den akzeptierten Aufgabenwahrnehmungen durch Blauhelme. Ein wie auch immer geartetes Eingreifen in den Konflikt ist – auch bei flagranter Verletzung der Waffenstillstandsbedingungen durch eine Seite – nicht Bestandteil eines Mandates klassischer Blauhelmoperationen. Bei der Zusammensetzung der Truppen soll zudem auf eine ausgeglichene regionale Zusammensetzung geachtet werden.

- *Waffeneinsatz nur zur Selbstverteidigung*: Während Beobachtungsmissionen in der Regel durch unbewaffnete Militärexperten durchgeführt werden, verfügen die Angehörigen von Friedenstruppen über leichte Handwaffen. Diese Waffen sind zur Selbstverteidigung vorgesehen, doch kann sich diese auch auf die Durchsetzung des erteilten Mandates beziehen. Allerdings sind die Bedingungen für den Waffeneinsatz durch Blauhelme bis in die 1990er Jahre immer äußerst eng gefasst worden, um Konfliktparteien keinen Vorwand für eine Einbeziehung der Blauhelme in die Kampfhandlungen zu bieten.

Die zeitweiligen Erfolge der UNEF-Mission hatten dazu geführt, dass zu Beginn der 1960er Jahre mit der Friedenssicherung der Vereinten Nationen recht optimistische Erwartungen verbunden wurden. Ausdruck dieser Haltung war u.a. der ambitionierte Einsatz im Kongo vom Juli 1960 bis zum Juni 1964 (ONUC), der die von Hammarskjöld aufgestellten Prinzipen allerdings teilweise missachtete. Beginnend mit der Resolution 143 vom Juli 1960 wurde in insgesamt vier weiteren Resolutionen des Sicherheitsrates das Mandat erweitert. Die zu Spitzenzeiten fast 20.000 Soldaten umfassende ONUC-Mission wurde ursprünglich eingesetzt, um für den Rückzug der belgischen Truppen aus der Republik Kongo zu sorgen, weitete sich dann aber aus, um sowohl die territoriale Integrität Kongos zu gewährleisten, den Ausbruch eines Bürgerkrieges zu verhindern bzw. einzudämmen als auch die Regierung bei dem Aufbau der Amtsgeschäfte zu unterstützen. Mit der Sicherheitsratsresolution 161 vom Februar 1961 wurde den Friedenstruppen zudem erstmals die Anwendung von Waffengewalt jenseits der Selbstverteidigung auch zur Durchsetzung ihres Auftrags erlaubt, wodurch sie im Laufe der Mission entgegen der ursprünglichen Konzeption zunehmend selbst zur Konfliktpartei wurde. Nach anfänglichen Erfolgen wurde ONUC zum ersten „major peacekeeping failure" (Jett 2000: 24). Die VN wurden zunehmend in die ungelösten innerstaatlichen Konflikte der Republik Kongo verstrickt, und auch wichtige Mitgliedstaaten verfolgten ganz unterschiedliche Interessen, die sich nicht zuletzt in Streitigkeiten über Mandatierung und Finanzierung des Einsatzes manifestierten. Im Sommer 1964 endete der Einsatz, weil die kongolesische Regierung einer Mandatsverlängerung nicht zustimmte. Die Lehren aus der Kongo-Mission, die William Durch (1993: 12) sicherlich etwas übertrieben als das „Vietnam der UNO" bezeichnet hat, waren nachhaltig. Eine mit der Größe und Komplexität vergleichbare Mission fand mehr als drei Jahrzehnte nicht statt. Fortan waren die Ziele der Friedenssicherung bescheidener. Die Vereinten Nationen besannen sich auf die von Hammarskjöld formulierten Prinzipien und suchten insbesondere die Zustimmung der Konfliktparteien, bevor ein Einsatz unternommen wurde. Der Sicherheitsrat setze sich zudem als das Organ durch, das fortan Friedensmission zu mandatieren und zu überwachen hatte.

Als ein prominentes Beispiel für klassisches Peacekeeping gilt der bis heute andauernde Einsatz der VN-Friedenstruppe in Zypern. Mit der Sicherheitsratsresolution 186 vom März 1964 wurde die UN-FICYP-Mission eingerichtet, um weitere Kampfhandlungen zwischen der griechisch-zypriotischen und der türkisch-zypriotischen Volksgruppe zu verhindern. Dennoch kam es immer wieder zu Auseinandersetzungen, die schließlich zur gewaltsamen Teilung der Insel führten. Seit dem Zustandekommen eines Waffenstillstandes im Sommer 1974 überwacht die aus mehr als 1200 Soldaten bestehende UNFICYP (das Mandat wird seit 1964 halbjährlich verlängert) die Vereinbarung und sichert die Pufferzone zwischen den Konfliktparteien. Zudem gab es mehrere Vermittlungsbemühungen des Generalsekretärs zur Lösung des Konflikts. Zwar gab und gibt es durchaus Kritik an dem Einsatz (so argumentieren zahlreiche Staaten, der jahrzehntelange VN-Einsatz nehme den Druck für eine tragfähige Friedenslösung), immerhin ist es aber seit 1974 zu keiner Eskalation gekommen, obwohl UNFICYP bisher 168 Todesopfer zu beklagen hat.

Wenngleich zahlreiche Konflikte und Kriege auf der Welt stattfanden, verhinderte der Systemantagonismus zwischen den beiden Blöcken und die daraus abgeleitete Blockade des Sicherheitsrat zahlreiche mögliche Einsätze von Friedenstruppen. In den 1970er Jahren stand der Nahostkonflikt im Zentrum der Friedenssicherungseinsätze, in dessen Umfeld drei Einsätze beschlossen wurden: Im Oktober 1973 die zweite Noteinsatztruppe im Sinai UNEF II, im Juni 1974 die Beobachtertruppe auf den Golanhöhen UNDOF und im März 1978 die Interimstruppe im Libanon UNFIL. Alle drei Missionen, die mit Ausnahme der UNEF II bis heute andauern, lassen sich in das Spektrum der klassischen Missionen der „Ersten Generation" einordnen. Allerdings fehlte auch bei der UNFIL-Mission zeitweise der Konsens der Konfliktparteien, so dass sich ihre Arbeit weitgehend auf humanitäre Hilfe beschränkte. Bis Ende der 1980er Jahre wurde kein neuer Einsatz beschlossen. Erst im Jahr 1988 wurde – beginnend mit der Truppe zur Beobachtung des Waffenstillstandes zwischen Irak und Iran (UNIIMOG) und der Mission zur Beobachtung des Abzugs der Truppen der UdSSR aus Afghanistan (UNGOMAP) eine – Renaissance des Peacekeeping eingeleitet. Während die UNIIMOG als unbewaffnete Beobachtertruppe aufgestellt wurde und dem klassischen Peacekeeping-Modell entspricht, handelt es sich bei UNGOMAP um einen neuen Typus. Diese „Gute-Dienste-Mission" wurde nicht direkt vom Sicherheitsrat mandatiert, sondern lediglich gebilligt.

Bilanziert man zusammenfassend die Erfahrungen aus den ersten vier Jahrzehnen der VN-Friedenssicherung, so ergibt sich ein gemischtes Bild. Zunächst ist festzuhalten, dass jede Mission ein Spezialfall ist, der nicht nach einem fest gefügten und bis in jedes Detail gleichen Plan abläuft. Die Idealvorstellungen aus der VN-Charta (und insbesondere die weitreichenden Regelungen aus Kapitel VII) erwiesen sich in der Praxis als kaum anwendbar, weshalb mit den nicht in der Charta vorgesehenen „Blauhelmen" ein innovatives Instrument entwickelt wurde. Die Einsätze zielten vornehmlich darauf ab, den Parteien bei der Lösung eines Konfliktes behilflich zu sein bzw. „den Konflikt in seinem gewaltsamen Teil stillzulegen" (Kühne 1993a: 19), insofern diese dazu bereit und in der Lage waren. Blauhelmeinsätze waren Mittel der Konflikt*beruhigung* und nicht der Konflikt*lösung*, und zwar nicht aus Bescheidenheit oder mangelnden Zutrauen in die Lösungskompetenz der Vereinten Nationen, sondern aus konzeptioneller Zurückhaltung, strategischer Klugheit und Beschränkung auf das Machbare. Das Ziel der Konfliktberuhigung wurde in der Mehrzahl der Fälle erreicht, allerdings oftmals – wie im Fall Zypern – nur um den Preis einer aufwendigen Dauerpräsenz. Wurde – wie im Falle des Kongos – diese Beschränkung aufgegeben, waren die Ergebnisse eher negativ.

2.2   Friedenssicherung nach dem Ost-West-Konflikt

Die in der zweiten Hälfte der 1980er Jahre einsetzende Annäherung der Blockführungsmächte USA und UdSSR sowie das sich abzeichnende Ende des Ost-West-Konflikts rückten die Vereinten Nationen nach Jahrzehnten der weitgehenden Lähmung fast schlagartig wieder ins Zentrum des internationalen Politikgeschehens. Der Sicherheitsrat, dessen Ständige Mitglieder lange Zeit gemeinsame Initiativen durch den beinahe gewohnheitsmäßigen Gebrauch ihres Veto-Rechts unmöglich gemacht hatten, erlangte eine bis dahin nicht gekannte Entscheidungs- und Handlungsfähigkeit. Die Zahl der Vetos ging gegen Null, während es umgekehrt zu einer explosionsartigen Zunahme im Konsens verabschiedeter Resolutionen und Maßnahmen kam. Blauhelme waren plötzlich nicht mehr eine eher „exotische Randerscheinung der internationalen Friedens- und Sicherheitspolitik", sondern „einer ihrer wichtigsten Pfeiler" (Kühne 1993a: 18).

Die „Expansionsphase" des Peacekeeping fiel in eine Zeit der grundlegenden weltpolitischen Umbrüche. In Asien (Afghanistan, Kambodscha), Afrika (Namibia, Angola, Mosambik) und Lateinamerika (El Salvador, Nicaragua) mussten die Folgelasten des Ost-West-Konflikts bewältigt werden, der Überfall des Iraks auf Kuwait machte die Hoffnungen auf eine Welt ohne zwischenstaatliche Kriege zunichte und der konfliktträchtige Zerfall von Staaten in Afrika (Somalia) und Europa (Jugoslawien) stellte die Weltorganisation vor gänzlich neue Herausforderungen. Die Vereinten Nationen sahen sich ferner in zunehmenden Maße mit innerstaatlichen Auseinandersetzungen konfrontiert. Eine schrittweise Ausdehnung der Befugnisse des Sicherheitsrates auf Vorgänge, die wenige Jahre zuvor noch unter das

Nichteinmischungsgebot der Charta gefallen wären, war die Folge und gleichzeitig die Voraussetzung für die Schaffung einer neuen Generation von VN-Friedensmissionen (zur VN-Friedenssicherung seit dem Ende des Ost-West-Konflikts grundlegend: Kühne 1993, UN Department of Public Information 1996, Nordquist 1997, Doyle/Johnstone/ Orr 1997, Braun/Topan 1998, Hufnagel 1996, Meyer 1996, Erhart/ Kleingenburg 1996, Bothe/Dörschel, Jett 2000, Eisele 2000, Malone/ Wermester 2000, Berdal 2000, die Zahlenangaben stammen aus dem DPKO der VN).

Zwischen 1988 und 1992 wurden nach geläufiger Zählart 14 neue Missionen eingerichtet, mehr als in den vier vorangegangenen Jahrzehnten zusammen. Nach Angaben der VN-Hauptabteilung für Friedensmissionen waren im Januar 1988 weltweit 11.121 Soldaten, Polizeikräfte und zivile Mitarbeiter in insgesamt fünf Friedensmissionen im Einsatz, wobei die Kosten rund 230 Millionen US-Dollar betrugen. Ende 1992 waren es fast 100.000 *Peacekeeper* in 14 Missionen mit einem Kostenansatz von rund vier Milliarden US-Dollar. Allein im Jahr 1993 kamen weitere sechs Friedenseinsätze hinzu und trotz eines zeitweiligen faktischen Moratoriums in der Mitte der 1990er Jahre erhöhte sich die Zahl der VN-Friedensmissionen auf insgesamt 54 bis zum Jahr 2001. Im Juli 2001 waren rund 56.000 Personen in 15 Friedensoperationen bei einem geschätzten Kostenvolumen von 3,5 Milliarden US-Dollar im Einsatz. Bis Ende Mai 2001 hatten 1.674 VN-Angehörige ihren Einsatz mit dem Leben bezahlt, davon rund 1.000 im Verlauf der 1990er Jahre.

Waren die klassischen Friedensmissionen, wie dargestellt, vornehmlich durch ihre Funktion als Puffer zwischen den Streitkräften der in der Regel staatlichen Konfliktparteien gekennzeichnet, so waren die Mandate in der „Zweiten Generation" durch ein immer breiteres Aufgabenspektrum geprägt. Hilfen für Staaten in Übergangs- oder nationalen Versöhnungsprozessen, Unterstützung demokratischer Konsolidierungsprozesse, Entwaffnung und Reintegration von Bürgerkriegsarmeen, Repatriierung von Flüchtlingen und schließlich die zeitweise Übernahme quasi-hoheitlicher Befugnisse für ein ganzes Land gehörten zu den neuen Aufgaben für Friedensmissionen.

Übersicht 9: Beendete Friedensmissionen der VN seit 1989 (nach dem Stand von Juli 2001)

Name der Mission	Zeitraum	Einsatzort
UNAVEM I	Jan. 1989 – Mai 1991	Verifikationsmission in Angola
UNTAC	April 1989 – März 1990	Unterstützungseinheit für die Übergangszeit in Namibia
ONUCA	Nov. 1989 – Jan. 1992	Beobachtertruppe in Zentralamerika
UNAVEM II	Juni 1991 – Feb. 1995	Verifikationsmission in Angola
ONUSAL	Juli 1991 – April 1995	Beobachtermission in El Salvador
UNAMIC	Okt 1991 – März 1992	Vorausmission in Kambodscha
UNPROFOR	Febr. 1992 – März 1995	Schutztruppe im ehemaligen Jugoslawien
UNTAC	März 1992 – Sept. 1993	Übergangsbehörde in Kambodscha
UNOSOM I	April 1992 – März 1993	Operation in Somalia
ONUMOZ	Dez. 1992 – Dez. 1994	Operation in Mozambique
UNOSOM II	März 1993 – März 1995	Operation in Somalia
UNOMUR	Juni 1993 – Sept. 1994	Bebachtermission in Ruanda/ Uganda
UNMIH	Sept. 1993 – Juni 1996	Beobachtermission in Haiti
UNOMIL	Sept. 1993 – Sept. 1997	Beobachtermission in Liberia
UNAMIR	Okt. 1993 – März 1996	Hilfsmission für Ruanda
UNASOG	Mai 1994 – Juni 1994	Beobachtertruppe im Tschad
UNMOT	Dez. 1994 – Mai 2000	Beobachtertruppe in Tadschikistan
UNAVEM III	Feb. 1995 – Juni 1997	Verifikationsmission in Angola
UNCRO	März 1995 – Jan. 1996	Mission in Kroatien
UNPREDEP	März 1995 – Febr. 1999	Präventionstruppe in Mazedonien
UNTAES	Jan. 1996 – Jan. 1998	Übergangsverwaltung in Teilen Kroatiens
UNSMIH	Juli 1996 – Juli 1997	Unterstützungsmission in Haiti
MINUGUA	Januar 1997 – Mai 1997	Verifikationsmission in Guatemala
MONUA	Juni 1997 – Feb. 1999	Beobachtermission in Angola
UNTMIH	Aug. 1997 – Nov. 1997	Übergangsmission Haiti
MIPONUH	Dez. 1997 – März 2000	Zivile Polizeimission in Haiti
UNPSG	Jan. 1998 – Okt. 1998	Zivile Polizeimission in Kroatien
UNOMSIL	Juli 1998 – Okt. 1999	Beobachtermission in Sierra Leone
MINURCA	April 1998 – Februar 2000	Mission in der Zentralafrikanischen Republik

Quelle: UN Department of Peacekeeping Operations

Dementsprechend unterlag auch die personelle Zusammensetzung der Missionen tiefgreifenden Veränderungen. Während klassische Operationen überwiegend Soldaten umfassten, erforderten die Missionen der „Zweiten Generation" mehr und mehr die Integration ziviler Experten, etwa im Bereich der Zivilpolizei, der Rechtspflege, der humanitären Hilfe oder der öffentlichen Verwaltung und Wahlorganisation bzw. Wahlbeobachtung. Mit Resolution 632 vom 16. Februar 1989 gab der Sicherheitsrat der Unterstützungseinheit für die Übergangszeit in Namibia (UNTAG) ein weitreichendes Mandat, den Übergang in die Unabhängigkeit von Südafrika zu unterstützen. Während des kurzen Zeitraums von April 1989 bis März 1990 begleiteten mehr als 8.000 Soldaten und zivile Fachleute die Beendigung von Feindseligkeiten und den Rückzug der südafrikanischen Streitkräfte, schufen die Möglichkeiten für die Rückkehr von Flüchtlingen, bereiteten Wahlen vor und unterstützten den Aufbau einer neuen rechtlichen und staatlichen Ordnung. Das unabhängige Namibia wurde noch im April 1990 in die Vereinten Nationen aufgenommen. Als eine entscheidende Maßnahme im Vorfeld der Namibia-Mission hatte die UNO im Januar 1989 die Verifikationsmission in Angola (UNAVEM I) entsandt, die den Abzug der von Angola aus in Namibia intervenierenden kubanischen Streitkräfte überwachten. Im November 1989 starteten die Vereinten Nationen eine rund zwei Jahre andauernde Mission in Mittelamerika. Die Beobachtertruppe in Zentralamerika (ONUCA) hatte gemäß Resolution 644 vom 7. November 1989 Costa Rica, El Salvador, Guatemala, Honduras und Nicaragua bei der Einhaltung ihrer eingegangenen Verpflichtungen für ein friedliches Nebeneinander zu unterstützen. Der entscheidende Anteil der 260 Militärbeobachter, die um ein rund 800 Mann umfassendes Infanteriebataillon sowie zahlreiche Zivilkräfte verstärkt waren, bestand in der Demobilisierung von mehr als 20.000 nicaraguanischen Contras als Voraussetzung für freie Wahlen in Nicaragua, deren Durchführung durch eine eigene VN-Mission (ONUVEN) überwacht wurde. Wiederum eine eigene Mission in El Salvador (ONUSAL) hatte ab April 1991 zunächst die Aufgabe, die Einhaltung von Menschenrechten zu überwachen bevor sie zusätzlich mit der Gewährleistung des ausgehandelten Waffenstillstandes zwischen den Bürgerkriegsparteien betraut wurde. Eher klassische Peacekeeping-Aufgaben hat die Irak-Kuwait-Beobachtermission (UNIKOM) seit April 1991 zu erfüllen. Sie wurde in der Folge einer großangelegten internationalen Militäroperation, die der Sicherheitsrat zur Befreiung Kuwaits mandatiert hatte, eingerichtet um die demilitarisierte Zone entlang der Grenze zwischen beiden Ländern zu überwachen. Nicht zuletzt der Erfolg der Namibia-Operation veranlasste die Vereinten Nationen Anfang 1992 ihre bis dahin größte Friedensmission zu starten. In Resolution 745 vom 28. Februar 1992 erteilte der Sicherheitsrat der VN-Übergangsbehörde in Kambodscha (UNTAC) das Mandat, die Umsetzung des im Oktober 1991 unterzeichneten Friedensabkommens für das von einem schweren Bürgerkrieg erschütterte Land zu kontrollieren. Es war von Anbeginn an klar, dass sich eine derartige Mission nicht auf die Bereitstellung von Hilfen beschränken konnte, sondern vielmehr eine vollständige Übergangsverwaltung einzurichten war. Mehr als 22.000 Soldaten und zivile Experten organisierten freie Wahlen unter VN-Aufsicht, unterstützten die Erarbeitung und Proklamation einer Verfassung, halfen beim Aufbau einer staatlichen Verwaltung und Infrastruktur und ermöglichten die Rückkehr von Flüchtlingen sowie *displaced persons*. Die mit 1,6 Milliarden Dollar bis dahin teuerste Mission der Vereinten Nationen wurde im September 1993 abgeschlossen.

Die Fortentwicklung der Peacekeeping-Doktrin in der „Zweiten Generation" war insofern eher gradueller Natur, als dass die Missionen in *Post-Conflict*-Situationen, also in einem weitgehend friedlichen Umfeld stattfanden und auf zuvor ausgehandelten Friedensabkommen bzw. dem Konsens zwischen den Konfliktparteien aufbauten. Einige der nach 1992 erfolgten Friedenseinsätze jedoch gerieten mit den bewährten Grundsätzen der Blauhelm-Konzeption in Konflikt. Manfred Knapp (1996: 487) resümiert, dass die Bilanz dieser neuartige Einsätze „mehr als ambivalent" ausfällt. Mit UNOSOM II wurde in Somalia erstmals seit dem Kongo-Engagement ein Mandat für eine Friedenstruppe nach den Bestimmungen des Kapitels VII der Charta mit der Ausübung von militärischem Zwang verbunden. Doch verfehlte diese erste humanitäre Intervention der Vereinten Nationen trotz anfänglicher Erfolge ihr Ziel, die einander bekämpfenden Clanmilizen zu entwaffnen und die humanitäre Hilfe für die Bevölkerung dauerhaft zu gewährleisten. Die Blauhelme gaben nach dem Tod von 24 pakistanischen Soldaten ihre Neutralität auf und wurden selbst zur Konfliktpartei. Die Somalia-Intervention wurde im November 1994 mit dem Beschluss, die Truppe bis zum 31. März 1995 vollständig abzuziehen, erfolglos abgebrochen. 132 Blauhelme sowie eine nicht bekannte Zahl von Somalis waren im Verlauf der Operation ums Leben gekommen (Matthies 1994, Bartl 1999). UNOSOM II scheiterte nicht zuletzt an diesem Grundwiderspruch: Statt einen zwischen den Parteien ausgehandelten Frieden zu sichern, sollten die Blauhelme diesen erzwingen und wurden unter erheblichen Verlusten zur Konfliktpartei.

Die Einsätze der UNPROFOR im ehemaligen Jugoslawien wiederum waren in ihren Anfängen durch den Versuch geprägt, klassisches Peacekeeping zu praktizieren. Doch zeigte sich schnell, wie unzulänglich ein bewährtes Instrument in einem Kontext wirkt, für den es nicht geschaffen wurde. Blauhelme wurden disloziert, ohne dass ein verlässliches Abkommen zwischen den Parteien die Grundlage hierfür gebildet hätte. Die 1992 in Kroatien begonnene Mission weitete sich ab 1993 durch schleichende Ausweitung des Mandats (das so genannte *mission creep*) in eine Intervention zum Schutz der Zivilbevölkerung vor massiven Menschenrechtsverletzungen nach Bosnien-Herzegowina aus. Zwar hatte der Generalsekretär mehrfach eindringlich davor gewarnt, der Friedenstruppe Aufgaben zu übertragen, für die sie nicht geeignet ist. Die dennoch unter dem Druck der Ereignisse erfolgte sukzessive Ausweitung des UNPROFOR-Mandats fand keine Entsprechung in der militärischen Ausstattung und der rechtlichen und politischen Klarstellung der Spielregeln des Einsatzes (*Rules of Engagement*). Die Blauhelme wurden in mehren Fällen als Geiseln genommen bzw. als „menschliche Schutzschilder" missbraucht und gerieten zwischen die Fronten, von denen zudem häufig nicht klar war, ob sie durch reguläre Streitkräfte oder so genannte *warlords* gebildet wurden. Schließlich sorgte eine zwischen der UNO, den truppenstellenden Staaten und weiteren kooperierenden Organisationen zersplitterte Führungs- und Kommandostruktur dafür, dass auch UNPROFOR ein für die Vereinten Nationen wenig rühmliches Ende nahm. Die Verantwortung für die militärische Friedenssicherung in Bosnien-Herzegowina ging daraufhin im Winter 1995/96 auf die NATO über.

Die gescheiterten Missionen in Somalia und dem ehemaligen Jugoslawien symbolisieren den Beginn der Krise des VN-Peacekeeping und der Friedenssicherung durch die Vereinten Nationen insgesamt. Die Erfahrungen mit dem vielfach so genannten Peacekeeping der „Dritten Generation", in deren Verlauf die Durchsetzung der Blauhelmmandate um die Mittel des Zwangs und der militärischen Gewalt erweitert wurden, fielen zwiespältig aus. So bewirkten die weltweit verbreiteten Bilder von getöteten US-Soldaten in Somalia oder die Geiselnahme von VN-Friedenstruppen in Bosnien-Herzegowina einen dramatischen Rückgang in der Bereitschaft vieler Staaten, ihre Soldaten in schwierigen Missionen in Gefahr zu bringen. Die Einnahme der UN-Schutzzone Srebrenica durch die bosnischen Serben im Juli 1995 (bei der mindestens 7.000 Bosnier, die vergeblich auf den Schutz der Vereinten Nationen vertraut hatten, getötet wurden) wurde zu einem Symbol für das Versagen der UNO in konkreten Konfliktsituationen.

Ein robustes Einschreiten, wie es ab Winter 1995 die NATO-geführte IFOR (später SFOR) praktizierte, wurde im Falle Ruandas im Verlauf des Frühjahrs 1994 verweigert. Die *Opération Turquoise*, die im Sommer 1994 durch ein militärisches Eingreifen die Fortsetzung des Völkermordes in Ruanda verhindern sollte und zu deren Durchführung der Sicherheitsrat Frankreich sowie einige afrikanische Staaten ermächtigte (Res. 929 vom 22. Juni 1994), erfolgte erst, nachdem trotz der Präsenz einer VN-Blauhelm-Mission (UNAMIR) über 800.000 Menschen ermordet worden waren. Statt – wie vom *Force Commander* der UNAMIR verlangt – die Blauhelmtruppe zu verstärken und mit der Verhinderung des sich abzeichnenden Genozids zu beauftragen, war die Mission nach dem Beginn der Gewalttätigkeiten massiv verkleinert worden (Carlsson/Han/Kupolati 1999). Durch diese Fehlschläge geriet die UNO auch in weiten Teilen der Öffentlichkeit in eine schlechtes Licht und sie erschien als unfähiger Papiertiger. Deutlich wurde, dass eine gründliche Analyse der politischen und sozialen Bedingungen im Einsatzland in ein klares Mandat münden musste, zu dessen Erfüllung die erforderlichen Mittel bereitzustellen waren. Von diesen Fähigkeiten jedoch waren die Vereinten Nationen zu der Zeit, als die ersten Friedensmissionen unter das Kapitel VII der Charta gestellt wurden, noch weit entfernt. Zudem zeigten die „ernüchternden" Erfahrungen der letzten Jahre mit VN-Friedenseinsätzen in bereits gewaltsam ausgebrochenen Konflikten, dass den Beiträgen der VN und ihrer Sonderorganisationen zu einer präventiven Konfliktregelung eine um so größere Bedeutung zukommt" (Knapp 1996: 489).

Insgesamt erfolgreich konnte hingegen der Einsatz in Haiti durchgeführt werden, durch den es 1993/94 gelang, eine Militärdiktatur abzusetzen und den demokratisch gewählten Präsidenten wieder einzusetzen. Allerdings muss dabei gesehen werden, dass dem Beschluss des Sicherheitsrates zur Einsetzung einer VN-Mission nur durch eine von den USA geführte Streitmacht zur Geltung verholfen werden konnte. Ebenfalls erfolgreich kann die mit einem „robusten Mandat" ausgestattete UNTAES-Mission bewertet werden, durch die 1996-98 der friedliche Übergang des umstrittenen Ostslawonien an Kroatien gewährleistet wurde. Zwiespältig fällt hingegen die Bewertung des Einsatzes des INTERFET aus, einer im September 1999 durch den Sicherheitsrat (Res. 1264 vom 15. September 1999) ermächtigten internationalen Einsatztruppe zur Wiederherstellung von Frieden und Sicherheit in Ost-Timor. Zwar traf der Sicherheitsrat seine einstimmige Interventionsentscheidung kaum zwei Wochen nach Beginn der massiven Vertreibungen und Massentötungen in Folge des am 30. August

1999 durchgeführten Unabhängigkeits-Referendums. Auch konnte die Truppe unter australischer Führung die Lage schnell in den Griff bekommen. Die Vereinten Nationen hatten jedoch trotz der im Anschluss an das Referendum zu erwartenden Gewalttätigkeiten auf die Sicherheitszusagen der indonesischen Regierung vertraut und die Ausstattung der für die Durchführung des Referendums zuständigen UNAMET-Mission mit einer eigenen Sicherheitskomponente versäumt (Chojnacki/Eberwein 2001: 211). Damit trugen sie einen Teil der Verantwortung am Entstehen einer Situation, die dann eine militärische Intervention erforderlich machte .

Obwohl die Bilanz der VN-Friedenssicherung keineswegs nur negativ ausfällt, war die Weltorganisation im Verlauf der 1990er Jahre in ihrem ureigenen Zuständigkeitsbereich in eine tiefe Krise geraten (Gareis 2001a: 26f). Insbesondere die Industriestaaten, die über eigene funktionsfähige Sicherheitsorganisationen verfügen, verloren ihr Vertrauen in die Fähigkeit der Vereinten Nationen zur politischen und militärischen Führung komplexer Friedensmissionen. Zögerlichkeiten bzw. Verweigerungen der personellen, materiellen und finanziellen Unterstützung von VN-Friedensmissionen führten zu einer Kompetenzverlagerung von den Vereinten Nationen und dem Sicherheitsrat hin zu regionalen Bündnissen, wie die Übernahme der militärischen Verantwortung für den Friedensprozess auf dem Balkan belegt. Hier hat der Sicherheitsrat seine Autorität auf die Erteilung entsprechender Mandate beschränkt, die zudem wie im Falle Bosnien-Herzegowinas und des Kosovo in der Umsetzung anderweitig ausgehandelter Abkommen und Regelungen in Resolutionen bestanden. In anderen Weltregionen jedoch, vor allem in Afrika (MONUC in der Demokratischen Republik Kongo, UNAMSIL in Sierra Leone, UNMEE in Äthiopien-Eritrea) aber auch in Asien (UNAMET in Ost-Timor), kamen dringend erforderliche Einsätze gar nicht oder nur mit erheblichem zeitlichem Verzug und dann oft unvollständig zustande. Der Anspruch der Vereinten Nationen, das globale Friedenssicherungssystem mit umfassender Zuständigkeit und legitimem Anspruch auf internationale Befolgung seiner in der Charta verankerten Normen und Regeln zu bilden, wurde zusehends in Frage gestellt. Der Vorwurf (insbesondere seitens der Entwicklungsländer) wurde laut, die Industrienationen würden die Vereinten Nationen in selektiver Weise zur eigenen Interessendurchsetzung instrumentalisieren. Den Vereinten Nationen droht damit die Gefahr der Marginalisierung im Bereich der zentralen Aufgaben, zu deren Erfüllung sie 1945 gegründet wurden. Mit dieser Entwicklung ist jedoch nicht nur die Sorge um den möglichen Niedergang einer internationalen Organisation verbunden. Vielmehr geht es um die grundsätzliche Problematik, ob die Fragen des Weltfriedens und der internationalen Sicherheit auch künftig in der Verantwortung eines kollektiven Friedenssicherungssystems verbleiben oder aber auf die Ebene der Staaten bzw. regionaler Bündnissysteme rückübertragen werden soll. Diese Frage stellt sich umso nachdrücklicher, als innerstaatliche Konflikte mit zahlreichen direkten und indirekten Auswirkungen auf das internationale System verstärkt militärische Interventionen aus humanitären Gründen nach sich ziehen könnten. Bliebe diese Option de facto den Staaten auf Ad-hoc-Basis überlassen, würde dieser Weg über kurz oder lang zur Abkehr von einer internationalen Rechtsordnung führen, die sich nach dem Zweiten Weltkrieg unter vielen Rückschlägen entwickelt hat, über deren Notwendigkeit jedoch bei all ihrer Fragilität ein weitgehender Konsens zwischen den Staaten besteht.

Reformbemühungen in den 1990er Jahren

Die am Beispiel einiger Missionen skizzierte Fülle von Aufträgen und Funktionen wurde einer Organisation übertragen, die auf die Wahrnehmung dieser neuen Aufgaben nicht vorbereitet war. Bei der Anpassung ihres Instrumentariums ist es in der Folge zu schwierigen Lernprozessen gekommen, bei denen die Strukturen und Verfahren zur Führung von Friedensmissionen nicht vorausschauend geplant, sondern als Reaktion auf zum Teil gravierende Fehlschläge verbessert werden mussten. Die Fortentwicklung des Peacekeeping war und ist dabei ein äußerst mühsamer Prozess. Winrich Kühne (1993a: 93) hat zu Recht darauf hingewiesen, dass auch das traditionelle Peacekeeping nicht über Nacht entstanden, sondern ein „permanenter Prozess des Lernens auf der Basis von *trial and error"* war.

So haben die Reformbemühungen vor allem im Sekretariat der Vereinten Nationen zu deutlichen Fortschritten im Vergleich zur Situation zu Beginn der 1990er Jahre geführt. Der Sicherheitsrat beauftragte am 31. Januar 1992 in seiner ersten Sitzung auf der Ebene der Staats- und Regierungschefs der Ratsmitglieder den VN-Generalsekretär mit der Erarbeitung einer Analyse bzw. von Empfehlungen zu der Frage, wie die Kapazitäten und Fähigkeiten der Vereinten Nationen in dem komplexen Feld der Friedenssicherung umfassend gestärkt und effizienter gestaltet werden können. Im Juni desselben Jahres legte Generalsekretär Boutros Boutros-Ghali mit der „Agenda für den Frieden" eine neue Konzeption für die Handlungsmöglichkeiten der

Vereinten Nationen auf dem Gebiet der Friedenssicherung vor. Diese Agenda hat, nicht zuletzt durch die Klärung zentraler Begrifflichkeiten, maßgeblich ein neues Verständnis von Friedenssicherung mitgeprägt und die Diskussion über deren künftige Ausgestaltung in den Vereinten Nationen und den Mitgliedstaaten vorangebracht. Der damalige Generalsekretär unterscheidet fünf miteinander in engem Zusammenhang stehende Aufgabenbereiche:

- Vorbeugende Diplomatie (*preventive diplomacy*): Ihr Ziel ist es, Spannungen zu vermindern und die ihnen zugrunde liegenden Ursachen zu beseitigen, bevor ein Konflikt eskaliert. Die wesentlichen Elemente sind vertrauensbildende Maßnahmen, der Ausbau von Einrichten zur Tatsachenermittlung (*fact finding missions*), Frühwarnung in allen relevanten Spannungsfeldern, entmilitarisierte Zonen und vorbeugende Einsätze.
- Friedensschaffung mit zivilen und militärischen Mitteln (*Peacemaking*): Das Instrumentarium in Kapitel VI der Charta soll stärker in Anspruch genommen und systematisch ausgebaut werden. Zudem müssten dritten Parteien bei der Konfliktvermittlung ausreichende Mittel zur Verfügung gestellt werden. Die Maßnahmen nach Kapitel VII (*peace-enforcment*) sollten konsequent umgesetzt werden, wozu nach Auffassung des Generalsekretärs auch gehört, dass dem Sicherheitsrat nach Art. 43 der Charta Streitkräfte zur Verfügung gestellt werden.
- Friedenssicherung durch Blauhelme (*Peacekeeping*): Die Voraussetzungen dieses Instruments sollen konzeptionell den veränderten Konflikttypen angepasst werden; zudem wird der Abschluss von Verfügungsbereitschaftsabkommen mit den Mitgliedstaaten und eine deutlich bessere finanzielle und logistische Absicherung angeregt.
- Friedenskonsolidierung in der Konfliktfolgezeit (*Peacebuilding*): Mit einem Waffenstillstand ist noch kein dauerhafter Frieden erreicht, weshalb der Konfliktnachsorge mehr Aufmerksamkeit geschenkt werden soll. Dazu zählt die Entwaffnung der Kriegsparteien, die Entsorgung von Minen, die Rückführung von Flüchtlingen, die politische Neuordnung sowie die Aussöhnung der Konfliktparteien.
- Konfliktspezifische Arbeitsteilung zwischen Sicherheitsrat und Regionalorganisationen: Die in Kapitel VIII der VN-Charta genannte Zusammenarbeit mit regionalen Abmachungen sollte besser genutzt werden. Dort heißt es, dass örtlich begrenzte Streitig-

keiten durch Inanspruchnahme solcher Einrichtungen friedlich beigelegt werden sollen, bevor der Sicherheitsrat damit befasst werden soll. Allerdings muss bei Zwangsmaßnahmen der Sicherheitsrat um Ermächtigung ersucht werden.

Auch wenn die Agenda für den Frieden nicht in allen Punkten umgesetzt wurde, ist die Grundstruktur der bis heute gültige konzeptionelle Rahmen jeglicher Reformbemühungen geblieben. Im Laufe der 1990er Jahre wurde die Hauptabteilung für Friedenssicherungseinsätze im VN-Sekretariat völlig neu strukturiert und personell verstärkt, so dass sie den Anforderungen aus der Führung von zeitweise rund 100.000 Soldaten und zivilen Mitarbeiter in siebzehn verschiedenen Missionen weltweit wenigstens einigermaßen gerecht werden konnte. Die Planungsvorgänge konnten durch verstärkte Kooperation mit anderen Hauptabteilungen des Sekretariats gestrafft werden. Mit der Entwicklung des *Standby-Arrangement-Systems* (UNSAS), einer Art Datenbank, in der die Mitgliedstaaten die Kapazitäten melden, die sie den Vereinten Nationen zur Verfügung stellen wollen, konnten die Abstimmungsprozesse mit den truppenstellenden Mitgliedstaaten schrittweise verkürzt werden (Eisele/Griep 1996). Im April 1995 wurde eine *Lessons-Learned-Unit* geschaffen, um aus Missionen Lehren zu ziehen und diese in Empfehlungen für künftige Missionen umzusetzen. Eine *Training Unit* begann mit der Ausarbeitung standardisierter Ausbildungsrichtlinien, um das Zusammenwirken von Soldaten und zivilen Experten aus den unterschiedlichsten Ländern zu verbessern. Die Einführung neuer logistischer Standards und die Schaffung der *UN-Logistic-Base* in Brindisi ermöglichte die schnellere Dislozierung und bessere Versorgung von Missionen im Einsatzland.

Übersicht 10:   Laufende Friedensmissionen der VN (nach dem Stand von August 2001)

UNTSO	**UN Truce Supervision Organisation.** Mandat: Überwachung des Waffenstillstandes in Palästina. Begonnen: 1948. Stärke: 152 Soldaten, 107 Zivile Mitarbeiter, 113 lokale Mitarbeiter. Verluste: 38. Kosten 2001: $ 22.8 Mio.
UNMOGIP	**UN Military Observer Group in India and Pakistan.** Mandat: Überwachung des Waffenstillstandes im Kaschmir-Tal. Begonnen: 1949. Stärke: 44 Soldaten, 43 Zivile Mitarbeiter, 27 lokale Mitarbeiter. Verluste: 9. Kosten 2001: $ 7,3 Mio.
UNFICYP	**UN Peacekeeping Force in Cyprus.** Mandat: Überwachung des Waffenstillstandes auf Zypern. Begonnen: 1964. Stärke: 1265 Soldaten, 35 Zivilpolizei, 42 Zivile Mitarbeiter, 150 lokale Mitarbeiter. Verluste: 170. Kosten 2001: $ 42.4 Mio.

UNDOF	**UN Disengagement Observer Force.** Mandat: Überwachung des Waffenstillstandes auf den Golan-Höhen. Begonnen: 1974. Stärke: 1063 Soldaten, 35 Zivile Mitarbeiter, 93 lokale Mitarbeiter. Verluste: 40. Kosten 2001: $ 35.7 Mio.
UNIFIL	**UN Interim Force in Lebanon.** Mandat: Überwachung des Waffenstillstandes im Libanon. Begonnen: 1978. Stärke: 5,662 Soldaten, 135 Zivile Mitarbeiter, 351 lokale Mitarbeiter. Verluste: 242. Kosten 2001: $ 106,2 Mio.
UNIKOM	**UN Iraq-Kuwait Observation Mision.** Mandat: Überwachung der entmilitarisierten Zone zwischen Irak und Kuwait. Begonnen: 1991. Stärke: 1084 Soldaten, 51 Zivile Mitarbeiter, 157 lokale Mitarbeiter. Verluste: 13. Kosten 2001: $ 52,8 Mio.
MINURSO	**UN Mission for the Referendum in Western Sahara.** Mandat: Überwachung des Waffenstillstandes in der West-Sahara. Begonnen: 1991. Stärke: 229 Soldaten, 34 Zivilpolizei, 273 Zivile Mitarbeiter, 120 lokale Mitarbeiter. Verluste: 10. Kosten 2001: $ 50.5 Mio.
UNOMIG	**UN Observer Mission in Georgia.** Mandat: Überwachung des Waffenstillstandes in Georgien. Begonnen: 1993. Stärke: 103 Soldaten, 87 Zivile Mitarbeiter, 188 lokale Mitarbeiter. Verluste: 3. Kosten 2001: $ 27,9 Mio.
UNMIBH	**UN Mission in Bosnia and Herzegowina.** Mandat: Umsetzung der zivilen Dimensionen des Friedensvertrages von Dayton. Begonnen: 1995. Stärke: 1798 Zivilpolizei, 5 Soldaten, 328 Zivile Mitarbeiter, 1432 lokale Mitarbeiter. Verluste: 8. Kosten 2001: $ 144,7 Mio.
UNMOP	**UN Mission of Observers in Prevlaka.** Mandat: Überwachung der Entmilitarisierung der Halbinsel Prevlaka. Begonnen: 1996. Stärke: 27 Soldaten, 3 Zivile Mitarbeiter, 6 lokale Mitarbeiter. Verluste: -. Kosten 2001: in UNMIBH eingeschlossen.
UNMIK	**UN Interim Administration Mission in Kosovo.** Mandat: Aufbau einer Zivilen Übergangsverwaltung. Begonnen: 1999. Stärke: 4426 Zivilpolizei, 38 Soldaten, 1259 Zivile Mitarbeiter, 4367 lokale Mitarbeiter. Verluste: 13. Kosten 2001: $ 413,4 Mio.
UNAMSIL	**UN Mission in Sierra Leone.** Mandat: Überwachung des Waffenstillstandes Sierra Leone. Begonnen: 1999. Stärke: 12203 Soldaten, 34 Zivilpolizei, 258 Zivile Mitarbeiter, 323 lokale Mitarbeiter. Verluste: 39. Kosten 2001: $ 293.3 Mio.
UNTAET	**UN Transitional Authority in East Timor.** Mandat: Einrichtung einer Übergangsverwaltung in Ost-Timor. Begonnen: 1999. Stärke: 7904 Soldaten, 1357 Zivilpolizei, 1033 Zivile Mitarbeiter, 1933 lokale Mitarbeiter. Verluste: 16. Kosten 2001: $ 300.8 Mio.
MONUC	**UN Organization in the Democratic Republic of the Congo.** Mandat: Überwachung des Waffenstillstandes und des Abzugs ausländischer Streitkräfte aus dem Kongo. Begonnen: 1999. Autorisierte Stärke: 5537 Soldaten, 2 Zivilpolizei, 308 Zivile Mitarbeiter, 285 lokale Mitarbeiter. Verluste: -. Kosten 2001: autorisiert $ 209,1 Mio.
UNMEE	**UN Mission in Ethiopia and Eritrea.** Mandat: Überwachung des Waffenstillstandes zwischen Äthiopien und Eritrea. Begonnen: 2000. Autorisierte Stärke: 4200 Soldaten, 233 Zivile Mitarbeiter, 218 lokale Mitarbeiter. Verluste: 2. Kosten 2001: autorisiert $ 96.0 Mio.

Quelle: UN Department of Peacekeeping Operations

Die ursprüngliche und durchaus erfolgreiche Ausrichtung der Vereinten Nationen auf die Verhinderung zwischenstaatlicher Kriege hat sich mit dem Wandel des Kriegsbildes in Richtung innerstaatlicher Auseinandersetzungen radikal verändert. Spektakuläre Fehlschläge wie Ruanda, Srebrenica oder Sierra Leone haben den Reformdruck in diesem Bereich erhöht. Gemäß Kapitel VII der Charta stünde der VN ein hinreichendes Instrumentarium an Maßnahmen bei Bedrohung oder Bruch des Friedens zur Verfügung, in der Praxis wurde aber von diesen Bestimmungen bisher kaum Gebrauch gemacht. Nach den Vorschlägen einer Expertengruppe unter dem Vorsitz des ehemaligen algerischen Außenministers Lakhdar Brahimi vom August 2000 sollen die VN-Truppen, für die im Jahr 2000 rd. 2,2 Milliarden US-Dollar ausgegeben wurden, in Zukunft grundsätzlich ein robustes Mandat erhalten und nur in Einsätze geschickt werden, wenn die Regeln dafür eindeutig sind, sie hinreichend geführt werden können und gut ausgerüstet sind. Zudem soll gemäß dem Konzept der *stand-by-forces* eine schlagkräftige multinationale Streitkraft bereitgestellt werden, auf die bei Bedarf schnell zugegriffen werden kann.

Obwohl einige institutionelle und konzeptionelle Erneuerungen gelungen sind, steht eine umfassende Revision noch aus. Peacekeeping und Peacebuilding gehen mehr und mehr eine enge Verbindung ein und bedingen gegenseitig ihren Erfolg. In Fällen wie Bosnien-Herzegowina, Kosovo oder Ost-Timor besteht die Herausforderung nicht allein darin, die Konfliktparteien durch eine abschreckende Militärpräsenz (robustes Mandat) von einer Wiederaufnahme der Gewalttätigkeiten abzuhalten, sondern in allen relevanten politischen, sozialen und wirtschaftlichen Bereichen neue Strukturen zu schaffen und nach der Zerstörung jeder Ordnung wieder ein tragfähiges Gemeinwesen zu kreieren. Andererseits wird aber auch das klassische Peacekeeping nicht obsolet werden, wie die Fortsetzung der bestehenden Missionen zeigt. Friedenssicherung und Peacebuilding werden künftig immer weniger auf der Grundlage eines bewährten Sets von Grundsätzen und Regeln, sondern immer mehr auf die konkreten Erfordernisse im Einsatzland bezogen zu gestalten sein. Komplexe Mandate werden in Zukunft die Regel, nicht die Ausnahme darstellen und die Vereinten Nationen kommen daher nicht umhin, eine integrierte, multidisziplinäre Konzeption für Friedensoperationen zu entwickeln (siehe Teil E).

Sanktionen als Instrument der Friedenssicherung

Die sich ab 1990 einstellende Entschlossenheit des Sicherheitsrates auf Friedensbedrohungen mit Zwangsmaßnahmen zu reagieren, führte auch zur Wiederentdeckung des Instrumentes nichtmilitärischer Sanktionsmaßnahmen (Stremlau 1998, Gareis 2000b). Derartige Sanktionen können sich auf die unterschiedlichsten Bereiche beziehen, von der Unterbindung jeglicher politischer oder kultureller Kontakte über Embargos der verschiedensten Art bis hin zur strafrechtlichen Verfolgung von Einzelpersonen etwa durch Kriegsverbrechertribunale, wie sie für das ehemalige Jugoslawien und Ruanda eingerichtet wurden. Die in Art. 41 der VN-Charta enthaltene Aufzählung möglicher Sanktionen ist jedoch nicht abschließend. Vielmehr kann der Sicherheitsrat im Rahmen der Bestimmungen der Charta diejenigen Maßnahmen ergreifen, die er für geeignet hält, um Störungen des Friedens abzuwenden bzw. zu beenden. Sanktionen sind keine internationalen Strafmaßnahmen, sondern politische Druckmittel, mit denen Staaten zur Änderung ihrer Politik bewegt werden sollen. Der Wirkungsweise von Sanktionen liegen zwei Modellannahmen zugrunde:

- Das eine Modell geht von der Auffassung aus, dass sich die Regierung des betroffenen Staates als rationaler Akteur verhält. Übersteigen die negativen Effekte der Sanktionen die Gewinne, die der Staat aus der Fortsetzung seiner Politik zieht, wird er diese im Sinne der Vorgaben des Sicherheitsrates ändern.
- Das zweite Modell zielt auf den Aufbau politischen Drucks innerhalb des betroffenen Landes. Insbesondere von wirtschaftlichen Sanktionen ist immer auch die Zivilbevölkerung betroffen, die unter der zunehmenden Beeinträchtigung ihrer Lebensverhältnisse leidet. Dieses Leiden stärkt tendenziell oppositionelle Kräfte, schwächt die amtierende Regierung und zwingt sie auf diese Weise zu einer Veränderung ihrer Politik.

Beide Modellannahmen sind nur dann plausibel, wenn sie sich auf Staaten beziehen, die auf ein Minimum an internationalen Kooperationsbeziehungen angewiesen sind bzw. in denen zumindest Ansätze einer pluralistischen politischen Ordnung existieren. Regime, die ihren Machterhalt auf internationaler Isolation und brutaler Unterdrückung ihrer Zivilbevölkerung aufbauen, sind jedoch vergleichsweise unanfällig gegen diese Wirkungsweisen von Sanktionen.

Mit dem Inkrafttreten von Sanktionen entstehen rechtliche Verpflichtungen für die Mitglieder der Vereinten Nationen, die der Charta gemäß Beschlüsse des Sicherheitsrates annehmen und umsetzen müssen (Art. 25). Sie dürfen ihre Beziehungen zu dem betroffenen Staat nur noch in den Feldern aufrechterhalten, die nicht durch die Sanktionen eingeschränkt werden. Zur Überwachung der von ihm angeordneten Maßnahmen richtet der Sicherheitsrat so genannte Sanktionsausschüsse ein (Kaul 1996). In der Praxis sind diese Ausschüsse vor allem für die Erteilung von Ausnahmegenehmigungen sowie für die Entscheidung in Zweifelsfällen zuständig. Da der Sicherheitsrat über keine eigenen Überwachungskräfte verfügt, arbeiten die Ausschüsse von Fall zu Fall mit weiteren Organisationen bzw. Mitgliedstaaten zusammen.

Die 1990er Jahre können mit einiger Berechtigung als „Jahrzehnt der Sanktionen" (Cortright/Lopez 2000) bezeichnet werden. Machte der Sicherheitsrat vor 1990 nur zwei Mal (gegenüber dem damaligen Süd-Rhodesien 1968-1979 und Südafrika 1977-1994) von seinem Recht zur Verhängung nicht-militärischer Zwangsmaßnahmen Gebrauch, so geschah dies seither in weiteren dreizehn Fällen. Die Sanktionspraxis des Sicherheitsrates reagierte damit auf die zunehmend komplexeren Herausforderungen, vor die sich die internationale Friedenssicherung gestellt sieht. So richteten sich die Maßnahmen etwa im Falle des Irak, des früheren Jugoslawien oder Äthiopiens und Eritreas in geradezu klassischer Weise gegen Staaten, die in internationale Kriege verwickelt waren bzw. sind, während in Angola, Liberia oder Sierra Leone die Beendigung von Bürgerkriegen erzwungen werden sollte. In Somalia und Haiti wiederum waren Verbesserungen der humanitären Situation Ziel der Sanktionen, Libyen, Afghanistan und Sudan gerieten wegen ihrer Beteiligungen am internationalen Terrorismus ins Visier des Sicherheitsrates. Die Bilanz der bisherigen Sanktionspraxis ergibt allerdings ein gemischtes Bild. Die anfängliche, mehr auf der Freude über die neue Entscheidungsfähigkeit des Sicherheitsrates als auf messbaren Erfolgen fußenden Begeisterung für das neue Instrument zur Friedenserzwingung machte bald Ernüchterung Platz. Bereits das erste Set von Sanktionen, das gegen den Irak wegen seiner Aggression gegen Kuwait verhängt wurde, führte nicht zur Änderung der irakischen Politik. Auch im Falle Haitis, Somalias, des ehemaligen Jugoslawiens und zahlreicher anderer Staaten erwies sich das Instrument der Sanktion im Sinne einer vermeintlich kostengünstigen Alternative zur militärischen Aktion als nicht effektiv. Dafür zeigten sich bald die gravierenden Nachteile einer Sanktionspraxis, deren häufig mangelnde Effektivität es zunehmend unverantwortlich erscheinen ließ, die mit den Sanktionen verbundenen gravierenden humanitären Probleme weiter hinzunehmen. Dabei ist die Effektivität von Sanktionen eine wesentliche Voraussetzung für ihre Akzeptanz in der internationalen Gemeinschaft und damit für die Unterstützung entsprechender Maßnahmen durch die Staaten. Ineffektive Zwangsmaßnahmen verlieren rasch ihre Legitimation, wenn die Folgeprobleme und Nebenwirkungen größer als ihr Nutzen erscheinen. Bei zahlreichen Sanktionen der 1990er Jahre fehlte es bereits an einer klaren Zieldefinition sowie an der stringenten Ausrichtung der Mittel auf diese Ziele (Kulessa/Starck 1997: 4f). Je unspezifischer die eingesetzten Mittel (vor allem Embargos, Landeverbote für Fluglinien oder die Isolierung von Staaten) waren, desto gravierender wirkten sich die unbeabsichtigten Nebenwirkungen im Vergleich zu den häufig bescheidenen Fortschritten in der eigentlichen Zielrichtung der Sanktionen aus. So hatte das Waffenembargo gegen das ehemalige Jugoslawien lange Zeit kaum Auswirkungen auf die Fähigkeit der Serben zur Kriegführung, wohl aber auf die Möglichkeiten der Bosnier, sich angemessen zu verteidigen. Ein mangelndes Kontrollregime führte anfangs in Jugoslawien ebenso wie auf anderen Schauplätzen zu vielfältiger Umgehung der Embargobestimmungen, was neben der zögerlichen Bereitstellung geeigneter Überwachungskräfte wiederum auch auf die immanenten Unzulänglichkeiten eines umfassenden Embargos mit vielen Ausnahmen zurückzuführen ist. Insbesondere das Beispiel des Irak verdeutlicht an dem sensiblen Punkt der humanitären Folgeprobleme, dass die beiden grundlegenden Auffassungen über die Wirkungsweise von Sanktionen nicht in jedem Falle schlüssig sind (Cortright/Lopez 1995). Im Irak führte die fortschreitende Verelendung in der Zivilbevölkerung nicht nur zu keinem Veränderungsdruck auf das Regime Saddam Husseins, sondern erweiterte dessen Möglichkeiten zur Unterdrückung der Bevölkerung. Hinzu kam, dass Saddam Hussein die dramatische humanitäre Situation in seinem Land dazu nutzte, den Anlass für die Sanktionen – seine Programme zur Herstellung von Massenvernichtungswaffen – in den Hintergrund zu drängen und den Sicherheitsrat in der Frage der Fortsetzung der Sanktionspolitik zu spalten. Die im Dezember 1999 als Ersatz für die UNSCOM-Mission geschaffene Überwachungs-, Verifikations- und Inspektionsmission (UNMOVIC) konnte indes ihre Arbeit nicht aufnehmen, weil der Irak bislang die Kooperation mit ihr ablehnt.

Als problematisch haben sich diejenigen Maßnahmen erwiesen, die nicht zielgerichtet auf den Sanktionszweck verhängt wurden, sondern undifferenziert die Wirtschaft, die Zivilbevölkerung oder auch die politische Opposition eines Landes getroffen haben (Kulessa 1998: 32). Die Entwicklung von *targeted* bzw. *smart sanctions* scheint dringend geboten. Hinter diesem Ansatz stehen Überlegungen, durch Sanktionen verstärkt die für die friedensbedrohende Politik eines Landes Verantwortlichen zu treffen und die Nebenwirkungen auf die Zivilbevölkerung und unbeteiligte Dritte möglichst gering zu halten. Ein quasi-chirurgischer Einsatz von Sanktionen im Rahmen einer konsequent auf die Vermeidung von Eskalationen ausgerichteten Politik erfordert aber auch ein klares rechtliches und politisches Regelwerk. Gewährleistet werden muss nicht nur ein transparenter Entscheidungsprozeß und die konsistente Umsetzung der Sanktionen durch die Mitgliedstaaten. Vielmehr müssen bereits bei der Entscheidung für eine Sanktion die drohenden Nebenwirkungen abgeschätzt und zusätzlich effektive Maßnahmen zu ihrer Begrenzung im Sanktionsbeschluss verankert werden. Solche Vorkehrungen dienen nicht nur dem Schutz unschuldiger Dritter, sondern sind essentiell für den Erfolg einer Sanktion. Zur Folgenabschätzung von Sanktionen gehört auch, die möglichen Beeinträchtigungen der Rechte dritter Staaten genau zu analysieren und zu berücksichtigen. Zwar sieht Art. 50 der Charta vor, dass sich indirekt von Sanktionen betroffene Staaten zur Erörterung ihrer Probleme an den Sicherheitsrat wenden können, Verfahrensregeln und vor allem Ausgleichsfonds oder andere verbindliche Mechanismen zur Kompensation ihrer Verluste existieren allerdings nicht. Die Schaffung eines Ausgleichsfonds für sanktionsbedingte Härten könnte zu einer solidarischen Lastenteilung durch die Staatengemeinschaft beitragen. Die Erfahrungen aus dem „Jahrzehnt der Sanktionen" haben neue Perspektiven für den Umgang mit diesem sensiblen Instrument eröffnet. Zum Beginn des neuen Jahrzehnts steht die Implementierung moderner Sanktionsmodelle auf der Agenda der internationalen Friedenssicherung.

2.3 Abrüstung und Rüstungskontrolle im Rahmen der VN

Neben der Friedenssicherung im engeren Sinne befassen sich die Vereinten Nationen auch mit Fragen der Steuerung, Eingrenzung bzw. Reduzierung der militärischen Machtpotentiale ihrer Mitgliedstaaten.

Begrifflich ist zunächst zwischen „Abrüstung" und „Rüstungskontrolle" zu unterscheiden. Während unter Abrüstung die quantitative und qualitative Verringerung von Waffenarsenalen und militärischem Personal verstanden wird, zielt der Begriff Rüstungskontrolle stärker auf die Beherrschung von Rüstung im Sinne einer politisch geordneten Steuerung von Rüstungsprozessen durch bi- oder multilaterale bzw. globale Vertragswerke. Im Sprachgebrauch der Vereinten Nationen hat sich der Begriff „Abrüstung und Rüstungskontrolle" (*disarmament and arms control*) eingebürgert.

Als Ziel der VN wird in der Charta genannt, die internationale Sicherheit dadurch zu fördern, „dass von den menschlichen und wirtschaftlichen Hilfsquellen der Welt möglichst wenig für Rüstungszwecke abgezweigt wird" (Art. 26). Im Unterschied zum Völkerbund impliziert diese Formulierung allerdings auch, dass ein gewisses Maß an Rüstung als erforderlich betrachtet wird, nicht zuletzt um militärische Zwangsmaßnahmen in Sinne der Charta durchsetzen zu können. So wäre das Recht zur individuellen oder kollektiven Selbstverteidigung eines jeden Mitgliedstaates aus Art. 51 der Charta ohne einen Militärapparat (und das heißt auch ohne Rüstung) nicht möglich. In der politikwissenschaftlichen Literatur sind Funktion und Auswirkung von Rüstungsmaßnahmen umstritten. Während einerseits die Auffassung vertreten wird, Rüstung führe zwangsläufig zu mehr Unsicherheit und verschärfe das bereits in Teil A erläuterte Sicherheitsdilemma, wird andererseits argumentiert, ein gewisses Maß an Rüstung sei erforderlich, um das internationale System zu stabilisieren. Dementsprechend wird der Stellenwert von Abrüstung und Rüstungskontrolle unterschiedlich veranschlagt. Der Stellvertretende Direktor des VN-Instituts für Abrüstungsforschung (UNIDIR), Christophe Carle (1999: 17), bringt das Spannungsverhältnis auf folgende Formel: „Abrüstung kann zwar nur Früchte tragen, wenn die internationale Umwelt als zunehmend befriedet (*increasingly benign*) wahrgenommen wird. Aber es ist ebenso richtig, dass Abrüstung selbst Teil der internationalen strategischen Landschaft ist. Ihre Stellung und ihr Fortschritt kann zu eben jenen Bedingungen beitragen und sie verstärken, die Sicherheits- statt Unsicherheitsperzeption erzeugt. Leider ist dieser Mechanismus ebenso schwierig in Gang zu setzen wie man in den entgegengesetzten Teufelskreis sehr leicht geraten kann".

Nach dem Ende des Ost-West-Konflikts wurden im Abrüstungsbereich zahlreiche Erfolge erzielt. Die Militärausgaben gingen zwischen 1990 und 1998 in fast allen Regionen der Welt (mit Ausnahme Ostasiens) zurück, die konventionellen und nuklearen Waffenarsenale

wurden drastisch reduziert und zahlreiche Vertragswerke zur Abrüstung und Rüstungskontrolle konnten reaktiviert bzw. unterzeichnet
werden. Allerdings liegt der Anteil der Militärausgaben am weltweiten Sozialprodukt immer noch bei rund zwei Prozent und damit deutlich höher als die Aufwendungen für Entwicklungshilfe.

Übersicht 11: Weltweite Militärausgaben 1985 bis 1999 in Mrd. US-$

Quelle: Stockholm Institute for Peace Research

Neben diese Erfolgen sind jedoch in Folge des weltpolitischen Um-
bruchs zahlreiche neuartige Risiken entstanden. So hat sich die Gefahr der unkontrollierten Verbreitung (Proliferation) von atomaren
und biologischen Massenvernichtungswaffen samt Trägertechnolo-
gie erhöht und die Verbreitung von Kleinwaffen hat zugenommen.
Zudem intensiviert sich zehn Jahre nach dem Ende des Ost-West-
Konflikts auch außerhalb sicherheitspolitischer Expertenzirkel eine
grundsätzliche Debatte über die bisherigen Instrumente der rüs-
tungspolitischen Stabilität, die sich unter anderem in der Infrage-
stellung wichtiger etablierter Rüstungskontrollabkommen wie etwa
des ABM-Vertrags und Diskussionen über Raketenabwehrpläne ma-
nifestieren (Krause 2000).

Das Instrumentarium der Vereinten Nationen im Bereich Abrüstung und Rüstungskontrolle ist vielfältig und begrenzt zugleich
(Überblick bei: Lang 1999, Brauch 1990, 2000, SIPRI 2000, BICC
2000). Vornehmlich erstrecken sich die Aktivitäten auf Abkommen
mit globaler Reichweite und Beteiligung möglichst vieler Staaten.
Sie sollen bi- oder multilaterale Bemühungen einzelner Staaten oder
Staatengruppen nicht ersetzen, geschweige denn in Konkurrenz zu
ihnen treten. In der Charta wird an zwei Stellen explizit auf Abrüs-

tungsfragen eingegangen. In Art. 11 heißt es, dass sich die Generalversammlung „mit den Grundsätzen der Abrüstung und Rüstungsregelung befassen und in Bezug auf diese Grundsätze Empfehlungen an die Mitglieder oder den Sicherheitsrat oder an beide richten" kann. In Art. 26 wird der Sicherheitsrat beauftragt, Pläne auszuarbeiten, „die den Mitgliedern der Vereinten Nationen zwecks Errichtung eines Systems der Rüstungsregelung vorzulegen sind".

Im engeren Rahmen der VN sind zahlreiche Gremien mit diesen Fragen beschäftigt. Im Sekretariat ist eine Hauptabteilung mit der Durchführung von Konferenzen sowie der Begleitung einzelner Abrüstungsregime beauftragt, die zudem jährlich ein Jahrbuch zum Stand der Abrüstung (*disarmament yearbook*) veröffentlicht. Die Generalversammlung befasst sich in ihrer jährlichen Sitzung regelmäßig mit Abrüstungsfragen, hat als Unterorgan die Abrüstungskommission der VN (*disarmament commission*) eingerichtet und zahlreiche wichtige Resolutionen verabschiedet. Zudem tagt die Generalversammlung seit 1978 in unregelmäßigen Abständen als Sondergeneralversammlung zu Abrüstungsfragen, allerdings ohne durchschlagende praktische Erfolge. Aufgrund des Konsenszwangs in allen Fragen ist es oftmals nicht einmal möglich, sich über die Tagesordnung zu einigen, so dass an den Abschluss verbindlicher Vereinbarungen unter diesen Umständen kaum zu denken ist. Der Sicherheitsrat ist nur vereinzelt in Abrüstungsfragen aktiv geworden. Das hierfür prominenteste Beispiel ist die Aufforderung an den Irak 1991, alle chemischen und biologischen Waffen zu vernichten und sich einem Überwachungsregime zu unterwerfen. Von Bedeutung ist die Genfer Abrüstungskonferenz (*conference on disarmament*), in der derzeit knapp 70 Staaten ein ständiges Forum zu Fragen der Abrüstung, Rüstungskontrolle und Nichtverbreitung bilden. Die Abrüstungskonferenz ist formal eine unabhängige Einrichtung, faktisch jedoch eng mit den VN verbunden. Als globale Abrüstungsabkommen, die unter Beteiligung der Vereinten Nationen ausgehandelt wurden, lassen sich u.a. die Konvention über bakteriologische und Toxinwaffen (in Kraft seit 1975), der Vertrag zur Nichtverbreitung von Kernwaffen (1968, unbefristet verlängert 1995), die Chemiewaffenkonvention (1997), der Vertrag über das umfassende Verbot von Nuklearversuchen (zur Ratifizierung bereit seit 1996) sowie das Übereinkommen zum Verbot von Antipersonenminen (1999) nennen. Zahlreiche Spezialorganisationen, die zum VN-System zu zählen sind, überwachen zudem einzelne Abkommen (wie z.B. die CTBTO zur Überwachung des Vertrags über das umfassende Verbot von Nuklearversuchen). Im Dezember 1991 hat die Generalversammlung die Einrichtung eines VN-Waffenregisters beschlossen, das Informationen über die Ein- und Ausfuhr konventioneller Waffen sammelt. Die Staaten sind zwar aufgerufen, dem Register freiwillig Daten über nationale Waffenbestände zu übermitteln, allerdings beteiligt sich weniger als die Hälfte der Mitgliedstaten an diesem Projekt. Der Vertrauensbildung und damit dem Ziel der Abrüstung dient auch das VN-Berichtssystem für Militärausgaben, an dem sich allerdings ebenfalls nur ein geringer Teil der Mitgliedsstaaten beteiligt. Im Falle Deutschlands wird in dem „Bericht der Bundesregierung zum Stand der Bemühungen um Abrüstung, Rüstungskontrolle und Nichtverbreitung sowie über die Entwicklung der Streitkräftepotentiale", der jährlich im Frühsommer dem Bundestag zugeleitet und dann veröffentlicht wird, detailliert über die Aktivitäten der VN und die deutsche Beteiligung daran berichtet.

Der Arbeit der Vereinten Nationen im Abrüstungsbereich lassen sich zusammenfassend folgende Funktionen zuschreiben:

- die Entwicklung neuer Ansätze durch eher unverbindlichen Gedanken- und Informationsaustausch,
- die Darstellung unterschiedlicher nationaler Positionen vor einem breiten Forum der Weltöffentlichkeit;
- die Artikulation von konkreten Vorgaben für Verhandlungen, die möglicherweise auch außerhalb den VN stattfinden können,
- die Ausübung von moralischem Druck gegen Regelverletzer mit dem Ziel, diese doch zur Mitarbeit zu bewegen,
- die organisatorische Hilfestellung für interessierte Staaten, die keinen eigenen Apparat in dem komplexen Themengebiet Abrüstung/Rüstungskontrolle unterhalten können oder wollen,
- die Heranführung einer größeren Zahl von Staaten an Verpflichtungen, die vorher in einem kleineren Kreis beschlossen wurden, und schließlich
- die Überwachung von bereits beschlossenen Abkommen durch spezialisierte Sonderorganisationen oder Regime.

Die Debatte in den Vereinten Nationen „ermöglicht also den Initiatoren das Starten von Versuchballons, dem Interessenten die Weiterentwicklung einer Idee im Diskurs, den Kritikern die Artikulation ihrer Einwände und vielleicht die inhaltliche Einflussnahme auf den Initiator" (Barker 1990: 183). Allerdings sind wichtige Fortschritte auf dem Gebiet der Abrüstung und Rüstungskontrolle vielfach außerhalb bzw. am Rande der Vereinten Nationen zu Stande gekommen. Der Wille der Staaten zur Nutzung der Vereinten Nationen als multilaterales Forum für Abmachungen und Kommunikationsplattform im Bereich Abrüstung und Rüstungskontrolle ist stark unterschiedlich ausgeprägt und verhindert fundamentale Fortschritte.

Teil C
Das Instrumentarium im Bereich des Menschenrechtsschutzes

1 Vereinte Nationen und Menschenrechte: Normative Entwicklung, Kodifizierung und Ausgestaltung

Neben der Wahrung des Weltfriedens und der internationalen Sicherheit bildet der Schutz der Menschenrechte den zweiten originären Zuständigkeits- und Aufgabenkomplex in der Arbeit der Vereinten Nationen. Wiederum hatte es einer globalen Katastrophe bedurft, um einen grundlegenden Meinungswandel in der Staatengemeinschaft bezüglich eines zentralen Anliegens der gesamten Menschheit herbeizuführen. Hatten die Erfahrungen des Ersten Weltkriegs die Einsicht bewirkt, den Staaten das Recht zum Krieg zu entziehen, so verdeutlichte vor allem der während des Zweiten Weltkriegs verübte Völkermord an den europäischen Juden sowie andere gravierende und massenhafte Menschenrechtsverletzungen in dramatischer Weise die Notwendigkeit eines wirksamen Schutzes grundlegender Menschenrechte durch verbindliche internationale Normen und kollektive Mechanismen zu deren Durchsetzung. Dabei ist der Inhalt des Begriffes Menschenrechte unscharf, so dass eine allgemeingültige Definition kaum möglich ist. Als Grundlage kann aber gelten, dass jedem Menschen angeborene und unveräußerliche Rechte zu eigen sind, die unabhängig von Alter, Geschlecht, Religion, ethnischer, nationaler, regionaler oder sozialer Herkunft besonderen Schutz verlangen.

Das Bewusstsein eines engen Zusammenhanges zwischen der Achtung der Menschenwürde und dem Weltfrieden hat eine lange ideengeschichtliche Tradition (etwa: Gosepath/Lohmann 1998) und prägte bereits während des Krieges die Bemühungen insbesondere des amerikanischen Präsidenten Franklin Delano Roosevelts, die auf die Verankerung eines umfassenden Menschenrechtskataloges in der Charta der neu zu schaffenden Weltorganisation zielten. Zahlreiche Intellektuelle sowie zivile Organisationen griffen diese Idee auf, eine Reihe lateinamerikanischer Staaten brachte sie in der Konferenz von

San Franzisko als möglichen Bestandteil der Charta ein (Dicke 1998: 192). Allerdings hatte sich schon in der Konferenz der Vier Mächte von Dumbarton Oaks im Sommer 1944 abgezeichnet, dass sich der Menschenrechtsschutz nur in Ansätzen in der Charta wiederfinden würde. Von sowjetischer, aber auch von britischer Seite war eingewendet worden, dass die neue Organisation über keine Kompetenzen zum Eingreifen in die Staatensouveränität verfügen sollte (Volger 1995: 15). Zwar gelang es während der Konferenz von San Franzisko im Frühjahr 1945, die überaus zurückhaltende Formulierung in Kapitel IX der Vorschläge von Dumbarton Oaks, „die Achtung für Menschenrechte und Freiheiten (zu) fördern", zu erweitern und zu präzisieren, indem in Art. 1, Ziff. 3 der Charta die Festigung und Förderung der „Achtung vor den Menschenrechten und Grundfreiheiten für alle ohne Unterschied der Rasse, des Geschlechts, der Sprache oder der Religion" immerhin als verbindliches Ziel der Organisation festgeschrieben wurde. Doch im Gegensatz zu den operativ ausgestalteten Kapiteln zu Kriegsverhütung sowie Friedenswahrung blieb der Menschenrechtsschutz in der Charta programmatisch (Partsch 1991: 546) und wurde seine rechtliche und institutionelle Ausgestaltung in den politischen Prozess der Vereinten Nationen und der sie tragenden Staaten verwiesen. Für diesen Prozess wiederum hatten sich die Staaten durch den Souveränitätsgrundsatz und vor allem durch das Interventionsverbot des Art. 2, Ziff. 7 starke Abwehrinstrumente gegen allzu nachdrückliche Forderungen und Ansprüche von Seiten der Organisation geschaffen.

Die Zögerlichkeit der Staaten, ihre neugeschaffene Weltorganisation mit verfassungsmäßig verbrieften Kompetenzen bezüglich des Menschenrechtsschutzes auszustatten, wird nachvollziehbar, wenn man bedenkt, dass sich sehr viel deutlicher noch als im Falle des Kriegs- und Gewaltverbots am Beispiel der Menschenrechte das prekäre Verhältnis zwischen dem normativen Anspruch einer internationalen Organisation und dem Grundsatz der Staatensouveränität zeigt. Kaum eine andere Form staatlichen Handelns gehört nach dem überbrachten Staatsverständnis unmittelbarer in den Bereich der „inneren Angelegenheiten" als der Umgang des Staates bzw. der Gesellschaft mit dem Individuum. Genau diese Beziehungen aber rechtlich zu verregeln und die Einhaltung der hierzu eingeführten Normen zu überwachen, ist das Ziel eines internationalen Regimes zum Schutz der als unveräußerlich und vorstaatlich aufgefassten Menschenrechte. Es ist daher kaum verwunderlich, dass die Diskussion um die Menschenrechte und ihren Schutz trotz der großen Fortschritte auf diesem Gebiet seit über fünfzig Jahren unter Beimengung einiger Ideologie und politischer Opportunität genau entlang dieser Konfliktlinie zwischen kollektiver Regelungskompetenz und dem Souveränitätsgrundsatz geführt wird. In dieser Diskussion geht es zunächst um das Problem, welches der Kernbestand an Menschenrechten ist, der universell gültigen, durch die Staaten nicht derogierbaren Normen und Standards unterworfen ist. Sie kreist des weiteren um die Frage, wie diese Standards geschaffen und aufrechterhalten werden können und in welcher Form und mit welchen Mitteln die Staatengemeinschaft gegebenenfalls befugt ist, gegen einzelne ihrer Mitglieder im Falle des Normenbruchs vorzugehen (Bretherton 1998: 256). Es erscheint angebracht, zunächst diese allgemeinen Probleme des Menschenrechtsschutzes zu betrachten, bevor dann auf die VN-spezifische Befassung mit diesem Gegenstandsbereich eingegangen wird.

Die Menschenrechtsidee hat in der zweiten Hälfte des vergangenen Jahrhunderts eine beispiellose weltweite Verbreitung gefunden. In zahllosen Deklarationen, Verträgen, Konventionen und Erklärungen ist ein weltweites Normengefüge geschaffen worden, das durch regionale Arrangements weiterentwickelt und ausgestaltet wurde. Insbesondere die Allgemeine Erklärung der Menschenrechte vom 10. Dezember 1948 gilt als das meist übersetzte und am weitesten verbreitete internationale Dokument. Das unter den Vorzeichen der Globalisierung erfolgende Zusammenwachsen der Welt nicht zuletzt im Kommunikationsbereich hat dazu geführt, dass die Menschenrechtsproblematik einen vorderen Platz auf der globalen (Medien-)Agenda einnimmt. Doch trotz des universellen verbalen Bekenntnisses zu den Menschenrechten (Kühnhardt 1991: 29) reißt die Kette der Menschenrechtsverletzungen weltweit nicht ab und haben die auf globaler Ebene gesetzten zivilisatorischen Standards bei weitem noch nicht den Eingang in das positive Recht der Staaten gefunden, welche die Verbreitung der einschlägigen Menschenrechtsdokumente nahe legt. Dies hat seine Gründe zunächst in der noch immer nicht schlüssigen konzeptionellen Ausgestaltung der Menschenrechtsidee. Denn bezüglich seiner inhaltlichen Dimension suggeriert der Begriff „Menschenrechte" eine materiell-rechtliche Eindeutigkeit, die bei näherem Hinsehen so nicht gegeben ist. Es hat sich eingebürgert, in Anlehnung an die historische Entwicklung des Menschenrechtsdiskurses von drei Generationen der Menschenrechte zu sprechen:

- Die *erste Generation* umfasst die klassischen liberalen Schutzrechte des Individuums gegenüber staatlicher bzw. gesellschaftlicher Willkür und Gewalt: Das Recht auf Leben, auf Freiheit der Meinung, der Rede und der Religion, auf Rechtsstaatlichkeit.

- Die Menschenrechte der *zweiten Generation* erstrecken sich auf individuelle Anspruchs- und Teilhaberechte im sozialen, wirtschaftlichen und kulturellen Bereich, etwa das Recht auf Arbeit, auf menschenwürdige Arbeitsbedingungen, auf eine materiell gesicherte Existenz oder auf Gesundheit.
- Die Menschenrechte der *dritten Generation* nehmen dagegen kollektive Ziele in den Blick: Das Recht auf Entwicklung, auf eine saubere Umwelt oder das Recht auf Frieden (Galtung 2000: 13) sind Solidarrechte, die das Individuum als originären Träger von Rechten allenfalls indirekt berücksichtigen (siehe Abschnitt 1.4).

Die diesen Generationen zugrundeliegenden Auffassungen offenbaren kategoriale, in der globalen kulturellen Pluralität begründete Unterschiede des Menschenrechtsverständnisses, die nicht nur geeignet sind, das Postulat eines unteilbaren und weltweit akzeptierten Kernbestandes menschenrechtlicher Normen in Frage zu stellen, sondern auch die Menschenrechtsidee selbst zu ideologisieren und zu politischen Zwecken zu instrumentalisieren. Während die westlichen Demokratien im Bewusstsein auch ihrer aus wirtschaftlicher Überlegenheit resultierenden Definitionsmacht die bürgerlichen Freiheitsrechte der ersten Generation einfordern, haben die sozialistischen Staaten während des Ost-West-Konflikts stets versucht, die Teilhaberechte in Verbindung mit einem ideologisch begründeten Friedensbegriff in sozialistische Menschenrechte umzudeuten (Kühnhardt 1991: 251ff). In der seit rund zwanzig Jahren geführten Diskussion um die Menschenrechte der Dritten Generation wiederum versuchen insbesondere die Länder der südlichen Erdhalbkugel, die Verwirklichung kollektiver Rechte, vor allem des Rechts auf Entwicklung, zur Voraussetzung für weitergehende bürgerliche Rechte zu erklären (Howard 1997/98: 99f). Hinter dieser Argumentation zahlreicher Entwicklungsländer verbergen sich zumindest zwei Zielperspektiven:

- Zum einen sollen materielle Ansprüche an die Industriestaaten von Konditionierungen hinsichtlich westlicher Menschenrechtsauffassungen entkoppelt werden.
- Zum anderen aber geht es zumeist auch um die Abwehr innerstaatlicher Partizipations- und Demokratisierungsansprüche. Kollektive Menschenrechte der dritten Generation stellen häufig – etwa im Falle der „asiatischen Werte" – Legitimationsfiguren für

Neoautoritarismus (Senghaas 1996: 28) und Herrschaftsstabilisierung der autochthonen Eliten dar.

So zutreffend diese meist von westlichen Demokratien erhobenen Einwände gegen die kollektiven Menschenrechtsauffassungen sein mögen, so wenig kann deren eigene Praxis hinsichtlich der Menschenrechte vollständig überzeugen. Dies bezieht sich nicht nur auf die Erkenntnis, dass auch in gewachsenen Demokratien Menschenrechtsverstöße nicht ausgeschlossen sind, wie die jährlichen Berichte etwa von Amnesty International zeigen. Vielmehr geht es um das Problem der doppelten Standards, wenn Industriestaaten einerseits die Gewährung von Entwicklungszusammenarbeit an die Erfüllung menschenrechtlicher Forderungen knüpfen, andererseits jedoch über gravierende Menschenrechtsverletzungen hinwegsehen, wenn diese sich in für sie wirtschaftlich oder politisch bedeutsamen Ländern ereignen (Kümmel 1998: 8). Gleichwohl konnten die Vereinten Nationen zu dem globalen Forum werden, auf dem der Prozess des menschenrechtlich-zivilisatorischen *Standard-Settings* zum weitgehenden Abschluss gebracht wurde. Sie sind wie keine andere Organisation auch dafür prädestiniert, die Fortsetzung der Implementierung und Aufrechterhaltung dieser Standards zu gewährleisten. Wie im Falle der Friedenssicherung sind sie dabei auf die personelle, finanzielle und materielle, vor allem aber auf die politische Unterstützung der Mitgliedstaaten angewiesen.

Das Instrumentarium und die Handlungsmöglichkeiten der Vereinten Nationen auf dem Gebiet des Menschenrechtsschutzes werden im folgenden vor dem Hintergrund der hier skizzierten Diskussion untersucht.

1.1 Die Menschenrechte in der VN-Charta

Menschenrechte bedürfen für ihren wirksamen Schutz im globalen Maßstab eines universell gültigen Bestandes kodifizierter Normen und Regeln. Doch wie bereits gezeigt wurde, gingen die Staaten bei der Gründung der Vereinten Nationen mit äußerster Zurückhaltung und Vorsicht an die Verankerung der Menschenrechte und ihres Schutzes in der Charta heran, so dass die Aufnahme eines umfassenden Menschenrechtskataloges in die Verfassung der neuen Weltorganisation scheiterte. Den Menschenrechten sind in der Charta nicht einmal eigene Artikel gewidmet worden, zu schweigen von einem ganzen Kapitel. Vielmehr sind die ohnehin nicht allzu zahlreichen Verweise auf menschenrechtlich relevante Zielbestimmungen oder Verpflichtungen in einer Reihe über die ganze Charta verteilter Artikel unter anderen Anliegen gleichsam versteckt. Diese wohl auf taktische Erwägungen gegenüber den Gegnern allzu verpflichtender Formulierungen zurückzuführende, wenig prominente Platzierung der Menschenrechte tat jedoch den Wirkungen, die diese Regelungen entfalten sollten, keinen Abbruch. Denn tatsächlich gelangen während der Konferenz von San Franzisko allen Rücksichtnahmen auf die Souveränitätsansprüche der Mitgliedstaaten zum Trotz einige epochale Weichenstellungen:

- *Erstens* wurde in der Charta der programmatische Rahmen für die Entwicklung des völkerrechtlichen Menschenrechtsschutzes geschaffen.
- *Zweitens* konnten bindende Normen und Mechanismen integriert werden, durch die der Organisation Kompetenzen auch zur konkreten Befassung mit der Menschenrechtssituation innerhalb der Staaten verliehen wurden.
- *Drittens* wurde auf diese Weise verdeutlicht, dass Menschenrechte als kollektive Rechtsgüter der ausschließlichen Verfügbarkeit durch die Staaten entzogen sind.

Die Charta der Vereinten Nationen wurde so zum ersten völkerrechtlichen Vertragswerk, das – neben anderen Zielen – auf dem universellen Respekt vor den Menschenrechten aufbaut (Boutros-Ghali 1995: 5). Bereits in der Präambel wird der Glaube „an die Grundrechte des Menschen, an Würde und Wert der menschlichen Persönlichkeit (sowie) an die Gleichberechtigung von Mann und Frau" bekräftigt. In Art. 1, Ziff. 3 wird als verpflichtendes Ziel der Organisation festgelegt, „die Achtung vor den Menschenrechten und Grundfreiheiten für alle ohne Unterschied der Rasse, des Geschlechts, der Sprache oder der Religion zu fördern und zu festigen". Obwohl diese Zielbestimmung insgesamt eher vage und interpretationsbedürftig formuliert ist, enthält sie doch mit dem Diskriminierungsverbot eine ohne jeden weiteren Präzisierungsbedarf anwendbare Regel. Die Gültigkeit eines Grundbestandes an Rechten für alle Individuen unabhängig von ihrer Herkunft oder Prägung ist konstitutiver Bestandteil des in der Charta verankerten Rahmens für den Menschenrechtsschutz (Tomuschat 2000: 432). Das Diskriminierungsverbot, das auch in den operativen Bestimmungen zu Art. 1, Ziff. 3 bekräftigt wird, stellt ein eigenständiges normatives Element dar, das eine unmittelbare Rechtsverpflichtung für die Mitgliedstaaten begründet (Partsch 1991a: 723).

Die programmatische Ausgestaltung dieser Zielbestimmung erfolgt in den Kapiteln IX und X der Charta. Zunächst wird in Art. 55 (c) die enge Verbindung zwischen wirtschaftlicher, sozialer und humanitärer Wohlfahrt und dem Weltfrieden unterstrichen und dann in verbindlicher Terminologie von den Vereinten Nationen gefordert, die „allgemeine Achtung und Verwirklichung der Menschenrechte und Grundfreiheiten" unter der besonderen Berücksichtigung des Diskriminierungsverbotes voranzubringen. Konkret bedeutet dies zunächst die Erarbeitung einer definitorischen Grundlage, welche konkreten Menschenrechte und Grundfreiheiten zum kollektiven Schutzbestand gehören sollten. Diese Forderung lösten die Vereinten Nationen mit der unter ihrer Führung erfolgten Schaffung der Internationalen Menschenrechtscharta und den weitergehenden Vertragswerken wie dem Rassendiskriminierungsverbot, der Anti-Folter-Konvention und der Kinderrechtskonvention ein. Aus den Bestimmungen des Art. 55 (c) ist aber auch eine allgemeine Verpflichtung zum *Standardsetting* (Riedel 1998: 25) im menschenrechtlichen Bereich abzuleiten, der die Vereinten Nationen in den Jahrzehnten ihres Bestehens durch eine fast schon unüberschaubare Vielzahl von Resolutionen und Deklarationen nachgekommen sind.

Zum programmatischen Rahmen gehört auch die Antwort auf die Frage, welche Organe und Gremien für die Wahrnehmung dieser Aufgabe zuständig sind. Art. 60 weist diese Verantwortung der Generalversammlung und dem unter ihrer Autorität handelnden Wirtschafts- und Sozialrat (ECOSOC) zu. Art. 68 verlangt dann vom ECOSOC die Bildung funktionaler Kommissionen, die ihn bei der Wahrnehmung seiner vielfältigen Aufgaben unterstützen sollen. Als einzige derartige Kommission wird diejenige zur Förderung der Menschenrechte namentlich genannt. In umgehender Erfüllung dieser Vorschrift der Charta wurde 1946 die Menschenrechtskommission der Vereinten Nationen durch den ECOSOC gebildet. Zunächst mit der Erarbeitung des normativen Fundaments in Form der Internationalen Menschenrechtscharta befasst, hat sie sich seit den 1960er und verstärkt in den 1990er Jahren zu einem überaus wirksamen Kontrollorgan des weltweiten Menschenrechtsschutzes entwickelt. Unterstützt wird sie durch die 1947 ebenfalls vom ECOSOC ins Leben gerufene „Unterkommission zur Verhinderung von Diskriminierung und zum Schutze der Minderheiten". Eine zweite Unterkommission zum Schutz der Informationsfreiheit stellte 1952 ihre Arbeit ein. Ebenfalls 1946 wurde

149

durch den ECOSOC, zunächst als Unterkommission, ein Jahr später dann als selbständige Kommission die „Kommission für die Rechtsstellung der Frau" ins Leben gerufen. Als bislang jüngste funktionale Kommission des ECOSOC, die sich mit Menschenrechtsfragen befasst, wurde 1995 die „Kommission zur Verbrechensprävention und Strafgerichtsbarkeit" geschaffen.

Die Charta belässt es aber nicht nur bei diesem programmatischen Rahmen, dessen Ausfüllung in hohem Maße von der Bereitschaft der Mitgliedstaaten zu substanziellen Schritten bei der innerstaatlichen Implementierung des universellen Menschenrechtsschutzes abhängt. Der Generalversammlung und dem ECOSOC werden konkrete Handlungskompetenzen zugewiesen. Nach Art. 13 kann die Generalversammlungen Untersuchungen veranlassen und Empfehlungen abgeben, um zur Verwirklichung der Menschenrechte und Grundfreiheiten beizutragen. Art. 62 räumt dem ECOSOC das Recht ein, Empfehlungen bezüglich der Achtung und Verwirklichung der Menschenrechte abzugeben. Diese Kompetenzen, die weder sanktionsbewehrt noch mit der Befugnis ausgestattet sind, die Menschenrechtssituation in einem Land gegen dessen Willen auch innerhalb seines Staatsgebietes zu überprüfen, erscheinen auf den ersten Blick bescheiden. Doch ist der entscheidende Durchbruch darin zu sehen, dass hierdurch erstmals für eine internationale Organisation ein originäres Befassungsrecht mit den Menschenrechtsproblemen ihrer Mitgliedstaaten geschaffen wurde. Den Vereinten Nationen ist so ein die völkervertraglichen Verpflichtungen der Menschenrechtscharta ergänzendes und übersteigendes Potenzial an Handlungsoptionen an die Hand gegeben worden, welches sie in den nachfolgenden Jahrzehnten Schritt für Schritt weiter ausbauen konnten (Boutros-Ghali 1995: 9). Dies gilt insbesondere für die allmähliche Überwindung der Interventionsschranken des Art. 2, Ziff. 7 der Charta. Die Festschreibung des Souveränitätsgrundsatzes und des daraus abgeleiteten Verbots der Einmischung in die inneren Angelegenheiten eines Staates diente den Staaten als Instrument zur Ausbalancierung kollektiver Regelungsansprüche von Seiten der Organisation auch und gerade bezüglich der Menschenrechte. Umgekehrt erlegt die Charta den Staaten nur sehr schwache rechtsförmliche Verpflichtungen in diesem Bereich auf. Art. 56 fordert von den Mitgliedstaaten, zum Zwecke der Erreichung der in Art. 55 aufgeführten Ziele „gemeinsam und jeder für sich mit der Organisation zusammenzuarbeiten". Diese Wendung stellt allerdings wenig mehr dar als eine Bekräftigung der sich aus Art. 2, Ziff. 2 ergebenden Verpflichtung der Staaten, sich an die Vorschriften der Charta zu halten. Einzig die fortgesetzte Obstruktionspolitik in der Diskriminierungsfrage wurde durch die Generalversammlung wiederholt als Verstoß gegen Verpflichtungen des Art. 56 gebrandmarkt. Angesichts der schwachen Rechtsverpflichtungen in der Charta verwundert es nicht, dass repressive Regierungen ihr letztes Verteidigungsmittel gegen externe Kritik (Weiss 1996: 57) jahrzehntelang erfolgreich einsetzen konnten und die operative Arbeit der VN-Menschenrechtsorgane von weitgehender Machtlosigkeit geprägt war. Mit dem wachsenden Verbindlichkeitsgrad, den die Menschenrechtsidee nach der Verabschiedung und dem Ratifikationsprozess der normativen Grundlagendokumente erreicht haben, stieg auch das Selbstbewusstsein der Generalversammlung und der Menschrechtskommission im Umgang mit Menschenrechtsverletzungen in Staaten. Ihr Einschreiten ist zur Regel geworden, darüber hinaus ist die „Beweislast" umgekehrt worden. Ein Staat, der schwerer Menschenrechtsverletzungen beschuldigt wird, muss sich öffentlich damit auseinandersetzen (Baum 1999: 247), statt sich mit Verweis auf das Interventionsverbot der Verantwortung zu entziehen. Nicht zuletzt hat aber auch der Sicherheitsrat durch seine Interventionspraxis in den 1990er Jahren zur weiteren Verbreitung der Einsicht beigetragen, dass Menschenrechte und Weltfrieden in einer unauflöslichen Verbindung miteinander stehen. Beginnend mit der Resolution 688 vom 5. April 1991 zum Schutz der kurdischen Zivilbevölkerung im Nordirak bezeichnete er wiederholt großflächige Menschenrechtsverletzungen in Staaten als Bedrohung des Friedens, gegen die er in der Folge unter Ausschöpfung auch seines Sanktionsinstrumentariums einschritt. Der Charakter der Menschenrechte als überstaatliches, kollektives Rechtsgut ist damit auch in der politischen Praxis der Vereinten Nationen nachdrücklich unterstrichen worden.

Durch eine dynamische Interpretation und eine immer entschlossenere Anwendung ihrer gemäß der Charta eher bescheidenen Aufgaben und Befugnisse ist es den Vereinten Nationen gelungen, ihre Handlungsoptionen im Menschenrechtsbereich gegenüber den Mitgliedstaaten beträchtlich zu erweitern. Zugleich wurde das Interventionsverbot immer restriktiver ausgelegt: Die Menschenrechte sind nicht länger Teil derjenigen „Angelegenheiten, die ihrem Wesen nach zur inneren Zuständigkeit eines Staates gehören" (Riedel 1999: 17). Die Vereinten Nationen sind so nicht nur zum globalen Forum, sondern auch zu einem der zentralen Akteure im internationalen Menschenrechtsschutz geworden.

1.2 Die internationale Menschenrechtscharta

Nachdem die Aufnahme eines umfassenden Menschenrechtskatalogs in die Charta der Vereinten Nationen gescheitert war, begann die neugegründete Weltorganisation unmittelbar nach der Konferenz von San Franzisko mit den Arbeiten zum Schutz der Menschenrechte. Während seiner ersten Sitzungsperiode rief der Wirtschafts- und Sozialrat im Juni 1946 die in Art. 68 der Charta vorgesehene Menschenrechtskommission ins Leben, deren erster und zunächst einziger Auftrag nach dem Willen der Generalversammlung in der Ausarbeitung einer *International Bill of Human Rights* bestand. Wohl um den bereits im Vorfeld der Verabschiedung der Charta deutlich hervorgetretenen Grundwiderspruch zwischen Staatensouveränität einerseits und zunehmender Verbindlichkeit internationaler Menschenrechte so weit wie möglich zu entschärfen, entschlossen sich die 18 Experten der Kommission unter Leitung von Eleanor Roosevelt, der Witwe des US-Präsidenten, im Dezember 1947 zu einem mehrstufigen Vorgehen. Zunächst sollte in Form einer Deklaration die Zusammenstellung des zu schützenden Bestandes an Menschenrechten vorgenommen werden, um so eine universale Rechtsauffassung zum Ausdruck zu bringen. In einem zweiten Schritt sollten mittels eines völkerrechtlichen Vertrages den Staaten förmliche Rechtspflichten auferlegt werden, um dann schließlich die zur Implementierung und Durchsetzung der Menschenrechte erforderlichen Institutionen und Instrumente zu schaffen (Dicke 1998: 192). Teils unter Rückgriff auf bereits während des Krieges entstandene Vorarbeiten, teils unterstützt durch ein internationales UNESCO-Symposium unter Beteiligung von Wissenschaftlern aller Disziplinen (UNESCO: 1951), gelang es der Menschenrechtskommission innerhalb eines Jahres, den ersten Entwurf eines Menschenrechtsstatuts vorzulegen. Nach intensiven Diskussionen im zuständigen 3. Hauptausschuss wie auch im Plenum der in Paris zusammengetretenen Generalversammlung wurde am 10. Dezember 1948 durch Resolution 217 A (III) die Allgemeine Erklärung der Menschenrechte (AEMR) verabschiedet. Die Deklaration wurde ohne Gegenstimme von 48 der damals 56 Mitgliedstaaten der Vereinten Nationen getragen, während sich die Sowjetunion zusammen mit fünf verbündeten sozialistischen Staaten sowie Saudi-Arabien und Südafrika der Stimme enthielten.

Nach der Festschreibung des Gleichheitsgrundsatzes sowie dem daraus resultierenden Diskriminierungsverbot in den ersten beiden

Artikel der Erklärung legt Art. 3 als erster entscheidender Pfeiler des Menschenrechtsschutzes fest: „Jedermann hat das Recht auf Leben, Freiheit und Sicherheit der Person." In den nachfolgenden Artikeln wird dieses Fundamentalrecht durch zahlreiche bürgerliche und politische Einzelrechte weiter ausgestaltet. Hierzu gehören das Verbot der Sklaverei wie auch der Folter, der Anspruch auf rechtsstaatliche Behandlung und faire Gerichtsverfahren, der Schutz der Privatsphäre, des Eigentums, der Meinungs- und Vereinigungsfreiheit sowie das Recht, eine Familie zu gründen. Für das Jahr 1948 durchaus nicht selbstverständlich wurde zu diesen klassischen bürgerlichen Rechten auch ein individueller Anspruch auf Asyl sowie auf eine eigene Staatsangehörigkeit hinzugefügt. Art. 21 begründet politische Teilhaberechte, die in den folgenden Jahrzehnten zu einem Menschenrecht auf Demokratie weiterentwickelt werden konnten (Lang 1998). Art. 22 bildet den zweiten Grundpfeiler der AEMR, durch den bestimmt wird: „Jedermann hat als Mitglied der Gesellschaft Recht auf soziale Sicherheit und hat Anspruch darauf, durch innerstaatliche Maßnahmen und internationale Zusammenarbeit unter Berücksichtigung der Organisation und der Hilfsmittel jedes Staates in den Genuss der für seine Würde und die freie Entwicklung seiner Persönlichkeit unentbehrlichen wirtschaftlichen, sozialen und kulturellen Rechte zu gelangen." Auch dieser grundlegende Anspruch wird in den folgenden Artikeln näher ausgeführt, indem das Recht auf bezahlte und menschenwürdige Arbeit, einen sozialen Mindeststandard, Bildung und kulturelle Teilhabe festgeschrieben wird. Art. 28 eröffnet allen Menschen einen Anspruch darauf, in einer sozialen und internationalen Ordnung zu leben, in der die in der Erklärung verbrieften Rechte verwirklicht werden können. Nach der Berücksichtigung der später so genannten ersten beiden Generationen von Menschenrechten klingt hier bereits die Vorstellung von kollektiven Menschenrechten der Dritten Generation an. Den Anregungen insbesondere des asiatisch-konfuzianischen Kulturkreises entspricht Art. 29, der dem Individuum auch Pflichten gegenüber der Gemeinschaft auferlegt, und Einschränkungen der Individualrechte aufgrund von Gesetzen ermöglicht, die im Einklang mit den Zielen und Grundsätzen der Vereinten Nationen stehen. In Art. 30 wiederum werden jedoch die Möglichkeiten der Beschränkungen der Menschenrechte dahingehend limitiert, dass sie von keinem Staat, keiner Gruppe oder keiner Einzelperson abgeschafft werden dürfen.

Als Resolution der Generalversammlung entfaltete die Erklärung keine rechtlich bindenden Wirkungen gegenüber den Mitgliedstaaten der Vereinten Nationen, doch war es gerade diese Unverbindlichkeit, die die Durchsetzung der AEMR in den ersten Jahren begünstigte. Es fiel den Staaten leicht, sich zu dieser Erklärung zu bekennen, weil Art und Ausmaß ihrer Umsetzung im Verantwortungsbereich der Regierungen verblieben und die Erfüllung ihrer Ansprüche keiner externen Kontrolle unterworfen war. Ihren weltweiten Siegeszug verdankt sie aber dem Umstand, dass es der Menschenrechtskommission gelungen war, in 30 Artikeln einen universal akzeptablen Bestand an Menschenrechten zusammenzutragen. Anders als im Falle der AEMR gestaltete sich die Erarbeitung eines rechtlich bindenden Vertragswerkes zum Schutz der Menschenrechte schwierig und langwierig, zumal während des Ende der 1940er Jahre einsetzenden Ost-West-Konflikts ideologische Gegensätze der beiden Lager eine Konsensfindung erschwerten. Sehr bald stellte sich heraus, dass sowohl in materiell-rechtlicher Hinsicht als auch bezüglich der Durchsetzungsmechanismen Auffassungsunterschiede bestanden, welche die Verabschiedung eines einheitlichen Vertrages unmöglich machten (Boutros-Ghali 1995: 43f). Die Menschenrechtskommission hatte 1949 einen ersten, 18 Artikel umfassenden Entwurf für einen Menschenrechtspakt vorgelegt, der die Empfehlungen zahlreicher Regierungen berücksichtigte, aber keine Festlegungen bezüglich wirtschaftlicher, sozialer und kultureller Rechte beinhaltete. Die Einbeziehung letzterer Rechte war jedoch ein besonderes Anliegen der sozialistischen Staaten (Strohal 1999: 149). Auf Anfrage des ECOSOC entschied die Generalversammlung daher im folgenden Jahr in Resolution 421 (V), Abschnitt E, dass die zivilen und politischen Freiheiten sowie die ökonomischen, sozialen und kulturellen Rechte *interconnected and interdependent* sind und verlangte die Aufnahme entsprechender Regelungen in den Entwurf. Die Kommission erarbeitete daraufhin 14 einschlägige Artikel sowie weitere zehn Vorschriften zur Implementierung und Überwachung der Rechtsverpflichtungen in den Unterzeichnerstaaten des Paktes. Allerdings zeigten sich rasch rechtstechnische Probleme: Bürgerliche Abwehrrechte und wirtschaftliche, soziale und kulturelle Anspruchsrechte können nicht mittels eines einheitlichen Mechanismus überwacht und durchgesetzt werden (Partsch 1991b: 584). Die Generalversammlung revidierte auf Druck der westlichen Staaten daraufhin ihre ursprüngliche Position und forderte die Menschenrechtskommission auf, zwei getrennte Pakte zu erarbeiten (Tomuschat 2000a: 335). Um die Einheitlichkeit der Internationalen Menschenrechtscharta dennoch zu wahren, legte sie zugleich fest, dass beide Pakte möglichst viele gemeinsame Regelungen enthalten und in einem gemeinsamen Annahmeverfahren verabschiedet werden sollten. Die von der Menschenrechtskommission 1954 schließlich vorgelegten Entwürfe wurden von der Generalversammlung jedoch nicht gebilligt, sondern zu einer *article-by-article discussion* in ihren 3. Hauptausschuss verwiesen. Diese Diskussion, an der sich alle Mitgliedstaaten der Vereinten Nationen beteiligten, erstreckte sich über einen Zeitraum von 12 Jahren, in dem vor allem die im Prozess der Dekolonisation neu entstandenen Staaten für die Idee des Menschenrechtsschutzes gewonnen werden mussten. Es bedurfte daher dieser langen Zeit, um einen Konsens in einer äußerst heterogenen Staatengemeinschaft von damals fast 120 Mitgliedstaaten herzustellen. Immerhin sorgten diese Bemühungen dafür, dass am 16. Dezember 1966 der Internationale Pakt über bürgerliche und politische Rechte (IPBPR) einschließlich eines Fakultativprotokolls zur Individualbeschwerde und der Internationale Pakt über wirtschaftliche, soziale und kulturelle Rechte (IPWSKR) einstimmig durch Resolution 2200 A (XXI) angenommen wurden. Als Kurzbezeichnungen haben sich anstelle der sperrigen Abkürzungen im deutschen Sprachraum die auch im folgenden verwendeten Begriffe „Zivilpakt" und „Sozialpakt" eingebürgert.

Wie in den Namen der beiden Pakte bereits zum Ausdruck kommt, umfassen sie unterschiedliche Gruppen von Rechten. Im Zivilpakt dominieren die klassischen bürgerlich-liberalen Abwehrrechte, die allgemein auf dem Diskriminierungsverbot (und dem Gleichberechtigungsgebot für Mann und Frau aufbauen. Die Einzelgarantien werden in vier Untergruppen hinsichtlich ihres Geltungsumfanges und den Möglichkeiten ihrer Beschränkung sehr detailliert ausgearbeitet:

- *Schutz der Individualsphäre*: Hierzu gehören vor allem das Recht auf Leben, auf Freiheit von Sklaverei und Knechtschaft, auf Anerkennung als rechtsfähige Person, auf Schutz des Privatlebens und der persönlichen Ehre, auf freies Bekenntnis zu Religionen und Weltanschauungen, auf Schutz der Familie sowie auf Schutz der Kinder.
- *Schutz der gesellschaftlichen Stellung eines Individuums*: In diese Untergruppe gehören das Recht auf persönliche Freiheit und Sicherheit, auf Freizügigkeit, auf Schutz von Ausländern vor willkürlicher Ausweisung, auf freie Religionsausübung sowie auf Meinungsfreiheit. Die Meinungsfreiheit ist bereits im Pakt selbst dahingehend eingeschränkt, dass Kriegspropaganda und die Aufstachelung zu nationalem, rassischem oder religiösem Hass durch Gesetze verboten werden müssen.

- *Schutz der Stellung im politischen Gemeinwesen*: Es werden ausführlich politische Rechte wie die Teilhabe an der Gestaltung öffentlicher Angelegenheiten, das Wahlrecht oder der gleichberechtigte Zugang zu öffentlichen Ämtern niedergelegt. Ergänzt werden diese allgemeinen Ansprüche durch die Rechte auf Versammlungsfreiheit sowie auf freie politische und gewerkschaftliche Vereinigung.

- *Justizielle Schutzrechte*: Es wird der Grundsatz bekräftigt, nach dem niemand für eine Tat verurteilt werden darf, die zum Zeitpunkt ihrer Begehung nicht strafbar war und die Ansprüche auf ein gesetzliches und faires Gerichtsverfahren festgelegt sowie eine menschenwürdige Strafvollstreckung geregelt. Bezüglich der Todesstrafe konnten Ansätze zu ihrer Einschränkung erreicht werden. So darf die Todesstrafe nur aufgrund eines Gesetzes und bei besonders gravierenden Verbrechen verhängt werden. Gegen Personen, die zum Zeitpunkt der Begehung eines derartigen Verbrechens jünger als 18 Jahre waren, darf sie nicht verhängt werden. Am 15. Dezember 1989 wurde das Zweite Fakultativprotokoll zum Internationalen Pakt über bürgerliche und politische Rechte zur Abschaffung der Todesstrafe angenommen. Dieses Fakultativprotokoll ist bislang von 45 Staaten ratifiziert worden.

Während die Rechte aus dem Zivilpakt ohne weiteres in staatliche Verpflichtungen überführt werden können, verlangt der Sozialpakt in Art. 2, Abs. 1 von den Unterzeichnerstaaten, „einzeln und durch internationale Hilfe und Zusammenarbeit, insbesondere wirtschaftlicher und technischer Art, unter Ausschöpfung aller seiner Möglichkeiten Maßnahmen zu treffen, um nach und nach mit allen geeigneten Mitteln, vor allem durch gesetzgeberische Maßnahmen, die volle Verwirklichung der in diesem Pakt anerkannten Rechte zu erreichen". Aus dieser Formulierung ist lange Zeit abgeleitet worden, dass die Staaten nur zur Förderung der genannten Rechte verpflichtet seien und ihnen bei dieser Aufgabe weitgehende Freiheitsgrade eingeräumt werden (Partsch 1991b: 586). Doch wird dabei übersehen, dass auch der Sozialpakt etwa mit den Bestimmungen über den Kinderschutz, das Gewerkschaftsrecht und dem Anspruch auf gleiche Bezahlung für gleiche Arbeit eine Reihe von unmittelbaren Anspruchsrechten enthält. Trotz dieser durchaus differenzierten Umsetzungsverpflichtungen des Sozialpaktes sind seine Garantien wesentlich offener gehalten als die des Zivilpaktes. Dies kommt bereits dadurch zum Ausdruck, dass im Rahmen des Sozialpaktes bislang jede Form der Individual- oder

Gruppenbeschwerde fehlt. Der Sozialpakt schützt drei Gruppen von Rechten:

- *Wirtschaftliche Rechte*: Hierzu gehören vor allem das Recht auf Arbeit, auf gerechte und zumutbare Arbeitsbedingungen, auf Bildung von Gewerkschaften sowie auf soziale Sicherheit.
- *Soziale Rechte*: Hier stehen der Schutz der Familie mit der besonderen Betonung des Muterschutzes und des Schutzes der Kinder im Vordergrund. Ergänzt werden diese Bestimmungen durch Verpflichtungen der Staaten bezüglich der Schaffung eines angemessenen Lebensstandards für jeden Menschen. Schließlich wird der Anspruch auf ein Höchstmaß an körperlicher und geistiger Gesundheit festgelegt und hieraus konkrete Verpflichtungen für die Staaten abgeleitet.
- *Kulturelle Rechte*: Es wird ein Anspruch auf Bildung begründet, der die Staaten zur kostenlosen Elementarschulausbildung verpflichtet. Das Recht zur Teilnahme am kulturellen Leben und wissenschaftlichen Fortschritt ist ebenso wie der Anspruch auf wissenschaftliche und künstlerische Freiheit enthalten.

Wie im Zivilpakt sind auch im Sozialpakt als allgemeine Schutzrechte das Diskriminierungsverbot und das Gleichberechtigungsgebot für Mann und Frau enthalten. Beide Pakte verfügen über eine fast gleichlautende Präambel, zudem ist – als Zugeständnis an die im Prozess der Dekolonisation neu entstandenen Staaten – das Selbstbestimmungsrecht der Völker in beiden Pakte enthalten. Neben den unterschiedlichen Gruppen von zu schützenden Rechten unterscheiden sich beide Pakte jedoch in zwei weiteren wesentlichen Punkten, nämlich der Möglichkeit zur Beschränkung der verbrieften Rechte und den Verfahren zu ihrer Durchsetzung. Bezüglich der Einschränkung von Rechten enthält der Sozialpakt eine umfassende Klausel, nach der Rechte nur aufgrund eines Gesetzes und auch dann nur zur Förderung des „allgemeinen Wohles in einer demokratischen Gesellschaft" eingeschränkt werden dürfen. Der Zivilpakt enthält demgegenüber in den allermeisten Artikeln auch individuelle Vorschriften über Art und Ausmaß zulässiger Rechtsbeschränkungen. Allerdings wird den Staaten die zusätzliche Möglichkeit eingeräumt, im Falle des Notstandes Rechte zu suspendieren. Ein Staat, der zu diesem Mittel greift, muss zwar die übrigen Vertragspartner über diesen Schritt informieren, über seine Gründe und konkreten Maßnahmen jedoch ist er keine Rechenschaft schuldig. Diese Schrankenklausel gehört zu den nachhaltigsten

Schwächen des Zivilpaktes. Bezüglich der Rechtsdurchsetzung ist im Sozialpakt nur ein periodisches Berichtsverfahren vorgesehen, in dem die Staaten über den jeweiligen Stand der Einlösung ihrer Verpflichtungen Rechenschaft gegenüber dem Ausschuss für wirtschaftliche, soziale und kulturelle Rechte ablegen. Der Zivilpakt hingegen kennt demgegenüber ein dreistufiges Verfahren, das neben den obligatorischen periodischen Staatenberichten auch die Möglichkeit der fakultativen Staatenbeschwerde sowie eine fakultative Individualbeschwerde umfasst. Diese Durchsetzungsmechanismen werden in Teil C, Abschnitt 2.2 eingehend erörtert.

Die beiden Pakte traten erst nach einer zehnjährigen Annahmephase am 3. Januar 1976 (Sozialpakt) bzw. 23. März 1976 (Zivilpakt mit 1. Fakultativprotokoll) in Kraft, nachdem jeweils 35 Staaten die Ratifikationsurkunden beim VN-Generalsekretär hinterlegt hatten. Bis Ende Juni 2001 sind 145 Staaten dem Sozialpakt und 147 Staaten dem Zivilpakt beigetreten. Das Fakultativprotokoll zum Zivilpakt über die Zulassung von Individualbeschwerden haben 97 Staaten ratifiziert. Allerdings zeigt sich gerade am Beispiel der beiden Pakte, dass die teilweise Jahrzehnte alten Diskussionen um die Reichweite des menschenrechtlichen Schutzbestandes noch nicht zum Abschluss gekommen sind. Zahlreiche Staaten, vornehmlich aus dem asiatischen Bereich, sprechen sich für ein Etappenmodell aus, nach dem erst die sozialen Standards gesichert sein müssen, bevor an bürgerliche Rechte gedacht werden kann (Thomsen 1998: 25). Wie die Volksrepublik China, die anlässlich ihrer Ratifikation des Sozialpaktes am 27. März 2001 eine Einschränkung bezüglich des Rechtes auf Bildung freier Gewerkschaften einlegte, haben darüber hinaus einige Staaten den Pakt nur unter Vorbehalten ratifiziert. Die USA wiederum haben den Zivilpakt ratifiziert, nicht jedoch den bereits 1977 von ihnen unterzeichneten Sozialpakt.

Der langen Dauer ihrer Entwicklung und den nach wie vor bestehenden Defiziten ihrer Umsetzung zum Trotz stellt die Internationale Menschenrechtscharta den Durchbruch in den weltweiten Bemühungen um einen wirksamen Schutz des Individuums vor staatlicher und gesellschaftlicher Willkür dar. Auf der Grundlage dieser Charta haben sich die Menschenrechte im globalen öffentlichen Bewusstsein zunehmend als ein kollektives Gut etabliert, das zu schützen von gleichrangiger Bedeutung ist wie die internationale Friedenssicherung. Die mit der Internationalisierung der Menschenrechte einhergehende „Relativierung staatlicher Souveränität von unten her" (Kälin 1998: 12) eröffnet Staaten, internationalen Einrichtungen und den Organisationen der globalen Zivilgesellschaft mannigfache Möglichkeiten, sich der Menschenrechtssituation in den Ländern anzunehmen, ohne dass sich diese auf ein Einmischungsverbot in ihre inneren Angelegenheiten berufen könnten. Ausgehend von der Allgemeinen Erklärung der Menschenrechte sind über die beiden Pakte hinaus weitere internationale Spezialschutzabkommen geschaffen und damit eine umfassende Kodifizierung der zu schützenden Menschenrechte erreicht worden.

Übersicht 12: Ausgewählte Menschenrechtsabkommen der VN

Instrumente	Vertrags- parteien	Signiert, aber noch nicht ratifiziert	Weder si- gniert, noch rati- fiziert
Internationales Übereinkommen zur Beseiti- gung jeder Form von Rassendiskriminierung	157	9	26
Internationaler Pakt über bürgerliche und politische Rechte (IPBPR)	147	6	40
1. Fakultativprotokoll zum IPBPR zur Individualbeschwerde	97	4	92
2. Fakultativprotokoll zum IPBPR zur Abschaffung der Todesstrafe	45	6	142
Internationaler Pakt über wirtschaftliche, soziale und kulturelle Rechte	145	7	41
Übereinkommen zur Beseitigung jeder Form von Diskriminierung der Frau	168	3	20
Fakultativprotokoll zur Frauenrechtskonven- tion zur Individualbeschwerde	21	48	124
Übereinkommen gegen Folter und andere grausame, unmenschliche oder erniedri- gende Behandlung oder Strafe	124	10	57
Übereinkommen über die Rechte des Kindes	191	1	1
Fakultativprotokoll zur Kinderrechtskonven- tion zu Kindern in bewaffneten Konflikten	4	76	113
Fakultativprotokoll zur Kinderrechtskonven- tion zum Schutz von Kindern vor Kinder- handel, Kinderprostitution und Kinderporno- graphie	3	70	120

Quelle: Office of the UN High Commissioner for Human Rights, Stand Juni 2001

1.3 Umfassender Menschenrechtsschutz

Welchen Stellenwert die Erarbeitung eines umfassenden Menschenrechtsschutzes bereits in den ersten Jahren der Tätigkeit der Vereinten Nationen eingenommen hat, zeigen die vielfältigen Aktivitäten sowohl der Menschenrechtskommission und ihrer Unterkommission zur Verhinderung von Diskriminierung und zum Minderheitenschutz, der ebenfalls 1946/47 gegründeten Kommission zur Rechtsstellung der Frau, des ECOSOC wie auch der Generalversammlung selbst. Im Vordergrund stand dabei das Bemühen, Personengruppen, die besonders häufigen und gravierenden Menschenrechtsverletzungen ausgesetzt waren und sind, adäquate Hilfe zukommen zu lassen. Bereits 1952 verabschiedete die Generalversammlung die von der Frauenrechtskommission erarbeitete Konvention über die poltischen Rechte der Frauen, der zahlreiche weitere Resolutionen und Konventionen folgten, bis 1979 das rechtlich bindende Übereinkommen zur Beseitigung jeder Form der Diskriminierung der Frau verabschiedet werden konnte. Generalversammlung und ECOSOC wandten sich gegen den Menschenhandel und die Ausnutzung von Prostituierten, setzten sich in vielfältiger Weise für die Rechte von Flüchtlingen und staatenlosen Personen ein und forderten humanitäre Mindestbedingungen für Häftlinge und den Strafvollzug (Übersicht bei Boutros-Ghali 1995: Kap. III; Texte der Resolutionen und Konventionen in Bundeszentrale für Politische Bildung 1999).

Insgesamt ist durch die Aktivitäten der Vereinten Nationen ein dichtes Geflecht von Standards und Normen entstanden, das einerseits kaum noch durchschaubar erscheint, andererseits aber nachhaltig dazu beigetragen hat, dass menschenrechtliche Standards durchweg als Maßstab für die Legitimität staatlichen Handelns herangezogen werden (Tomuschat 2000: 435). Aus der Fülle dieser auf die Menschenrechte bezogenen Dokumente soll im Folgenden auf die internationalen Verträge eingegangen werden, die neben ihrer rechtlichen Verbindlichkeit auch Durchsetzungsmechanismen enthalten (detaillierte Übersicht bietet der Human Development Report 2000, der das Thema „Human Rights and Human Development" als Schwerpunkt hat). Art und Wirkungsweise dieser Mechanismen sind dann Gegenstand der Erörterungen in Abschnitt 2.2.

Beseitigung der Rassendiskriminierung

Die wache Erinnerung an den Holocaust, das Fortbestehen rassischer Diskriminierung im Apartheidsystem Südafrikas und vor allem die unabhängig gewordenen ehemaligen Kolonien sorgten dafür, dass dem Internationalen Übereinkommen zur Beseitigung jeder Form von Rassendiskriminierung *(International Convention on the Elimination of all Forms of Racial Discrimination,* CERD) höchste Priorität eingeräumt wurde. Seine Erarbeitung wurde als umso dringlicher angesehen, als ein Abschluss der Arbeiten an den beiden Menschenrechtspakten, welche die Rassendiskriminierung ja ebenfalls verbieten, nicht in Sicht war. Wesentlich von der Generalversammlung unter Hinzuziehung staatlicher Stellen und unabhängiger Experten erarbeitet, wurde es am 21. Dezember 1965 angenommen und trat nach der Hinterlegung der 27. Ratifikationsurkunde am 4. Januar 1969 in Kraft. Diesem ersten von den Vereinten Nationen entwickelten rechtlichen Instrument mit einem internationalen Überwachungsmechanismus und Vorkehrungen für individuelle Beschwerdeverfahren sind bis Juni 2001 157 Staaten beigetreten. Rassendiskriminierung wird in einem weiten Sinn aufgefasst als „jede auf der Rasse, der Hautfarbe, der Abstammung, dem nationalen Ursprung oder dem Volkstum beruhende Unterscheidung, Ausschließung, Beschränkung oder Bevorzugung, die zum Ziel oder zur Folge hat, dass dadurch ein gleichberechtigtes Anerkennen, Genießen oder Ausüben von Menschenrechten und Grundfreiheiten im politischen, wirtschaftlichen, sozialen, kulturellen oder jedem sonstigen Bereich des öffentlichen Lebens vereitelt oder beeinträchtigt wird." Eine Spezifikation des Begriffes „Rasse" ist bislang aus gutem Grunde nicht vorgelegt worden, weil dadurch möglicherweise das breite Spektrum von Merkmalen, die nicht zur Begründung einer Ungleichbehandlung herangezogen werden dürfen, auf biologische oder äußerliche Charakteristika eingeengt würde. Vielmehr geht der auf der Grundlage von Art. 8 des Übereinkommens gebildete Ausschuss für die Beseitigung der Rassendiskriminierung davon aus, dass sich die Zuordnung zu einer bestimmten Gruppe nach dem individuellen Zugehörigkeitsgefühl richtet (Wolfrum 1998: 131). Das Übereinkommen fordert von den Unterzeichnerstaaten eine aktive Politik zur Beseitigung der Rassendiskriminierung durch Unterlassen diskriminierender Handlungen von staatlicher Seite, Unterbindung diskriminierender Handlungen von nichtstaatlichen Akteuren durch gesetzliche Maßnahmen, sowie Förderung integrativ tätiger Organisationen sowie entsprechender Programme. Wie der hohe Stand von 157

Ratifikationen zeigt, ist das Übereinkommen gegen die Rassendiskriminierung im bei weitem überwiegenden Teil der Staatengemeinschaft akzeptiert und auch im nationalem Staats-, Zivil- und Strafrecht verankert. Gleichwohl ist Rassendiskriminierung auch in den Vertragsstaaten der CERD keineswegs beseitigt. Mit dem konstruierten Begriff der Rasse (Brandt 1999: 316) werden im Alltagsleben und Sprachgebrauch tiefverwurzelte Stereotypen und Vorurteile bewusst oder unbewusst transportiert und immer wieder neu verstärkt. Es bedarf daher besonderer Anstrengungen zur Herbeiführung eines Bewusstseinswandels auf der Mehrzahl derjenigen gesellschaftlichen Ebenen, die sich nicht durch rechtliche Vorschriften reglementieren lassen. Von Seiten der Vereinten Nationen wurde daher mit der Weltkonferenz gegen Rassismus (August 2001 in Durban) versucht, einen weiteren Impuls in diese Richtung zu geben und das Problem des Rassismus in den folgenden Jahren nachhaltiger in der Agenda von Staatenwelt und globaler Zivilgesellschaft zu verankern.

Schutz der Frauenrechte

Mit der Verankerung der Gleichberechtigung von Mann und Frau in der Präambel wie auch in Art. 1, Ziff. 3 der Charta der Vereinten Nationen ist ein bedeutsamer Schritt unternommen worden. Erstmals wurde der Gleichberechtigungsgrundsatz in einem völkerrechtlichen Dokument verbindlich niedergelegt und dies zu einem Zeitpunkt, zu dem eine derartige Perspektive auch in den westlichen Demokratien keineswegs selbstverständlich war. Dennoch blieb die Auffassung, dass die Diskussion um die Frauenrechte Bestandteil des Menschenrechtsdiskurses ist, auch in den Vereinten Nationen bis in die 1980er Jahre hinein umstritten. Erst seit den 1990er Jahren verweisen die einschlägigen Dokumente der Vereinten Nationen regelmäßig auf die menschenrechtliche Dimension der Verletzung von Frauenrechten, insbesondere im Falle der Gewalt gegen Frauen (Gottstein 1998: 82). Ausgehend von den Bestimmungen der Charta entfaltete die „Kommission für die Rechtsstellung der Frau" vielfältige Aktivitäten, die in zahlreiche Konventionen, Erklärungen und Resolutionen der Generalversammlung einmündeten. Die Bemühungen der Frauenrechtskommission zielten dabei zum einen auf die Gewährung gleicher Rechte bezüglich der Eheschließung, der Staatsangehörigkeit, der Gleichstellung in Ausbildung und Beruf wie auch im Hinblick auf die politischen Rechte der Frau. In einem weiteren Bereich befasste sie sich mit der Formulierung spezifischer Schutzrechte für Frauen, etwa hinsichtlich in ihrer Rolle als Mutter oder bezüglich der Bekämpfung des Mädchen- und Frauenhandels bzw. der Bekämpfung der Ausnutzung von Prostitution (Wolfrum H. 1991: 168ff, dort viele Bespiele und Belege). Neben der Fortentwicklung des *Standardsetting* waren es zahlreiche Maßnahmen zur Mobilisierung des weltweiten öffentlichen Bewusstseins für die Menschenrechte der Frauen, die die Vereinten Nationen unternahmen. Im durch die Weltorganisation 1975 ausgerufenen „Internationalen Jahr der Frau" fand in Mexiko City die erste Weltfrauenkonferenz statt, die einen Weltaktionsplan für die Gleichstellung der Frau verabschiedete. Auf Anregung dieser Konferenz hin wurde zudem das *International Research and Training Institute for the Advancement of Women* (INSTRAW) als autonomes Forschungsinstitut der Vereinten Nationen gegründet. 1976 begann die „Dekade der Frau", in deren Verlauf 1980 eine weitere Weltfrauenkonferenz in Kopenhagen durchgeführt wurde. Als Ergebnis der zum Abschluss der Dekade der Frau 1985 in Nairobi durchgeführten Konferenz wurde der *UN-Development Fund for Women* (UNIFEM) eingerichtet und dem Entwicklungsprogramm der Vereinten Nationen angegliedert. Das wichtigste Ergebnis der „Dekade der Frau" jedenfalls im rechtlichen Kodifikationsprozess bildet die 1981 in Kraft getretene „Konvention über die Beseitigung jeder Form der Diskriminierung der Frau" (CEDAW). Hervorgegangen aus Anregungen der Weltkonferenz von Mexiko City führt diese Konvention die bis dahin in getrennten Instrumenten geregelten Schutzrechtsbestimmungen zum Diskriminierungsverbot, zum Gleichstellungsgebot und zum Spezialschutz zusammen. Die Konvention ist zwischenzeitig von 168 Staaten ratifiziert worden und in ihrer Bedeutung als zentrales Menschenrechtsinstrument für Frauen sowohl auf der Wiener Menschenrechtskonferenz 1993 wie auch auf der Weltfrauenkonferenz 1995 in Peking ausdrücklich bestätigt worden. Als Strategie für die Weiterentwicklung des Frauenrechtsschutzes und die schrittweise Verwirklichung der Gleichberechtigung wurde im Abschlussdokument der Konferenz, der so genannten „Aktionsplattform von Peking" zudem eine „systematische Integration der Geschlechterperspektive in allen Lebensbereichen" vorgeschlagen. Mit diesem im VN-Jargon so genannten *Gender Mainstreaming* sollen weltweit alle staatlichen und gesellschaftlichen Maßnahmen und Aktionen auf ihre geschlechterspezifischen Auswirkungen hin überprüft werden (Flor 1998: 170ff). Angesichts der Tatsache, dass kaum ein Feld des internationalen Menschenrechtsschutzes so stark von kulturrelativistischen Einwendungen betroffen ist wie die Rechtsstellung der Frau, ist dies ein überaus komplexes Vorhaben, das auch entwickelte Gesellschaften vor erhebliche Probleme stellt (Gerhard 1999). Tatsächlich musste auf der 23. Sondergeneralversammlung der Vereinten Nationen, die zur Evaluation der Fortschritte bezüglich der Aktionsplattform von Peking im Juni 2000 durchgeführt wurde („Peking+5"), eine eher nüchterne Bilanz gezogen werden. Mäßigen Erfolgen standen neue Versuche der Relativierung der in Peking vereinbarten Normen gegenüber (Wichterich 2000). Weitere Anstrengungen der globalen Mobilisierung für das Anliegen der Frauenrechte etwa in Form einer fünften Weltkonferenz werden notwendig sein. Das langfristige Gelingen der Aktionsplattform und ihrer Strategien setzt neben dem politischen Willen der Staaten ein grundlegendes Überdenken tradierter Vorstellungen über die Rolle der Geschlechter in praktisch allen Gesellschaften voraus. Dennoch zeigt das Beispiel der schrittweisen Durchsetzung der Menschenrechtsidee, dass auch solchermaßen ambitionierte Projekte realisierbar sind.

Anti-Folter-Konvention

Zu den offenkundigsten Verstößen gegen die Würde des Menschen und seiner daraus abgeleiteten Rechte gehören Folter, Grausamkeiten sowie erniedrigende Behandlung bzw. Strafen. Diese noch immer in vielen Staaten der Welt verbreiteten Praktiken abzuschaffen, ist das Ziel der *Convention against Torture and other Cruel, Inhuman or Degrading Treatment or Punishment* (CAT), die im Juni 1987 in Kraft trat. Bis Juni 2001 hatten 124 Staaten die Konvention ratifiziert. Als Folter bezeichnet Art. 1 der Konvention „jede Handlung, durch die einer Person vorsätzlich große körperliche oder seelische Schmerzen oder Leiden zugefügt werden, zum Beispiel um von ihr oder einem Dritten eine Aussage oder ein Geständnis zu erlangen, um sie für eine tatsächlich oder mutmaßlich von ihr oder einem Dritten begangene Tat zu bestrafen oder um sie oder einen Dritten einzuschüchtern oder zu nötigen, oder aus einem anderen, auf irgendeiner Art von Diskriminierung beruhenden Grund, wenn diese Schmerzen oder Leiden von einem Angehörigen des öffentlichen Dienstes oder einer anderen in amtlicher Eigenschaft handelnden Person, auf deren Veranlassung oder mit deren ausdrücklichem oder stillschweigenden Einverständnis verursacht werden." Die Konvention verpflichtet in den detaillierten Bestimmungen ihres ersten Teiles alle Vertragsstaaten, wirksame gesetzgeberische Maßnahmen zur Beseitigung der Folter zu ergreifen und schließt dabei jegliche „außergewöhnlichen Umstände" wie Krieg oder innerstaatliche Instabilität als Rechtfertigungsgründe ebenso aus wie die Berufung auf einen Befehlsnotstand. Alle Folterhandlungen stellen ein Verbrechen dar, das durch angemessene Strafen bedroht werden muss. Die Strafverfolgung tatverdächtiger Personen kann außer durch den Herkunftsstaat selbst von jedem anderen Staat übernommen werden, in dessen Hoheitsgebiet sich ein Verdächtiger aufhält. Wie bei den vorgenannten Instrumenten ist auch für die CAT ein entsprechender Ausschuss eingerichtet worden, der über weitgehende Prüfungsvollmachten verfügt.

Kinderrechtskonvention

Der Schutz der Rechte von Kindern als besonders schwachen und gefährdeten Personen gehört ebenfalls zu den zentralen Zielen, die die Vereinten Nationen seit ihrer Gründung verfolgen und hierbei bereits auf Vorarbeiten des Völkerbundes, insbesondere auf dessen 1924 verabschiedete Erklärung der Rechte des Kindes zurückgreifen konnten. Mit dem im Dezember 1946 gegründeten Kinderhilfswerk der Vereinten Nationen (*UN Children's Fund*, UNICEF) wurde eines der bis heute wirkungsvollsten Spezialorgane geschaffen, in der AEMR sowie den beiden Menschenrechtspakten wurde die Berücksichtigung der Kinderrechte ausdrücklich unterstrichen. Als erstes Dokument der Vereinten Nationen, das sich exklusiv mit den Rechten der Kinder befasst, verabschiedete die Generalversammlung am 20. November 1959 die *Declaration of the Rights of the Child* und begründete damit eine Entwicklung, die über vielfältige Aktivitäten zur Mobilisierung des weltweiten Interesses an diesem Anliegen schließlich in die Konvention über die Rechte des Kindes einmündete. Diese Kinderrechtskonvention, die die Generalversammlung am 20. November 1989 annahm, entwickelte sich schnell zu einem der meistratifizierten völkerrechtlichen Verträge überhaupt. Bereits am 26. Januar 1990, dem ersten Tag, an dem die Konvention zur Unterzeichnung auslag, leisteten 61 Regierungen ihre Unterschrift (Boutros-Ghali 1995: 81). Derzeit haben 191 Staaten die Kinderrechtskonvention ratifiziert, einzig die USA und Somalia haben sich ihr bislang noch nicht angeschlossen. Als Kind gilt jeder Mensch, der das achtzehnte Lebensjahr noch nicht vollendet hat, es sei denn, nationales Recht regelt die Volljährigkeit in einem jüngeren Alter. Die Mitgliedstaaten verpflichten sich, allen

Kindern in ihrem Hoheitsgebiet die in der Konvention niedergelegten Rechte zu gewähren bzw. durch gesetzliche Vorkehrungen zu schützen. Insgesamt enthält die Konvention 54 Einzelbestimmungen, in denen die klassischen bürgerlichen Schutzrechte, aber auch wirtschaftliche, soziale und kulturelle Teilhaberechte des Kindes verankert werden. Bezüglich der Durchsetzung dieser Rechte der Kinder geht die Konvention neue kooperative Wege. So verpflichten sich die Vertragsstaaten, alle gesetzgeberischen, administrativen und sonstigen Maßnahmen einschließlich internationaler Kooperation zu treffen, um diese Rechte schrittweise zu verwirklichen. Zur Kontrolle dieser Fortschritte dienen dem eingesetzten Ausschuss für die Rechte des Kindes regelmäßige Staatenberichte. Andere Überprüfungsverfahren fehlen, so dass es sich bei der Kinderrechtskonvention insgesamt um ein eher schwaches völkerrechtliches Instrument (Boekle 1998: 6) handelt. Allerdings darf nicht übersehen werden, dass gerade das Fehlen harter Durchsetzungsmechanismen die grundsätzliche Annahme der in der Konvention enthaltenen Normen durch die Staaten erleichtert hat und auf diese Weise weltweite Standards eingeführt werden konnten, die sukzessive ausgebaut und realisiert werden. Nach sechsjähriger Vorbereitungszeit wurden am 25. Mai 2000 durch die Generalversammlung zwei Zusatzprotokolle zur Kinderrechtskonvention verabschiedet, durch die der Schutz vor Kinderhandel und sexueller Ausbeutung von Kindern bzw. der Schutz von Kindern in bewaffneten Konflikten verbessert werden sollen. Beide Protokolle wurden seit ihrer ersten Auslage anlässlich des Millenniums-Gipfels der Vereinten Nationen am 5. September 2000 von 76 bzw. 70 Regierungen unterzeichnet. Sie befinden sich derzeit im Prozess der Ratifizierung und treten in Kraft, wenn je zehn Staaten die entsprechenden Dokumente beim VN-Generalsekretär hinterlegt haben. All diesen Bemühungen und erreichten Fortschritten zum Trotz sind Kinder aber noch immer Opfer gravierender Menschenrechtsverletzungen gerade in den Bereichen der sexuellen Ausbeutung und der Kinderarbeit (Schellinski 1998: 142ff) sowie in militärischen Konflikten, in denen sie zudem zu Hunderttausenden als Kindersoldaten missbraucht werden (Kreuzer 2001: 308). Die VN-Konferenzen vom *World Summit for Children* 1990 in New York über den Weltkongress gegen die kommerzielle sexuelle Ausbeutung von Kindern 1996 in Stockholm bis zur *International Conference on War-Affected Children* 2000 in Winniepeg haben die Dimensionen des Problems deutlich gemacht.

1.4 Die Interdependenz der Menschenrechte

Mit dem Begriff der „Menschenrechte der Dritten Generation" werden internationale Solidaritätsrechte bzw. kollektive Anspruchsrechte wie das Recht auf Frieden, auf eine gesunde Umwelt und vor allem auf Entwicklung bezeichnet, die wesentlich abstrakter und in vielerlei Hinsicht auch unbestimmter sind als die individuellen Freiheitsrechte des Zivilpaktes oder die Teilhaberechte des Sozialpaktes. Obwohl sich die Terminologie der Menschenrechte der Dritten Generation erst in den späten 1970er bzw. 1980er Jahren durchzusetzen begann, sind die ihr zu Grunde liegenden Vorstellungen und Ansätze deutlich älter (Bennigsen 1989, Barthel 1986, Esquivel 1989, Barthel 1991, Scharpenack 1996). Die politischen Bemühungen um diese Menschenrechte der Dritten Generation wurzeln im Prozess der Dekolonisation der 1950er und 1960er Jahre, in dessen Verlauf die Zahl der Entwicklungsländer deutlich zunahm. Ihrem wachsenden Gewicht in den Vereinten Nationen entsprechend nutzten die neu entstandenen Staaten das Forum der Weltorganisation, um ihren Forderungen an die Adresse der Industriestaaten nach substanzieller Unterstützung bei der Bewältigung ihrer sozialen und wirtschaftlichen Herausforderungen (siehe auch Teil D, Abschnitt 1).

Auf die Etablierung internationaler Gerechtigkeitsstandards zielte die „Erklärung über die Gewährung der Unabhängigkeit an koloniale Länder und Völker" vom Dezember 1960, die das Selbstbestimmungsrecht der Völker und deren Teilhabe an der sozialen und wirtschaftlichen Entwicklung mit den Bemühungen der Vereinten Nationen um den Frieden und die internationale Sicherheit in eine Linie stellte. Neun Jahre später bekräftigte die Generalversammlung diesen Ansatz in der „Erklärung über Fortschritt und Entwicklung auf sozialem Gebiet" und legte neben der Formulierung von Grundsätzen und Zielen auch einen Katalog der Mittel und Methoden zur Ausgestaltung eines auf globale Gerechtigkeit zielenden Entwicklungsprozesses vor. Die terminologische Transformation entwicklungspolitischer Forderungen in Menschenrechte war das Ergebnis einer lebhaften Diskussion in den 1970er Jahren über die vom seinerzeitigen Leiter der UNESCO-Menschenrechtsabteilung, Karel Vasak (1974), erstmals so bezeichneten „Menschenrechte der Dritten Generation". Es bedurfte einer rund zehnjährigen Debatte, in der die Nord-Süd-Problematik lange Zeit von den ideologischen Auseinandersetzungen des Ost-West-Konfliktes überlagert wurde, bis schließlich am 4. Dezember 1986 die Generalversammlung ihre „Erklärung zum Recht auf Entwicklung" verabschieden konnte. In dieser Erklärung wird das Recht auf Entwicklung als unveräußerliches Menschenrecht betrachtet, kraft dessen alle Menschen und Völker Anspruch darauf haben, an einer wirtschaftlichen, sozialen, kulturellen und politischen Entwicklung, in der alle Menschenrechte und Grundfreiheiten voll verwirklicht werden können, teilzuhaben, dazu beizutragen und daraus Nutzen zu ziehen. Angesichts der polarisierten Diskussion um ein Menschenrecht auf Entwicklung fiel das Abstimmungsergebnis überraschend eindeutig aus: 143 Ja-Stimmen stand bei acht Enthaltungen nur eine Nein-Stimme (USA) gegenüber. Ihren Durchbruch erzielten die Menschenrechte der Dritten Generation während der Wiener Menschenrechtskonferenz im Sommer 1993. In der am 25. Juni 1993 von den 171 Teilnehmerstaaten einstimmig als Abschlussdokument verabschiedeten *Vienna Declaration and Program of Action* bekennen sich die Staaten zur Universalität, Unteilbarkeit sowie Interdependenz der Menschenrechte und unterstreichen deren Bedeutung für den Weltfrieden. Demokratie, Entwicklung und die Achtung der Menschenrechte werden als einander verstärkend aufgefasst. Breiter Raum wird dem Recht auf Entwicklung eingeräumt, das unter Bezugnahme auf die Erklärung von 1986 ausdrücklich bekräftigt und in den folgenden Artikeln weiter präzisiert wird. Gesunde Umwelt, allgemeine Teilhabe am wissenschaftlichen Fortschritt insbesondere in Medizin und Informationstechnologie, Erleichterungen bezüglich der Schuldenlast der Entwicklungsländer sowie die Bekämpfung der extremen Armut werden als Voraussetzungen bzw. Ziele des internationalen Menschenrechtsschutzes genannt. Obwohl mit dem Ende des Ost-West-Gegensatzes die Diskussion um das Recht auf Entwicklung wie um den gesamten Ansatz der Menschenrechte der Dritten Generation von ideologischen Ballast befreit war, sind diese Ergebnisse der Wiener Menschenrechtskonferenz von verschiedener Seite heftig kritisiert worden. So stellt Franz Nuscheler (1996: 11) die Frage, was Entwicklung überhaupt sei, befürchtet angesichts der vagen Umschreibungen die Inflationierung zum „Recht auf alles" und kritisiert einen „faulen Kompromiss", durch den sich die westlichen Staaten die Zustimmung der Entwicklungsländer zum Universalitätsgrundsatz durch taktische Zugeständnisse beim Recht auf Entwicklung erkauft hätten. Auch rechtstechnische Einwände werden erhoben, die angesichts ihrer Unbestimmtheit den Rechten der dritten Generation ihren Rechtscharakter absprechen. So ist durchaus nicht klar, wer die Träger von Rechten sind und an wen sie ihre Ansprüche richten sollen. Auch wird die Frage gestellt, ob Staaten, die ja ihren Bürgern gegenüber Rechte gewährleisten sollen, zugleich auch anspruchsberechtigt sein können (zu den rechtlichen Einwänden siehe Kerstin 1998: 153ff, dort zahlreiche weitere Belege). Allerdings übersieht diese Kritik, dass auch Staatsstrukturprinzipien wie Sozial- oder Rechtsstaatlichkeit in abstrakte Formulierungen gekleidet werden, um dann durch weitere Verbürgungen konkretisiert zu werden (Riedel 1999: 28).

In diesem Prozess der Konkretisierung befindet sich auch das Recht auf Entwicklung stellvertretend für die Menschenrechte der Dritten Generation, selbst wenn sich die diesbezüglichen Fortschritte in engen Grenzen halten. Immerhin haben sich die Staats- und Regierungschefs mit ihrer Millenniums-Erklärung vom September 2000 zu konkreten entwicklungspolitischen Fortschritten in der Armuts- und Krankheitsbekämpfung sowie der Förderung von Bildung verpflichtet und so die Interdependenz der drei Generationen von Menschenrechten nochmals bekräftigt. Wenn sie auch nicht vollständig in einem juristischen Sinne einklagbar sind, wirken sie doch zumindest als *soft law* maßstabbildend für den weiteren Ausbau und die weitere Durchsetzung des internationalen Menschenrechtsschutzes erkauften.

Die Übersicht über die wichtigsten Aktivitäten und Instrumente, die die Vereinten Nationen in ihrem Bemühen um einen umfassenden Menschenrechtsschutz hervorgebracht haben, zeigen, dass sich die Phase des *Standardsetting* und der Kodifikation ihrem Ende annähert. Es gibt kaum einen Bereich der Menschenrechte, für den nicht internationale Normen entwickelt und die von der übergroßen Mehrheit der Staaten akzeptiert wurden. Genauso deutlich muss jedoch gesehen werden, dass in fast allen Bereichen die Verwirklichung der Menschenrechte dem universellen Bekenntnis zu ihnen hinterherhinkt. Verantwortlich für diesen Zustand sind neben den bereits angesprochenen Schwierigkeiten der universellen Akzeptanz eines Menschenrechtskodex und den vielfältig begründeten Weigerungen vieler Staaten und Gesellschaften zur Befolgung seiner Normen aber nicht zuletzt die in weiten Teilen der Welt fehlenden Möglichkeiten zur Gewährleistung insbesondere von Teilhaberechten.

2 Die Gewährleistung der Menschenrechte: Institutioneller Rahmen und Verfahrensregeln

Wirksamer Menschenrechtsschutz kann sich nicht auf die Kodifikation von Normen und den ethischen Appell zu ihrer Beachtung beschränken, sondern bedarf verlässlicher Mechanismen, durch welche die Verankerung der menschenrechtlichen Standards im nationalen Recht und deren Befolgung im staatlichen und gesellschaftlichen Handeln überwacht und gegebenenfalls durchgesetzt werden kann. Auf die dem Menschenrechtsschutz innewohnende Grundproblematik des Verhältnisses zwischen kollektivem Regelungsanspruch internationaler Regime und dem Souveränitätsgrundsatz ist bereits eingegangen worden. Die Sorge der Staaten vor unzulässiger Einmischung in ihre inneren Angelegenheiten ließ sie jahrzehntelang an der Auffassung festhalten, dass Überprüfungen und Durchsetzungsmechanismen im Menschenrechtsbereich vertraglich begründet werden müssen. Die Kompetenzen der Menschenrechtsgremien der Vereinten Nationen waren daher in der Folge im Wesentlichen auf die Normenerarbeitung beschränkt und konnten – beginnend in den späten 1960er Jahren – nur schrittweise erweitert werden. Aus dem Bereich des völkervertraglich geregelten Menschenrechtsschutzes werden zunächst die drei wichtigsten Instrumente zur Überwachung und Durchsetzung der vereinbarten Standards betrachtet, um dann auf ihre Verwendung und auch Erweiterung in der Praxis der zuständigen Organe und Gremien einzugehen.

Die grundsätzliche Kontroverse um die Überprüfung des Vollzugs menschenrechtlicher Standards in Staaten konnte zunächst durch die Einigung auf das Staatenberichtsverfahren beigelegt werden. Durch diese „souveränitätsschonendste Kontrollmodalität" (Tomuschat 1991a: 559) verpflichten sich die Vertragsparteien, einem unter den Bestimmungen des Vertrags geschaffenen Ausschuss in regelmäßigen Zeitabständen über den Stand der Implementierung und der Befolgung der vereinbarten Normen in ihrem Hoheitsbereich zu berichten. Das Staatenberichtsverfahren wurde in den Verhandlungen zum Zivil- und Sozialpakt entwickelt, mit der früher verabschiedeten Konvention gegen die Rassendiskriminierung aber erstmals als obligatorisches Instrument in Kraft gesetzt. Alle fünf der CERD folgenden Pakte und Konventionen unterwerfen ihre Mitgliedstaaten automatisch der Berichtspflicht. Das Prüfverfahren durch den zuständigen Ausschuss ist in keinem der Vertragswerke ausdrücklich geregelt. In der Praxis hat es sich aber in den Verfahrensordnungen aller Vertragsausschüsse eingespielt, dass die berichtenden Staaten im Prüfungsverfahren durch eigene Vertreter repräsentiert sind und ergänzende Informationen liefern bzw. Stellungnahmen abgeben können. Der Abschluss der Prüfverfahren durch „allgemeine Bemerkungen", eigene Berichte oder Empfehlungen wird in den einzelnen Ausschüssen unterschiedlich gehandhabt. Bezüglich der Tauglichkeit des Staatenberichtsverfahrens für einen effektiven Menschenrechtsschutz kann eingewendet werden, dass es den Staaten überlassen bleibt, mit welcher Offenheit und Wahrheitstreue sie berichten. Allerdings muss auch gesehen werden, dass angesichts der öffentlichen Behandlung der Berichte und den Möglichkeiten der Bereitstellung zusätzlicher Informationen etwa durch NGOs (Otto 1996, Liese 1998) ein auf seine internationale Reputation auch nur einigermaßen bedachter Staat an einer ernsthaften Befolgung seiner Berichtspflicht interessiert sein sollte.

Im Gegensatz zur Berichtspflicht ist das Verfahren der Staatenbeschwerde nur in der CERD als für alle Vertragsstaaten obligatorisch verankert. Im Zivilpakt und der Anti-Folter-Konvention ist die Möglichkeit der Staatenbeschwerde an eine eigene freiwillige Unterwerfungsklausel gebunden, in den anderen Menschenrechtsverträgen ist sie nicht vorgesehen. Bei der Staatenbeschwerde geht es darum, dass ein Staat einem anderen vorwirft, Verpflichtungen aus dem gemeinsamen Vertrag nicht zu befolgen oder zu verletzen. Dabei hat – jedenfalls der Intention dieses Verfahrens nach – der beschwerdeführende Staat nicht in erster Linie seine eigenen Interessen im Blick, sondern wirkt als „Wachhund für die Achtung einer objektiven Ordnung" (Partsch 1991b: 567). Für die vertrauliche Behandlung der Staatenbeschwerde ist unter dem Zivilpakt und der Anti-Folter-Konvention der jeweilige Ausschuss, unter der CERD eine zu bildende Schiedskommission zuständig. Im Bereich der Menschenrechtsverträge ist das Staatenbeschwerdeverfahren bislang allerdings in keinem Fall zur Anwendung gekommen. Das auf VN-Ebene entwickelte Instrument hat jedoch Eingang in regionale Menschenrechtsabkommen wie die Europäische Menschenrechtskonvention oder das bedeutendste Menschenrechtsdokument des afrikanischen Raumes, die „Banjul-Charta der Menschenrechte und Rechte der Völker" vom 27. Juni 1981, gefunden. Dem Bestreben des internationalen Menschenrechtsschutzes, das Individuum zum Subjekt des Völkerrechts zu machen, entspricht auf der Ebene der Überwachungs- und Durchsetzungsinstrumente das Verfahren der Individualbeschwerde. Zur Vermeidung des Begriffes Beschwerde *(complaint)* hat sich im VN-Jargon jedoch die Bezeichnung Mitteilung *(communication)* eingebürgert. Durch sie soll jedem einzelnen Individuum ermöglicht werden, sich an ein internationales Gremium zu wenden, um auf Verletzungen seiner persönlichen Rechte aufmerksam zu machen und um Hilfe zu ersuchen. Von den sechs bedeutendsten menschenrechtlichen Vertragswerken kennen zwischenzeitig vier das Individualbeschwerdeverfahren, allerdings wiederum nicht obligatorisch, sondern nur aufgrund der freiwilligen Unterwerfung der Staaten. Im Falle des Zivilpaktes und der Frauenrechtskonvention geschieht diese Unterwerfung durch die Ratifikation eines entsprechenden Zusatzprotokolls, im Falle der Anti-Folter-Konvention und der Konvention zur Beseitigung der Rassendiskriminierung durch einfache Zustimmungserklärung.

In der Charta der Vereinten Nationen ist das Recht, „persönliche Gesuche" (*personal petitions*) abzugeben, nur in Art. 87 b erwähnt. Es ermöglicht Bewohnern von Treuhandgebieten, sich an den Treuhandschaftsrat zu wenden, der ihre individuellen Rechtsverletzungen in Zusammenarbeit mit der Verwaltungsmacht überprüfen kann. Seit der Unabhängigkeit der meisten Treuhandgebiete ab Mitte der 1960 Jahre spielte das ohnehin selten angewendete Verfahren keine Rolle mehr. Für den Bereich der Menschenrechtskommission versagten sich die Vereinten Nationen in der Resolution 75 (V) des ECOSOC vom 5. August 1947 zunächst selbst das Recht, individuellen *communications* nachzugehen. Der Zustand der faktischen Machtlosigkeit der VN auf dem Gebiet der Überwachung und Durchsetzung der Menschenrechtsstandards hielt über zwanzig Jahre an, bis der ECOSOC auf Drängen der Menschenrechtskommission in den Resolutionen 1235 (XLII) vom 6. Juni 1967 und 1503 (XLVIII) vom 27. Mai 1970 seine Auffassung revidierte und unter bestimmten Voraussetzungen die Annahme und Prüfung von Individualbeschwerden sowie öffentliche Stellungnahmen (Resolutionen, *Chairman's Statements*) zu diesen durch die Menschenrechtskommission zuließ (Tomuschat 1991b: 552ff).

2.1 Vertragsorgane

Wie bereits dargelegt, wurden unter den Bestimmungen der Menschenrechtsverträge Ausschüsse eingerichtet, die unter Verwendung der oben beschriebenen Instrumente die Implementierung und Aufrechterhaltung der vereinbarten Normen überwachen. Die Verfahren, Entscheidungen und Berichte dieser Ausschüsse sind in der *Treaty Body Database* bei der VN-Hochkommissarin für Menschenrechte in

Genf ausführlich dokumentiert. Trotz zahlreicher Gemeinsamkeiten weisen die Ausschüsse dabei in ihrer Arbeitspraxis eine Reihe von Unterschieden auf, so dass nachstehend die Überwachungsgremien der sechs wichtigsten Vertragswerke im einzelnen betrachtet werden.

Menschenrechtsausschuss des Zivilpaktes

Nach Inkrafttreten des Internationalen Paktes über bürgerliche und politische Rechte wurde 1976 der Menschenrechtsausschuss (*Human Rights Committee under the International Covenant on Civil and Political Rights, CCPR*) ins Leben gerufen. Der Ausschuss besteht aus achtzehn Mitgliedern, die aus einer von den Vertragsstaaten zusammengestellten Vorschlagsliste durch eine vom VN-Generalsekretär einberufene Versammlung in geheimer Wahl für eine vierjährige Amtsperiode bestimmt werden. Jeder Vertragstaat darf dabei zwei eigene Staatsangehörige vorschlagen. Die Mitglieder des Ausschusses sind keine Staatenvertreter und an keine Weisungen gebunden. Aus ihrer Verpflichtung zu unparteiischer und gewissenhafter Wahrnehmung ihrer Aufgabe resultiert die Unvereinbarkeit mit einer gleichzeitigen Wahrnehmung eines politischen Amtes oder einer Regierungsfunktion. Der Ausschuss tagt in der Regel dreimal jährlich in New York oder Genf und wird in seiner laufenden Arbeit durch ein beim VN-Hochkommissar für die Menschenrechte angesiedelten Sekretariat unterstützt. Der überwiegende Teil der Arbeit des Ausschusses konzentriert sich auf die Prüfung der durch die Vertragsparteien vorgelegten Staatenberichte. So muss jeder neue Vertragsstaat innerhalb eines Jahres nachdem der Pakt für ihn in Kraft getreten ist, einen Bericht über die Maßnahmen vorlegen, die er zur Verwirklichung der vereinbarten Rechte unternommen hat. Danach unterliegt er einem periodischen Berichtsverfahren, in dem der Ausschuss im fünfjährigen Rhythmus weitere Berichte anfordert. Zudem kann der Menschenrechtsausschuss auch außerhalb dieser Intervalle Berichte anfordern, wenn er auf Menschenrechtsverletzungen aufmerksam wird (Boekle 1998: 4). Im Berichtsprüfungsverfahren wird den Stellungnahmen nichtstaatlicher Organisationen großer Stellenwert beigemessen, zum einen, um zusätzliche Informationen zu erhalten, zum anderen, um auf diese Weise die Offenheit und Realitätstreue der Berichte selbst zu erhöhen (Klein/Brinkmeier 2001: 19). Die Diskussion der Berichte erfolgt öffentlich und wird durch die Veröffentlichung der *concluding observations* abgeschlossen, in denen neben den erreichten Verbesserungen auch unumwunden auf die noch bestehenden Defizite und Kritikpunkte hingewiesen wird. Die Prüfung von Individualbeschwerden gegen einen Staat sind nur möglich, wenn dieser das 1. Fakultativprotokoll zum Zivilpakt ratifiziert hat. Dieses Verfahren ermöglicht es natürlichen Personen oder Gruppen von Personen, sich mit ihren Anliegen an den Menschenrechtsausschuss zu wenden, allerdings unter strengen Zulässigkeitsvoraussetzungen. So steht die Beschwerdebefugnis nur dem in seinen Rechten Verletzten selbst zu, auch muss er zuvor den innerstaatlichen Rechtsweg ausgeschöpft haben. Die Annahme einer Beschwerde kommt darüber hinaus nur in Betracht, wenn der Gegenstand nicht vor einem anderen internationalen Gremium, etwa dem Europäischen Gerichtshof für Menschenrechte, anhängig ist. Die Prüfung der Beschwerde erfolgt vertraulich, seine Entscheidung teilt der Ausschuss dem Beschwerdeführer und dem betroffenen Staat in Form so genannter Rechtsansichten (*views*) mit, die jedoch nicht den Charakter verbindlicher Urteile haben, auch wenn sie wie solche aufgebaut sind und neben den Sachverhaltsfeststellungen sowie den rechtlichen Würdigungen auch Empfehlungen zur Wiedergutmachung enthalten. Seine *views* publiziert der Menschenrechtssausschuss als Annex zu seinem Jahresbericht an die Generalversammlung und trägt so zur Mobilisierung von öffentlichem Druck auf die betroffenen Staaten bei, die Rechtsauffassungen des Ausschusses zu befolgen (zur Arbeit des Menschenrechtsausschusses siehe exemplarisch Klein 1998). Gemessen an den regionalen Menschenrechtsregimen wie etwa der Europäischen Menschenrechtskonvention und den verbindlichen Urteilen des Europäischen Gerichtshofes für Menschenrechte sind die Kompetenzen des Menschenrechtsausschusses beschränkt. Sie sind gleichwohl von entscheidender Bedeutung für die übergroße Mehrheit der Menschen und Völker, denen der Zugang zu effektiveren regionalen Schutzsystemen nicht möglich ist.

Ausschuss für wirtschaftliche, soziale und kulturelle Rechte

Anders als beim Zivilpakt ist im Sozialpakt die Schaffung eines eigenen Vertragsorgans zur Überwachung seiner Realisierung nicht vorgesehen, vielmehr leiten die Staaten ihre Berichte über den VN-Generalsekretär an den ECOSOC zur Prüfung weiter. Bis 1985 prüfte der ECOSOC die Berichte unter Hinzuziehung der Menschenrechtskommission und in Abstimmung mit verschiedenen Sonderorganisationen selbst, um dann jedoch einen Ausschuss zur Überwachung der

Rechte aus dem Sozialpakt (*Committee on Economic, Social and Cultural Rights, CESCR*) mit dieser Aufgabe zu betrauen. Da die Mitglieder des Ausschusses nicht von den Vertragsparteien sondern von den 54 Mitgliedstaaten des ECOSOC ungeachtet ihrer Zugehörigkeit zum Sozialpakt gewählt werden, handelt es sich beim CESCR genaugenommen um ein charta-basiertes Nebenorgan. Der Ausschuss tritt zwei Mal pro Jahr zu einer jeweils dreiwöchigen Sitzung zusammen und wird in seiner laufenden Arbeit durch das Büro der VN-Hochkommissarin für Menschenrechte unterstützt. Das einzige Kontrollinstrument des CESCR sind die Staatenberichte, die nach dem Initialbericht, der ebenfalls binnen eines Jahres nach Inkrafttreten des Paktes für einen neuen Vertragsstaat vorgelegt werden muss, in fünfjährigen Intervallen durch den Ausschuss von den Vertragsparteien angefordert werden. Die Prüfung der Berichte erfolgt zunächst durch eine aus fünf Experten bestehende *pre-sessional working group*, die unter Berücksichtigung anderer Informationen etwa von NGOs eine Frageliste an den Bericht erstellt, die dann vom berichtenden Staat innerhalb von sechs Monaten beantwortet werden muss. Nach der mündlichen Präsentation des Berichts durch eine Regierungsdelegation werden durch den Ausschuss die Hauptprobleme der Umsetzung des Sozialpaktes angesprochen und mit der Delegation diskutiert. Nach einer nichtöffentlichen Beratungsphase legt der Ausschuss dann seine *concluding observations* vor. In weitergehenden *general comments* bemüht sich der CESCR zudem um eine konkretisierende Interpretation der einzelnen Bestimmungen des Paktes, die zwar durchaus maßstabbildend für die Anwendung der Normen sind, aber keine rechtliche Verbindlichkeit besitzen (Riedel 1998: 40). Zwei Umstände machen den CESCR zu einem eher schwachen Kontrollgremium: Zum einen sind die Teilhaberechte des Paktes schwer justiziabel, da sie stets ihre Grenzen in der tatsächlichen Leistungsfähigkeit des betroffenen Staates finden. Verschärft wird dieses Problem dadurch, dass zahlreiche Staaten den Pakt nur mit Vorbehalten ratifiziert haben, durch die bestimmte Rechte wie zum Beispiel das auf Bildung freier Gewerkschaften von den Überprüfungsmechanismen ausgenommen werden. Zum anderen steht dem Ausschuss als einziges *monitoring instrument* das Staatenberichtsverfahren – wenn auch ergänzt durch Informationen von unabhängiger Seite – zur Verfügung, wodurch er in hohem Maße auf die Kooperationsbereitschaft der Staaten selbst angewiesen ist. Zudem droht das aufwendige Prüfverfahren den Ausschuss zunehmend zu überlasten. Ein Fakultativprotokoll zur Ermöglichung von Individualbeschwerden ist seit einigen Jahren in Arbeit, doch bestehen erhebliche Zweifel, ob angesichts der schwierigen Einklagbarkeit der Rechte aus dem Sozialpakt dadurch ihr Schutz nachhaltig verbessert werden kann.

Ausschuss gegen Rassendiskriminierung

Auf Grundlage der Konvention über die Beseitigung jeder Form der Rassendiskriminierung wurde ebenfalls ein aus 18 unabhängigen Experten bestehendes *Committee on the Elimination of Racial Discrimination* (CERD) gebildet, das seine Arbeit am 10. Januar 1970 als erstes der sechs wichtigsten Vertragsorgane aufnahm. Wie auch bei den meisten anderen Verträgen werden die Mitglieder des Ausschusses von den Vertragsparteien für eine vierjährige Amtsperiode gewählt. Für die Unterstützung der laufenden Arbeiten ist ebenfalls das Büro des UNHCHR in Genf zuständig. Zur Wahrnehmung seiner Kontrollfunktionen stehen ihm das periodische Staatenberichts-, das Staatenbeschwerde- sowie das Individualbeschwerdeverfahren zur Verfügung. Obgleich die Staatenbeschwerde in der CERD als dem einzigen Menschenrechtsvertrag obligatorisch vorgesehen ist, wurde von dieser Möglichkeit noch nie Gebrauch gemacht. Die Erklärung über die Unterwerfung unter das Individualbeschwerdeverfahren hat bislang nur rund ein Viertel der 157 Vertragsstaaten abgegeben. Das Berichtssystem fordert von den Vertragsparteien im vierjährigen Rhythmus vollständige Berichte sowie die Benachrichtigung über wesentliche Entwicklungen in den Zwischenzeiten. Für jeden Bericht wird ein Ausschussmitglied als *rapporteur* benannt, der dem Ausschuss seine Bewertung des Standes der Verwirklichung der Rechte nach der Konvention im betroffenen Land vorlegt und sich dabei auch der Unterstützung unabhängiger Experten und Organisationen bedienen kann. Die öffentliche Diskussion der Berichte hat eher den Charakter eines Forums, auf dem auch die jeweiligen Regierungen ihre Sichtweisen darlegen können. Die *concluding observations* des Ausschusses mit der Würdigung der Fortschritte bzw. Defizite werden durch den Ausschuss zur weiteren Beratung an den 3. Hauptausschuss der Generalversammlung weitergeleitet. Die vertrauliche Prüfung der *communications* mündet in eine nicht rechtsverbindliche Stellungnahme, die sowohl dem betroffenen Staat wie auch dem Beschwerdeführer zugeht (Wolfrum 1998: 136f). Zu den neueren Entwicklungen in der Arbeit des CERD gehört, dass er öffentliche Verfahren gegen Staaten anstrengt, die ihrer Berichtspflicht nicht nachkommen bzw. bei denen der Ausschuss dringenden Handlungsbedarf feststellt (Boekle 1998: 6).

Ausschuss zur Beseitigung der Diskriminierung von Frauen

Das 1981 eingerichtete *Committee on the Elimination of Discriminati-on against Women* (CEDAW) besteht aus 23 unabhängigen Experten, die von den Vertragsstaaten gewählt werden. Das Zentrum der Arbeit des CEDAW ist anders als bei den übrigen Kontrollgremien nicht das UNHCHR-Hauptquartier in Genf, sondern in New York. Hauptinstrument in der Arbeit des Ausschusses sind die Staatenberichte, die in vergleichbaren Verfahren wie in den bereits genannten Gremien geprüft werden. Die Jahresberichte des Ausschusses gehen über den ECOSOC an den 3. Hauptausschuss der Generalversammlung bzw. über den VN-Generalsekretär an die Frauenrechtskommission der Vereinten Nationen. Seit dem 22. Dezember 2000 ist das lange geforderte Fakultativprotokoll zur Ermöglichung von Individualbeschwerden in Kraft. Da es bislang jedoch von nur 21 der insgesamt 168 Vertragsstaaten ratifiziert wurde, spielt es in der Praxis der Ausschussarbeit noch keine wesentliche Rolle. Auf der Grundlage der Berichte und Empfehlungen sind in einer Reihe von Ländern substanzielle Fortschritte im gesetzlichen Schutz der Frauen vor Diskriminierung gemacht worden. Auch wurden verstärkt Maßnahmen zur zeitweiligen Bevorzugung von Frauen, wie sie die Frauenrechtskonvention vorsieht, ergriffen. Dennoch ist wie bei kaum einem anderen Kontrollgremium die Arbeit des CEDAW durch vielfältige Vorbehalte eingeschränkt, die die Staaten bei der Ratifizierung der Frauenrechtskonvention gemacht haben. Aber auch in Staaten, die den Zugang von Frauen zu bestimmten Rechten nicht förmlich ausgeschlossen haben, verweigern die Umsetzung von Empfehlungen des CEDAW unter Hinweis auf kulturelle Besonderheiten oder im Lande bestehendes Gewohnheitsrecht (Schöpp-Schilling 1998: 161f). Ein bezeichnendes Licht auf den Willen der Staaten, ein effektives Kontroll- und Durchsetzungsorgan für die Rechte der Frau zu schaffen, wirft Art. 20 der Frauenrechtskonvention: Hier wird festgelegt, dass der Ausschuss „in der Regel jährlich für höchstens zwei Wochen" in New York zusammentritt, um die Staatenberichte zu prüfen. Jeder möglichen Erweiterung der Kompetenzen des Ausschusses sind bereits durch diese Regelung deutliche Grenzen gesetzt.

Anti-Folter-Ausschuss

Das *Committee against Torture* (CAT) ist wie die anderen Kontrollgremien durch vertragliche Bestimmungen (Art. 17 der Anti-Folter-Konvention) begründet und besteht aus zehn Experten, die von den Vertragsparteien *ad personam* gewählt werden. Neben dem obligatorischen Staatenberichtsverfahren kennt das CAT als Durchsetzungsinstrumente die in der Praxis bedeutungslose Staatenbeschwerde sowie die Individualbeschwerde, für deren Zulässigkeit entsprechende Erklärungen der Vertragsparteien erforderlich sind. Auch hinsichtlich der Arbeitsweisen und Verfahrensbestimmungen ist das CAT den bereits dargestellten Gremien vergleichbar. Für das Tätigwerden des Anti-Folter-Ausschusses gelten allerdings Bestimmungen, die über das in anderen Verträgen Übliche hinausgehen. So ist festgelegt, dass das CAT „zuverlässige Informationen" mit Hinweisen auf systematische Folterungen in einem Vertragsstaat prüfen kann. Damit wird es beispielsweise Nichtregierungsorganisationen ermöglicht, sich direkt an den Anti-Folter-Ausschuss zu wenden und diesen zur Aufnahme von Untersuchungen zu veranlassen. Im Bereich der Vereinten Nationen arbeitet überdies eine *Working Group on the Optional Protocoll to the Covenant against Torture* seit einiger Zeit an einem Fakultativprotokoll, durch das u.a. Kontrollbesuche einer Subkommission des Ausschusses in Haftanstalten oder anderen Einrichtungen der Vertragsstaaten, in denen Menschen festgehalten werden, ermöglicht werden sollen. Die in dem Protokollentwurf vorgesehenen Kompetenzen der Untersuchungskommission sind weit gefasst. Es würde daher eine substanzielle Verbesserung des Schutzes vor Folter darstellen, wenn das Zusatzprotokoll von einer großen Zahl von Staaten in Kraft gesetzt würde. Allerdings steht nach den Erfahrungen mit anderen freiwilligen Unterwerfungsmechanismen zu konkreten Verfahrensweisen zu erwarten, dass die Ratifizierung vornehmlich von solchen Ländern vorgenommen wird, in denen Folter ohnehin keine Rolle spielt. Die potenziell betroffenen Staaten dürften sich in bezüglich derartiger Selbstverpflichtungen sehr zurückhaltend zeigen.

Kinderrechtsausschuss

Das zehnköpfige Expertengremium, welches das *Committee on the Rights of the Child* (CRC) bildet, überwacht die schrittweise Verwirklichung des jüngsten der sechs großen Menschenrechtsverträge. Dem kooperativen Gesamtansatz der Kinderrechtskonvention entsprechend arbeitet er dabei mit den anderen Menschenrechtsgremien an seinem Sitz in Genf, vor allem aber mit dem VN-Kinderhilfswerk UNICEF zusammen. Als Vertragsorgan indes steht ihm als einziges Kontroll- und Durchsetzungsverfahren dasjenige der Staatenberichte zur Verfügung. Am 25. Mai 2000 verabschiedete die Generalversammlung zwei Fakultativprotokolle über die Rechte der Kinder in bewaffneten Konflikten sowie zum Schutz vor Kinderhandel und -prostitution. Beide Zusatzprotokolle sehen eine eigenständige Berichtspflicht gegenüber dem CRC vor. Auch soll dieser, wenn er es für geboten hält, zusätzliche Berichte von den Staaten anfordern und so zumindest über Ansätze eines eigenständigen Untersuchungsrechts verfügen können. Doch sind diese Fakultativprotokolle mehr als ein Jahr nach ihrer Verabschiedung erst von vier bzw. drei Staaten ratifiziert worden und damit noch nicht in Kraft getreten. Der Schutz der Kinderrechte ist trotz der hohen Zahl von 191 Ratifizierungen der Konvention nach wie vor unterentwickelt.

Bilanz

Anders als die Erklärungen und Resolutionen der Generalversammlung begründen die Menschenrechtsverträge verbindliches Völkerrecht. Doch zeigen die insgesamt eher schwach ausgeprägten Kontrollmechanismen, dass das Instrumentarium zur Überwachung und Durchsetzung von Menschenrechtsstandards weiterhin der Entwicklung bedarf. Einige Verfahren, wie das Länderberichterstatterwesen oder Feldmissionen in Staaten gehören zwischenzeitig zur gängigen Praxis, andere Bemühungen, wie die um den Ausbau von „Vor-Ort-Untersuchungen" oder das Initiativrecht der Kontrollorgane stecken noch in den Anfängen. In der Zukunft werden die Bemühungen vor allem auf die stärkere Verankerung des Menschenrechtsschutzes in regionalen Arrangements sowie in den Staaten selbst zu richten sein. Auf der globalen Ebene steht die Bündelung und Vereinheitlichung der unterschiedlichen Instrumente auf der Agenda, um die Prüfverfahren zu beschleunigen. Angesichts des umfassenden menschenrechtlichen Normenbestandes scheint es nunmehr angebracht, den Schwerpunkt der künftigen Anstrengungen auf den Ausbau des Kontrollinstrumentariums zu legen, statt immer feingriffigere Regeln mit fraglichen Realisierungsaussichten zu entwickeln (Riedel 1998: 54).

2.2   Menschenrechtsschutz durch VN-Organe

Die rechtliche Bindungswirkung als entscheidender Vorteil der Menschenrechtsverträge bleibt naturgemäß auf die Staaten beschränkt, die sich den entsprechenden Regimen auch unterworfen haben. Um einerseits die Lücke zwischen dem universalen Geltungsanspruch menschenrechtlicher Grundstandards und der begrenzten Mitgliedschaft in den Vertragssystemen zu schließen, und andererseits die nicht allzu effektiven vertragsbasierten Durchsetzungsmechanismen zu flankieren, erweiterten die Vereinten Nationen schrittweise ihre *Monitoring*-Kompetenzen gegenüber den Mitgliedstaaten. Hierzu bedurfte es keiner Vertragsveränderungen einschließlich langdauernder Ratifizierungsverfahren, sondern die Vereinten Nationen konnten sich einfacher Resolutionen von Generalversammlung und ECOSOC bedienen, in denen sich extensivere Interpretationen der bestehenden Charta-Bestimmungen niederschlugen. Nicht zuletzt dieser Möglichkeit wegen werden die chartagestützten Schutzmechanismen auch als „politische" Verfahren des Menschenrechtsschutzes bezeichnet im Gegensatz zu den konventionsgestützten „juristischen" Verfahren der völkerrechtlichen Verträge (Alston 1994: 1-21; Schaber 1996: 110f). Der politische Charakter des Menschenrechtsschutzes durch VN-Organe wird zudem dadurch unterstrichen, dass deren Arbeit durch weisungsgebundene Regierungsvertreter geleistet wird statt durch unabhängige Experten wie in den Vertragsausschüssen. Damit sind die VN-Gremien grundsätzlich flexibler als Vertragsorgane, andererseits aber auch anfälliger für die Ausrichtung ihrer Arbeit an politischen Opportunitätserwägungen und die damit eng verbundene Problematik der doppelten Standards.

Neben den Hauptorganen, denen ein originäres Befassungsrecht mit menschenrechtlichen Fragestellungen kraft der Charta-Bestimmungen zusteht, ist es vor allem ein Nebenorgan, das im Bereich der Vereinten Nationen vorrangig mit dem Menschenrechtsschutz befasst ist: Die Menschenrechtskommission, die als funktionale Kommission des ECOSOC firmiert und zudem eng mit dem 3. Hauptausschuss der Generalversammlung bei der Ausarbeitung von Erklärungen und Resolutionen zusammenarbeitet. Eine etwas andere Rolle spielt demgegenüber die dem Sekretariat zugeordnete Hochkommissarin der Vereinten Nationen für die Menschenrechte (UNHCHR), zu deren Amtsbereich das Menschenrechtszentrum der Vereinten Nationen in Genf gehört. Zwar wurde ihr Amt durch eine politische Entscheidung, nämlich eine Resolution der Generalversammlung geschaffen, doch sind die Hochkommissarin selbst wie auch ihre Mitarbeiter Angehörige des *international civil service* der Vereinten Nationen und damit keiner Weisung durch nationale Regierungen unterworfen. Die Hochkommissarin handelt daher im Auftrag des VN-Generalsekretärs direkt im Namen der Weltorganisation.

Menschenrechtskommission

Die 1946 gegründete Menschenrechtskommission der Vereinten Nationen (MRK) besteht heute aus 53 Mitgliedern, die vom ECOSOC nach dem Prinzip der ausgewogenen geographischen Repräsentanz für eine dreijährige Amtszeit gewählt werden. Afrika verfügt über 15 Sitze, die asiatisch-pazifische Staatengruppe über 12, Lateinamerika über 11, Osteuropa über 5 und die Gruppe der westeuropäischen und anderen Staaten über 10 Sitze. Da die unmittelbare Wiederwahl möglich ist, können so quasi-ständige Mitgliedschaften entstehen. Die Mitgliedstaaten der MRK werden durch Regierungsdelegationen vertreten. Alle anderen VN-Mitglieder haben Beobachterstatus und können – ebenso wie einige hundert NGOs mit Konsultativstatus beim ECOSOC – ohne Stimmrecht an den Debatten teilnehmen. Nahezu alle VN-Mitgliedstaaten machen von ihrem Teilnahmerecht regelmäßigen Gebrauch. Die sechswöchige Sitzungsperiode in jedem Frühjahr am Sitz der Kommission in Genf ist daher ein Forum für stets mehr als 3.000 Teilnehmer aus Staatenwelt, Zivilgesellschaft, VN-Organen und anderen internationalen Organisationen. Die Arbeit der Kommission wird durch die 1947 geschaffene Unterkommission zur Verhinderung der Diskriminierung und zum Schutze der Minderheiten unterstützt. Diese Unterkommission besteht aus 26 Experten, die im Gegensatz zu den Mitgliedern der MRK weisungsungebunden sind und vom ECOSOC für eine dreijährige Amtszeit mit der Möglichkeit zur Wiederwahl bestimmt werden. Die Unterkommission erarbeitet Studien und Empfehlungen für die MRK, wirkt aber auch mit einer fünfköpfigen Arbeitsgruppe als Eingangsinstanz für die Prüfung individueller *communications* an die Kommission.

Nachdem die Menschenrechtskommission in den 1950er und 1960er Jahren vornehmlich mit der Erarbeitung menschenrechtlicher Standards befasst war und sich bezüglich des Menschenrechtsschutzes eng an die limitierende Resolution 75 (V) hielt, ist ihr Mandat heute weit gefasst. Sie kann sich mit allen menschenrechtsrelevanten Fragestellungen befassen, von der Fortentwicklung der Standards über die

Untersuchung von Menschenrechtsverletzungen weltweit bis hin zur Abgabe von Empfehlungen zur besseren Implementierung von Menschenrechtsnormen im staatlichen Recht (Baum 1999: 242). Ermöglicht wurde diese Kompetenzausweitung durch die ECOSOC-Resolution 1235 von 1967 zur Befassung mit der Menschenrechtssituation in bestimmten Ländern sowie die ECOSOC-Resolution 1503 von 1970 über die Zulassung individueller Petitionen. Wie die Äußerungen der Vertragsausschüsse bleiben auch die Resolutionen der Menschenrechtskommission rechtlich unverbindlich und sind nicht sanktionsbewehrt. Eine der wichtigsten Waffen auch der Menschenrechtskommission ist daher die Mobilisierung öffentlichen Interesses und Bewusstseins. Die formelle Arbeit der Menschenrechtskommission ist überwiegend durch die Verwendung folgender Instrumente gekennzeichnet (detailliert hierzu siehe Schäfer 1998: 62ff):

- *Debatte*: Die MRK ist ein Forum der öffentlichen Diskussion, an der sich neben den Staatenvertretern auch die NGOs beteiligen. Die Debatte dient der öffentlichen Erörterung wichtiger Menschenrechtsthemen, aber auch der konkreten Menschenrechtssituation in den VN-Mitgliedstaaten.
- *Resolutionen*: Sachfragen der Debatte werden in der MRK zumeist in Form von Resolutionen abgeschlossen. Sie können sich auf thematische Bereiche wie z.B. die Todesstrafe oder die Rassendiskriminierung beziehen oder als Länderresolutionen allgemeine Bemerkungen zur Menschenrechtslage, Empfehlungen zu ihrer Verbesserung bzw. die Anregung weitergehender Maßnahmen enthalten.
- *Chairman's Statement*: Als Alternative zu einer (verurteilenden) Resolution kann zwischen der MRK und einem Staat ein Konsens dergestalt ausgehandelt werden, dass der Vorsitzende der MRK die Menschenrechtssituation in einem Land offen anspricht und zugleich auf konzertierte Bemühungen von MRK und betroffenem Staat zur Beseitigung bestehender Mängel und Defizite verweist.
- *Sonderberichterstatter*: Die MRK kann zur Beobachtung der Menschenrechtslage in bestimmten Staaten Länderberichterstatter einsetzen, der mit der jeweiligen Regierung, anderen Staaten sowie NGOs zusammenarbeitet. Darüber hinaus können thematische Berichterstatter bzw. Arbeitsgruppen zu länderübergreifenden Problemen wie verschwundene Personen, Folter, Kinderhandel oder auch dem Recht auf Entwicklung eingesetzt werden.
- *1503-Verfahren*: Dieses nach der Nummer der bereits erwähnten ECOSOC-Resolution benannte Verfahren eröffnet Individuen und

Gruppen natürlicher Personen die Möglichkeit einer Beschwerde in Fällen, in denen der begründete Verdacht auf massive und systematische Menschenrechtsverletzungen in einem bestimmten Land besteht und der Beschwerdeführer die im betroffenen Land verfügbaren Rechtsbehelfsmöglichkeiten ausgeschöpft hat. Das Verfahren ist im Gegensatz zu den anderen Erörterungen der MRK vertraulich. Allerdings hat sich die Praxis eingespielt, dass der Vorsitzende der MRK im Anschluss an die 1503-Verhandlungen eine Liste der betroffenen Länder veröffentlicht.

- *Normenentwicklung*: Obwohl die Hauptarbeit der MRK in den letzten Jahren vornehmlich auf das *monitoring* des Implementierungsprozesses der bereits in Kraft gesetzten Verträge gerichtet ist, arbeitet sie weiterhin an der bereichsspezifischen Weiterentwicklung des Normenbestandes. Zu den jüngsten Ergebnissen auf diesem Gebiet gehören die Erklärung zum Schutz der Menschenrechtsverteidiger vom 1. Dezember 1998 und die beiden Zusatzprotokolle zur Kinderrechtskonvention.

Als ein politisches Gremium ist die Menschenrechtskommission auch ein Forum für die Austragung von Kontroversen, in denen die nach wie vor unterschiedlichen Auffassungen über Art und Reichweite des internationalen Menschenrechtsschutzes zum Ausdruck kommen. Zahlreiche Länder insbesondere der asiatischen und afrikanischen Staatengruppen plädieren für eine stärkere Berücksichtigung nationaler und kultureller Eigenheiten bei der Gewährung der vereinbarten Menschenrechte. Auch die immanente Spannung zwischen Souveränitätsgrundsatz und kollektiver Rechtsdurchsetzung prägt seit der zweiten Hälfte der 1990er Jahre wieder verstärkt die Diskussion in der MRK. Dem Vorwurf der westlichen Demokratien an die Adresse dieser Länder, sie betrieben Menschenrechtsrelativismus unter kulturellen Vorwänden, wird von diesen entgegengesetzt, dass auch der Westen eine wenig konsistente Politik der doppelten Standard betreibe und Menschenrechtsverletzungen in seiner Interessensphäre ausblende. Jedoch muss auch gesehen werden, dass gerade die westlichen Länder uneingeschränkt am Mandat der MRK festhalten, sich mit schweren und systematischen Menschenrechtsverletzungen überall auf der Welt befassen und die betroffenen Länder benennen zu können. Wie das vielfach angesprochene Beispiel Chinas zeigt, kann der Verzicht auf eine konfrontative Erörterung der Menschenrechtssituation, wie ihn etwa die Europäische Union seit 1997 gegenüber der Volksrepublik praktiziert, neue und möglicherweise erfolgversprechendere

Handlungsoptionen eröffnen (Schäfer 1998: 68f). Immerhin hat China 1998 beide Menschenrechtspakte unterzeichnet und den Zivilpakt im März 2001 ratifiziert.

An Kontroversen wie diesen werden neben dem Charakter der MRK als politischem Gremium auch seine aus dieser politischen Verfasstheit resultierenden Grenzen deutlich. Gegen die Interessen einflussreicher Mitglieder sind Menschenrechtsstandards über kurze Frist nicht durchzusetzen. Die besondere Bedeutung der MRK besteht daher vor allem im kontinuierlichen Insistieren auf Einlösung der vereinbarten Verpflichtungen und der immer wiederkehrenden Thematisierung der Defizite. Allerdings steht die MRK – wie die Vertragsorgane auch – in zunehmender Weise vor dem Problem der Überlastung. Immer aufwendigeren und differenzierteren Verfahren stehen Stagnation bzw. Rückgang im Bereich der personellen und finanziellen Ressourcen gegenüber. Der wirksame Schutz der Menschenrechte durch die MRK hängt daher nicht zuletzt vom politischen Willen der Staaten ab, die Kommission auch in Zukunft mit den Mitteln auszustatten, die sie für die Bewältigung der wachsenden Herausforderungen benötigt.

VN-Hochkommissar für die Menschenrechte

Zur eigenständigen Befassung mit Menschenrechtsfragen hat das Sekretariat der Vereinten Nationen zwar bereits kurz nach Gründung der Weltorganisation eine eigene Menschenrechtsabteilung ins Leben gerufen, die ihren Sitz 1974 von New York nach Genf verlagerte. Allerdings fehlte dieser Abteilung auch nach ihrer 1982 erfolgten Aufwertung zum VN-Menschenrechtszentrum ein Mandat, durch das sie sich zu einem operativen Organ mit eigenen Handlungskompetenzen hätte entwickeln können. Den entscheidenden Schritt zur Stärkung der VN-eigenen Kapazitäten für den Menschenrechtsschutz vollzogen die Mitgliedstaaten während der Wiener Menschenrechtskonferenz von 1993, indem sie nicht nur die Verbesserung der Fähigkeiten des Menschenrechtszentrums zur Koordination der VN-weiten Menschenrechtsaktivitäten empfahlen, sondern auch für die Schaffung des neuen Amtes eines VN-Hochkommissars für die Menschenrechte (UNHCHR) plädierten. Der internationale Schub, den die Menschenrechtsidee nach dem Ende des Ost-West-Gegensatzes und in der Folge der Wiener Weltkonferenz erfuhr, brachte die Generalversammlung dazu, nach kurzen aber intensiven Verhandlungen am 20. Dezember 1993 durch Resolution 48/141 das neue Amt des UNHCHR zu schaffen. Der Hochkommissar im Range eines VN-Untergeneralsekretärs wird durch den VN-Generalsekretär nominiert und durch die Generalversammlung für eine Amtszeit von vier Jahren mit der Möglichkeit der Verlängerung berufen. Nachdem der erste Hochkommissar, José Ayala Lasso aus Ekuador, sein Amt im März 1997 vorzeitig verließ, wurde am 15. September 1997 die ehemalige irische Staatspräsidentin Mary Robinson zur Hochkommissarin für die Menschenrechte ernannt. Die Resolution begründet das Mandat des UNHCHR und legt eine breite Palette von Verantwortlichkeiten fest, die in vier Hauptgruppen unterschieden werden können (Boekle 1998: 12f; Kedzia/ Jerbi 1998: 89f):

- *Förderung und Schutz aller Menschenrechte*: Zu den Kernaufgaben des UNHCHR gehört die Förderung elementarer Rechte, wie sie in der AEMR niedergelegt sind, aber auch die in den Menschenrechtspakten sowie den weiteren Verträgen verankerten Rechte. Ausdrücklich erwähnt ist zudem das Recht auf Entwicklung, zu dessen Förderung er sich um die Unterstützung auch anderer VN-Organe wie des Entwicklungsprogramms UNDP bemühen kann.
- *Internationale Kooperation*: Zur Verbesserung der weltweiten Menschenrechtssituation engagiert sich der UNHCHR im Bereich der verstärkten Zusammenarbeit zwischen Regierungen, nationalen und internationalen Menschenrechtsinstitutionen sowie NGOs.
- *Krisenmanagement und Prävention*: Hierzu gehören vor allem die Einrichtung von Feldmissionen und Menschenrechtsbüros in Ländern mit prekärer Menschenrechtssituation, aber auch Unterstützung für Länder in Transformationsprozessen.
- *Koordination und Rationalisierung*: Der UNHCHR bildet gewissermaßen das Supervisionszentrum für alle Menschenrechtsaktivitäten der Vereinten Nationen mit dem Ziel, der Wahrnehmung dieser Querschnittsaufgabe einen Rahmen zu geben und sie an einer kohärenten Strategie auszurichten. Diese Rolle des UNHCHR wird durch seine Mitgliedschaft in der *Senior Management Group* – dem „Regierungskabinett" des VN-Generalsekretärs – unterstrichen.

Der UNHCHR handelt zwar unter der Autorität des VN-Generalsekretärs und der Generalversammlung, verfügt aber über ein hohes Maß an Autonomie, die vor allem in seinem weitreichenden Initiativrecht zum Ausdruck kommt. So kann er aus eigener Kompetenz in den Dialog mit Regierungen eintreten, ihnen Hilfen anbieten, Empfehlungen an VN-Organe richten und die öffentliche Aufmerksamkeit auf bestehende Probleme und Defizite richten. Ein wichtiger Schritt zur Verbesserung der Arbeitsfähigkeit des Büros des UNHCHR konnte ferner 1997 durch die Eingliederung des VN-Menschenrechtszentrums vollzogen werden. Zugleich wurde das Amt eines stellvertretenden Hochkommissars geschaffen, der den UNHCHR von administrativen Aufgaben zugunsten dessen operativer Aktivitäten entlastet.

Von besonderer Bedeutung sind die Feldaktivitäten des Büros des UNHCHR, deren Zahl sich von sieben zu Beginn der 1990er Jahre auf 26 im Juni 2001 fast vervierfacht hat. Bedeutsamer noch als ihre quantitative Steigerung ist jedoch ihre qualitative Veränderung. Waren Feldmissionen wie in Ruanda 1994 zumeist noch reaktive Maßnahmen in Katastrophensituationen, liegt der Schwerpunkt der Arbeit der Menschenrechtsbüros zu Beginn des neuen Jahrhunderts vor allem auf Prävention. Zudem ist es dem UNHCHR gelungen, in den komplexen Friedensmissionen der ausgehenden 1990er Jahre in zunehmenden Maße Menschenrechtskomponenten zu integrieren. Hierin kommt auch die deutlich verbesserte Kooperation mit wichtigen Hauptabteilungen des Sekretariats wie dem DPKO und dem *Department of Political Affairs* (DPA) zum Ausdruck (zur Arbeit der Feldmissionen Martin 1998, Alefsen 1998).

Die Hauptaktivitäten des UNHCHR selbst bestehen vornehmlich in der Stillen Diplomatie und der Zusammenarbeit mit den Regierungen. Sein Mandat verpflichtet den Hochkommissar, die Staatensouveränität und die nationale Rechtshoheit zu respektieren und zwingt ihn damit häufig zu Gratwanderungen zwischen Kooperation und der Ausübung öffentlichen Drucks. Die Diskretion mit der insbesondere der erste Hochkommissar diese zentrale Aufgabe wahrnahm, hat ihm vielfach den Vorwurf mangelnder Transparenz und zu großer Rücksichtnahme auf die Staaten eingebracht (Kircher 1998: 120ff). Auch beklagten zahlreiche NGOs mangelnde Abstimmung und Berücksichtigung ihrer Informationen und Sichtweisen. Die gegenwärtige Hochkommissarin setzt demgegenüber auf verstärkte Berücksichtigung der Länderberichte, Einbindung der Besuchsreisen in eine gezielte Länderstrategie und zeigt auch eine größere Bereitschaft zur Veröffentlichung der Verhandlungsresultate. Auch wenn sich insbesondere im Bereich der Koordination zwischen UNHCHR und den einzelnen auf ihre Eigenständigkeit bedachten Spezialorganen und -Programmen sowie den Sonderorganisationen Verbesserungen nur schrittweise einstellen, ist den Vereinten Nationen mit der Schaffung dieses Amtes ein qualitativer Sprung in der strategischen Bündelung ihrer Menschenrechtsaktivitäten gelungen. Ihre Arbeit hat einen zentralen Promotor, der seinem Anliegen globale Publizität und Aufmerksamkeit verleiht und zugleich ein ebenbürtiger Ansprechpartner gleichermaßen für Regierungen wie internationale NGOs ist. Allerdings hat auch dieses Amt unter den massiven Finanzzwängen, denen die Vereinten Nationen unterliegen, zu leiden. Der Etat des UNHCHR beträgt weniger als zwei Prozent des VN-Budgets. Da angesichts der wenig ausgeprägten Neigung der Staaten zu höheren Beiträgen finanzielle Zuschläge kaum zu erwarten sind, könnten vor allem Synergieeffekte aus einer engeren Abstimmung mit den verhältnismäßig finanzstarken Spezialorganen und Sonderorganisationen für eine gewisse Erleichterung sorgen.

2.3 Schutz der Menschenrechte: Neue Ansätze und Perspektiven

In den 1990er Jahren stand die Diskussion um die Menschenrechte und ihren wirksamen Schutz auf einem der vorderen Plätze der globalen Agenda. Das Ende des Ost-West-Gegensatzes bedeutete die Überwindung der ideologischen Blockade, die einer weltweiten konzertierten Strategie zur Verbesserung von Achtung und Schutz der Menschenrechte jahrzehntelang entgegenstand. Vor allem aber gelangten in den ehemals sozialistischen Staaten zu einem großen Teil jene Verfechter von Demokratie und Menschenrechten in führende Positionen in Politik und Gesellschaft, die zuvor Verfolgung und Gefangenschaft ausgesetzt waren. Die westlichen Staaten fanden nach der epochalen Wende von 1989/90 in Ostmitteleuropa und Osteuropa statt Gegnern Verbündete für die von ihnen vertretenen Menschenrechtsauffassungen vor. Auch in Afrika und Asien regten sich vermehrt Bewegungen, die Mehrparteiensysteme, Beteiligungsrechte und menschenrechtliche Standards einforderten, in Lateinamerika wurden die verbliebenen Militärdiktaturen abgesetzt (Martin 1998: 148). In zahlreichen neuen Verfassungen wurden Menschenrechtskataloge verankert, die Ratifizierung des bereits erarbeiteten vertraglichen Menschenrechtsbestandes erhielt neuen Auftrieb. Andererseits flammte in zahllosen Bürger- und Sezessionskriegen, aber auch im Vorgehen von Mehrheitsbevölkerungen gegen nationale Minderheiten weltweit eine kaum mehr für möglich gehaltene Welle der Gewalt auf, mit der großflächige Menschenrechtsverletzungen bis hin zu „ethnischer Säuberung" und Genozid einhergingen. Durch die rasant sich entwickelnde globale Vernetzung der Informationsmedien konnten die Bilder von den Schauplätzen der Krisenländer immer schneller in die Haushalte und ins Bewusstsein der Weltöffentlichkeit (Debiel/Nuscheler 1996: 19) transportiert werden. Es entstand vor allem in den westlichen Staaten unter dem Einfluss des „CNN-Faktors" (des selektiv massenmedial erzeugten Drucks auf die Entscheidungsträger) ein erheblicher innenpolitischer Handlungsdruck, zur Abwendung massiver Menschenrechtsverletzungen beizutragen.

Diese Entwicklungen fanden ihren Niederschlag auch in der Praxis des politischen Entscheidungszentrum der Vereinten Nationen, dem Sicherheitsrat. Dort hatte schon zum Ende der 1980er Jahre die Annäherung zwischen USA und Sowjetunion zu einer verbesserten Handlungsfähigkeit geführt. Mit dem gemeinsamen Vorgehen gegen Saddam Hussein im Irak-Kuwait-Krieg wurde der Optimismus auf eine multilaterale „neue Weltordnung" begründet, deren Mittelpunkt die Organisation der Vereinten Nationen bilden und in deren Rahmen auch der globale Menschenrechtsschutz vorangebracht werden sollte. Die Vereinten Nationen engagierten sich in neuen, über die bestehenden vertrags- und chartagestützten Mechanismen hinausweisenden Formen für den globalen Menschenrechtsschutz. Mit den unter der Autorität bzw. mit dem Mandat der Vereinten Nationen durchgeführten humanitären Interventionen (die bereits in Teil B analysiert wurden) sowie dem neu entwickelten Ansatz der internationalen Strafgerichtsbarkeit sollen im folgenden zwei der wichtigsten neueren VN-Instrumente der 1990er Jahre dargestellt und diskutiert werden.

Humanitäre Interventionen

Der Sicherheitsrat der Vereinten Nationen hat sich im Verlauf der 1990er Jahre – beginnend mit seiner Resolution 688 vom 5. April 1991 zur Situation der kurdischen Zivilbevölkerung im Nordirak – immer wieder mit der menschenrechtlichen und humanitären Situation in Ländern befasst, Schritte zu ihrer Verbesserung gefordert und selbst Maßnahmen bis hin zur Anwendung auch militärischen Zwanges beschlossen. Während die Situation im Nordirak wegen einer möglichen Einbeziehung der Türkei in einen zwischenstaatlichen Krieg noch einen internationalen Bezug erkennen ließ, hat der Sicherheitsrat bezogen auf Somalia bereits im folgenden Jahr erklärt, dass bereits das Ausmaß der menschlichen Katastrophe eine Bedrohung für den internationalen Frieden und die Sicherheit darstellt („*constitutes a threat to international peace and security*", Res. 794 vom 3. Dezember 1992). Mit dieser einstimmig gefassten Resolution wurde erstmals ein innerstaatlicher Vorgang als Friedensbedrohung qualifiziert, ohne dass der Sicherheitsrat dabei die – durchaus vorhandenen – internationalen Auswirkungen etwa durch Flüchtlingsströme als konstitutiven Bestandteil der Friedensbedrohung zur Begründung nahm. Die durch diese Resolution nach Kapitel VII der VN-Charta ermächtigte Militäraktion UNITAF (*Restore Hope*) bildete die erste militärische Intervention der Vereinten Nationen auf humanitärer Grundlage. Die Somalia-Resolution stellt eine Fortführung der schrittweisen Erweiterung der funktionellen Zuständigkeit des Sicherheitsrates dar (Bauer 1996: 199), die mit den Maßnahmen gegen das der Förderung des Terrorismus verdächtigte Libyen begonnen hatte. Dieser Prozess führte zu einer fortschreitenden Relativierung des Souveränitätsgrundsatzes (Ipsen 1992) und eröffnete den Vereinten Nationen weitreichende Kompetenzen zum Eingreifen in Ländern auch aus humanitären und menschenrechtlichen Gründen. Wie bereits dargelegt, gilt das Interventionsverbot des Art. 2, Ziff. 7 nur für die Angelegenheiten, die ihrem Wesen nach zur inneren Zuständigkeit eines Staates gehören und steht zudem unter dem Vorbehalt kollektiver Zwangsmaßnahmen nach Kapitel VII der Charta. Deren Voraussetzung wiederum ist eine Feststellung durch den Sicherheitsrat gemäß Art. 39, dass der Frieden bedroht oder gebrochen wurde bzw. eine Angriffshandlung vorliegt. Insbesondere der Begriff der Friedensbedrohung überlässt dem Sicherheitsrat dabei einen weiten Ermessensspielraum (Pape 1997: 128, dort zahlreiche weitere Belege). Vorgänge, die der Sicherheitsrat als Friedensbedrohung qualifiziert, sind automatisch der *domaine reservée* der Staaten entzogen. Eine expansive Interpretation von Art. 39 erlaubt dem Sicherheitsrat demnach so breite Handlungsmöglichkeiten, dass Dieter Blumenwitz (1994: 7) ihn gar als den „Dreh- und Angelpunkt für einen wirksamen Schutz der Menschenrechte im Rahmen der UNO" bezeichnet. Zwar bemerkt Bartl (1999: 133) zu Recht, dass in Resolution 794 von Verletzungen des humanitären Völkerrechts die Rede ist, nicht jedoch von Menschenrechtsverletzungen. Wie aber Pape (1997: 44ff) aufzeigt, haben *human rights law* und *international humanitarian law* mit dem Schutz des Individuums das gleiche Ziel und bauen auf den gleichen Fundamentalnormen auf. Ebock (2000: 263ff) weist zudem am Beispiel von sechs Resolutionen des Sicher-

189

heitsrates zu humanitären Interventionen in den 1990er nach, dass seine Entscheidungen zumindest zum großen Teil von menschenrechtlichen Erwägungen geleitet waren.

Auf der Grundlage dieses erweiterten Verständnisses von Friedensbedrohung beschloss der Sicherheitsrat in den 1990er Jahren eine Reihe von humanitären Interventionen, die entweder durch VN-Blauhelme oder durch die Streitkräfte eigens ermächtigter Staaten durchgeführt wurden. Die Bilanz dieser Operationen fällt indes eher ernüchternd aus (siehe auch Teil B, Abschnitt 1.2 und 2.2). Der Optimismus der frühen 1990er Jahre, durch militärische Interventionen zur weltweiten Durchsetzung von Menschenrechten beitragen zu können, ist bald der Erkenntnis einer Überforderung der Kompetenzen und Möglichkeiten der Vereinten Nationen gewichen. Neben die bereits im Zusammenhang mit den Friedensmissionen diskutierten konzeptionellen und durchführungstechnischen Probleme kollektiver Militäraktionen traten neue Fragen, wie die nach der ethischen Verantwortbarkeit der Gefährdung bzw. der Opferung menschlichen Lebens auch auf der Seite, zu deren Gunsten interveniert wird (Smith 1998). Des Weiteren haben die hohen Verluste vor allem in Somalia und Ex-Jugoslawien auf Seiten der intervenierenden Staaten deren Bereitschaft zum selbstlosen Engagement für die Sache der Menschenrechte deutlich reduziert. Insbesondere demokratische Regierungen müssen ihren Öffentlichkeiten gegenüber rechtfertigen, aufgrund welcher Interessen sie Leben und Gesundheit ihrer Soldaten und zivilen Missionsangehörigen riskieren. Die Verknüpfung von Interventionsentscheidungen bzw. Nichtentscheidungen im Sicherheitsrat sowie von Unterstützungsleistungen an die Vereinten Nationen mit nationalen Interessen und Vorbehalten führt jedoch zu einer unter dem Aspekt der Unveräußerlichkeit und Unteilbarkeit der Menschenrechte bedenklichen Selektivität (Schorlemmer 2000: 47) mit gravierenden Folgen für „vergessene Regionen" aber auch für die moralische Integrität der intervenierenden Mächte.

Die rechtlichen, ethischen und politischen Kernprobleme militärischer Interventionen zum Menschenrechtsschutz sind insbesondere im Kosovo-Einsatz der NATO vom Frühjahr 1999 zu einem umfassenden Dilemma verschmolzen. Zwar hatte der Sicherheitsrat in Resolution 1199 vom 23. September 1998 und weiteren Beschlüssen die humanitäre Situation im Kosovo als Friedensbedrohung gekennzeichnet, die Ermächtigung zum Einsatz militärischer Gewalt jedoch scheiterte an der Veto-Drohung durch Russland und China. In einer Güterabwägung zwischen der Wahrung elementarer Menschenrechte der Kosovo-Albaner und den Bestimmungen des Allgemeinen Gewaltverbotes entschied sich die NATO für eine Vorgehensweise *praeter legem*, also außerhalb des formalen Völkerrechts. Die weltweite Diskussion um die rechtliche Zulässigkeit, die ethische Verantwortbarkeit und die politische Opportunität dieses Schrittes soll an dieser Stelle nicht nachvollzogen werden (hierzu siehe etwa Nolte 1999, Kühne 2000a, Merkel 2000, Thürer 2000, Chesterton 2001). Doch zeigt sich am Beispiel gerade dieser Intervention, wie komplex sich die Entscheidungssituation hinsichtlich humanitärer Interventionen für die handelnden Staaten und zwischenstaatlichen Gremien darstellt und wie unsicher die normative Basis nicht nur in rechtlicher Hinsicht nach wie vor ist. Die Reform der Entscheidungsstrukturen des Sicherheitsrates bzw. die Entwicklung klarer Kriterien für die Zulässigkeit militärischer Maßnahmen zum Menschenrechtsschutz wären unverzichtbare Voraussetzungen für eine konsistente Handhabung dieses Instruments. Ansätze hierzu werden in Teil E diskutiert. Bis auf diesem Gebiet Fortschritte erzielt sind, werden – so steht zu erwarten – die Vereinten Nationen wie auch die Staaten und regionale Arrangements nur in Ausnahmefällen auf humanitäre Interventionen zurückgreifen und politischen und wirtschaftlichen Ansätzen den Vorzug geben.

Internationale Strafgerichtsbarkeit

Die Verträge und Verfahren zum internationalen Menschenrechtsschutz sind, wie gezeigt wurde, durch das Bestreben gekennzeichnet, das Individuum ins Zentrum auch der Völkerrechtsordnung zu stellen. Menschenrechtsverletzungen „ereignen" sich aber nicht einfach, sondern werden durch Personen begangen, sei es durch Anordnung bestimmter Maßnahmen, sei es durch ihre Ausführung. Die Frage nach den Opfern ist daher eng mit der nach den Tätern verbunden, und der Ansatz ist naheliegend, als komplementäre Ergänzung zu völkerrechtlichen Schutzbestimmungen auch internationale Strafnormen zu entwickeln, nach denen Täter ihrer individuellen Schuld entsprechend zur Rechenschaft gezogen werden können.

Der Beginn der Bemühungen um die Kodifizierung internationaler Strafnormen fiel in den 1920er Jahren nicht zufällig mit dem Verbot und der Ächtung des Krieges zeitlich zusammen (Kimminich 1997: 508). Zu gravierend waren die Opfer auch unter der Zivilbevölkerung und zu deutlich war hervorgetreten, dass der moderne Krieg die verheerendste Verletzung humanitärer Auffassungen und Normen überhaupt darstellt. Nachdem allerdings der Versuch gescheitert war, den deutschen Kaiser Wilhelm II. für die Entfesselung des Ersten Weltkriegs und die in seinem Verlauf begangenen Verstöße gegen die Haager Landkriegsordnung sowie weitere Gesetze und Gebräuche des Krieges strafrechtlich zur Verantwortung zu ziehen, waren es die internationalen Militärtribunale von Nürnberg und Tokio und ihre Folgeprozesse, in denen erstmals Kriegsverbrecher auf der Grundlage völkerrechtlicher Straftatbestände abgeurteilt wurden. Durch die Einführung des Tatbestandes „Verbrechen gegen die Menschlichkeit" wurde es möglich, auch die an eigenen Staatsbürgern begangenen Verbrechen wie die Ermordung der deutschen Juden vor einem internationalen Gericht zu verfolgen. Zugleich wurde die mit dem Partiellen Kriegsverbot der Völkerbundssatzung und dem Allgemeinen Kriegsverbot des Briand-Kellogg-Paktes bereits in Gang gesetzte Relativierung der traditionellen Souveränitätsauffassung durch die Prozesse von Nürnberg und Tokio in einer weiteren wichtigen Hinsicht fortgeführt: Akteure, die sich internationaler Verbrechen schuldig gemacht haben, können sich nicht mehr auf eine aus ihrer hoheitlichen Position resultierende Immunität berufen.

Die Bemühungen der Vereinten Nationen um eine weitere Ausgestaltung und Kodifizierung der „Nürnberger Prinzipien" blieben jedoch vor dem Hintergrund des Ost-West-Gegensatzes lange Zeit erfolglos. Als weiteres Hindernis wirkte zudem die wenig ausgeprägte Bereitschaft der Regierungen, ihr politisches Handeln nach internationalen Strafnormen be- und gegebenenfalls verurteilen zu lassen. So scheiterten nach der Verabschiedung der „Konvention über die Verhütung und Bestrafung des Völkermordes" vom 9. Dezember 1948 zu Beginn der 1950er Jahre zwei Versuche der 1947 durch die Generalversammlung geschaffenen Völkerrechtskommission der Vereinten Nationen (*International Law Commission, ILC*), ein Statut für einen Internationalen Strafgerichtshof zu verabschieden. 1954 legte die ILC einen Strafkodex von Verbrechen gegen den Frieden und die Sicherheit der Menschheit vor, der jedoch von der Generalversammlung auf unbestimmte Zeit vertagt und dessen Fortentwicklung erst lange nach der 1974 erfolgten Verabschiedung der Aggressionsdefinition wieder aufgenommen wurde. Es dauerte bis in die Mitte der 1990er Jahre, bis die Völkerrechtskommission Entwürfe für ein Statut für einen Internationalen Strafgerichtshof (1994) bzw. einen Strafrechtskodex für internationale Verbrechen (1996) vorlegen konnte (zu dieser Entwicklung siehe Ahlbrecht 1999: 335ff, Ferencz 1998, 2001), die dann Eingang in das 1998 verabschiedete *Rome Statute of the International Criminal Court* fanden.

Während die Beratungen in der Völkerrechtskommission andauerten, erfuhr die Entwicklung des völkerrechtlichen Strafrechts durch eine wegweisende Entscheidung des Sicherheitsrates eine deutliche Beschleunigung. Angesichts der massiven Menschenrechtsverletzungen, die während des Krieges im zerfallenden Jugoslawien begangen wurden, schuf der Sicherheitsrat durch Resolution 827 vom 25. Mai 1993 ein *International Criminal Tribunal for the Prosecution of Persons Responsible for Serious Violations of International Humanitarian Law Committed in the Territory of the Former Yugoslavia since 1991* (ICTY) mit Sitz in Den Haag. Vorangegangen war diesem Beschluss im Oktober 1992 die Einsetzung einer unabhängigen Expertenkommission zur Untersuchung der humanitären Lage im ehemaligen Jugoslawien, deren Bericht den Sicherheitsrat maßgeblich veranlasste, eine Friedensbedrohung im Sinne von Art. 39 der VN-Charta festzustellen (Resolution 808 vom 23. Februar 1993). Mit der Resolution 808 beauftragte der Sicherheitsrat den Generalsekretär der Vereinten Nationen mit der Prüfung der Möglichkeit zur Errichtung eines Strafgerichtshofes. Am 3. Mai 1993 legte VN-Generalsekretär Boutros-Ghali einen Bericht (Roggemann 1998: 217-243) vor, der zum Teil auf den Entwürfen der ILC aufbaute und in den die Stellungnahmen von dreißig Staaten, der OSZE, dem Internationalen Roten Kreuz sowie einiger NGOs eingeflossen waren. Er empfahl dem Sicherheitsrat, einen Internationalen Strafgerichtshof auf der Grundlage von Kapitel VII der VN-Charta als nicht-militärische Sanktionsmaßnahme zur Wiederherstellung des Friedens einzusetzen. Der dem Bericht beigefügte Statutenentwurf wurde durch die Resolution 827 des Sicherheitsrates in Kraft gesetzt (ICTY-Statut). Auf den im Jahr 1994 in Ruanda verübten Völkermord reagierte der Sicherheitsrat u.a. mit der Einsetzung eines in enger Anlehnung an das ICTY konstruierten Straftribunals für Ruanda (ICTR) mit Sitz in Arusha/Tansania (Resolution 955 vom 11. November 1994).

Als Ad-hoc-Gerichte sind die Zuständigkeiten beider Tribunale in verschiedener Hinsicht begrenzt. Dies gilt insbesondere für den sachlichen Zuständigkeitsbereich: Das ICTY verfolgt schwere Verstöße gegen die Genfer Konventionen von 1949, Verletzungen der Gesetze und Gebräuche des Krieges, Völkermord sowie Verbrechen gegen die Menschlichkeit. Der Jurisdiktion des ICTR unterliegen die Tatbestandsgruppen des Völkermords, der Verbrechen gegen die Menschlichkeit sowie Verstöße gegen den gemeinsamen Art. 3 der Genfer Konventionen und das Zweite Zusatzprotokoll zu den Genfer Konventionen. Da dem Sicherheitsrat eine gesetzgeberische Kompetenz fehlt, musste bei der Festlegung der Straftatbestände darauf geachtet werden, dass sie bereits im geltenden Völkerrecht verankert waren. Um das Rückwirkungsverbot (*nullum crimen sine lege*) nicht zu verletzen, konnten daher nur völkergewohnheitsrechtliche Bestimmungen aufgenommen werden (Ziff. 33ff des Berichts des Generalsekretärs vom 3. Mai 1993). Zur Ahndung der erwiesenen Straftaten können gemäß Art. 24 ICTY-Statut bzw. Art. 23 ICTR-Statut nur zeitlich befristete oder lebenslange Haftstrafen verhängt werden. Anders als bei den Internationalen Militärtribunalen von Nürnberg und Tokio ist die Todesstrafe somit ausgeschlossen. Für die Verwahrung der Angeklagten während der Untersuchungshaft der verhängten Haftstrafen wurden den Vereinten Nationen durch die Sitzstaaten der Tribunale Gefängnisse bereitgestellt. Die Verbüßung der verhängten Haftstrafen geschieht in Gefängnissen von VN-Mitgliedstaaten, die sich zur Aufnahme der Verurteilten bereiterklärt haben. So verbüßen die bislang vom ICTY rechtskräftig verurteilten Täter ihre Strafen in Finnland, Deutschland und Norwegen. Beide Gerichtshöfe verfügen über die gleiche Struktur. Sie bestehen aus einem Rechtsprechungsorgan mit drei Strafkammern und einer Berufungskammer, einer Strafverfolgungsbehörde sowie einer Kanzlei. Das Ruandatribunal verfügt jedoch über keine eigene Berufungskammer und Anklagebehörde, sondern teilt sich diese mit dem ICTY. Die Richter werden nach einer Nominierung durch den Sicherheitsrat von der Generalversammlung für eine vierjährige Amtsperiode mit der Möglichkeit zur Wiederwahl bestimmt. Die 14 hauptamtlichen Richtern des ICTY können im Falle eines erhöhten Prozessaufkommens auf eine Reserve von bis zu neun *ad-litem*-Richter zurückgreifen. Der Chefankläger wird auf Vorschlag durch den VN-Generalsekretär vom Sicherheitsrat ernannt. Nach Richard Goldstone und Louise Arbour bekleidet seit dem 15. September 1999 Carla del Ponte dieses prominenteste Amt der beiden Tribunale (zur Struktur und Arbeitsweise des ICTY siehe detailliert Morris/Scharf 1995). Nach einer Phase nur äußerst zögerlicher Fortschritte, die auf die mangelnde Bereitschaft der betroffenen Staaten zur Auslieferung angeklagter Staatsbürger zurückzuführen war, haben sich die Tribunale doch zu effektiven Gerichten entwickelt. Am 28. Juni 2001 wurde der 39. mit internationalem Haftbefehl gesuchte mutmaßliche Kriegsverbrecher ins Untersuchungsgefängnis des ICTY nach Scheveningen überstellt. Dabei handelte es sich um Slobodan Milosevic, das erste Staatsoberhaupt, das sich vor einem internationalen Gericht verantworten muss. Sechs Verfahren sind vor dem ICTY rechtskräftig abgeschlossen. Davon wurden in fünf Fällen Haftstrafen verhängt, ein Angeklagter wurde freigesprochen. Vor dem Ruanda-Tribunal mussten bzw. müssen sich 49 Angeklagte verantworten. Eine Reihe von Fällen sind bereits rechtskräftig abgeschlossen, darunter der des ehemaligen ruandischen Premierministers Jean Kambanda. Mit der Bestätigung des Urteils der Strafkammer durch die Berufungskammer am 19. Oktober 2000 wurde damit erstmals ein Regierungschef wegen des Verbrechens des Völkermordes zu lebenslanger Haft verurteilt.

Die „juristische Intervention" des Sicherheitsrates durch die Gründung von Straftribunalen als friedliche Sanktionsmaßnahmen zur Friedenssicherung hat in der Rechts- wie der Politikwissenschaft aber auch in der politischen Öffentlichkeit zu grundsätzlichen Diskussionen geführt. So haben einige Autoren in der Debatte um die Einsetzung des ICTY die Befugnis des Sicherheitsrates, sich als Gerichtsgründer zu betätigen, in Frage gestellt. Insbesondere wurde dabei kritisiert, dass kein Staat dem Sicherheitsrat eine Strafhoheit übertragen habe (Graefrath 1995: 295, Schmalenbach 1998: 285) und sich der Sicherheitsrat daher eine legislative Kompetenz angemessen habe, die ihm der Charta nach nicht zusteht. Dem ist allerdings entgegenzuhalten, dass der Sicherheitsrat mit den Statuten kein neues Recht geschaffen hat, sondern auf gültiges Völkergewohnheitsrecht zurückgegriffen hat. Umstritten ist in dieser Hinsicht indes die in Art. 5 des ICTY-Statuts niedergelegte Tatbestandsgruppe der Verbrechen gegen die Menschlichkeit. Tatsächlich lässt die äußerst spärliche Staatenpraxis bezüglich dieser Tatbestandsgruppe erhebliche Zweifel zu (Ambos 2000, Ahlbrecht 1999: 270f). Jana Hasse (2000) stellt sogar die gesamte völkergewohnheitsrechtliche Fundierung des Vorgehens seitens des Sicherheitsrates in Frage. Demgegenüber geht der Bericht des Generalsekretärs (Ziff. 48) davon aus, dass die diesbezüglichen Normen seit den Tribunalen von Nürnberg und Tokio zum Völkergewohnheitsrecht geworden sind, eine Auffassung, die die Strafkammer und die Berufungskammer im Falle des Dusko Tadic teilten. Auch die Eignung eines Strafgerichts, zur internationalen Friedenssicherung beizutragen, wird mitunter skeptisch beurteilt (Tolmein 2001). Übersehen werden darf allerdings nicht, dass von der Strafandrohung zumindest eine gewisse generalpräventive Wirkung auf potenzielle Täter ausgeht, die sich bislang auf ihre hoheitliche Immunität berufen konnten (Trifterer 1994: 828f). Den erhobenen Einwänden insbesondere gegen das Jugoslawien-Tribunal, die von serbischer Seite bis hin zur Unterstellung von politischer Willkür und Erniedrigung eines Volkes erweitert wurden (Hinic 2001), steht jedoch die nach und nach erfolgte

Anerkennung dieses Tribunals durch die betroffenen Staaten selbst gegenüber. So hatten sich der kroatische General und Vorsitzende des kroatischen Verteidigungsausschusses Tihomir Blaskic ebenso wie die ehemalige Präsidentin der Republika Srspka, Biljana Plavsic, der Jurisdiktion des Tribunals zu unterwerfen. Mit der Auslieferung ihres ehemaligen Staatsoberhauptes hat auch die Bundesrepublik Jugoslawien die Legitimität dieses Gerichtshofes anerkannt. Welchen Bedeutungszuwachs die strafrechtliche Verfolgung von Verantwortlichen für gravierende Menschenrechtsverletzungen in den Augen der Staatengemeinschaft nicht zuletzt durch die Arbeit der beiden Tribunale erfahren hat, belegt die überwältigende Mehrheit, die das Statut für einen permanenten Internationalen Strafgerichtshof (*International Criminal Court*, ICC) zum Abschluss der Konferenz von Rom am 17. Juli 1998 gefunden hat. Von 148 teilnehmenden Staaten stimmten 120 für seine Annahme, 21 enthielten sich und nur 7 Staaten verweigerten ihre Zustimmung. Drei Tatbestandsgruppen, Völkermord, Verbrechen gegen die Menschlichkeit und Kriegsverbrechen werden damit zu präzise ausgehandelten völkervertragsrechtlichen Straftatbeständen. Von besonderer Bedeutung ist, dass die Verbrechen des Völkermordes und gegen die Menschlichkeit auch dann der Jurisdiktion des ICC unterliegen, wenn sie sich nicht während militärischer Konflikte ereignet haben (Kaul 1998a: 127). Dadurch wird, wenn das Statut mit der Hinterlegung der 60. Ratifikations- bzw. Beitrittsurkunde in Kraft tritt, ein weiterer Meilenstein im internationalen Menschenrechtsschutz gesetzt.

Allen im vorstehenden Teil beschriebenen Fortschritten zum Trotz steht der globale Menschenrechtsdiskurs jedoch auch weiterhin vor der Aufgabe, ein universal akzeptiertes Verständnis von einem umfassenden und konsistenten Kodex zu gewährleistender und zu schützender Menschenrechtsgüter hervorzubringen. Konkret bedeutet dies, die in den internationalen Verträgen und Pakten errichteten Standards in nationales Recht zu implementieren, mit Leben zu erfüllen und die bestehenden Instrumente zur ihrer Durchsetzung für den Fall der Nichtbeachtung entschlossen und effektiv anzuwenden. Hierfür gibt es durchaus Chancen. Im Niedergang des Sozialismus hat sich in den 1990er Jahren gezeigt, welche ungebrochene Anziehungskraft die westlichen Menschenrechtsvorstellungen in Verbindung mit dem demokratischen Staatsmodell haben. Auch der Verlauf der wirtschaftlichen Krise in Asien hat in den Jahren nach 1997 eindrucksvoll verdeutlicht, dass demokratische Staaten wie Südkorea oder Thailand ihre Probleme schneller und nachhaltiger in den Griff bekommen haben als autoritäre Systeme wie Indonesien. Auf der anderen Seite setzt sich auch im Bereich der Industrieländer zunehmend die Einsicht durch, dass die Menschen von der Freiheit allein nicht leben können (Galtung 2000: 15f). Was es herauszubilden gilt, ist die globale Akzeptanz einer hierarchiefreien Interdependenz aller drei Generationen von Menschenrechten. Dies setzt interkulturellen Dialog und Lernbereitschaft bei allen am Menschenrechtsdiskurs beteiligten Staaten und Kulturen voraus. Auf der politik-praktischen Ebene bedeutet dies aber auch ein fortschreitendes Überdenken des klassischen Souveränitätsgrundsatzes. Elementare Menschenrechte sind als globales Rechtsgut der einzelstaatlichen Verfügbarkeit entzogen. Der enge Nexus zwischen Menschenrechten und internationaler Stabilität in der globalisierten Welt erlegt den Staaten Verpflichtungen auf, die auf einer Stufe mit denjenigen zur friedlichen Konfliktaustragung und Kriegsverhütung stehen. Dies schließt die Abkapselung unter dem Verweis auf nationale Souveränitätsrechte ebenso aus wie die Instrumentalisierung der Menschenrechte zur nationalen Interessendurchsetzung.

Die Entwicklung eines integrativen universalen Menschenrechtsverständnisses ist zugleich der langfristig wohl wirksamste Schutz dieses kollektiven Rechtsgutes. Zwar sind auf der Basis der die Menschenrechte kodifizierenden Verträge und Pakte Überwachungsmechanismen zur Einhaltung der vereinbarten Standards geschaffen worden, doch konnten unter dem überbrachten Souveränitätsgrundsatz nur „rudimentäre Ansätze echter und greifender Durchsetzungsmittel" (Riedel 1998: 52) etabliert werden. Weitere Überzeugungsarbeit auf dem Wege der präventiven Diplomatie, wie sie durch den früheren VN-Generalsekretär Boutros-Ghali in der Agenda für den Frieden angeregt wurde, indirekt wirkende Strategien, wie die Stärkung von Demokratiepotenzialen in den Ländern (Czempiel 2000: 11ff) oder die Schaffung nationaler Menschenrechtskommissare bzw. -kommissionen sind daher Ansätze, die in Richtung einer stetigen Verbreiterung der Basis eines universalen Menschenrechtsverständnisses wirken. Überwachung durch kollektive Organe der Staatengemeinschaft wie auch der Zivilgesellschaft und gegebenenfalls das öffentliche Anprangern von Menschenrechtsverstößen gehören zur Begleitung dieses Prozesses der Implementierung von Menschenrechtsstandards. Dass dieser Prozess der allmählichen Überzeugung erfolgversprechend ist, belegen die seit der Wiener Menschenrechtskonferenz von 1993 steigende Beitritts- und Ratifikationsbereitschaft zu den bestehenden Menschenrechtsverträge ebenso wie die breite Mehrheit, die das Statut für den Internationalen Strafgerichtshof 1998 unter den Staaten gefunden hat. Gegenüber freiwillig eingegangenen Bindungen haben aufgezwungene Verpflichtungen deutlich geringere Chancen auf nachhaltige Verankerung im politischen Bewusstsein eines Staates oder einer Gesellschaft. Interventionismus gleich welcher Art zum Schutz der Menschenrechte steht zudem so lange unter dem Verdacht einseitiger Interessendurchsetzung, als die Interventionsanlässe selektiv durch die handelnden Mächte bestimmt werden. Dies bedeutet nicht, dass nicht auch militärische Interventionen zu humanitären Zwecken notwendig sein könnten. Sie kommen jedoch wie im Bereich der Friedenssicherung nur als Ausnahmeinstrumente der Staatengemeinschaft in Frage.

Teil D
Das Instrumentarium in den Bereichen Wirtschaft, Entwicklung und Umwelt

1 Wirtschafts- und Entwicklungsfragen in den Vereinten Nationen: Problembereiche und institutionelles Design

Neben der Friedenssicherung und dem Menschenrechtsschutz bilden Aktivitäten im sozioökonomischen und entwicklungspolitischen Bereich einen dritten großen Aufgabenkomplex in der Arbeit der Vereinten Nationen. In seinem Millenniumsbericht an die Generalversammlung benutzte VN-Generalsekretär Kofi Annan (2000: 9f) zur Veranschaulichung der globalen Interdependenz die Metapher von der „Welt als Dorf". Er unterstellt in einem Gedankenspiel, dieses Dorf habe lediglich 1.000 Einwohner und alle Eigenschaften der heutigen Menschheit seien darin in exakt demselben Verhältnis wie in der realen Welt mit mehr als sechs Milliarden Bewohnern vertreten. Rund 150 Einwohner würden dann in einer der wohlhabenden Viertel des Dorfes und etwa 780 in ärmeren Vierteln zum Teil mit Mangelernährung leben, weitere 70 in einer Übergangsgegend. Nur 200 Personen verfügten über 86 Prozent des gesamten Reichtums, während knapp die Hälfte der Dorfbewohner mit weniger als zwei US-Dollar pro Tag auskommen müsse. 220 Dorfbewohner seien Analphabeten, weniger als 60 Personen besäßen einen Computer, nur 24 hätten Zugang zum Internet und mehr als die Hälfte habe noch nie ein Telefon benutzt (eine Fülle an Daten aus dem entwicklungspolitischen Bereich finden sich etwa in: Globale Trends 2000, IMF 2000, UNCTAD 2000, UNDP 2000, World Bank 2000, BMZ 2001). Einige Viertel des Dorfes seien vergleichsweise sicher, andere würden hingegen von organisierter Gewalt geprägt. Zunehmend hätten sich in den vergangenen Jahren Naturkatastrophen ereignet, von denen die ärmeren Viertel überdurchschnittlich betroffen seien, und gleichzeitig sei die Durchschnittstemperatur angestiegen, was weitere Umweltkatastrophen auslösen werde (siehe Abschnitt 2).

Nach Daten des Entwicklungsprogramms der Vereinten Nationen (UNDP) hat sich der Abstand zwischen Industrie- und Entwicklungsländern zwischen 1960 und 1993 verdreifacht, das reichste Fünftel der Weltbevölkerung erwirtschaftet mehr als 82 Prozent des Weltsozialprodukts, das ärmste Fünftel unter 1,5 Prozent. Die Einkommenslücke zwischen dem reichsten Fünftel der Weltbevölkerung und dem ärmsten Fünftel lag 1997 bei 74 zu eins, während das Verhältnis 1990 noch 60 zu eins betrug. Der Anteil der Entwicklungsländer am Welthandel ist seit 1980 von etwa 0,7 auf 0,4 Prozent in 1998 zurückgegangen. Der Anteil der ärmsten Staaten an den weltweiten Direktinvestitionen betrug 1998 lediglich 0,4 Prozent. Die Gesamtverschuldung der Entwicklungsländer lag 1999 bei rund 2,5 Billionen US-Dollar. Die 41 am höchsten verschuldeten Länder müssen jährlich einen Schuldendienst von über 200 Milliarden US-Dollar leisten, in 29 Staaten übersteigen die Schuldendienstzahlungen die Ausgaben für Bildung und Gesundheit. Obwohl es in einzelnen Bereichen und Ländern zu Verbesserungen gekommen ist, zeigen sozioökonomische Indikatoren wie Lebenserwartung, Kindersterblichkeit, Alphabetisierungsrate, Ernährungssituation etc. ein Ausmaß an globaler Ungleichheit, dass vereinzelt mit dem Begriff der „globalen Apartheid" (Nuscheler 1997: 477) belegt wurde. Jedenfalls bildet der Nord-Süd-Konflikt, der als das „strukturelle Konfliktverhältnis zwischen Entwicklungs- und Industrieländern, das sich aus den unterschiedlichen wirtschaftlichen, sozialen und politischen Entwicklungschancen von Entwicklungsgesellschaften einerseits und Industriegesellschaften andererseits ergibt" (Nohlen 2000: 339) definiert werden kann, ein zentrales Problemfeld der internationalen Beziehungen und damit auch eine Herausforderung für die Vereinten Nationen.

Zur Bezeichnung der Probleme ist in der entwicklungspolitischen Diskussion eine Vielzahl von Begriffen anzutreffen (Nuscheler 1995: 68-91, Hein 1998: 377-393), die hier nicht näher erläutert werden sollen. Neben der inzwischen gängigen Ablösung des Begriffs Entwicklungshilfe durch Entwicklungszusammenarbeit ist insbesondere der Begriff „Dritte Welt" kritisiert worden. Im Zusammenhang mit den Entkolonisierungsprozessen der 1960er Jahre ging diese Begriffsbildung auf die analytische Dreiteilung der Welt in „erste" (Industriestaaten), „zweite" (sozialistische Staaten) und „dritte Welt" (Entwicklungsländer) zurück. Spätestens mit dem Zusammenbruch der bipolaren Weltordnung seit 1989/90 ist dieser Begriff hinfällig geworden, aber auch die zunehmende Heterogenität in der Gruppe der Entwicklungsländer macht neue begriffliche Differenzierungen notwendig. Umstritten ist, was sich hinter dem viel beschriebenen Phänomen vom „Ende der Dritten Welt" (Menzel 1992) verbirgt. Insbesondere wird kontrovers debattiert, ob es sich um eine Annäherung von Entwicklungsländern an westliche Maßstäbe bzw. die starke Binnendifferenzierung in der Gruppe der Entwicklungsländer handelt oder ob mit dieser Aussage die weiterhin bestehende, hoch ungleiche Entwicklung im Weltmaßstab gewissermaßen verschleiert wird. Die kontroversen Ziele und Mittel in der Entwicklungspolitik generell (als Einstieg in die praktische Entwicklungspolitik Wolff 1998, als Analyse der Erklärung von Unterentwicklung Hein 1998: 143-255) spiegeln sich auch in unterschiedlichen Vorstellungen darüber wider, was ein „Entwicklungsland" ist. Gemeinhin kann als Charakteristikum gelten, das Entwicklungsländer nicht in der Lage sind, für große Teile ihrer Bevölkerung grundlegende Existenzbedürfnisse zu befriedigen. Folgende Kriterien sind in unterschiedlicher Ausprägung in den meisten Entwicklungsländern anzutreffen, wenngleich über die Gewichtung der Merkmale in der Wissenschaft kein Konsens zu verzeichnen ist (Andersen 2000: 80f):

- *Ökonomische Merkmale*: geringes durchschnittliches Pro-Kopf-Einkommen verbunden mit extrem ungleicher Einkommensverteilung, niedrige Spar- und Investitionsrate, geringe Produktivität, unzulängliche Infrastruktur, dominanter, teilweise auf Selbstversorgung orientierter traditioneller Sektor sowie außenwirtschaftliche Abhängigkeit von wenigen, auf die Märkte der Industrieländer orientierten Exportprodukten – zumeist Rohstoffe – und eine hohe Auslandsverschuldung.
- *Soziodemographische Merkmale*: vergleichsweise niedrige Lebenserwartung vor dem Hintergrund weit verbreiteter Gesundheitsmängel und schlechter medizinischer Versorgung, hohe Analphabetenquote und schlechter Ausbildungsstand, sehr hohes Bevölkerungswachstum, starke Wanderungsbewegungen in Ballungsräume.
- *Ökologische Merkmale*: armutsbedingter ökologischer Raubbau und Zerstörung besonders anfälliger Ökosysteme.
- *Soziokulturelle und politische Merkmale*: Orientierung an Primärgruppen wie Großfamilie bzw. ethnische Gruppen, verbunden mit geringer Loyalität gegenüber institutionellen Strukturen wie dem Staat, geringe Mobilität, autoritärer und zugleich schwacher Staat, schwache politische Legitimation der Führung und unzureichender Menschenrechtsschutz, mangelnde Umsetzbarkeit politischer Programme und hohe Korruptionsrate, oftmals gewaltsame Konfliktaustragung nach Innen und Außen.

Der unterschiedliche Entwicklungsstand innerhalb der Gruppe der Entwicklungsländer hat seitens der Vereinten Nationen zur Bildung von verschiedenen Untergruppen geführt. So kategorisiert die Weltbank hauptsächlich nach Pro-Kopf-Einkommen und unterscheidet dann Länder mit mittlerem (MIC) von Ländern mit niedrigen Einkommen (LIC), bildet aber unterhalb dieser Einteilung zahlreiche Untergliederungen wie etwa aufgrund des Kriteriums der Auslandsverschuldung. Die UNEP wiederum erstellt jährlich einen *Human Development Index*, der eine Mischung aus Lebenserwartung, Alphabetisierungsrate und Kaufkraft zugrunde legt und daraus drei Ländergruppen bildet. Zur ersten Gruppe (*high human development*) gehören im Jahr 2000 insgesamt 46 Staaten wie z.B. Kanada, Norwegen, USA, Australien Schweden, Belgien, Japan, Deutschland, Spanien, Singapur, Israel, Slowenien, Argentinien, Bahrein, Estland), zur zweiten Gruppe (*medium human development*) zählen 93 Staaten wie u.a. Kroatien, Mexiko, Russland, Brasilien, Peru, Türkei, Jordanien, Iran, China, Tunesien, Marokko, Kenia und zur dritten Gruppe (*low human development*) werden derzeit 34 Staaten gezählt, darunter Sudan, Bangladesch, Haiti, Nigeria, Uganda, Burundi und Äthiopien. Von besonderer Bedeutung in der entwicklungspolitischen Arbeit der Vereinten Nationen ist die Gruppe der am wenigsten entwickelten Länder, den so genannten *least developed countries* (LDCs).

Übersicht 13: Die am wenigsten entwickelten Länder (LDCs) 2001

Afghanistan	Gambia	Malawi	Sierra Leone
Angola	Guinea	Malediven	Somalia
Äquatorialguinea	Guinea-Bissau	Mali	Sudan
Äthiopien	Haiti	Mauretanien	Tansania
Bangladesch	Jemen	Mosambik	Togo
Benin	Kambodscha	Nepal	Tschad
Bhutan	Kap Verde	Niger	Tuvalu
Birma	Kiribati	Ruanda	Uganda
Burkina Faso	Komoren	Salomonen	Vanuatu
Burundi	Laos	Sambia	Zentralafr. Rep.
Rep. Kongo	Lesotho	Samoa	
Dschibuti	Liberia	Sao Tomé	
Eritrea	Madagaskar	Senegal	

Quelle: United Nations Development Program

Diese Gruppe ist gekennzeichnet durch ein niedriges Volkseinkommen (jährlich weniger als 800 US-Dollar pro Kopf), geringe Entwicklung des so genannten menschlichen Kapitals (das an einem Index verschiedener Indikatoren aus den Bereichen Gesundheit, Ernährung, Bildung, Lebenserwartung und Alphabetisierungsgrad gemessen wird) und hohe Anfälligkeit der Volkswirtschaft (gemessen an einem Index verschiedener Indikatoren wie die ökonomische Instabilität, unzureichende Diversifikation der Wirtschaft, kleine Staatsgröße). Wenn mindestens zwei von drei Kategorien erfüllt sind, kann der ECOSOC solche Staaten in die Liste der LDCs aufnehmen, was bestimmte Vorteile wie Sonderbedingungen bei der Entwicklungshilfe und der Schuldentilgung zur Folge hat. Als die Generalversammlung Anfang der 1970er Jahre erstmals diese Einteilung vornahm, standen 25 Staaten auf der Liste, 2001 gehören 49 Staaten dieser Gruppe an, was 630 Mio. Menschen bzw. einem Zehntel der Weltbevölkerung entspricht.

Der damalige US-amerikanische Außenminister Edward Stettinius sagte nach der Unterzeichnung der VN-Charta im Sommer 1945 treffend: „Der Kampf für den Frieden muss an zwei Fronten geführt werden. An der einen Front geht es um Sicherheit und an der anderen geht es um Ökonomie und soziale Gerechtigkeit. Nur ein Sieg an beiden Fronten wird der Welt einen dauerhaften Frieden bescheren" (zit. nach French 1996: 6f). In ungezählten Dokumenten und Erklärungen haben die Vereinten Nationen den Zusammenhang zwischen Frieden, Entwicklung und Umwelt herausgestellt. In der „Agenda für den Frieden" vom Juni 1992 heißt es beispielsweise, dass Probleme wie unkontrolliertes Bevölkerungswachstum, erdrückende Schuldenlasten, Handelshemmnisse und die immer größere Disparität von Arm und Reich „sowohl Konfliktursachen als auch Konfliktfolgen darstellen" und diese es verlangen, „dass die Vereinten Nationen ihnen unermüdliche Aufmerksamkeit widmen und bei ihrer Tätigkeit höchsten Vorrang einräumen". Die „Agenda 21", die auf der Konferenz für Umweltschutz und Entwicklung im Juni 1992 verabschiedet wurde, verlangt eine globale Partnerschaft für nachhaltige Entwicklung, die sich darin ausdrücke, dass den Entwicklungs- und Umweltbedürfnissen heutiger und künftiger Generationen entsprochen werde. In der „Agenda für Entwicklung" vom Juni 1997 (s.u.) wird ausgeführt: „Voraussetzung für ein wirksames mulilaterales Entwicklungssystem ist die Anerkennung und Unterstützung der einzigartigen Rolle der Vereinten Nationen: ihrer Universalität, ihres globalen Beziehungsgeflechts, über das keine andere Instanz verfügt, und ihrer Fähigkeit Konsens herbeizuführen, Politik zu prägen sowie mitzuhelfen, öffentliche und private Entwicklungsanstrengungen zu rationalisieren".

Es wurde bereits erläutert, dass die VN und insbesondere ihre zahlreichen Sonderorganisationen und Spezialorgane auf praktisch allen Unterfeldern dieses Bereichs mit globalen Implikationen tätig sind. Das organisatorische Wachstum ist ein auffälliges Kennzeichen der Vereinten Nationen in diesem Bereich. „Rezept für die Lösung neu entstehender Aufgaben scheint über Jahre hinweg immer wieder die Neugründung eines Gremiums bzw. Organs gewesen zu sein" (Dicke 1994: 115), allerdings mit der Gefahr zunehmender Unübersichtlichkeit und Intransparenz sowie sinkender Steuerungsfähigkeit des Gesamtsystems. „Je mehr die Vereinten Nationen in New York ihre eigenen Bataillone aufgebaut hatten, desto weniger wurden ihre Untereinheiten fähig, einen interdisziplinären Rahmen zur Verfügung zu stellen: es wurde für die VN sogar schwieriger, die interinstitutionelle Rivalität in Grenzen zu halten, da sie mit sich selbst wetteiferte" (Righter 1995: 49). Aufgrund der institutionellen Komplexität wird das System der Vereinten Nationen vereinzelt gar als „unregierbar" bezeichnet (Righter 1995: 66). Mit der organisatorischen Ausdehnung ging auch eine inhaltliche Aufgabenerweiterung einher. Stand zunächst die Friedenssicherung im Vordergrund, so bildet der Wirtschafts-, Entwicklungs- und Sozialbereich heute eine zentrale Säule, die rund 80 Prozent der Gesamtausgaben beansprucht.

Es soll in diesem Teil nicht versucht werden, eine detaillierte Strukturbeschreibung der Aktivitäten des gesamten VN-Systems in Wirtschafts-, Sozial- und Entwicklungsfragen zu vermitteln. Vielmehr sollen ausgewählte Tätigkeitsbereiche aus diesem Themenspektrum analysiert und zentrale Problembereiche herausgearbeitet werden. Auf den inzwischen eng mit entwicklungspolitischen Themen verbundenen Umweltbereich wird ausführlicher in Abschnitt 2 eingegangen.

1.1 Zuständigkeit und Tätigkeitsbereiche

Der ausdrückliche Wille der VN-Gründer zur Übertragung von Zuständigkeiten in sozioökonomischen und entwicklungspolitischen Fragen drückt sich zunächst in Art. 1, Ziff. 3 der Charta aus. Im Unterschied zum Völkerbund (dieser hatte mit verschiedenen Reformplänen vergeblich versucht, eben jener Philosophie zum Durchbruch zu verhelfen) gehört zum Zielkatalog der VN erklärtermaßen die Herbeiführung einer internationalen Zusammenarbeit, „um internationale Probleme wirtschaftlicher, sozialer, kultureller und humanitärer Art zu lösen". Dem liegt – wie bereits am Beispiel des Menschenrechtsschutzes erläutert – ein Friedensbegriff zu Grunde, der ausdrücklich anerkennt, dass bestimmte Bedingungen geschaffen werden müssen, unter denen der Frieden und die internationale Sicherheit besser und dauerhafter erhalten werden können. Die Präambel der Charta zählt dazu u.a. die Förderung des sozialen Fortschritts und eines besseren Lebensstandards. Es wird also von einer unauflöslichen Verschränkung von Friedenssicherung einerseits und zwischenstaatlicher Zusammenarbeit in wirtschaftlichen und sozialen Fragen andererseits ausgegangen. Klaus Dicke (1994: 87f) weist darauf hin, dass dies erst vor dem Hintergrund eines bestimmten Politik- und Staatsverständnisses möglich geworden ist, bei dem „auch internationalen Organisationen ein stärkerer Durchgriff auf die Gesellschaften der Mitgliedstaaten zugestanden werden, als dies zur Zeit des Völkerbundes denkbar gewesen wäre". Klaus Hüfner und Wolfgang Spröte (1994: 101) argumentieren gar, Vorbedingung für diesen ambitionierten Zuständigkeitskatalog sei gewesen, dass an die Stelle des „Nachtwächterstaates auf der Grundlage einer liberalistischen laissez-faire Konzeption" die sozialpolitische Verantwortung des Staates in Form des „interventionsorientierten welfare-state" getreten sei. Ob dieses Zutrauen in staatliche bzw. überstaatliche Handlungsmöglichkeiten im Zeitalter der Globalisierung noch tragfähig ist, wird kontrovers diskutiert (siehe Abschnitt 1.2 unten).

Die Durchführungsbestimmungen des recht allgemein gehaltenen Auftrags zur Lösung internationaler Probleme wirtschaftlicher, sozialer, kultureller und humanitärer Art sind in einem eigenen Kapitel der Charta (Kapitel IX: Internationale Zusammenarbeit auf wirtschaftlichem und sozialem Gebiet) geregelt. Dabei gilt es zunächst, die bereits erläuterte Unterscheidung zwischen Sonderorganisationen und Spezialorganen in Erinnerung zu rufen (siehe Teil A, Abschnitt 2, 2.1 und 2.3). Zudem ist darauf hinzuweisen, dass sich das VN-System über die Jahre stark ausdifferenziert hat und in seiner ursprünglichen Konstruktion überschaubarer als heute war. Bei den Spezialorganen handelt es sich um Nebenorgane der Vereinten Nationen, die von der Generalversammlung eingesetzt werden und ihr teils direkt, teils über andere Organe berichten. Die Generalversammlung hat aber – anders als der Sicherheitsrat im Bereich der Friedenssicherung – nicht die Kompetenz, bindende Beschlüsse zu erlassen, sondern kann nur Empfehlungen aussprechen. Die Arbeit der Sonderorganisationen erfolgt hingegen eigenständiger als die der Spezialorgane, aber auch diese können nicht gegen den Willen ihrer Mitglieder handeln. In Art. 55 der Charta wird die zentrale Botschaft formuliert: „Um jenen Zustand der Stabilität und Wohlfahrt herbeizuführen, der erforderlich ist, damit zwischen den Nationen friedliche und freundschaftliche, auf der

Achtung vor dem Grundsatz der Gleichberechtigung und Selbstbestimmung der Völker beruhende Beziehungen herrschen", werden einzelne Politikfelder genannt, die von den Vereinten Nationen mit dem Ziel der Stabilisierung des internationalen System gefördert werden sollen u.a. Verbesserung des Lebensstandards, Lösung internationaler Probleme wirtschaftlicher, sozialer, gesundheitlicher und verwandter Art sowie Zusammenarbeit auf dem Gebiet der Kultur und Erziehung, Achtung und Verwirklichung der Menschenrechte und Grundfreiheiten. Art. 56 enthält die Verpflichtung aller Mitgliedstaaten, „gemeinsam und jeder für sich mit der Organisation zusammenzuarbeiten, um die in Art. 55 dargelegten Ziele zu erreichen". In den Art. 57 bis 59 werden die Sonderorganisationen erwähnt, die „auf den Gebieten der Wirtschaft, des Sozialwesens, der Kultur, der Erziehung, der Gesundheit und auf verwandten Gebieten weitreichende, in ihren maßgebenden Urkunden umschriebene internationale Aufgaben zu erfüllen haben" und aufgrund der Vorkehrungen in Art. 63 mit den VN „in Beziehung gebracht werden". In Art. 58 wird festgelegt, dass die Organisation Empfehlungen abgibt, „um die Bestrebungen und Tätigkeiten dieser Sonderorganisationen zu koordinieren". Art. 59 gestattet ausdrücklich die Gründung neuer Sonderorganisationen, soweit sie zur Erfüllung der in Art. 55 dargelegten Ziele für erforderlich gehalten werden. Die Arbeit der Spezialorgane geht auf Art. 22 zurück, der der Generalversammlung das Recht gibt, Nebenorgane einzusetzen, soweit sie dies zur Wahrnehmung ihrer Aufgaben für erforderlich hält. Administrative Aufgaben werden seit 1997 im Wirtschafts- und Entwicklungsbereich hauptsächlich in der Hauptabteilung für Wirtschafts- und Sozialangelegenheiten des VN-Sekretariats unter der Leitung eines Untergeneralsekretärs wahrgenommen; davon unberührt bleibt die Einrichtung eigenständiger Sekretariate für einzelne Programme, Kommissionen und Nebenorgane.

Ein weiteres Kapitel (Kapitel X, Art. 61 bis 72) regelt die Kompetenzen des für die Arbeit der Sonderorganisationen zuständigen Organs, des Wirtschafts- und Sozialrats (ECOSOC, siehe auch Teil A, Abschnitt 2.2). Der ECOSOC soll unter der Verantwortung der Generalversammlung als Koordinierungsinstanz im wirtschaftlichen und sozialen Bereich arbeiten. Er kann nach Art. 62 „über internationale Angelegenheiten auf den Gebieten der Wirtschaft, des Sozialwesens, der Kultur, der Erziehung, der Gesundheit und auf verwandten Gebieten Untersuchungen durchführen oder bewirken sowie Berichte abfassen oder veranlassen; er kann zu jeder derartigen Angelegenheit an die Generalversammlung, die Mitglieder der VN und die in Betracht kommenden Sonderorganisationen Empfehlungen richten". Zudem kann er internationale Konferenzen in seinem Zuständigkeitsbereich einberufen. Nach Art. 63 kann er mit den in Art. 57 bezeichneten Sonderorganisationen Abkommen schließen, sofern eine Genehmigung durch die Generalversammlung erfolgt, und er kann „die Tätigkeit der Sonderorganisationen koordinieren". Die folgenden Artikel geben ihm u.a. das Recht, von den Sonderorganisationen Berichte einzufordern und sonstige Aufgaben wahrzunehmen. Art. 68 ermöglicht ihm die Einsetzung von Kommissionen, wovon er im Verlauf seiner Geschichte umfassend Gebrauch gemacht hat. So besteht die „subsidiäre Maschinerie des ECOSOC aus einem nicht mehr überschaubaren Geflecht von 30 Einheiten und weiteren 61 Untereinheiten" (Glanzer 1999: 208).

Zu den wichtigsten Untereinheiten gehören die funktionalen Kommissionen, von denen derzeit neun bestehen (Statistik, Bevölkerung und Entwicklung, soziale Entwicklung, Menschenrechte, Frauen, Drogen, Verbrechensverhütung, Wissenschaft und Technologie, nachhaltige Entwicklung) und in die Staaten für eine Dauer von maximal vier Jahren gewählt werden. Darüber hinaus hat der ECOSOC fünf Regionalkommissionen eingesetzt, die wiederum jeweils zahlreiche funktionale Untergremien etabliert haben. Um den durch den Zweiten Weltkrieg besonders betroffenen Ländern Hilfe zu leisten, wurde bereits 1947 die Wirtschaftskommission für Europa (ECE) in Genf gegründet, mit deren Hilfe zudem innereuropäische Zusammenarbeit auf verschiedenen Gebieten angeregt werden sollte. Mit der gleichen Zielsetzung wurde 1947 die Wirtschafts- und Sozialkommission Asien/ Pazifik (ESCAP) mit Sitz in Bangkok gegründet, die zudem seit 1974 u.a. ein Statistikinstitut und ein Technologietransferzentrum unterhält. Ein Jahr später entstand die Wirtschaftskommission für Lateinamerika und die Karibik (ECLAC) mit Sitz in Santiago de Chile, 1958 die Wirtschaftskommission für Afrika (ECA) mit Sitz in Addis Abeba und 1973 die Wirtschafts- und Sozialkommission für Westasien mit Sitz in Beirut. Auch wenn die Arbeit der Regionalkommissionen zum Teil von anderen Regionalorganisationen übernommen wurde (wie etwa im Falle Europas von der Europäischen Union und dem Europarat) und sie insgesamt nur eine untergeordnete Rolle spielen, ist ihre Bedeutung darin zu sehen, dass sie den interregionalen Austausch fördern und Impulse für Zusammenarbeit geben. Zudem sind in ihrem Rahmen sowohl zahlreiche makroökonomische Studien als auch technische Konventionen entstanden. Nicht zuletzt unterhält der ECOSOC zahlreiche ständige Ausschüsse sowie diverse Expertengremien, die zum Teil über eigene Sekretariate verfügen.

Diese hier nur angedeutete „Proliferation von Unter- und Neben-organen" (Ghali 1994: Ziff. 227) ist vielfach kritisiert worden. Insbe-sondere wird dem ECOSOC vorgeworfen, er erfülle seine in der Charta vorgesehenen Koordinierungsaufgaben nur unzureichend und sei kaum zu kohärenten Entscheidungen fähig. Dahinter steht auch die grundlegende Frage, ob die Ausweitung der operativen Tätigkeiten der VN notwendig ist oder ob sie mit operativen Tätigkeiten ihre Handlungsmöglichkeiten überschreiten.

1.2 Die Vereinten Nationen und die multilaterale Entwicklungszusammenarbeit

Die Vereinten Nationen und ihre Sonderorganisationen sind eine wichtige Säule in der multilateralen Entwicklungszusammenarbeit. Sie haben „erheblich dazu beigetragen, die Entwicklungsproblematik sichtbar zu machen und in ihre Interessendefinition auch die Interes-sen des Südens einfließen zu lassen" (Brock 1995: 68). Zahlreiche VN-Gremien sind mit diesen Fragen befasst:

- Zunächst als mit der VN verbundene Organisationen die Weltbank-gruppe und der Internationale Währungsfonds (IWF), die zwar nicht integraler Bestandteil des VN-Systems sind und auch keinerlei Wei-sungsrecht der VN unterliegen, aber dennoch wichtige Funktionen in der multilateralen Entwicklungspolitik einnehmen.
- Dann aber vor allem aus dem Bereich der VN-Programme und Fonds für Entwicklungsfragen sowie der Sonderorganisationen die Handels- und Entwicklungskonferenz (UNCTAD), das Entwick-lungsprogramm der VN (UNDP), das Welternährungsprogramm (WFP) und das Kinderhilfswerk der VN (UNICEF) sowie aus dem Bereich der VN-Sonderorganisationen die Ernährungs- und Land-wirtschaftsorganisation (FAO), der Fonds für landwirtschaftliche Entwicklung (IFAD), die Internationale Arbeitsorganisation (ILO), die Organisation für industrielle Entwicklung (UNIDO) und die Weltgesundheitsorganisation (WHO).

Das Bestehen von zwei weitgehend getrennten Organisationssystemen ist die zunächst wichtigste Vorraussetzung für die analytische Durch-dringung dieses Tätigkeitsbereiches. Die so genannten Bretton-Woods-Organisationen (benannt nach dem US-amerikanischen Ort Bretton

Woods, an dem im Sommer 1944 eine internationale Konferenz zur Neuordnung der Weltwirtschaft und der globalen Finanzarchitektur stattfand) bestehen aus der Weltbankgruppe (die sich wiederum aus der Internationalen Bank für Wiederaufbau und Entwicklung (IBRD), der Internationalen Finanzkorporation (IFC), der Multilateralen Investitionsgarantieorganisation (MIGA) und dem Internationalen Zentrum für die Beilegung von Investitionsstreitigkeiten (ICSID) zusammensetzt) sowie dem Internationalen Währungsfond (IWF). Aus den Erfahrungen der Weltwirtschaftskrisen der 1930er Jahre wurde die Konsequenz gezogen, internationale Wirtschaftsfragen stärker in einem institutionellen Rahmen zu diskutieren und gemeinsamen Regeln zu unterwerfen.

Die Bretton-Woods-Organisationen sind den Prinzipien des Freihandels, der Konvertibilität der Währungen sowie einer offenen, marktwirtschaftlichen Ordnung verpflichtet. Die organisatorische Beziehung zu den Vereinten Nationen ist kompliziert. Formalrechtlich gehören sie zum System der Vereinten Nationen, nehmen aber faktisch eine spezifische Sonderstellung ein, die sich durch hohe Eigenständigkeit, eigene Satzung, Haushalte und Strukturen sowie eine nur rudimentäre Koppelung an das VN-System auszeichnet. Ziele der Weltbank, der inzwischen 181 Staaten angehören, sind die Stabilisierung der wirtschaftlichen Entwicklung in den Mitgliedstaaten durch Kapitalinvestitionen und Kredithilfe, Förderung der privaten internationalen Investitionstätigkeit, Ausdehnung des internationalen Handels und Stabilisierung der Zahlungsbilanzen und in jüngster Zeit insbesondere die Wachstumsförderung in Entwicklungs- und Transformationsländern. Das wichtigste Instrument der Weltbank ist dabei die Kreditvergabe, wobei die Projektfinanzierung im Vordergrund steht. Darüber hinaus werden aber auch so genannte *sector operations* zur Stabilisierung ganzer Wirtschaftssektoren unternommen. Vorwiegend werden Investitionsprojekte, technische Hilfe sowie wirtschaftliche Reformprogramme (Strukturanpassungskredite) finanziert. Wichtiger Unterschied zur klassischen Entwicklungshilfe des VN-Systems ist dabei die strenge Orientierung an ökonomischen Kriterien, zudem wird die Kreditvergabe an konkrete Bedingungen geknüpft (Konditionalität), die z.T. drastische und oftmals umstrittene Anpassungsmaßnahmen seitens der Empfängerländer erfordern. Die 1960 gegründete Weltbanktochter „Internationale Entwicklungsorganisation" (IDA) hingegen vergibt Kredite – vornehmlich zur Armutsbekämpfung – auch zu weicheren Bedingungen und die 1956 gegründete Internationale Finanzkorporation (IFC) fördert in erster Linie privatwirtschaftliche Investitionen in Entwicklungsländern. Die Ziele des Internationalen Währungsfonds (IWF) stehen in engem Bezug zur Weltbankgruppe, zumal der Beitritt zum IWF formale Vorraussetzung für die Mitgliedschaft in der Weltbank ist. Der IWF fördert die internationale Zusammenarbeit auf dem Gebiet der Währungspolitik mit dem Ziel der Ausweitung des Handels und der Wechselkursstabilität, stellt Mittel bei Zahlungsbilanzschwierigkeiten einzelner Staaten zur Verfügung und spielt eine wichtige Rolle bei der Abstimmung der Wechselkurspolitik der Mitgliedstaaten. Das Kompetenzgebiet des IWF hat sich seit den 1970er Jahren stark ausgeweitet. Einerseits vergrößerte sich das Kreditvolumen enorm, andererseits entwickelte sich der IWF sowohl gegenüber öffentlichen als auch privaten Gläubigern als Garant für die Reformwilligkeit der in eine Krise geratenen Länder. „Der Abschluss eines Strukturanpassungsprogramms mit dem IWF symbolisiert ein Gütesiegel, das einen anschließenden Zugang zum internationalen Kapitalmarkt garantiert" (Metzger 2000: 300). Diese faktischen Eingriffe in das Wirtschafts- und Sozialsystem der Entwicklungsländer hat den Bretton-Woods-Organisationen den Vorwurf eingebracht, sie seien Vertreter eines marktradikalen Turbokapitalismus und würden zu wenig auf die soziale Stabilität eines Landes achten.

Es ist hier nicht der Ort, diese Debatte zu vertiefen. Allerdings sind die Unterschiede der Bretton-Woods-Organisationen im Vergleich zum sonstigen System der VN-Entwicklungszusammenarbeit auch für die Arbeit der Organisation der Vereinten Nationen von Bedeutung (siehe etwa: Herz 1995, Ul Haq 1995, Tetzlaff 1996, Andersen 2000a, Andersen 2000b). So gilt bei den Bretton-Woods-Organisationen ein gewichtetes Stimmrecht nach Finanzanteilen und ökonomischer Leistungsfähigkeit, was dazu führt, dass die westlichen Industrieländer dort nicht nur faktisch (wie weitgehend im sonstigen VN-System auch), sondern auch strukturell dominieren.

Zunächst hatten sich die neu gegründeten Sonderorganisationen und Programme der Vereinten Nationen weitgehend darauf beschränkt, die wirtschaftliche Entwicklung zu analysieren, Daten zu sammeln und bei Bedarf auch beratend einzugreifen. Doch schon bald „rückte auch die Forderung nach einer Verbindung zwischen Welthandelsordnung und Entwicklungshilfemaßnahmen auf die Agenda der Generalversammlung. Dennoch herrschte lange Zeit die Überzeugung, die Bretton-Woods-Institutionen würden auch den Bedürfnissen der Entwicklungsländer Rechnung tragen, so dass besondere entwicklungspolitische Institutionen und Organisationen innerhalb der UN als überflüssig erschienen" (Ferdowsi 1995: 96).

Übersicht 14: Grundprinzipien der VN und der Bretton-Woods-Organisationen

Grundprinzipen der VN-Sonder-organisationen und Programme	Grundprinzipien der Bretton-Woods-Organisationen
Mitgliedschaft für alle friedliebenden Staaten durch Beschluss der Generalversammlung	Mitgliedschaft abhängig von der finanziellen Einlage, den wirtschaftlichen Voraussetzungen und der Zustimmung wichtiger Staaten
Jeder Mitgliedstaat hat eine Stimme	Gewichtetes Stimmrecht, abhängig von Wirtschaftskraft und finanzieller Einlage
Gleichbehandlung aller Mitglieder	Spezielle Maßnahmen für ärmere Mitglieder
Strafen gegen ein Mitglied nur bei Verstößen gegen die Chartabestimmungen	Strafen, wenn ein Mitglied bestimmte wirtschaftliche Anforderungen nicht erfüllt
Programme und Maßnahmen gelten für alle Mitglieder	Programme und Maßnahmen werden auf bestimmte Staaten zugeschnitten
Koordinierung mit der VN-Hauptorganisation (wenngleich in vielen Fällen nur rudimentär)	Koordinierung mit der VN-Hauptorganisation wird weitgehend abgelehnt
Keine wirtschaftlichen Maßnahmen gegen ein Mitglied mit Ausnahme von Sanktionen bei Bruch des Friedens	Zugang zu den internnationalen Kapitalmärkten ist abhängig von der Bewertung der Kreditwürdigkeit
Entwicklungshilfeleistungen sind nicht zurückzuzahlen bzw. in Form von langjähriger Laufzeit mit niedrigen Zinsen zu begleichen	Entwicklungshilfe weitgehend zu Kapitalmarktbedingungen

Quelle: in Anlehnung an Childero/Urquhart 1994: 78

Als jedoch in den 1960er Jahren im Zuge der Entkolonialisierung die Zahl der souveränen Nationalstaaten und damit auch die Zahl der VN-Mitglieder innerhalb weniger Jahre rasant anstieg, änderte sich zunehmend die Prioritätensetzung in der Generalversammlung. Zu den 51 Gründungsstaaten traten bis 1954 neun neue Mitglieder hinzu, allein im Jahr 1955 waren 16 Neuaufnahmen zu verzeichnen, von 1956 bis 1959 wurden sieben Staaten neu aufgenommen und 1960 vergrößerte sich die Zahl auf einen Schlag um weitere 16 Staaten. Diese Entwicklung führte dazu, dass sich die Dominanz der westlichen Industrienationen – und insbesondere die Führungsrolle der USA – stark relativierten. Die Mehrheit der neuen Mitglieder vertrat die Auffassung, dass die bestehende Weltwirtschafts- und Weltfinanzordnung nicht in ihrem Interesse liege und setzte sich für radikale Änderungen ein. Hinzu kam, dass die Wohlstandskluft zwischen den Entwicklungs- und den Industrieländern zunahm und auch insofern der Handlungsbedarf evident wurde. Als das geeignete Forum zur Debatte dieser Probleme erschien die Generalversammlung und der ECOSOC, die nunmehr hinsichtlich der Mehrheitsverhältnisse in diesem Sinne günstig zusammengesetzt waren. Ein Meilenstein war die Gründung der Handels- und Entwicklungskonferenz der Vereinten Nationen (UNCTAD) Anfang der 1960er Jahre, dem ersten wichtigen Spezialorgan im Entwicklungsbereich (s.u.). Mitte der 1960er Jahre folgte die Gründung des Entwicklungsprogramms der Vereinten Nationen (UNDP) und der Organisation für industrielle Entwicklung (UNIDO). Aber auch in der Generalversammlung selbst wurde den Anliegen der Entwicklungsländer erhöhte Aufmerksamkeit geschenkt, u.a. wurden mit der Ausrufung des „Jahrzehnts der Vereinten Nationen für Entwicklung" seitens der Generalversammlung im Dezember 1961, und der „Charta der wirtschaftlichen Rechte und Pflichten der Staaten" im Jahr 1974 wichtige – zumindest deklaratorische – Akzente gesetzt. In der Erklärung zur Neuen Weltwirtschaftsordnung, die im Mai 1974 gegen die Stimmen der Industrienationen von der Generalversammlung mehrheitlich angenommen wurde, finden sich sehr weitreichende Forderungen zur Umgestaltung der Weltwirtschaft. Die gegenwärtige Wirtschaftsordnung stehe in unmittelbarem Widerspruch zu den Entwicklungen in den internationalen Beziehungen. Die Entwicklungsländer seien zu einer Kraft geworden, die ihren Einfluss in allen Bereichen internationaler Tätigkeit spürbar mache. Diese „nicht mehr rückgängig zu machenden Verschiebungen der Kräfteverhältnisse in der Welt erfordern die aktive, uneingeschränkte und gleichberechtigte Teilnahme der Entwicklungsländer an der Formulierung und Anwendung aller Entscheidungen, welche die internationale Gemeinschaft berühren". Die Interessen der entwickelten Länder ließen sich nicht mehr von denen der Entwicklungsländer trennen und zwischen dem Wohlstand der entwickelten Länder und dem Wachstum und der Entwicklung der Entwicklungsländer bestehe eine enge Wechselbeziehung. Für die neu zu errichtende Wirtschaftsordnung wurden eine Reihe von Grundsätzen eingefordert, darunter erleichterter Markzugang für Waren aus Entwicklungsländern, volle Souveränität über die natürlichen Ressourcen, gerechtere Handelsbedingungen, Gewährung einer aktiven Hilfe an die Entwicklungsländer ohne politische und militärische Bedingungen und freier Technologiezugang. Die Ergebnisse dieser Erklärungen blieben allerdings weitgehend folgenlos. Die Industrieländer verweigerten strukturelle Reformen und verstärktes Engagement in der multilateralen Entwicklungshilfe, die Entwicklungsländer radikalisierten ihre Forderungen, „die wiederum in der westlichen Öffentlichkeit auf Kritik und Ablehnung stießen und diese zunehmend gegen die Weltorganisation einnahmen" (Ferdowsi 1995: 99). Den zahlreichen gut gemeinten Erklärungen der Generalversammlung sowie der Sonderorganisationen und Spezialorgane wurde letztlich wenig Aufmerksamkeit geschenkt. Ein Grund wird auch von wohlgesonnenen Kritikern darin gesehen „dass die großen politischen Debatten in den Vereinten Nationen immer wieder zu Stilisierungen der Wirklichkeit, zur Selbsttäuschung über die Komplexität der anstehenden Probleme, zur Verdrängung unbequemer Erkenntnisse und zur Verleugnung eigener Verantwortlichkeiten geführt haben" (Brock 1995: 79). Im Oktober 1970 beschloss die Generalversammlung die Verpflichtung der wirtschaftlich entwickelten Länder, spätestens in fünf Jahren einen Mindestnettobetrag von 0,7 Prozent ihres Bruttosozialprodukts in Form von öffentlicher Entwicklungshilfe zur Verfügung zu stellen. Dieses Ziel wurde allerdings zur Jahrhundertwende (also 30 Jahre später) lediglich von Dänemark, Norwegen, den Niederlanden und Schweden erreicht, der Anteil Deutschlands liegt im Jahr 2001 bei 0,26 Prozent. Das verfehlte Ziel gilt seither als Symbol für das Missverhältnis zwischen Anspruch, blumigen Erklärungen und der Wirklichkeit.

Die unzureichende Finanzierung der Entwicklungsaktivitäten der Vereinten Nationen ist ein Dauerthema in der internationalen Diskussion. Bereits in den 1960er Jahren schrieb ein Analytiker, dass „in letzter Zeit ein Nachlassen der internationalen Entwicklungsanstrengungen zu beobachten und die Entwicklungshilfe in einer akuten Krise" sei (zit. nach Martens 2001: 52). So sanken die Leistungen der westlichen Industrieländer an die Entwicklungsländer im Rahmen der öffentlichen Entwicklungshilfe von 1994 bis 1998 um fast zehn Milliarden US-Dollar. Allerdings stiegen im selben Zeitraum die privaten Direktinvestitionen in die Entwicklungsländer rasant an. Im März 2002 nimmt nach einer zehnjährigen Vorlaufphase eine groß angelegte VN-Konferenz in Mexiko über die Entwicklungsfinanzierung diese Probleme in den Blick. Dabei geht es aber um mehr als nur um die Erhöhung der finanziellen Ressourcen. „Zur Debatte steht auch die (Neu-)Verortung der Rolle und Verantwortung von Staaten und Privatwirtschaft bei der Entwicklungsfinanzierung. Letzten Endes muss die Frage beantwortet werden, wie angesichts des Scheiterns der staats- und marktzentrierten Entwicklungsentwürfe der letzten Jahrzehnte das aussieht, was etwas hochtrabend als neues Entwicklungsparadigma eingefordert wird" (Martens 2000: 103).

Jenseits der Erklärungen und Ankündigungen gibt es jedoch zahlreiche Gremien im Zuständigkeitsbereich der Vereinten Nationen, die sich konkret im entwicklungspolitischen Bereich engagieren (zum Recht auf Entwicklung siehe auch Teil C, Abschnitt 1.4). Aus dem dichten Geflecht an Sonderorganisationen, Spezialorganen, Fonds und Programmen sollen die zentralen Gremien kurz vorgestellt werden (detaillierte Informationen finden sich u.a. auf den Internetseiten der genannten Organisationen, die in der Regel den Namen der Organisation mit der Kennung .org enthalten, etwa www.undp.org, ein vollständiger Überblick über sämtliche VN-Gremien in diesem Bereich findet sich im *United Nations Handbook*).

Handels- und Entwicklungskonferenz der Vereinten Nationen (UNCTAD)

Die Unzufriedenheit der Entwicklungsländer mit dem bestehenden Weltwirtschaftssystem und den von den Industriestaaten dominierten Institutionen der Weltwirtschaft (wie das damalige GATT, das 1995 durch die nicht mit der VN verbundene Welthandelsorganisation WTO abgelöst wurde, Beise 2001) führten zu der Forderung, das entstandene numerische Übergewicht der Entwicklungsländer in den VN auch institutionell umzusetzen. Zu diesem Zweck hatte der ECOSOC 1962 beschlossen, eine Welthandelskonferenz mit dem Ziel einzuberufen, die Stellung der Entwicklungsländer in der Weltwirtschaft zu verbessern. Seit 1964 tagt die Handels- und Entwicklungskonferenz der Vereinten Nationen (*UN Conference on Trade and Development*, UNCTAD) alle vier Jahre (zuletzt im Februar 2000 in Thailand) als ein Spezialorgan der Generalversammlung, das aus dem VN-Haushalt finanziert wird. Inzwischen sind 190 Staaten Mitglieder der UNCTAD, darunter mit der Schweiz und dem Heiligen Stuhl auch zwei Nichtmitglieder der VN. Zwischen den Konferenzen fungiert der Handels- und Entwicklungsrat (TDB) als Exekutivorgan, Sitz des Sekretariats mit einer Personalstärke von rund 400 Personen ist Genf. Grundlegende Funktion der UNCTAD ist die Förderung der Integration der Entwicklungsländer in die Weltwirtschaft und die Schaffung eines Forums für die umfassende Behandlung entwicklungs- bzw. handelspolitischer Fragestellungen. So wurde etwa die dritte Konferenz der LDC im Mai 2001 von der UNCTAD vorbereitet. Zudem gibt die UNCTAD jährlich den *Trade and Development Report* heraus, der wichtige entwicklungspolitische Informationen erhebt und aufbereitet. Obwohl der Schwerpunkt der UNCTAD nicht im operativen Bereich liegt, koordiniert sie rund 300 Projekte in mehr als 100 Ländern. Ziel dieser Projekte ist die Stärkung von politischen Institutionen in Entwicklungs- und Transformationsländern sowie die Weiterbildung von Entscheidungsträgern im Bereich internationale Handels- und Finanzpolitik.

Nach ursprünglich sehr ambitionierten Zielvorstellungen (Erhöhung des Wirtschaftswachstums in den Entwicklungsländern, Steigerung des Anteils am Welthandel, Verbesserung der *Terms of Trade*, Abschaffung aller Handelsbeschränkungen für die Entwicklungsländer, Koordinierung der Handels- und Entwicklungspolitik) sind die Ziele heute bescheidener. Die konkreten Handlungsmöglichkeiten sind beschränkt, weil verbindliche Anordnungen nicht erlassen werden können. Zwar erfordern Sachentscheidungen eine Zweidrittelmehrheit (wobei jeder Staat eine Stimme hat), die Beschlüsse haben aber lediglich empfehlenden Charakter. Zudem ist es nicht gelungen, die UNCTAD als zentrales Forum des Nord-Süd-Dialogs zu etablieren, unter anderem deshalb, weil viele Industriestaaten die Bretton-Woods-Organisationen (Weltbankgruppe und IWF) als wirksamere Gremien betrachten. Die Entwicklung der UNCTAD steht „für das Schicksal der ganzen Debatte über eine Neuordnung der Weltwirtschaft. Die Politik der Entwicklungsländer scheiterte aus verschiedenen Gründen. Ersten überbrückten die Entwicklungsländer Interessensgegensätze untereinander durch die additive Verlängerung ihrer Forderungskataloge. Zweitens wurde die selbstkritische Erörterung bei den Entwicklungsländern selbst liegender Entwicklungshemmnisse aus der Programmdiskussion über die Neuordnung der Weltwirtschaft ausgeklammert. Drittens verschlechterte sich die Verhandlungsposition der Entwicklungsländer angesichts rückläufiger Rohstoffpreise" (Brock 1995: 72).

Entwicklungsprogramm der Vereinten Nationen (UNDP)

Das Entwicklungsprogramm der Vereinten Nationen (*UN Development Program*, UNDP) entstand 1965 durch Zusammenlegung von zwei Vorgängerprogrammen mit dem Ziel der Schaffung eines eigenständigen Instruments zur Finanzierung und Koordinierung der technischen Hilfe. Eine formale Mitgliedschaft kennt das UNDP nicht. Es verwaltet und steuert mit weltweit über 5.000 Mitarbeitern den größten Teil der Technischen Zusammenarbeit im Rahmen der VN und plant, finanziert und koordiniert Entwicklungsprojekte, die dann in der Regel von anderen Organisationen oder staatlichen Stellen durchgeführt werden. Es ist in mehr als 130 Ländern mit Büros vertreten (die

Zentrale befindet sich in New York) und steuert laufend ca. 5.000 Projekte in 150 Staaten bzw. Regionen. Die Projektzusammenarbeit ist vor allem auf Armutsbekämpfung ausgerichtet und basiert auf Zuschüssen, die nicht zurückzuzahlen sind (so genannte *grants*). Oftmals werden Projekte finanziert, die nach marktwirtschaftlichen Kriterien keine Geldgeber (etwa aus den Bretton-Woods-Organisationen) finden würden. Ein Schwerpunkt wird auf die Verbesserung der Lebensbedingungen in den LDC gelegt. Zudem verwaltet das UNDP zahlreiche Fonds und Programme der VN, wie etwa den Kapitalentwicklungsfonds und den Entwicklungsfonds für die Frau. Besondere Aufmerksamkeit erlangt das UNDP seit 1990 durch die jährliche Herausgabe des „Berichts über die menschliche Entwicklung" (*Human Development Report*), der für die entwicklungspolitischen Debatten wichtige, wenngleich oftmals kontrovers beurteilte, Impulse liefert. Die Aufsicht über das UNDP führt ein Exekutivrat, der aus 36 Mitgliedstaaten besteht (acht aus Afrika, sieben aus Asien, vier aus Osteuropa, fünf aus Lateinamerika/Karibik sowie zwölf aus der OECD-Welt) und über den ECOSOC der Generalversammlung berichtet. Entschieden wird in allen Angelegenheiten im Konsensverfahren. Das UNDP finanziert sich aus freiwilligen Beiträgen der Mitgliedstaaten, die auf jährlichen Beitragskonferenzen festgelegt werden. Im Jahr 2000 standen insgesamt rund 2,2 Milliarden US-Dollar zur Verfügung, wovon allerdings 1,1 Mrd. von der OECD und anderen multilateralen Organisationen sowie 900 Mio. von Regierungen bereit gestellt wurden, die über das UNDP eigene Projekte abgewickelt haben. Für die Kernorganisation standen rund 600 Mio. US-Dollar zur Verfügung, eine Summe die deutlich unter dem vereinbarten Zielkorridor von 1,1 Mrd. Dollar liegt und seit Anfang der 1990er Jahre um fast 50 Prozent zurückgegangen ist. Für die entwicklungspolitische Arbeit der VN spielt das UNDP gleichwohl eine „Schlüsselrolle", wenngleich es ihm nicht gelungen ist, seine zentrale Koordinierungs- und Steuerungsrolle „in einem ausreichenden Maß zu erfüllen" (Klingebiel 1998: 33). Eng mit dem UNDP zusammen arbeitet die Internationale Arbeitsorganisation (ILO) mit Sitz in Genf, die sich – neben anderen wichtigen Aufgabenfeldern im Bereich des Arbeitsschutzes – seit den 1960er Jahren mit Projekten der technischen Hilfe befasst. Im März 1997 wurde nach dem Amtsantritt von Kofi Annan die Entwicklungsgruppe der Vereinten Nationen (UNDG) geschaffen, die die Arbeit der Sonderorganisationen und Spezialorgane besser aufeinander abstimmen soll. Diesem Zweck dient auch das Büro der VN für Projektdienste (UNOPS) und der Entwicklungshilfe-Programmrahmen (UNDAF).

Ernährungs- und Landwirtschaftsorganisation der Vereinten Nationen (FAO)

Die 1945 gegründete Ernährungs- und Landwirtschaftsorganisation der Vereinten Nationen (*Food and Agriculture Organisation*, FAO) ist mit 3.700 Mitarbeitern in fünf Regional- und fast 80 Staatenbüros die größte Sonderorganisation im System der Vereinten Nationen. Sie besteht aus 180 Mitgliedstaaten und einer Mitgliedsorganisation (der Europäischen Gemeinschaft bzw. EU). Im Doppelhaushalt 2000/01, der aus ordentlichen Beiträgen der Mitglieder finanziert wird, standen 650 Mio. US-Dollar zur Verfügung. Zu den Zielen der FAO gehören die Anhebung des Ernährungs- und Lebensstandards der Mitglieder, Effizienzsteigerung bei der Erzeugung und Verteilung von Nahrungsmitteln, Verbesserung der Lebensbedingungen der Landbevölkerung und die akute Hungerbekämpfung. Zu diesem Zweck wird umfangreiche Expertise in agrarpolitischen Fragen (Land-, Forst- und Fischereiwirtschaft) erarbeitet und zur Verfügung gestellt, Strategien zur Nahrungsmittelsicherheit entwickelt und auch praktische Hilfe in Entwicklungsländern mittels Projekten der technischen Hilfe geleistet. Zudem wurde im Rahmen der FAO 1996 der Welternährungsgipfel organisiert, der ein Aktionsprogramm zur Halbierung der Zahl der unterernährten Menschen (ca. 800 Mio.) vorgelegt hat und seine Umsetzung koordiniert. Eine alle zwei Jahre stattfindende Konferenz, an der alle Mitgliedstaaten teilnehmen, bestimmt über Haushalt und Prioritäten der Organisation. Das Exekutivorgan ist ein aus 49 Sitzen bestehender Rat, in dem aus sieben Regionalgruppen delegierte Staaten vertreten sind. Der Rat bildet wiederum zahlreiche funktionale Untergremien, während ein Sekretariat mit Sitz in Rom die Tagesgeschäfte führt.

Als weitere, nicht mit der FAO verbundene, Organisation im Bereich der Landwirtschaft besteht seit 1977 der Fonds für landwirtschaftliche Entwicklung (IFAD), der eine eigenständige Sonderorganisation der VN ist. Er wird aus freiwilligen Leistungen der Mitglieder finanziert und unterstützt in erster Linie Projekte und Programme zur Verbesserung der Ernährungssituation in den Entwicklungsländern.

Weitere Sonderorganisationen, Spezialorgane , Programme und
Initiativen

Die 1966 gegründete Organisation für industrielle Entwicklung (*UN*
Industrial Development Organization, UNIDO) wurde 1985 die 16.
Sonderorganisation der Vereinten Nationen. Ihr Ziel ist es, die industrielle Entwicklung in Entwicklungs- und Transformationsländern zu
fördern. Dazu unterstützt sie als Forum Partnerschaftsabkommen zwischen verschiedenen Akteuren des öffentlichen und privaten Sektors,
organisiert den globalen Dialog in diesem Bereich und bietet Dienstleistungen an. Im Rahmen technischer Zusammenarbeit erarbeitet und
implementiert sie Programme und Projekte. Das Sekretariat mit
Hauptsitz in Wien führt mit 700 Mitarbeitern die Tagesgeschäfte. Die
derzeit 169 Mitgliedstaaten treffen sich alle zwei Jahre zu einer Gene-
ralkonferenz, die mit einer Zwei-Drittel-Mehrheit den Haushalt
(2000/01 rund 133 Mio. US Dollar plus zusätzlicher Mittel für spezielle Programme) und die Schwerpunkte der Organisation festlegt. Sie
wählt zudem als Untergremium den aus 53 mehrheitlich aus Entwicklungsländern bestehenden Rat für industrielle Entwicklung, der
die Umsetzung der Programme kontrolliert.

Die Weltgesundheitsorganisation (*World Health Organization,*
WHO) mit Sitz in Genf ist keine Entwicklungshilfeorganisation im
engeren Sinne – wenngleich dem Gesundheitsaspekt im Rahmen der
Entwicklungszusammenarbeit hohe Priorität eingeräumt wird – sondern hat sich zum Ziel gesetzt, den Gesundheitszustand aller Menschen zu verbessern. Gesundheit ist im WHO-Statut von 1946 als Zustand des vollständigen körperlichen, geistigen und sozialen Wohlbe-
findens und nicht nur durch Abwesenheit von Krankheit definiert
Dementsprechend weit ist der Gesundheitsbegriff der Organisation gefasst und sind die daraus abgeleitete Zuständigkeit umfassend. Seit
1948 ist die WHO eine Sonderorganisation der Vereinten Nationen
mit Hauptsitz in Genf. Gemäß Kapitel 2 des Statuts hat die WHO folgende Hauptaufgaben:

• Koordinierung der internationalen Gesundheitspolitik,
• aktive Zusammenarbeit mit den anderen VN-Organen, nationalen
   Gesundheitsadministrationen und Berufsgruppen in Gesundheitsfragen,
• Unterstützung bei der Seuchenbekämpfung, Erforschung von
   Krankheiten und Forschungsförderung, Ausbildung und Gesund-
   heitserziehung und Standardisierung der Diagnostik,

- Ausbau der Gesundheitssysteme der Mitgliedstaaten und Aufklärung über Gesundheitsfragen.

Sie ist demnach sowohl Koordinierungsstelle für die internationale Gesundheitsarbeit als auch fachliches Unterstützungs- und Beratungsorgan für Regierungen, die dies wünschen. Die 191 Mitgliedstaaten treten jährlich in Genf zu einer Weltgesundheitsversammlung zusammen, um Grundsatzentscheidungen zu treffen und den Haushalt zu verabschieden (für das Kalenderjahr 2001 rund 420 Mio. US-Dollar). Der Exekutivrat mit 32 Mitgliedern führt die Beschlüsse der Versammlung durch. An der Spitze des Sekretariats mit Hauptsitz in Genf steht ein Generaldirektor, die rund 3.500 Mitarbeiter des Sekretariats sind auf die Zentrale und die sechs weitgehend selbstständigen Regionalbüros (Washington, Harare, Alexandria, Kopenhagen, Neu Delhi, Manila) bzw. auf die 130 Länderbüros verteilt.

Das Kinderhilfswerk der Vereinten Nationen (UNICEF) wurde unter der Bezeichnung *UN International Children's Emergency Fund* 1946 gegründet, um die von den Folgen des Zweiten Weltkriegs betroffenen Kinder zu unterstützen. Seit 1953 ist es ein Spezialorgan der VN mit Berichterstattung an die Generalversammlung über den ECOSOC und hat den Schwerpunkt auf die Arbeit in den Entwicklungsländern verlagert. Neben der allgemeinen Lobbyarbeit für Kinderrechte (so wurde auf UNICEF-Initiative 1989 das Übereinkommen über die Rechte des Kindes von der Generalversammlung verabschiedet) stehen Programme zur Verbesserung der Gesundheit, Ernährung und Bildung sowie der grundsätzlichen Verbesserung der Lebensbedingungen von Kindern, Jugendlichen und Müttern im Vordergrund. Dazu werden neben der Initiierung und Unterstützung von langfristigen Projekten auch Nothilfeprojekte bei Katastrophen durchgeführt und Hilfe bei Kriegsfolgen geleistet. Auf politischer Ebene setzt sich UNICEF in diesem Zusammenhang insbesondere für das Verbot von so genannten Kindersoldaten und den Flüchtlingsschutz ein. Im Jahr 2000 betrug der Haushalt rund 1,1 Mrd. US-Dollar. Etwa zwei Drittel der Gelder stammen aus freiwilligen Regierungsbeiträgen, ein Drittel wurde durch die 34 nationalen UNICEF-Komitees beigesteuert, die um Spenden werben. Die Hauptverwaltung in New York kontrolliert die zahlreichen Vertretungen in den Programmländern. Neben dieser internen Revision überprüft der aus 36 Regierungsvertretern bestehende Verwaltungsrat als das oberste UNICEF-Kontrollorgan die Programme. In den Programmländern überprüfen die UNICEF-Mitarbeiter selbst regelmäßig die Arbeit der Partner vor Ort, um sicherzustellen, dass die Mittel nicht anders als vorgesehen verwendet werden.

Jenseits der Arbeit der Spezialorgane, Programme, Fonds und Sonderorganisation hat sich in den 1990er Jahren zunehmend ein Milieu herausgebildet, bei dem die Vereinten Nationen als zentraler Ort des Dialogs eine wichtige Rolle spielen. Das vergangene Jahrzehnt war „durch ein bisher unbekanntes Maß an internationalem Dialog geprägt, bei dem die Probleme der Entwicklungsländer zunehmend als globale Probleme erkannt wurden, für die alle Staaten und deren Menschen gemeinsam Verantwortung tragen" (BMZ 2001: XV). Bei diesen so genannten Weltkonferenzen (u.a. zu den Themen Kinder, Bildung, soziale Entwicklung, Aids) treffen sich oft mehrere Tausend Regierungsvertreter, Angehörige der Zivilgesellschaft und der Privatwirtschaft. Der an konkreten Ergebnissen zu messende *output* ist zwar bei den verschiedenen Konferenzen unterschiedlich, „ein entscheidender Fortschritt gegenüber dem internationalen Dialog früherer Jahrzehnte war, dass die VN-Themen der 1990er Jahre zunehmend auch die Tagesordnungen anderer multilateraler Organisationen bestimmen" (BMZ 2001: XVI). Auch Dirk Messner und Franz Nuscheler (1996a: 164f) bewerten diese Konferenzen letztlich positiv. Sie bilden demnach ein wichtiges Forum internationaler Kommunikation und Kooperation, erleichtern Lernprozesse und damit die Vorraussetzungen für einen fairen Interessensausgleich und erfüllen angesichts des riesigen Medienaufgebots wichtige Informationsfunktionen über Weltprobleme. Zudem zeige die Geschichte der Weltkonferenzen, dass zunächst unverbindliche Erklärungen schrittweise eine normative Kraft entwickeln könnten und den Druck auf Regierungen zur Einhaltung der unverbindlichen Selbstverpflichtungen durchaus erhöhen könnten. Die „Gipfelei" gehöre zur „Dramaturgie des Globalismus" und dieser zur Zukunft der Weltpolitik. Schwachpunkt bleibt jedoch die Umsetzung der Beschlüsse und Ankündigungen. Denn wenn die Mitgliedstaten der VN nicht deutlichere Verhaltensänderungen vornehmen und anfangen, „ihre Erklärungen und Beschlüsse auf den Weltkonferenzen der 1990er Jahre umzusetzen, dann werden diese Konferenzen im historischen Rückblick einst als reine Geldverschwendung erscheinen" (Zumach 2001: 24).

Die institutionellen Schwächen der Vereinten Nationen im entwicklungspolitischen Bereich haben zu zahlreichen Reformvorschlägen geführt, die sich wie ein roter Faden durch die VN-Geschichte ziehen (Hüfner/Martens 2000). Vorläufiger Höhepunkt dieser Entwicklung ist die Verabschiedung der bereits erwähnten „Agenda für

Entwicklung" im Sommer 1997. Mit ihr soll – so der ambitionierte Zielkatalog in Ziff. 42 der Agenda – ein neuer Rahmen für die internationale Zusammenarbeit abgesteckt und die zukünftige Rolle der Vereinten Nationen im entwicklungspolitischen Bereich definiert werden. Zudem sollen die künftigen Entwicklungsprioritäten und ein Zeitrahmen für ihre Umsetzung aufgezeigt werden. Der Weg zu der „Agenda für Entwicklung" war allerdings sehr steinig. Bereits im Dezember 1992 hatte die Generalversammlung den Generalsekretär aufgefordert, in Ergänzung der viel beachteten „Agenda für den Frieden" einen vergleichbaren Entwurf für den Bereich der Entwicklungspolitik vorzulegen. Es dauerte jedoch fast fünf Jahre, bis die 51. Generalversammlung das Dokument im Juni 1997 ohne förmliche Abstimmung annahm. Wichtiger Zwischenschritt war die Vorlage eines ersten Entwurfs des Generalsekretärs im Mai 1994. Darin werden fünf eng miteinander verzahnte Hauptdimensionen von Entwicklung unterschieden, die die Veränderungen in der internationalen entwicklungspolitischen Debatte aufgreifen. Ohne Frieden könne es keine Entwicklung geben („Friede als Grundlage"), ohne Wirtschaftwachstum sei keine nachhaltige Verbesserung der Lebensbedingungen möglich („Die Wirtschaft als Motor des Fortschritts"), ohne Umweltschutz sei keine dauerhafte Entwicklung denkbar („Die Umwelt als Grundlage der Bestandsfähigkeit") und ohne soziale Gerechtigkeit im globalem Maßstab („Gerechtigkeit als Stützpfeiler der Gesellschaft") ebenso keine stabile Entwicklung vorstellbar wie ohne politische Mitbestimmung in Freiheit („Demokratie als gute Staatsführung"). Der Entwurf des VN-Generalsekretärs wurde vielfach als zu unverbindlich kritisiert, und es war insbesondere kein Konsens zwischen den verschiedenen Akteuren über die praktischen Konsequenzen für die Arbeit der Vereinten Nationen zu erzielen. Daher dauerte es weitere drei Jahre, bis nach zahlreichen Hürden die endgültige Fassung angenommen wurde. In der „Agenda für Entwicklung" wird umfassend versucht, eine entwicklungspolitische Bestandsaufnahme mit konkreten entwicklungspolitischen Perspektiven zu verfassen. Im ersten Abschnitt („Ausgangsbedingungen und Ziele") werden die Chancen und Risiken des Globalisierungsprozesses beschrieben sowie die weltpolitische Situation nach dem Ende des Ost-West-Konflikts in Hinblick auf die Entwicklungsländer analysiert. Eine verstärkte internationale Kooperation unter einem neuen entwicklungspolitischen Leitbild sei dringend erforderlich. In einem integrierten Entwicklungsansatz müssten wirtschaftliches Wachstum, soziale Entwicklung und Schutz der Umwelt als interdependente Ziele berücksichtigt werden. Im zweiten Abschnitt („Grund-

satzpolitischer Rahmen einschließlich Instrumente zur Umsetzung")
werden die unterschiedlichsten Aspekte von Entwicklung aneinander-
gereiht (u.a. Wirtschaft, soziale Entwicklung, Stärkung der Frauen-
und Kinderrechte, Bevölkerungsentwicklung, Migration, Umwelt) und
teilweise detailliert in ihren Problemdimensionen analysiert. Im dritten
Teil („Institutionelle Fragen und Folgemaßnahmen"), der 58 von 287
Punkten umfasst, wird der Kompromisscharakter überaus deutlich.
Zwar wird abermals auf die Einzigartigkeit und die enormen Chancen
der Vereinten Nationen im entwicklungspolitischen Bereich verwiesen
(„die Vereinten Nationen befinden sich in einer einzigartigen Position,
um den Herausforderungen zu begegnen, welche die Förderung der
Entwicklung im Rahmen der Globalisierung der Weltwirtschaft und
die zunehmende Interdependenz zwischen den Staaten darstellen"),
gleichzeitig jedoch gefordert, das System der internationalen Entwicklungszusammenarbeit neu zu beleben. Eine umfassende Neuordnung wird jedoch abgelehnt und „außer Leerformeln über anstehende
Notwendigkeiten besagte dieser Teil lediglich, dass entsprechend dem
Prinzip Hoffnung Reformen notwendig seien, aber kein Konsens darüber besteht, welche Reformen wie und wann zu realisieren sind"
(Hüfner/Martens 2000: 182). Der Status quo wird kaum in Frage gestellt, insbesondere wird die Trennung zwischen den Bretton-Woods-
Organisationen und den übrigen VN-Gremien beibehalten, die Generalversammlung als wichtigstes Forum bestätigt, dem ECOSOC die
bekannten Koordinierungsaufgaben zugeschrieben sowie die Zuständigkeiten der Fonds und Programme im Grundsatz in ihrer bestehenden Form belassen. Allenfalls wird eine bessere Abstimmung der bestehenden Organe unter dem Schlagwort „bessere interinstitutionelle
Koordinierung innerhalb des Systems ist unverzichtbar" gefordert.
Zum Schluss werden verstärkte Anstrengungen hinsichtlich der Fi-
nanzausstattung angemahnt und an das bekannte 0,7-Prozent-Ziel er-
innert. „Qualitativ neue Erkenntnisse oder zusätzliche Verpflichtungen, die über die unverbindlichen Aussagen der Weltkonferenzen hinausgehen, enthält die Agenda freilich nicht. Sie bleibt in ihrem Kern
damit ein Katalog der Allgemeinplätze, wie sie – von Rio bis Rom –
in den verschiedenen Aktionsprogrammen verabschiedet worden war"
(Martens 1998: 52).

Die entwicklungspolitischen Rahmenbedingungen haben sich seit Ende der 1980er Jahre grundlegend gewandelt. Mit dem Ende des bipolaren Systems verlor die Instrumentalisierung sachpolitischer Konflikte im Kontext des Ost-West-Konflikts an Bedeutung, Marktwirtschaft und Freihandel haben sich als die zentralen Paradigmen etabliert, und im Zuge des Globalisierungsprozesses ist ein fundamentaler Wandel der Weltwirtschaftsbeziehungen einhergegangen, mit dem sowohl die Steuerungsfähigkeit ökonomischer Prozesse als auch die Umsetzbarkeit politischer Absichten schwieriger geworden ist (Glanzer 1999: 209). Dabei bleibt die Notwendigkeit aktiver Entwicklungspolitik angesichts weiter steigender Armut, globaler finanzieller Instabilität und konfliktträchtiger Ungleichheit im Weltmaßstab unverändert dringlich. Viele Probleme der Entwicklungszusammenarbeit sind allerdings nicht VN-spezifisch sondern gelten für alle Spielarten der multilateralen Entwicklungszusammenarbeit. Hierbei gilt es, von unrealistischen Erwartungen Abstand zu nehmen, die auf dem „grundsätzlichen Irrtum beruhen, dass Entwicklung durch externe Impulse von Geld, Expertise und Personal herbeigeführt werden könne" (Nuscheler 2001: 7). Die Vereinten Nationen müssen sich jedoch als wichtige Säule der Entwicklungszusammenarbeit der Kritik in besonderer Weise stellen. Die entwicklungspolitische Bilanz der UNO fällt dabei gemischt aus. Einerseits ist es der entwicklungspolitischen Arbeit im Rahmen der VN zuzuschreiben, „dass die neben dem ehemaligen Ost-West-Konflikt zentrale Konfliktformation des Nord-Süd-Konflikts bislang keine weitere Verschärfung erfahren hat. Dies scheint insbesondere deshalb plausibel, weil kaum zu erwarten ist, dass die entwicklungspolitischen Konflikte in den internationalen Beziehungen ohne das globale Verhandlungssystem der VN in gleicher Weise kooperativ bearbeitet werden könnten" (Rittberger/Mogler/Zangl 1995: 80). Zudem spielen die Vereinten Nationen eine wichtige Rolle bei der öffentlichen Bewusstseinsbildung und bei der Förderung von international vereinbarten Grundsätzen im entwicklungspolitischen Bereich. Ihre Universalität, ihre globale Präsenz und ihr integriertes Mandat hinsichtlich der Verbindung von Menschenrechten, Entwicklung, Umwelt und Frieden ist in den internationalen Beziehungen unentbehrlich, und diese Funktion wird auch weitgehend anerkannt.

Auf der anderen Seite entzündet sich immer wider Kritik an der Ausführungsseite der Entwicklungszusammenarbeit. So formuliert etwa Rosemary Righter (1995: 87-242) Bedenken gegen eine bedeutsame operative Rolle der Vereinten Nationen und befürwortet einen weitgehenden Rückzug der VN aus diesem Bereich. In einer Welt, in der Regierungen wie nie zuvor im Wettbewerb mit anderen ökonomischen und sozialen Akteuren stünden, sei es geboten, die Energie der VN auf die Aspekte der internationalen Agenda zu konzentrieren, für die zwischenstaatliche Kooperation unverzichtbar bleibe und die Vermittlung gemeinsamer Institutionen notwendig sei. Zudem erhebt sie zahlreiche grundsätzliche Einwände gegen eine Zuständigkeit der VN in diesen Fragen und bezeichnet bereits die in der Charta formulierten Zielvorstellungen als utopisch und wenig praktikabel. Neben diese grundsätzlichen Einwänden wird vielfach die institutionelle Zersplitterung im Bereich der multilateralen Entwicklungszusammenarbeit kritisiert und gefordert, die Vielzahl der Organisationen unter einem Dach zusammenzuführen oder zumindest besser aufeinander abzustimmen (zur Reformdiskussion siehe Teil E).

Diese Einwände ändern jedoch nichts daran, dass die Vereinten Nationen aufgrund ihrer singulären Universalität und Unparteilichkeit sowie ihrer Präsenz in allen Teilen der Welt unter den vielen Akteuren auf dem Gebiet der Entwicklungszusammenarbeit eine zentrale Funktion einnehmen, deren Chancen besser genutzt werden können.

1.3   Flüchtlingsschutz, humanitäre Hilfe und Bevölkerungsfragen

Flucht und Vertreibung gehören zu den zentralen Problemen, mit denen die Vereinten Nationen befasst sind. Nach kontroversen Debatten in der Generalversammlung nahm im Juli 1947 zunächst die Internationale Flüchtlingsorganisation (IRO) ihre Arbeit als eine auf drei Jahre befristete Sonderorganisation der VN auf. Im Januar 1951 wurde als Nachfolgeorganisation die Stelle des Hohen Flüchtlingskommissar der Vereinten Nationen (*UN High Commissioner for Refugees*, UNHCR) eingerichtet, dessen Mandat jeweils von der Generalversammlung für einen Zeitraum von fünf Jahren verlängert werden kann (zuletzt für den Zeitraum 1999 bis 2003). Anfang der 1950er Jahre fanden zeitgleich zu den Debatten über die organisatorischen Verfasstheit des Flüchtlingsschutzes Verhandlungen über eine Konvention zum Schutz von Flüchtlingen statt. Auf der „Konferenz der Vereinten Nationen über die Rechtsstellung der Flüchtlinge und Staatenlosen" vom Juli 1951 einigten sich die Signatarstaaten auf das „Übereinkommen über die Rechtsstellung der Flüchtlinge" (Genfer Flüchtlingskonvention), das am 22. April 1954 in Kraft trat. Das Abkommen legt die Rechte und Pflichten von Flüchtlingen sowie insbesondere die Verpflichtungen der Unterzeichnerstaaten gegenüber den Flüchtlingen fest. Als Flüchtling gilt jede Person, die „aus der begründeten Furcht vor Verfolgung wegen ihrer Rasse, Religion, Nationalität, Zugehörigkeit zu einer bestimmten sozialen Gruppe oder wegen ihrer politischen Überzeugung sich außerhalb des Landes befindet, dessen Staatsangehörigkeit sie besitzt". Geflohene oder vertriebene Menschen, die ihr Land nicht verlassen haben (Binnenvertriebene) fallen nicht unter diese völkerrechtliche Definition. Auch das Recht auf Asyl (das in der Allgemeinen Erklärung der Menschenrechte von 1948 enthalten ist) wird nicht erwähnt, Kernstück der Konvention ist aber das Verbot der Ausweisung oder Zurückweisung. Jeder Signatarstaat verpflichtet sich, keinen Flüchtling „auf irgendeine Weise über die Grenzen von Gebieten auszuweisen oder zurückzuweisen, in denen sein Leben oder seine Freiheit wegen seiner Rasse, Staatsangehörigkeit, seiner Zugehörigkeit zu einer bestimmten sozialen Gruppe oder wegen seiner politischen Überzeugung bedroht sein würde". Die ursprünglich Begrenzung auf Personen, die in Folge von Ereignissen zum Flüchtling geworden sind, die vor 1951 eingetreten waren, wurde 1967 in einem Protokoll aufgehoben. Bis November 2000 haben 137 Staaten die Konvention und 136 das Protokoll unterzeichnet.

Der UNHCR schützt und unterstützt zu Beginn des 21. Jahrhunderts mehr als 21 Mio. Menschen, die vor Krieg, Verfolgung und massiven Menschenrechtsverletzungen über staatliche Grenzen hinweg geflohen sind. Neben der Zahl der Flüchtlinge gemäß Definition der Flüchtlingskonvention, sind in dieser Größenordnung zudem die im Zuständigkeitsbereich des Hohen Kommissars für Flüchtlinge betreuten Asylsuchenden, Rückkehrer und Binnenvertriebene enthalten. Die absolute Zahl der innerhalb ihrer Heimatländer Vertriebenen wird auf bis zu 25 Mio. Menschen geschätzt. Zu den größten Herkunftsländern von Flüchtlingen gehörten im Jahr 2000 Afghanistan, Burundi, Irak, Sudan und Bosnien-Herzegowina, die meisten Flüchtlinge aufgenommen haben Pakistan, Iran, Tansania, Uganda und Kongo.

Die Aufgabe, die Einhaltung der Genfer Flüchtlingskonvention zu gewährleisten sowie Flüchtlinge zu schützen und humanitäre Hilfe zu leisten, hat der UNHCR als Spezialorgan der VN übertragen bekommen. Der Flüchtlingskommissar (seit 2001 der vormalige niederländische Ministerpräsident Ruud Lubbers) wird von der Generalversammlung gewählt und leitet eine Behörde mit rund 4.900 Mitarbeitern, davon 700 in der Genfer Zentrale und 4.200 in den 123 UNHCR-Büros. Es finanziert sich (von marginalen Zuschüssen aus dem VN-Haushalt abgesehen) aus freiwilligen Beiträgen der VN-Mitglieder (Haushalt 2001: 852 Mio. US-Dollar), die in den vergangenen Jahren trotz steigender Flüchtlingszahlen drastisch zurückgegangen sind, und wird von einem aus 54 Staaten bestehenden Exekutivkomitee kontrolliert. Das Mandat des UNHCR bezieht sich satzungsgemäß auf die Gewährleistung internationalen Rechtsschutzes und die Einhaltung von menschenrechtlichen Standards bei der Behandlung von Flüchtlingen sowie die Suche längerfristiger Problemlösungen von Flüchtlingsfragen. Zudem wird mit konkreten Hilfsprogrammen in Staaten, die dazu nicht in der Lage sind, Flüchtlingsnothilfe in Form von Nahrungsmitteln, Unterkunft und Gesundheitsdiensten etc. finanziert. Der UNHCR ist dabei zur Unparteilichkeit und strikter Ausrichtung an humanitären Fragen verpflichtet. Obwohl das Mandat nicht verändert wurde, hat sich die Tätigkeit in den 50 Jahren seines Bestehens gewandelt (UNHCR 2000: 310-322). Neben neuen regionalen Schwerpunkten vornehmlich in Entwicklungsländern hat sich insbesondere der Kreis der Hilfeempfänger über die Flüchtlinge gemäß der Genfer Konvention hinaus vergrößert und bezieht sich nunmehr auch auf Binnenvertriebe, Rückkehrer, Asylbewerber und von Krieg betroffene Bevölkerungsgruppen. Der UNHCR arbeitet zudem heute als oftmals federführende humanitäre VN-Organisation (*lead organization*) nicht nur mit diversen VN-Organen, sondern auch mit mehr als 500 Nichtregierungsorganisationen zusammen und ist dabei zunehmend in instabilen Konfliktregionen aktiv.

Eine gewisse Sonderstellung nimmt das Hilfswerk der VN für Palästinaflüchtlinge (UNRWA) ein, das sich mit eigenem Budget und Strukturen speziell um die Flüchtlinge kümmert, die in Folge des arabisch-israelischen Konflikts von 1948 vertrieben wurden. Im Mandatsgebiet des UNRWA werden derzeit rund vier Mio. Menschen betreut.

Humanitäre Hilfe im Rahmen der Vereinten Nationen

Die Politik der humanitären Hilfe hat sich im VN-Rahmen in den vergangenen 50 Jahren zu einem komplexen Aufgabenfeld entwickelt. Darunter werden alle Maßnahmen verstanden, „die darauf abzielen, die akute Not einer Bevölkerungsgruppe zu lindern" und die sich „klar von politischer, wirtschaftlicher oder militärischer Hilfe abgrenzt, da sie auf einer humanitären Motivation beruht und nur humanitäre Ziele verfolgt" (Swamy 2000: 233). Neben der Vorbereitung, Durchführung und Evaluierung fällt auch die Koordinierung zwischen verschiedenen Organisationen unter Maßnahmen humanitärer Hilfe.

Im Sekretariat wurde dazu 1997 ein „Büro für die Koordinierung humanitärer Angelegenheiten" (OCHA) eingerichtet, das von einem Untergeneralsekretär geleitet wird und zusammen mit weiteren Ausschüssen und Gremien die Politik der humanitären Hilfe des VN-Systems und verwandter Organisationen straffen soll. Um auf Notsituationen schneller zu reagieren, wurde zudem ein Notstandsfonds geschaffen und mit 50 Mio. US-Dollar ausgestattet, der zur Zwischenfinanzierung dringender Projekte dient. Neben den unter Abschnitt 1.2 genannten Sonderorganisationen, Spezialorganen und Programmen spielt zudem das Welternährungsprogramm der Vereinten Nationen (*World Food Program*, WFP) eine wichtige Rolle. Es ist 1961 als gemeinsames Programm der Generalversammlung und der Ernährungs- und Landwirtschaftsorganisation (FAO) gegründet worden und hat 1963 seine Arbeit als Nahrungsmittelhilfeorganisation des VN-Systems aufgenommen. Hauptziel ist die Nahrungsmittelhilfe für Länder mit Mangelernährung sowie die Soforthilfe bei Naturkatastrophen und anderen konkreten Notsituationen. In den vergangenen Jahren hat der Bereich Soforthilfe stetig zugenommen und beansprucht heute etwa 80 Prozent der Mittel. Teil des WFP ist eine internationale Nahrungsmittelnotreserve (IEFR), die jährlich mindestens 500.000 Tonnen Getreide als Soforthilfe bereit halten soll. Im Jahr 2000 leistete das WFP mit einer Personalstärke von etwa 5.000 Personen Nahrungsmittelhilfe für mehr als 80 Mio. Menschen in 83 Ländern und ist damit die größte Nahrungsmittelhilfeorganisation der Welt. Die Beiträge zum Haushalt des WFP (rund 1,4 Milliarden US-Dollar) werden auf freiwilliger Basis gezahlt und können auch in Sachmitteln eingebracht werden. Ein Exekutivrat aus 36 Staaten (der vom ECOSOC und der FAO gewählt wird und diesen Organen verantwortlich ist) kontrolliert die Arbeit des WFP und tritt etwa viermal pro Jahr zusammen. An der Spitze des ständigen Sekretariats mit Sitz in Rom steht ein Exekutivdirektor. Die Schwerpunkte für die kommenden Jahre liegen in den Bereichen Soforthilfe in konkreten Notsituationen (*Food-For-Life*), der längerfristigen Unterstützung von am meisten Betroffenen wie Kindern, Müttern und Älteren (*Food-For-Growth*). Eine weitere wichtige Säule der Arbeit des WFP ist die Finanzierung von Programmen, die auf Verbesserung der Gesamtsituation zielen, u.a. mit der Bezahlung der Arbeit an Infrastrukturprojekten durch Nahrungsmittel (*Food-For-Work*).

Bevölkerungsfragen in den Vereinten Nationen

Die Bevölkerungsentwicklung gehört zu den zentralen Zukunftsfragen der Menschheit. Die Frage nach den ökologischen, sozialen, ökonomischen und politischen Folgen des Bevölkerungswachstums (also letztlich die Frage, wie viele Menschen die Erde verkraften kann) ist äußerst schwer zu beantworten. Generell kann ein zu hohes Bevölkerungswachstum dann konstatiert werden, „wenn es – auch bei einem grundbedürfnisorientiertem Lebensstil der betroffenen Menschen – zur Übernutzung der vorgegebenen natürlichen Ressourcen kommt oder das vorhandene Kapital nicht ausreicht, um die für eine angemessene Lebensqualität erforderlichen Investitionen zu finanzieren" (Leisinger 2000: 57). Wann dieser Punkt erreicht ist, ist kaum zu objektivieren. Fest steht allerdings, dass der Lebensstil der Industriestaaten nicht ohne Kollaps des globalen Ökosystems auf alle Menschen übertragbar ist. Symbolisch erklärten die Vereinten Nationen den 12. Oktober 1999 zu dem Tag, an dem der sechsmilliardste Erdenbürger geboren wurde. Erst Anfang des 19. Jahrhunderts wurde in der Weltbevölkerung die Milliardenschwelle erreicht. 125 Jahre später verdoppelte sich die Weltbevölkerung auf zwei Milliarden Menschen, bereits gut 30 Jahre später wurde die dritte und 14 Jahre später die fünfte Milliarde erreicht. Die Weltbevölkerung wird 2001 auf weit über sechs Milliarden geschätzt. Allein die indische Bevölkerung liegt inzwischen bei über einer Milliarde Menschen, China hat ca. 1,3 Milliarden Einwohner. VN-Projektionen gehen – bei aller Unsicherheit über die zugrunde liegenden Annahmen – davon aus, dass die Weltbevölkerung im Jahr 2050 bei elf (hohe Variante), neun (mittlere Variante) bzw. sieben Milliarden Menschen (niedrige Variante) liegen wird. Das Eintreten der mittleren Variante würde bedeuten, dass allein der Zuwachs von 2000 bis 2050 der Weltbevölkerung des Jahres 1960 entspricht. Die regionale Verteilung der Bevölkerungszuwächse ist höchst unterschiedlich. Während in den Industriestaaten die Bevölkerung teilweise drastisch schrumpft, findet mehr als 90 Prozent des Bevölkerungswachstums in den Entwicklungsländern statt. Das bedeutet, dass die Folgeprobleme für einzelne Regionen höchst unterschiedlich sind.

Die Vereinten Nationen sind die Schaltstelle für die internationale Bevölkerungspolitik. Bereits 1946 wurde die Bevölkerungskommission der Vereinten Nationen als beratendes Unterorgan des Wirtschafts- und Sozialrats eingerichtet und 1994 in Bevölkerungs- und Entwicklungskommission umbenannt. Hinter dieser Umbenennung steht mehr als ein Namenswechsel. Vielmehr wird damit angedeutet, dass Bevölkerungspolitik in den bereiteren Kontext der Entwicklungspolitik eingeordnet wird. Zentrale Stelle für Bevölkerungsfragen ist jedoch der Bevölkerungsfonds der Vereinten Nationen (*UN Fund for Population Activities*, UNFPA), der in der heutigen Form seit 1969 ein Spezialorgan der VN mit Berichterstattungspflicht an die Generalversammlung ist. Der in New York ansässige, aber in 150 Ländern vertretende UNFPA ist die weltweit größte und bedeutsamste Einrichtung in Bevölkerungsfragen und hat ein Jahresbudget von rund 280 Mio. US-Dollar, das sich aus freiwilligen Beiträgen von Regierungen und privaten Spenden zusammensetzt. Eine formale Mitgliedschaft von Staaten gibt es nicht. Das Mandat umfasst zahlreiche operative Tätigkeiten im Bereich Familienplanung und Bevölkerungspolitik sowie die Koordinierung von Bevölkerungsfragen innerhalb des VN-Systems. Darüber hinaus gibt der UNFPA jährlich einen Weltbevölkerungsbericht heraus und führt große Bevölkerungskonferenzen durch (zuletzt 1994 die Konferenz über Bevölkerung und Entwicklung in Kairo und 1999 die Sondergeneralversammlung zur Bevölkerungspolitik in New York), die jeweils zahlreiche konkrete Folgeprogramme nach sich zogen. Zusammen mit dem UNDP und UNICEF bildet der UNFPA die Entwicklungsgruppe der Vereinten Nationen (UNDG).

2 Umweltpolitik in den Vereinten Nationen: Globale Lösungsansätze für globale Probleme

Bei Gründung der Vereinten Nationen im Juni 1945 war nicht vorauszusehen, dass eine neue, in ihrer Dimension ungeahnte Herausforderung für das Überleben der Menschheit jenseits der „Geißel des Krieges" auf die internationale Agenda drängen würde. Dementsprechend wird die Umweltproblematik in der Charta nicht erwähnt. Der Schutz der globalen Umwelt gehört inzwischen gleichwohl zu den wichtigsten Zukunftsfragen der Menschheit, die auch einen erheblichen Teil der VN-Ressourcen beansprucht. Zentrales Leitbild ist dabei die so genannte dauerhafte bzw. nachhaltige Entwicklung (*sustainable development*), bei der im Idealfall die Bedürfnisse der Gegenwart auf eine Art und Weise befriedigt werden sollen, dass die Möglichkeit künftiger Generationen, ihre eigenen Bedürfnisse zu befriedigen, nicht verbaut wird. In dieser Ausweitung der Zuständigkeit spiegelt sich zum einen der bereits analysierte Wandel des Sicherheitsbegriffes wider (siehe Teil A, Abschnitt 1.4), zum anderen zeigt sich darin auch die Flexibilität in der Konstruktion des VN-Systems, bei Interesse aller Mitgliedstaaten auch ohne Chartaänderungen auf neue Herausforderungen zu reagieren.

2.1 Der Schutz der internationalen Umwelt als globale Herausforderung

Im Falle so genannter kollektiver Weltgüter wie der Ozonschicht, der Artenvielfalt oder dem Weltklima handelt es sich um klassische globale öffentliche Güter (*global public goods*), die dadurch gekennzeichnet sind, dass sie nicht aufgeteilt werden können, niemand von ihrem Gebrauch ausgeschlossen werden kann und die durch nationalstaatliches Handeln alleine nicht zu schützen sind (Oberthür 1997, Kaul/Grunberg/Stern 1999). Allerdings können solche globalen öffentlichen Güter durchaus von einzelnen Akteuren benutzt (bzw. verbraucht) werden, ohne dafür einen direkten Preis zu bezahlen, was wiederum zu Übernutzung führen kann, die eine nachhaltige Schädigung aller Nutzer zur Folge haben kann. Eine weitere mögliche Folge ist das so genannte Trittbrettfahrerverhalten, d.h. das Phänomen, dass ein Akteur einen Nutzen aus dem Verhalten anderer zieht, ohne selbst etwas zur Problembehebung beizutragen. Würden sich etwa alle Staaten außer einem bzw. wenigen auf die drastische Reduzierung der Kohlendioxidemission einigen und damit das Weltklima stabilisieren, käme dies auch dem einen Staat zugute, der sich nicht an dieser Reduktion beteiligt hat. Unabhängig davon, dass es einzelne Profiteure von globalen ökologischen Krisen geben mag, „sind letztlich alle deren Opfer und bilden eine Risikogemeinschaft, die sinnbildlich im gleichen Boot sitzen. Die Insassen dieses Bootes verhalten sich aber im kollektiven Sinne nicht rational, d.h. in Hinblick auf das gemeinsame Überleben, sondern im egoistischen Sinne rational, d.h. sie versuchen, sich gegenseitig für kleine Vorteile zu erpressen, wobei aufgrund der Synergie vieler Einzelaktivitäten eine Katastrophe produziert wird, die eigentlich niemand will, die von einem bestimmten Zeitpunkt ab aber auch niemand mehr verhindern kann" (Wöhlcke 1992: 8). Das institutionelle Design zum Schutz der kollektiven Weltgüter enthält mindestens zwei Problembereiche, die auch als grundsätzliche Probleme internationaler Kooperation gesehen werden können:

- *Erstens* führt die Diskrepanz zwischen einer zunehmend globaler werdenden Problemstellung und dem nach wie vor hauptsächlich auf den Nationalstaat bezogenen Handlungsansprüchen und Entscheidungskompetenzen zu einer Zuständigkeitslücke und
- *zweitens* entsteht unter den derzeitigen Bedingungen internationaler Umweltpolitik ein Anreizdefizit, bei dem einzelne Akteure zu wenig für ein Verhalten im Interesse aller belohnt werden, in Einzelfällen sogar für einen nachhaltige Politik betraft werden, weil sie damit Wettbewerbsnachteile erleiden können (Kaul/Grunberg/Stern 1999a: 466-498).

Die globale Umweltproblematik hat sich zu einer neuen Geißel der Menschheit entwickelt, die zentrale Aufmerksamkeit erfordert (Problemaufriss bei Simonis 1998, Oberthür/Ott 2000, eine Fülle an Daten zur globalen Umweltsituation finden sich etwa in dem *Gobal Environmental Outlook* des Umweltprogramms der Vereinten Nationen, den Gutachten des Wissenschaftlichen Beirats der Bundesregierung Globale Umweltgefahren sowie den Berichten der Stiftung Entwicklung und Frieden, des *World Watch Institute* und des *World Resources Institute*). VN-Generalsekretär Kofi Annan (2000: 43) drückt dies in seinem Millenniumsbericht an die Generalversammlung in knapper Weise so aus: Auf dem Spiel stehe die „Freiheit kommender Generationen, auf diesem Planeten weiter leben zu können. Wir sind im Begriff, ihnen diese Freiheit zu verweigern [...]. Unsere Antwortmaßnahmen reichen bei weitem nicht aus, um den Forderungen der Nachhaltigkeit gerecht zu werden. Von einigen rühmlichen Ausnahmen abgesehen, sind unsere Antwortmaßnahmen zu spärlich, zu dürftig und kommen zu spät". Hätte eine solche Bemerkung noch vor Jahren als Ausdruck einer apokalyptischen Weltuntergangsstimmung gegolten, so sind sich heute Wissenschaft und zunehmend auch Politik weitgehend einig, dass es sich dabei um eine zutreffende Aussage handelt. Insbesondere die Veränderung des Weltklimas hat sich dabei zu einem der brisantesten Weltprobleme entwickelt. Das zwischenstaatliche Expertengremium für Klimafragen (*Intergovernmental Panel on Climate Change*, IPCC), das 1998 gemeinsam von dem Umweltprogramm der UNO und der Weltmeteorologieorganisation eingerichtet wurde, geht in seinem Bericht vom Januar 2001 davon aus, dass der vom Menschen hervorgerufene Klimawandel bereits begonnen habe. Das IPCC prognostiziert ohne drastisches Umsteuern eine weltweite Erwärmung von längerfristig bis zu 5,8 Grad Celsius, die dramatische Folgen wie Wetterextreme, Bodenerosion, Trockenheit, Überschwemmungen etc. bewirke. Zwar seien die Entwicklungsländer die Hauptleidtragenden (bei dem prognostizierten Anstieg der Meeresspiegel wäre beispielweise Bangladesch existentiell betroffen), aber auch die Industrienationen könnten sich den negativen Folgen nicht entziehen.

Würde man den derzeitigen globalen Energie- und Ressourcenverbrauch in die Zukunft extrapolieren und dabei einerseits den prognostizierten Zuwachs der Weltbevölkerung von sechs auf neun Milliarden bis 2050 berücksichtigen und andererseits den heutigen Verbrauch der Menschen in den Industrienationen zugrunde legen, wäre die Grenze der Belastungsfähigkeit schnell überschritten. Das westliche Wohlstandsmodell ist mithin nicht globalisierungstauglich. Die Welt befindet sich, so der Direktor des Umweltprogramms der Vereinten Nationen, Klaus Töpfer (1999: 87), „auf einem nicht nachhaltigen Kurs. Die Zeit für einen vernünftigen, durchdachten Übergang zu einer tragfähigen Zukunft läuft rapide aus". Beispielsweise tragen die Industrieländer – die rund 20 Prozent der Weltbevölkerung ausmachen – beim Kohlendioxidausstoß (der stark mit der Wirtschaftsleistung eines Landes korreliert und als Hauptverursacher der globalen Klimaveränderung gilt) rund 60 Prozent zur Weltemission bei. So stößt Indien pro Jahr und Kopf eine Tonne Kohlendioxid aus, während Japan die neunfache, Deutschland die elffache, Russland die sechzehnfache und die USA gar die zwanzigfache Menge verantwortet. Allerdings sind die Steigerungsraten der Entwicklungsländer insgesamt erheblich. Würde Indien oder China mit einer Einwohnerzahl von jeweils über einer Milliarde den Pro-Kopf-Ausstoß Deutschlands erreichen, kollabierte das Weltklima unwiderruflich. Dabei wird sich der weltweite Energiebedarf Schätzungen zufolge in den kommenden Jahrzehnten verdoppeln, was Auseinandersetzungen und unter bestimmten Umständen möglicherweise auch Kriege um den Zugriff auf begrenzte Rohstoffe erwarten lässt (Baechler/Spillmann 1996). Eine solche Berechnung ließe sich für fast alle ökologisch relevanten Kennziffern wie Industrieproduktion, Mobilitätsgrad, Konsumstandard etc. aufstellen (von Weizsäcker 1994: 65-140, Hein 1998: 343-372, Kreibich 1998: 90-106, Globale Trends 1999: 294-367, WBGU 2001: 11-70).

Um eine nachhaltige und unumkehrbare Schädigung bzw. einen Kollaps der globalen Ökosysteme zu verhindern, bedarf es einer ökologischen Umstrukturierung der Wirtschaft der Industrienationen und eine umweltverträgliche Entwicklung in den Entwicklungsländern, die im globalen Maßstab kaum ohne internationale Regelwerke und Instrumente zu ihrer Durchsetzung auskommen wird. Die Notwendigkeit einer Internationalisierung der Umweltpolitik ergibt sich aber nicht nur aufgrund „zunehmender ökologisch-ökonomischer Interdependenzen, der Komplexität physikalisch-chemischer Ursache-Wirkungs-Zusammenhänge, der Langfristigkeit der Wirkungen und der möglichen Irreversibilität von Umweltschädigungen, sondern auch und besonders wegen der Vielzahl der politischen Akteure, der Widersprüchlichkeit ihrer Interessen und der Unterschiedlichkeit ihrer ökonomischen und technischen Handlungspotentiale. Globale bzw. universal auftretende Umweltprobleme erfordern eine Politik, die den Nationalstaat als traditionellen Hauptakteur von Politik nicht aus der Verantwortung entlässt, ihn aber alleine überfordert" (Simonis 2000: 525).

Von Stockholm nach Johannesburg

Die Beschäftigung der Vereinten Nationen mit die gesamte Menschheit betreffenden Umweltfragen kann als ein klassischer Fall der Setzung von Themen auf die internationale Agenda (*agenda setting*) gesehen werden. Noch bevor in den meisten Mitgliedstaaten die Dringlichkeit des Themas erkannt worden war, forderte die Generalversammlung Ende der 1960er Jahre eine verstärkte Aufmerksamkeit für Umweltprobleme ein. Zu diesem Zweck wurde eine Konferenz einberufen, die im Juni 1972 in Stockholm eine „Erklärung über die Umwelt des Menschen" mit zahlreichen richtungsweisenden umweltpolitischen Grundsätzen verabschiedete und u.a. zur Gründung des VN-Umweltprogramms (siehe Abschnitt 2.2) führte. Stockholm kann als Auftakt für eine zunehmende umweltpolitische Sensibilität der Entscheidungsträger in Politik, Medien und Wirtschaft gesehen werden, wenngleich vor allem der seit den 1970er Jahren kontinuierlich steigende Problemdruck zur Verankerung auf der globalen Agenda beigetragen hat und auch die konkreten Lösungsbeiträge bis heute hinter den Anforderungen zurückgeblieben sind (zur Entwicklung der VN-Umweltpolitik Birnie 1993, Keil 1994, Simonis 1994, French 1996, Conca/ Dabelko 1998). 20 Jahre nach der Stockholmer Erklärung setzten die Vereinten Nationen mit der Konferenz über Umwelt und Entwicklung (*UN Conference on Environment and Development*, UNCED) erneut einen Meilenstein, der seitdem wichtigster Referenzpunkt für globale umwelt- und entwicklungspolitische politische Debatten ist.

Die bis dahin größte Konferenz im VN-Rahmen (teilgenommen hatten 178 Regierungen und 1.400 Nichtregierungsorganisationen, die allerdings nur beratende Funktion hatten) initiierte diverse institutionelle Veränderungen in der internationalen Umweltpolitik (siehe Abschnitt 2.2) und verabschiedete nach einem zweijährigen Vorbereitungsprozess zahlreiche, wenngleich zumeist rechtlich unverbindliche, Vereinbarungen als Richtlinien für die zukünftige Arbeit. In der „Rio-Deklaration" wurden erstmals Grundsätze für eine Politik im Interesse heutiger und künftiger Generationen formuliert und wesentliche umwelt- und entwicklungspolitische Grundprinzipien festgelegt. So wird das Recht auf Entwicklung vertraglich zugesichert, die Armutsbekämpfung als Voraussetzung für nachhaltige Entwicklung benannt und die Verantwortung der Industrieländer als wesentliche Verursacher der bisherigen Umweltschädigungen anerkannt. Die „Klimarahmenkonvention", die in Rio von mehr als 150 Staaten unterzeichnet wurde, setzte einen Prozess in Gang, der in zahlreichen Vertragsstaatenkonferenzen (die sechste Folgekonferenz tagte im Juli 2001 in Bonn) versucht, die Treibhausgaskonzentration in der Atmosphäre zu stabilisieren bzw. zu reduzieren (siehe Abschnitt 2.2). Darüber hinaus wurden Konventionen zum Erhalt der biologischen Artenvielfalt, zur Eindämmung der Wüstenbildung und zum Schutz der Wälder auf den Weg gebracht. Zentrales Dokument der Rio-Konferenz ist die „Agenda 21". Sie fasst auf rund 800 Seiten in 40 Kapiteln und über 2.000 Handlungsempfehlungen die sozialen, ökologischen und ökonomischen Probleme und Anforderungen für die zukünftige globale Entwicklung zusammen und „will als Pflichtheft auf dem Weg in das 21. Jahrhundert verstanden werden" (Waldmann 1999: 73). Das bereits mehrfach angesprochene Leitbild der nachhaltigen Entwicklung ist seit Rio in der Weltöffentlichkeit fest etabliert (obwohl es bereits lange zuvor in Expertenkreisen und hier insbesondere im Zuge der „Weltkommission über Entwicklung und Umwelt" unter dem Vorsitz der damaligen norwegischen Ministerpräsidentin Gro Harlem Brundtland entwickelt wurde). Trotz aller Schwächen, die vor allem in der Unverbindlichkeit und der unzureichenden Umsetzung der finanziellen Zusagen begründet liegen, markiert Rio eine neue Phase im Umgang mit der internationalen Umweltproblematik. Seither kann „kein Nationalstaat und keine nationale oder internationale Organisation die Existenz der aufgeführten Probleme und vor allem die Problemzusammenhänge mehr leugnen. Insofern kann Politik zukünftig an ihrer Kompatibilität mit den Empfehlungen der Agenda 21 gemessen werden" (Waldmann 1999: 80). Es wäre allerdings nicht das erste Mal in der internationalen Politik, dass wohlklingende Vereinbarungen in der Praxis wenig Beachtung finden. Ein „Weltgipfel über nachhaltige Entwicklung" zieht im Sommer 2002 in Johannesburg Bilanz und überprüft die vor zehn Jahren in Rio eingegangenen Verpflichtungen der Mitgliedstaaten.

2.2   Die Funktionen der einzelnen VN-Körperschaften

Im Gesamtsystem der Vereinten Nationen sind diverse Körperschaften mit Umweltfragen befasst. Nach dem Leitbild der nachhaltigen Entwicklung ist die Umweltpolitik in ein breiteres Spektrum der internationalen Wirtschafts- und Entwicklungspolitik eingeordnet und nicht exklusive Aufgabe einer einzigen Institution. Allerdings führt diese Philosophie (der so genannte sektorale Ansatz) paradoxerweise oftmals dazu, dass der „Umweltschutz inmitten von Eifersüchteleien zwischen verschiedenen Gruppen und widersprüchlichen Interessen auf der Strecke bleibt" (French 1996: 31).

Mit dieser Einschränkung ist das Umweltprogramm der Vereinten Nationen (*UN Environmental Program*, UNEP) mit Hauptsitz in Nairobi und Außenstellen anderen Regionen seit 1972 formal das zentrale VN-Gremium im umweltpolitischen Bereich, wenngleich es für diese Aufgabe nur unzureichend strukturiert und ausgestattet ist. Vielfach wird dem UNEP die Rolle einer treibenden Kraft im Sinne eines Katalysators für Umweltaktivitäten auch anderer Institutionen zugeschrieben. Dabei soll es als umweltpolitischer Koordinator im System der Vereinten Nationen wirken und auch Nichtregierungsorganisationen einbinden. Das UNEP ist keine Sonderorganisation im Sinne der Charta mit eigener Rechtspersönlichkeit und Mitgliedschaft, sondern ein Programm (Nebenorgan) der Generalversammlung bzw. des ECOSOC. Ein aus 58 Staaten bestehender Verwaltungsrat, der nach einem festgelegten Regionalschlüssel für vier Jahre von der Generalversammlung gewählt wird, ist das oberste Entscheidungsorgan. Die Verwaltungskosten werden aus dem ordentlichen VN-Haushalt bezahlt, für einzelne Projekte werden freiwillige Mittel zur Verfügung gestellt (im Jahr 2000 etwa 96 Millionen US-Dollar). Ziele des UNEP sind die Unterstützung nationaler Aktivitäten im Umweltschutz, die Beratung von Regierungen in globalen Umweltfragen sowie die Entwicklung, Bewertung und Überwachung des internationalen Umweltrechts. Darüber hinaus sind im UNEP zahlreiche Konventionssekretariate angesiedelt. Eine wichtige Aufgabe ist zudem die Aufarbeitung bzw. Erfassung von Daten und die Erstellung von Umweltlageberichten, etwa des *Global Environmental Outlook*. Als zweiter zentraler Baustein der VN-Umweltpolitik spielt die VN-Kommission für nachhaltige Entwicklung (*UN Commission on Sustainable Development*, CSD), eine herausgehobene Rolle. Sie wurde im Anschluss an die Konferenz von Rio im Dezember 1992 unter Bezugnahme auf Art. 68 der VN-Charta gegründet wurde. Der Breite der in der Agenda 21 angesprochenen umwelt- und entwicklungspolitischen Aufgaben entspricht die Breite ihrer Aufgaben. Ihre vertraglich definierte Bestimmung ist es, im Sinne einer Querschnittsaufgabe den Folgeprozess der Rio-Konferenz sicherzustellen, die Integration von Umwelt- und Entwicklungspolitik voranzutreiben und die Umsetzung der Agenda 21 auf nationaler, regionaler und internationaler Ebene zu gewährleisten. Die CSD ist als funktionale Kommission dem ECOSOC zugeordnet, die Sekretariatsaufgaben werden von der Abteilung für nachhaltige Entwicklung in der Hauptabteilung für ökonomische und soziale Fragen des New Yorker Sekretariats übernommen. Die hochrangigen Vertreter von 53, nach einem Regionalschlüssel gewählten, Mitgliedstaaten treffen sich jährlich um politische Leitlinien für die Agenda 21 festzulegen. Eine gewisse Aufgabenüberschneidung mit dem UNEP ist unübersehbar und wird vielfach kritisiert.

Neben UNEP und CSD sowie den relevanten Sonderorganisationen (insbesondere FAO, IMO, UNESCO, WMO und WHO) befassen sich auch Spezialorgane der Vereinten Nationen mit umweltpolitischen Fragen, meistens dergestalt, dass bei Projekten die Auswirkungen auf die Umwelt berücksichtigt werden. Hier sind insbesondere die Handels- und Entwicklungskonferenz (UNCTAD) sowie das Entwicklungsprogramm der Vereinten Nationen (UNDP) zu nennen. Auch die Regionalkommissionen haben inzwischen Umweltfragen in ihre Arbeit integriert, allerdings weniger mit globalem Fokus. Ein interoganisationelles Komitee zur Nachhaltigen Entwicklung (*Inter-Agency Environment Coordination Group*, IACSD), das aus den Repräsentanten der verschiedenen VN-Körperschaften besteht, soll die Zusammenarbeit zwischen allen an der Umweltpolitik der Vereinten Nationen beteiligten Akteuren verbessern und die Arbeit besser aufeinander abstimmen, eine Aufgabe, die deckungsgleich mit den ursprünglichen Funktionen der UNEP ist. Nicht zuletzt haben die Bretton-Woods-Organisationen begonnen, umweltpolitische Aspekte in ihre Arbeit mit einzubeziehen, worauf hier aber nicht eingegangen werden soll.

Darüber hinaus sind im VN-Rahmen zahlreiche Konventionen und Programme entstanden, die jeweils eigene Sekretariate und Büros gebildet haben (Beyerlin 2000, WBGU 2001). Jede einzelne Konvention bedarf der Ratifizierung des mitarbeitenden Staates, wobei die rechtlichen Hürden und Regelungen in den einzelnen Konventionen höchst unterschiedlich gehandhabt werden. Zudem sind Regelungen zur Streitschlichtung zu treffen, die Umsetzung zu kontrollieren und die Erfüllung der Zusagen (*compliance*) muss geregelt werden. Zu unterscheiden ist des Weiteren zwischen Rahmenabkommen und Protokollen. Während erstere (*soft law*) zunächst die allgemeinen Grundprinzipien festlegen, werden konkrete Verpflichtungen erst in den meist etwas flexibleren Protokollen (*hard law*) festgeschrieben. Dies führt bei nicht juristisch geschulten Beobachtern oftmals zu einiger Verwirrung. So ist im Falle des Klimaschutzes bereits 1992 das Rahmenabkommen der Vereinten Nationen zum Klimaschutz (UNFCCC) beschlossen und bis Juli 2001 von 186 Staaten ratifiziert worden, während erst das Kyoto-Protokoll aus dem Jahr 1997 konkrete Maßnahmen zur Reduzierung der Kohlendioxidemissionen festgelegt hat. Das Aushandeln eines Protokolls bedeutet aber noch lange nicht, dass es auch in Kraft tritt, wie der mühsame Ratifizierungsprozess des Kyoto-Protokolls zeigt (s.u.).

Da in der internationalen Umweltpolitik keine Zwangsmaßnahmen durchsetzbar sind, sind einige Grundsätze entwickelt worden, die als Richtschnur für die Konventionen gelten können:

- Es soll nicht konfrontativ vorgegangen und Streitfälle sollen so weit wie möglich vermieden werden,
- Entscheidungen sollen transparent sein, durch die Staaten selbst getroffen und in einem Berichtssystem dokumentiert werden,
- die Vertragsstaaten bestimmen selbst, welche konkreten technischen und finanziellen Maßnahmen zur Umsetzung als notwendig erachtet werden (Loibl 1999: 192).

Zu den bedeutsamsten Konventionen im VN-Rahmen gehören das bereits erwähnte Rahmenabkommen über Klimaänderungen und das Protokoll zur Reduzierung der Treibhausgase, das Übereinkommen über die biologische Vielfalt, das Übereinkommen über den internationalen Handel mit gefährdeten Arten frei lebender Tiere, die Seerechtskonvention, das Wiener bzw. Montrealer Übereinkommen zum Schutz der Ozonschicht und die Konvention zur Bekämpfung der Wüstenbildung und das Waldabkommen. Gearbeitet wird an einem Abkommen zum Bodenschutz und zur Wasserproblematik (WBGU 2001). Die Sekretariate, die teilweise einen gut ausgebauten administrativen bzw. wissenschaftlichen Unterbau haben, sind in verschiedenen Staaten und Städten angesiedelt, darunter zwei in Bonn. Sie verwalten und überwachen die Abkommen und können wiederum Nebenorgane für wissenschaftliche Beratung und technische Unterstützung etablieren. Zudem organisieren sie wenn notwendig weitere Vertragsstaatenkonferenzen, die in unregelmäßigen Abständen stattfinden, um die Konvention zu überarbeiten und Umsetzungsprobleme zu erörtern.

Die internationale Umweltpolitik ist reich an Fehlschlägen und Versäumnissen, es lassen sich aber auch positive Beispiele anführen. Als Musterbeispiel für mühsame, letztlich aber erfolgreiche Umweltpolitik im Weltmaßstab wird vielfach das so genannte „Ozon-Regime" gesehen. Bereits zu Beginn der 1970er Jahre hatten sich die Hinweise verdichtet, dass durch den Gebrauch von Fluorkohlenwasserstoffen die Ozonschicht geschädigt würde, woraus wiederum ein erhebliches Gesundheitsrisiko für die Menschheit entstehen könnte. Nicht zuletzt durch die im VN-Rahmen entstandenen Studien und Konferenzen sowie die ausdauernde Lobbyarbeit diverser Nichtregierungsorganisationen konnte 1987 auf einer Konferenz des VN-Umweltprogramms das Montrealer-Protokoll unterzeichnet werden, das – inzwischen mehrfach verschärft – ein vollständiges Verbot der schädlichen Stoffe verbindlich festschreibt. Zwar haben die Vereinten Nationen keine direkte Möglichkeit der Normimplementation und sind insofern auf den guten Willen der Signatarstaaten angewiesen, die Konzentration der ozonabbauenden Stoffe ist aber in den 1990er Jahren und darüber hinaus drastisch zurückgegangen, so dass dieses Problem als gelöst betrachtet werden kann. Allerdings war eine wichtige Hintergrundbedingung dieser erfolgreichen Einigung, dass Ersatzstoffe für Fluorchlorkohlenwasserstoffe zur Verfügung standen und lediglich eine Industriebranche von dem Verbot betroffen war.

Weniger erfolgreich stellt sich bisher die Bearbeitung der Klimaproblematik dar. Nach dem Inkrafttreten der Klimarahmenkonvention im Jahr 1994 einigten sich die Vertragsstaaten 1997 auf das so genannte „Kyoto-Protokoll", das die Industriestaaten verpflichtet, in einer ersten Periode ihre gemeinsamen Emissionen der wichtigsten Treibhausgase im Zeitraum 2008 bis 2012 um mindestens fünf Prozent unter das Niveau von 1990 zu senken.

Übersicht 15: Der mühsame Weg zum Klimaschutz

Konferenz	Ergebnisse
Rio de Janeiro 1992	Auf dem Weltgipfel für Umwelt und Entwicklung wird die Klimarahmenkonvention als völkerrechtliche Grundlage für den internationalen Klimaschutz beschlossen. Sie tritt 1994 in Kraft; bis 2001 haben die Konvention 186 Staaten ratifiziert.
Berlin und Genf 1995 und 1996	Die ersten beiden Vertragsstaatenkonferenzen versuchen vergeblich, einen verbindlichen Zeitplan mit konkreten Reduktionszielen festzulegen.
Kyoto 1997	Auf der dritten Vertragsstaatenkonferenz verpflichten sich die Industriestaaten, im Vergleich zu 1990 ihre Emissionen bis 2012 um rund fünf Prozent zu reduzieren. Einzelnen Staaten werden konkrete Reduktionsziele auferlegt.
Buenos Aires 1998	Auf der vierten Vertragsstaatenkonferenz wird ein Zeitplan für die kommenden Treffen festgelegt.
Bonn 1999	Auf der fünften Vertragsstaatenkonferenz wird ein System zur Erfassung und Überwachung der Treibhausgase diskutiert.
Den Haag 2000	Die sechste Vertragsstaatenkonferenz endet zunächst ohne Einigung in den wichtigen Fragen, die Konferenz wird auf das Jahr 2001 vertagt.
Bonn 2001	180 Staaten einigen sich auf einen Kompromiss, allerdings bleibt die Frage der Überwachung weiterhin offen.

Quelle: Auswertung der Abschlusskommuniques der Konferenzen

Zur Erfüllung der Klimaschutzziele wurde ein kompliziertes Verfahren ausgearbeitet. Der so genannte *Clean Development Mechanismus* ermöglicht es den Industrie- und Entwicklungsländern gemeinsame Klimaschutzprojekte in den Entwicklungsländern durchzuführen (*joint implementation*). Die Projekte werden von den Industrieländern finanziert, die dadurch in den Entwicklungsländern vermiedenen Emissionen dürfen die Industrieländer entweder zusätzlich emittieren oder sich gutschreiben lassen. Zudem wird in gewissem Umfang ein Emissionshandel zugelassen. Das ohnehin recht minimalistische und äußerst komplizierte Protokoll kann aber erst in Kraft treten, wenn mindestens 55 Staaten ratifiziert haben, die zudem mindestens 55 Prozent der Emissionen repräsentieren müssen (zum Klimaschutzregime allgemein Oberthür/Ott 2000). Nachdem sich die USA weigerten, das Kyoto-Protokoll zu ratifizieren, weil es ihrer Auffassung nach ihrer Wirtschaft schade und die Entwicklungsländer zu wenig in die Pflicht nehme, mussten fast alle übrigen Industriestaaten das Protokoll ratifizieren, damit es noch in Kraft treten kann. Nach der Bonner Einigung vom Juli 2001 wird das Kyoto-Protokoll voraussichtlich im Jahr 2002 in Kraft treten können. Gegenüber der ursprünglichen Fassung aus dem Jahr 1997 enthält es jedoch zahlreiche Kompromissformeln, die den Klimaschutz stark verwässern. So werden so genannte Senken (Wälder etc.) stärker als Kohlenstoffspeicher angerechnet und der Handel mit Emissionen breiter zugelassen als ursprünglich geplant. Die tatsächliche Reduzierung der Treibhausgase fällt damit geringer aus, als es zur Stabilisierung des Weltklimas von den VN-Experten als erforderlich betrachtet wird. Es hat sich gezeigt, dass im Falle des Klimaschutzes von den ersten Abmachungen im Jahr 1992 mehr als zehn Jahre vergingen, bis auf internationaler Ebene konkrete Maßnahmen für die Umwelt spürbar wurden. Dies hindert selbstverständlich keinen Staat daran, national schneller und weiter zu gehen, als dies auf globaler Ebene mit fast 200 Staaten möglich ist.

Finanzierung der Umweltpolitik der Vereinten Nationen

Neben Projektmitteln der Sonderorganisationen, Spezialorgane, Programme und der einzelnen Übereinkommen wurde als wichtiges Finanzierungsinstrument für Umweltschutzprojekte 1991 die Globale Umweltfazilität (*Global Environmental Facility*, GEF) als gemeinsame Initiative der Weltbank, des UNDP und des UNEP gegründet. Die Mittel (die keine bisherigen Finanzierungsprogramme ersetzen sondern vielmehr zusätzliche Mittel erschließen sollen) werden zum Schutz von globalen Umweltgütern wie dem Schutz des Klimas, der Ozonschicht, der internationalen Gewässer, der Artenvielfalt und des Boden eingesetzt. Die GEF stellt ihre Mittel also ausschließlich für den globalen Umweltschutz zur Verfügung, Projekte mit lediglich lokaler oder regionaler Bedeutung werden nicht gefördert. Seit einer grundlegenden Reform im Jahr 1994 ist die GEF eine eigenständige Körperschaft mit Generalversammlung, Rat und Sekretariat (das von der Weltbank administrativ betreut wird). Die Entscheidungsstrukturen sind kompliziert und Folgen einer Mischung aus UNO-Prinzipien („ein Land, eine Stimme") und Bretton-Woods-Prinzipien („ein Dollar, eine Stimme", siehe Übersicht 14). Die 165 Mitgliedstaaten treffen sich alle drei Jahre als Generalversammlung und bestimmen einen Rat aus 32 Staaten (16 Entwicklungsländer, 14 OECD-Staaten und 2 Transformationsländer), der dann möglichst im Konsens über die Mittelvergabe entscheidet. Bei Streitfällen kommt eine Mehrheit dann zustande, wenn 60 Prozent der Länder zustimmen, die aber zugleich 60 Prozent der finanziellen Beiträge repräsentieren müssen. Der GEF stehen jährlich rund 700 Mio. US-Dollar für Projekte zur Verfügung (WBGU 2001: 166).

Umweltpolitische Bilanz der Vereinten Nationen

Trotz der inzwischen rund 900 bi- und multilateralen Umweltverträge verschlechtert sich die globale Umweltsituation weiter. An dieser Stelle setzt die Umweltpolitik der Vereinten Nationen an. Sie will und kann nicht jedes Umweltproblem bearbeiten bzw. lösen, keine bilateralen bzw. regionalen Abkommen oder gar nationale Anstrengungen ersetzen, sondern sich auf strategisch wichtige Aspekte mit globaler Bedeutung konzentrieren sowie ein Forum zur Behandlung umweltpolitischer Fragen bieten.

Die umweltpolitische Bilanz der Vereinten Nationen fällt gemischt aus. Die liegt zum einen daran, dass der Problemdruck in den vergangenen Jahren gewaltig zugenommen hat und den Vereinten Nationen die Mittel fehlen, um die umweltpolitischen Sünden ihrer Mitgliedstaaten auszugleichen. Würden alle Grundsatzerklärungen und Selbstverpflichtungen, die die Staaten im Rahmen der Vereinten Nationen abgegeben haben und eingegangen sind beachtet und umgesetzt, hätte sich der Zustand der globalen Umwelt verbessern müssen. Dass dies offensichtlich nicht der Fall ist, belegt den Reformbedarf der globalen Umweltpolitik im Rahmen der Vereinten Nationen. Ebenso wie im Bereich des Menschenrechtsschutzes mangelt es nicht in erster Linie am Bestand an Normen und Konventionen, sondern vielmehr an wirksamen Instrumenten zu deren Umsetzung. Ebenso wie im entwicklungspolitischen Bereich besteht in der Umweltpolitik der Vereinten Nationen ein „Dilemma zwischen den Kapazitäten und den übernommenen Verpflichtungen" (Mingst/Karns 2000: 153).

Allerdings ist es ein wichtiges Verdienst der Vereinten Nationen, die engen Verbindung zwischen dem Schutz der Umwelt und der Entwicklungszusammenarbeit im globalen Bewusstsein verankert zu haben. Für globale Umweltprobleme bedarf es zudem eines globalen Verhandlungsrahmens, der nach Lage der Dinge nur von den Vereinten Nationen bereitgestellt werden kann. Gleichwohl wird die institutionelle Zersplitterung und die mangelhafte Abstimmung zwischen den unterschiedlichen VN-Körperschaften vielfach kritisiert. Eine mögliche Verbesserung besteht in der Effektivierung und bessere Koordination des Bestehenden. Ob eine solche minimalistische Strategie ausreicht, um die Wirksamkeit des bestehenden Institutionensystems der internationalen Umwelt- und Entwicklungspolitik zu verbessern, wird allerdings vielfach bezweifelt. Sinnvoller dürften in dieser Sichtweise institutionelle Vorschläge, etwa die Gründung eines Umweltsicherheitsrats, die Umwandlung des Treuhandschaftrats in einen Umwelttreuhandrat oder die Gründung eines Weltumweltgerichts sein. Als ein weiteres Modell wird auch die Schaffung einer neuen Sonderorganisationen der Vereinten Nationen als „Weltorganisation für Umwelt und Entwicklung" diskutiert, die die bestehende Institutionen (UNEP, CSD sowie den relevanten umweltpolitischen Konventionssekretariate) in eine neue, übergeordnete Struktur einbindet (zu den Reformperspektiven siehe Teil E).

Teil E
Reform und Neuorientierung der Vereinten Nationen

1 Reformansätze für das 21. Jahrhundert

Die dramatischen Veränderungen in der internationalen Politik wie auch die offensichtlichen Schwächen und Unzulänglichkeiten der Vereinten Nationen selbst haben dem Thema der Reform der Weltorganisation zu einem prominenten Platz auf der internationalen Agenda verholfen. Die Reform der UNO ist zu einem Dauerbrenner in politischen und politikwissenschaftlichen Debatten geworden (Überblick bei Wolfrum 1989, Dicke 1991, Hüfner 1994, Schütz-Müller 1995, Knapp 1997: 451-472, Unser 1997: 343-357, Varwick 1999: 30-43, Sucharipa 1999). Würde die internationale Gemeinschaft die Vereinten Nationen morgen neu gründen, so VN-Generalsekretär Kofi Annan (2000: Ziff. 352) in seinem Millenniumsbericht, „so würden diese sicherlich anders aussehen als unsere heutige Organisation". Dabei richtet sich die Frage, ob und wie die Vereinten Nationen reformierbar sind, an erster Stelle an die Mitgliedstaaten, weil nur sie die Macht haben, Veränderungen durchzusetzen. Die UNO ist insofern eine klassische intergouvernementale Organisation, d.h. sie kann nur so weit agieren, wie es die sie tragenden Staaten nach Abwägung der eigenen Interessen gestatten. Gleichzeitig wird von den Vereinten Nationen zunehmend das Füllen einer ordnungspolitischen Lücke in der globalisierten Weltübergangsgesellschaft verlangt, und genau dieser Widerspruch zwischen den realen Möglichkeiten und den oft hochgesteckten Erwartungen erzeugt ein Klima der Überforderung. Dabei spiegeln sich in der Praxis theoretische Vorstellungen über die Funktionsweise und die Struktur der internationalen Beziehungen wider, die bereits in Teil A, Abschnitt 1 vorgestellt worden sind. Bei den Realisten spielen die Vereinten Nationen nur eine untergeordnete Rolle und Reformbemühungen erschöpfen sich weitgehend darin, die Effizienz der Organisation zu erhöhen. Institutionalisten und Idealisten sehen hingegen sowohl die Chance als auch die Möglichkeit, mit Hilfe einer grundsätzlich reformierten Weltorganisation ein internationales Milieu zu formen bzw. zu stabilisieren, in dem Konflikte nicht mit Gewalt gelöst werden und die Zusammenarbeit nach Regeln abläuft, die letztlich im längerfristigen Interesse aller liegen.

In der Praxis sehen die Reformbemühungen meist bescheidener aus. Zu unterscheiden ist zwischen internen Organisationsrechtsreformen, die sich ohne Änderungen der Charta verwirklichen lassen und „Verfassungsänderungen", die eine Chartaänderung erfordern. Die Hürden für Letztere sind extrem hoch. Viele der seit Jahren diskutierten Themen sind deshalb vertagt und damit auf die lange Bank geschoben worden. In verlässlicher Regelmäßigkeit steht deshalb immer wieder ein Teil der Reformvorschläge auf der Tagesordnung diverser Arbeitsgruppen der Generalversammlung und des Sicherheitsrates, ohne dass ein Konsens in Sicht wäre. In seinem Reformbericht zum Millenniumsgipfel der Vereinten Nationen im Herbst 2000 fordert Generalsekretär Kofi Annan, dass die Mitgliedstaaten die VN besser auf die Herausforderungen der Globalisierung einstellen müssen. Er nennt dabei insbesondere drei strategische Ziele erster Priorität: Freiheit von Not („Entwicklungsagenda"), Freiheit von Furcht („Sicherheitsagenda") und Schaffung einer ökologisch bestandsfähigen Zukunft („Umweltagenda"). Obwohl die erst zum zweiten Mal in ihrer Geschichte auf der Ebene der Staats- und Regierungschefs tagende Generalversammlung den Bericht im Konsens verabschiedete, bleibt unklar, wie diese zum Teil sehr ambitionierten Ziele erreicht werden sollen. Ohne eine von den Mitgliedstaaten getragene grundlegende Reform der VN dürfte die Verwirklichung der Ziele sehr schwer fallen.

Reform als mühsamer und langfristiger Prozess

Die Organisation der Vereinten Nationen blickt auf eine Geschichte zurück, die auch als ein permanenter Prozess des Wandels und der Reformen beschrieben werden kann. In diese Zeitspanne fallen Beginn und Ende des lähmenden Ost-West-Gegensatzes ebenso wie der Prozess der Dekolonisation, der den Vereinten Nationen nicht nur eine beträchtliche Vergrößerung ihrer Mitgliederzahl bescherte, sondern sie zugleich vor vielfältige Herausforderungen bei der Bewältigung des Verhältnisses zwischen den Staaten der nördlichen und den Entwicklungsländern der südlichen Erdhalbkugel stellte. Zu den bereits bei der Gründung der Vereinten Nationen 1945 erkannten und antizipierten Risiken und Problemen traten neue globale Fragen wie die

Verknappung natürlicher Ressourcen, die Zerstörung der Umwelt und die voranschreitende Klimaveränderung, das rasante Wachstum der Weltbevölkerung sowie neue Formen der Bedrohung des Friedens und der gesamten Menschheit durch Massenvernichtungswaffen und innerstaatliche Konflikte hinzu. In diesen ganz verschiedenartigen Prozessen haben sich die Vereinten Nationen als eine entwicklungsfähige und integrative Organisation erwiesen, die sich parallel zur Verwirklichung ihres Universalitätsanspruches bezüglich der Mitgliederstruktur schrittweise auch bemerkenswerte Kompetenzen und Kapazitäten zum Umgang mit diesen globalen Herausforderungen erwarb. Allerdings beschränkten sich die Vereinten Nationen in ihrem Lern- und Reformprozess ganz überwiegend auf die Erweiterung bestehender Gremien sowie auf die Schaffung immer neuer Spezialorgane, Programme und Sonderorganisationen, die dem VN-System hinzugefügt wurden. Damit jedoch geriet nach und nach ein Mechanismus außer Kontrolle, der von den Gründern der Weltorganisation einst durchaus bewusst als Ordnungsprinzip vorgesehen war. Die Vereinten Nationen sollten als eine Art „Planetensystem" konstruiert werden, dessen Kernorganisation ein eher loses Beziehungsgeflecht von Institutionen und Organisationen mit dem Ziel einer effektiven Zusammenarbeit koordinieren sollte. Dabei sollte die Kernorganisation auf das aggregierte Wissen des Gesamtsystems zurückgreifen, umfassende Strategien formulieren und diese dann in abgestimmter Weise umsetzen können (Childers/Urquhart 1994a: 14f).

Übersicht 16: Typologisierung der Reformvorschläge

Effizienzsteigerung	Institutionelle Reformen	Grundsätzliche Umgestaltung
Reformen zielen auf größere Leistungsfähigkeit und bessere Wirkungsmöglichkeiten in den zentralen Aufgabenfeldern der bisherigen UNO	Reformen zielen auf institutionelle Umgestaltung bzw. Anpassung an neue Herausforderungen	Reformen zielen auf grundsätzliche und fundamentale Umgestaltung der bisherigen Prinzipien der UNO
Beispiel: Rationalisierungen im administrativen Bereich und finanziellen Bereich	**Beispiel:** Reform des Sicherheitsrats, Schaffung neuer Gremien wie z.B. einer Weltumweltorganisation	**Beispiel:** Aufhebung des Einmischungsverbots in innere Angelegenheit, Supranationalisierung der VN

Quelle: eigene Darstellung in Anlehnung an Unser 1997: 346-354

Unterschätzt wurden bei dieser ursprünglichen Konzeption jedoch die zentrifugalen Kräfte dieses Systems, die aus den divergierenden Interessen einzelner und Gruppen von Staaten resultieren und zu einer weitgehenden Autonomie der Sonderorganisationen sowie zu einem wachsenden Bewusstsein der Eigenständigkeit auch subsidiärer Einrichtungen der Organisation selbst geführt haben. Im Ergebnis entstand ein VN-System, in dem sich vertikale Koordination sowie horizontale Kooperation äußerst schwierig gestalteten und das sein vorhandenes Potential nur unzureichend in effektives Handeln umzusetzen vermochte. Die durch den Ost-West-Gegensatz bewirkte Handlungsunfähigkeit der Vereinten Nationen in ihren Kernzuständigkeitsfeldern verschleierte lange Zeit nicht nur die Dysfunktionalität dieser inflationären Organisationsentwicklung, sondern bestärkte die handelnden Staaten und Staatengruppen geradezu in ihrem Vorgehen. Der weitgehende Ausfall des Sicherheitsrats als Macht- und Entscheidungszentrum der Vereinten Nationen führte zu einem Bedeutungszuwachs der Generalversammlung, in der den Entwicklungsländer der „Dritten Welt" die Mehrheit zufiel. Für diese neu entstandenen Staaten bildete die Generalversammlung das entscheidende Forum zur formal gleichberechtigten Artikulation ihrer Interessen und Anliegen. Ihr Bestreben nach Schaffung neuer Institutionen zur Befassung mit den spezifischen Problemen der Entwicklungsländer wurde durch beide Großmächte des Ost-West-Konflikts und ihre Verbündeten aus letztlich einer gemeinsamen Position heraus unterstützt: Die neu geschaffenen Gremien eigneten sich in probater Weise zur Ableitung der Forderungen von Seiten der Entwicklungsländer nach größerer Partizipation und Gerechtigkeit in einen institutionellen Aktivismus, der die bestehende Grundstruktur der globalen Machtverhältnisse nicht in Frage stellen konnte (Gareis 1996: 18). Eine ins Grundsätzliche gehende Reformdiskussion über die neuen Aufgaben der Weltorganisation sowie eine daran orientierte Ausrichtung ihrer Instrumente und Arbeitsweisen unterblieb indes.

Dieser Zustand änderte sich, als mit dem Ende des Ost-West-Gegensatzes die Vereinten Nationen in einer Reihe von Bereichen begannen, ihre Rolle als Forum der Staatengemeinschaft mit der eines Akteurs in der internationalen Politik zu vertauschen. Angesichts der neu gewonnenen Handlungsfähigkeit des Sicherheitsrates einerseits und der durch die sich einstellenden Rückschläge offenkundig werdenden strukturellen Defizite andererseits entspann sich eine Debatte, in der zwei Hauptrichtungen von Reformvorschlägen ausgemacht werden können:

- Die Angehörigen der Blockfreien-Bewegung (*Non Aligned Movement*, NAM), einer Gruppe von mehr als 100 Staaten vornehmlich aus dem Bereich der Entwicklungs- und Schwellenländer, mussten zunehmend ihre beschränkten Einflussmöglichkeiten nach dem Wiedererstarken des Sicherheitsrates erkennen. Seit Beginn der 1990er Jahre drängten sie daher stärker als zuvor auf bessere Partizipationsmöglichkeiten in den wesentlichen Entscheidungsprozessen der Organisation wie auch auf weitergehende Mitsprache in den durch die Industriestaaten dominierten Bretton-Woods-Organisationen (Saksena 1993, South Center 1996).
- Die Industriestaaten und voran die USA wiederum monierten die mangelnde Effektivität des Systems der Vereinten Nationen und forderten schlankere, transparentere und kostensparendere Strukturen. Das Argument der Effektivität indes wurde insbesondere von den Entwicklungsländern schnell als Vorwand für die Instrumentalisierung der Vereinten Nationen zur Interessendurchsetzung der Industriestaaten aufgefasst (Bourantonis 1998).

Die Stichworte „Partizipation" und „Effektivität" entwickelten sich in dieser Diskussion zu einander faktisch ausschließenden Ansätzen. Vor allem in den USA wurden die Vereinten Nationen um die Mitte der 1990er Jahre zum „Prügelknaben der Politik" (Holzer 1995). Das „Draufhauen" auf die UNO (*UN-bashing*) ist beliebt, wie am New Yorker East-River beklagt wurde. Was in Jahrzehnten unter tätiger Mitwirkung nicht zuletzt auch der USA selbst entstanden war, fand sich nun als Gegenstand pointierter Kritik: Institutioneller Wildwuchs, ein schwerfälliger Apparat mit einem zu großen und dazu inkompetenten Personalbestand in verkrusteten Strukturen, anachronistische Arbeitsweisen und ein sorgloser Umgang mit dem Geld der Mitgliedstaaten. Als Therapie zur Bewältigung ihrer Probleme wurde den Vereinten Nationen von den USA die Konzentration auf ihre Kernaufgaben in der internationalen Friedenssicherung verordnet, einhergehend mit einem *downsizing* ihres Apparates. Durch die Zurückhaltung von Beiträgen zum ordentlichen Haushalt wie auch für die Friedenssicherung wurde versucht, entsprechende Reformen zu erzwingen. Hinter der institutionellen Schelte stand indes immer unverhohlener die Abkehr der verbliebenen Supermacht vom Multilateralismus als Ordnungsmechanismus der internationalen Beziehungen (siehe Abschnitt 2.1). Der Gründungskonsens der Vereinten Nationen, globale Probleme gemeinsam unter Hintanstellung partikularer nationaler Interessen zu lösen, wurde zunehmend in Frage, den *Wilsonian utterances* eine neorealistische Renaissance nationalstaatlicher Kompetenzen entgegen gestellt (Eban 1995: 50). Ives-Marie Laulan (1996: 51) verglich die Vereinten Nationen gar mit einem verstorbenen Kranken, der nicht mehr geheilt, sondern nur noch in irgendeiner neuen Form wiedergeboren werden kann.

Reformvorschläge institutionalistisch orientierter Experten, die den konstruierten Gegensatz von Partizipation und Effektivität zu überwinden versuchten (Childers/Urquhart 1994, Weizsäcker/Quereshi 1995, Kennedy/Russett 1995) konnten sich demgegenüber nicht durchsetzen. Diese Vorschläge gingen von der Voraussetzung aus, dass die Mitgliedstaaten den politischen Willen und die Ausdauer hätten, eine Reform ihrer Weltorganisation in systematischer Weise zu diskutieren und zu beschließen. Ein derartiges Vorgehen beginnt mit der Analyse der globalen Herausforderungen und der Beantwortung einiger grundlegender Fragen nach der Ordnung des internationalen Systems (siehe Abschnitt 2):

• Bis zu welchem Grad kann den Staaten die Erosion ihrer Souveränität zugunsten kollektiver Mechanismen zugemutet werden;
• wie gestalten sich *Global-Governance*-Prozesse mit Staaten, internationalen Organisationen, INGOs und der globalen Wirtschaft als zentralen Akteuren und
• wie können Macht und Recht in ein ausgewogenes Verhältnis zueinander gebracht und schließlich widerstreitende Interessen in konstruktiver Weise ausgeglichen werden (Russett 1996: 261f).

Auf dieser Grundlage wäre es theoretisch denkbar gewesen, ein gänzlich neues institutionelles Design einer „Weltorganisation der Dritten Generation" (Bertrand/Warner 1996) zu entwerfen und ihren einzelnen Organen die erforderlichen Kompetenzen zuzuweisen, aus denen sich dann wiederum interne Strukturen und Arbeitsabläufe ergeben. Die weltpolitische Situation in den 1990er Jahren bot jedoch – anders als 1945 – keinen Rahmen, in dem die Kreation einer von Grund auf erneuerten Weltorganisation hätte erfolgen können. 1945 hatte eine wesentlich kleinere Staatengemeinschaft unter dem Trauma zweier vernichtender Menschheitskriege gestanden, zu deren künftiger Vermeidung die – wenn auch damals nur widerwillige – Zustimmung zur Aufgabe von Souveränitätsrechten sowie der Privilegierung einer kleinen Gruppe von Ordnungsmächten als erforderlich und angemessen betrachtet wurde. Die globalen Probleme der 1990er Jahre waren demgegenüber zu abstrakt und auch zu vielschichtig, um den für die

Neuorientierung der Organisation und die Neuformulierung der Charta erforderlichen Einigungsdruck auf die Mitgliedstaaten zu bewirken. Vor dem Hintergrund zahlreicher grundlegender Differenzen über die künftige Gestalt und Funktion der Vereinten Nationen verwundert es nicht, dass die Vorstellungen von einer umfassenden Reform überaus vage geblieben sind. Dabei besteht über deren Notwendigkeit eigentlich kein Dissens. Nach fast sechs Jahrzehnten bedürfen sowohl die Charta als auch die Organisation selbst einer gründlichen Überholung:

- Viele Bestimmungen der Charta haben sich – wie Teile des Kapitels VII – als nicht durchführbar erwiesen oder sind – wie die so genannten Feindstaatenklauseln – obsolet geworden;
- dagegen sind neue Aufgabenfelder der Vereinten Nationen wie Krisenprävention, Umweltschutz, Bevölkerungsfragen etc. in der Charta nicht oder nur unzureichend repräsentiert;
- die Zusammensetzung des Sicherheitsrats widerspiegelt bezüglich seiner Ständigen Mitglieder die Situation am Ende des Zweiten Weltkriegs, bezüglich der Zahl der Nichtständigen Mitglieder die Struktur der Vereinten Nationen zu Beginn der 1960er Jahre;
- das Vetorecht wird zunehmend als diskriminierend und auch von seiner Funktion her nicht mehr gerechtfertigt empfunden;
- ein Hauptorgan – der Treuhandschaftsrat – hat seine Arbeit mangels zu verwaltender bzw. zu beaufsichtigender Gebiete suspendiert;
- die Arbeit der Generalversammlung ist umständlich und zeitraubend, die Rolle des Wirtschafts- und Sozialrates verliert immer weiter an Gewicht und schließlich ist
- eine wirksame Koordination des Gesamtsystems mit seinen vielfältigen Verschachtelungen und Redundanzen kaum mehr möglich.

Das VN-System spiegelt heute in seiner Vielfalt, in der großen Zahl seiner Sonder- und Spezialorganisationen, seiner Fonds und Programme und seiner hochkomplexen Struktur die häufig an Trends und Gruppeninteressen orientierte Willensbildung seiner Mitgliedstaaten wider. Anstöße für eine grundsätzliche Verwaltungsreform sind sicherlich durch die Absicht motiviert, überlappende Zuständigkeiten, Doppelarbeit und damit Ressourcenverschwendung zu verringern. So sind unzählige Untergliederungen mit Umweltfragen befasst, für humanitäre Aktivitäten in Krisengebieten sind gleich mehrere Hilfswerke zuständig.

Das System ist zudem in einer anderen Hinsicht stark fragmentiert. Für die Formulierungen allgemeiner Weisungen an die Ständigen Vertretungen der Mitgliedstaaten am Hauptsitz der VN in New York sind in der Regel die Außenministerien, für Weisungen an die Delegationen bei den Sonderorganisationen sowie die Zusammenarbeit mit den Spezialorganen jedoch die einzelnen nationalen Fachressorts zuständig. Im Ergebnis führt dies zu einer Situation, in der ein Mitgliedstaat in der Generalversammlung einen Sparkurs einfordert, die Delegierten des selben Landes jedoch in einzelnen Sonderorganisationen einen Mittelzuwachs verlangen. So ist aus den Außenministerien die Mahnung zu hören, dass Koordinierung zuerst im eigenen Land beginnen müsse.

Allen hier erwähnten Reformerfordernissen ist gemeinsam, dass die auf sie bezogenen Maßnahmen nur von den Mitgliedstaaten der Vereinten Nationen selbst beschlossen und umgesetzt werden können. Während die Arbeitsweisen der Hauptorgane und auch zahlreiche Koordinationsfragen durch neue Bestimmungen in den jeweiligen Geschäftsordnungen bzw. auf dem Resolutionswege relativ einfach verändert werden können, ist für die Mehrzahl der Reformen eine Änderung bzw. Revision der Charta erforderlich. Allerdings wurden in den diesbezüglichen Artikeln 108 und 109 der VN-Charta überaus hohe Hürden aufgebaut. Jegliche Änderung der Charta bedarf demnach einer Zweidrittel-Mehrheit der Mitglieder der Generalversammlung und anschließend der Ratifikation von ebenfalls zwei Dritteln der Mitgliedstaaten, darunter aller fünf Ständigen Mitglieder des Sicherheitsrats. Damit verfügen Letztere zwar über eine Sperrminorität und können jede Reform unterbinden, benötigen aber für die Durchsetzung eigener Vorstellungen eine Gestaltungsmehrheit von derzeit über 120 VN-Mitgliedern. Angesichts dieses komplizierten Verfahrens mit ungewissem Ausgang sind bislang selbst völlig unstrittige Korrekturen wie etwa die Streichung der Feindstaatenklauseln unterblieben. Es herrscht überwiegend die Sorge, dass diesbezügliche Initiativen umgehend mit derzeit praktisch unlösbaren Fragen wie der nach dem Veto-Privileg der Ständigen Mitglieder verbunden werden könnten. In dieser fortbestehenden Situation sind Prognosen über die Realisierungschancen zentraler Vorhaben wie etwa der Sicherheitsratsreform kaum möglich. Der Reformprozess dürfte sich daher auch weiterhin vornehmlich in kleinen Schritten vollziehen und auf Maßnahmen beschränkt bleiben, die in der Regelungskompetenz des Generalsekretärs bzw. der Generalversammlung liegen.

Dass diese Schritte in ihrer Summe zu durchaus substanziellen Veränderungen führen können, beweisen die in der Amtszeit von Generalsekretär Kofi Annan seit 1997 vollzogenen Strukturmaßnahmen innerhalb des VN-Systems wie auch des Sekretariats. Nicht zuletzt hat auch die Generalversammlung nach Jahren schwierigster Verhandlungen im Dezember 2000 die Finanzierung der Vereinten Nationen auf eine neue Basis gestellt und damit einen Weg aus einer ihrer drükkendsten Krisen gefunden. Im Rahmen einer Betrachtung der institutionellen Reformen soll zunächst auf diese erfolgreichen Schritte eingegangen werden, bevor dann die bislang ungelöste Frage der Sicherheitsratsreform diskutiert werden soll. Im Anschluss daran werden die Reformoptionen und -perspektiven in den drei diskutierten Politikbereichen „Friedenssicherung", „Menschenrechte" und „Wirtschaft, Entwicklung und Umwelt" analysiert, bevor abschließend der Frage nach der Rolle der Vereinten Nationen in der Weltpolitik des 21. Jahrhunderts nachgegangen wird.

1.1 Institutionelle Reformen

Als die USA am 19. November 1996 mit ihrem Veto im Sicherheitsrat die Wiederwahl von VN-Generalsekretär Boutros-Ghali verhinderten, wurde dieser Schritt vor allem mit dessen mangelnden Fähigkeiten zu einer Reform des VN-Apparates begründet. Tatsächlich jedoch waren bereits in der Amtszeit Boutros-Ghalis erste spürbare Maßnahmen zur Verschlankung und Modernisierung der Management- und Arbeitsstrukturen erfolgt.

Die Veränderungen im Bereich der für die Friedenssicherung zuständigen Sekretariatsabteilung DPKO sind bereits dargestellt worden. Darüber hinaus wurde im Bereich des gesamten Sekretariats die Zahl der Bediensteten um 2.500 Dienstposten reduziert, der jährliche Ausgabenzuwachs der Organisation gestoppt sowie ein neues *Integrated Management Information System* zur vernetzten, computergestützten Personal-, Sach- und Haushaltsverwaltung eingeführt. Durch ein neues Beurteilungswesen (*Performance Appraisal System*, PAS) zur verbesserten individuellen Würdigung der Leistungen der Bediensteten wurde ein wichtiger Anstoß für das lange vernachlässigte *human resources management* der Organisation gegeben, die in besonderer Weise von der Qualität und Motivation ihrer Mitarbeiter abhängt. Das wenig transparente Beschaffungswesen der VN-Verwaltung wurde neu organisiert und kostenbewusster gestaltet. Im Sommer 1994 schließlich richtete die Generalversammlung auf Anregung des Generalsekretärs ein *Office of Internal Oversight Services* (OIOS) mit einem *Inspector General* an der Spitze ein, durch welches das VN-System erstmals einer wirksamen Innenrevision unterworfen werden sollte (zu diesen Maßnahmen siehe Paschke 1996). Dass diesen ersten Schritten kein schneller Erfolg gegeben war, darf angesichts der personellen Zusammensetzung und der jahrzehntelangen Entwicklung des VN-Apparates nicht verwundern Der Mitgliederstruktur der Vereinten Nationen entsprechend umfasst ihr internationaler Dienst Beamte aus mehr als 170 Staaten, die hinsichtlich ihrer Qualifikation, ihrer Mentalitäten und auch ihrer Auffassungen von öffentlichem Dienst äußerst unterschiedlich geprägt sind. In einem derart „multikulturellen Biotop die stromlinienförmige Managementkultur eines Wirtschaftsunternehmens zu entwickeln, ist ein Ding der Unmöglichkeit" (Paschke 1996: 42), so dass Effizienz nicht alleine im Sinne betriebswirtschaftlicher Rationalität verstanden werden darf. Vor allem aber übertragen die Mitgliedstaaten via Generalversammlung bzw. Sicherheitsrat dem Sekretariat und seinen subsidiären Organen eine Vielzahl von zum Teil unklaren, zum Teil widersinnigen Mandaten und regieren immer wieder über enge Vorschriften und Regularien bis ins Mikromanagement der Abteilungen und Referate des Sekretariats hinein (Paschke 1999: 189f). Zudem bewirkte die durch Beitragsverweigerungen ausgelöste Finanzkrise kein günstiges Klima für eine Selbsterneuerung des Apparates.

Seine Reformfähigkeit hat das Sekretariat gleichwohl unter Beweis stellen können. Der mit einem hohen Erwartungsdruck bezüglich substanzieller Fortschritte ins Amt gekommene Nachfolger Boutros-Ghalis, Kofi Annan, organisierte bereits im März 1997 das Sekretariat neu, indem er die unterschiedlichen Abteilungen der Behörde sowie einen Teil der durch das Sekretariat geführten Spezialorgane und Programme fünf Kernaufgaben der Vereinten Nationen zuordnete: Für die Felder Frieden und Sicherheit, Wirtschaft und Soziales, Humanitäre Angelegenheiten sowie Entwicklung wurden so genannte Exekutivausschüsse gebildet, die Menschenrechte wurden als Querschnittsaufgabe definiert, die jeden der vier übrigen Bereiche betrifft. In seinem im Juli 1997 vorgelegten Reformprogramm über die Erneuerung der Vereinten Nationen hat der Generalsekretär dann in verschiedener Hinsicht Akzente gesetzt, die einer „stillen Revolution" gleichkommen (Mingst/Karns 2000: 208). Neben einer Fülle von Vorschlägen für seinen eigenen Zuständigkeits- und Regelungsbereich richtete er Empfehlungen an die Mitgliedstaaten und stellte weitergehende Überlegungen bezüglich einer verbesserten Steuerungsfähigkeit des Gesamtsystems an. Einzig die Reform des Sicherheitsrates blieb in diesem Programm ausgespart. Damit nahm er die Mitgliedstaaten für die Realisierung seiner Vorschläge mit in die Verantwortung, was angesichts des Schicksal seines Vorgängers durchaus als ein mutiger Schritt gewertet werden konnte. Die von ihm selbst zu verantwortenden Schritte wurden nach der Billigung seiner Vorschläge zur Verwaltungsreform durch die Generalversammlung in Resolution 52/12A vom 12. November 1997 zügig in die Tat umgesetzt. Zur Verwirklichung einer neuen Führungs- und Managementkultur wurde eine 16-köpfige *Senior Management Group* geschaffen, eine Art Arbeitskabinett, dem die Leiter der federführenden Abteilungen der Exekutivausschüsse, die so genannten Einberufer, sowie weitere hochrangige Führungspersönlichkeiten aus dem VN-System angehören. Eine aus fünf Experten bestehende *Strategic Planning Unit* wurde als persönlicher Arbeitsstab des Generalsekretärs ins Leben gerufen, um globale Trends und kommende Herausforderungen frühzeitig abschätzen zu können. Das Büro des Hochkommissars für die Menschenrechte wurde mit der Integration des VN-Menschenrechtszentrums gestärkt und im Sekretariat eine neue Hauptabteilung Abrüstung und Rüstungsregelung gebildet. Eine weitere Reduzierung des Personalumfangs im Sekretariat um 1.000 Dienstposten sowie eine Rückführung des Haushaltsvolumens um fünf Prozent rundeten dieses Maßnahmenpaket ab. Von seinen Empfehlungen an die Generalversammlung wurden in Resolution 52/12B vom 19. Dezember 1997 zwei umgehend gebilligt: Das Amt eines Stellvertretenden Generalsekretärs wurde eingerichtet und im Frühjahr 1998 mit der kanadischen Diplomatin Louise Fréchette besetzt. Die Stellvertretende Generalsekretärin leitet die *Senior Management Group* und entlastet den Generalsekretär vor allem hinsichtlich der Wahrnehmung seiner administrativen Aufgaben. Auch die Schaffung eines Entwicklungskontos, in das die sich aus internen Einsparungen ergebende so genannte Entwicklungsdividende einfließt, wurde durch die Generalversammlung ermöglicht. Nicht berücksichtigt hingegen wurde die Initiative, die Finanzierung der laufenden Ausgaben der Vereinten Nationen durch einen „revolvierenden Kreditfond" zu erleichtern. In diesen Fond sollten nach den Vorstellungen des Generalsekretärs die Mitgliedstaaten auf freiwilliger Basis Gelder einzahlen, die dann von der Organisation geliehen werden könnten. Als Sicherheiten sollten die offenen Beitragsforderungen für den ordentlichen Haushalt bzw. die Friedenssicherung dienen. Ebenfalls erfolglos blieben die Anregungen bezüglich einer Straffung der Agenda der Generalversammlung durch die Konzentration auf Jahresthemen von globaler Bedeutung, die Verminderung der Arbeitsbelastung des Sekretariats durch ein automatisches Auslaufen von nicht förmlich erneuerten Mandaten (*sunset clause*) sowie die Wiederherstellung der Aufgabenverteilung zwischen den Hauptorganen, durch die die Einflussnahme der Generalversammlung auf die Arbeitsabläufe im Sekretariat hätte reduziert werden sollen (zur Bilanz des Reformprogramms siehe Schuler 1997 und 1998, Gareis 1997 und 1998, Bhatta 2000).

In den Ende der 1990er Jahre vollzogenen und vor allem den nicht vollzogenen Reformmaßnahmen zeigt sich ein dominantes Muster: Das Sekretariat sowie seine nachgeordneten Bereiche erweisen sich bereit und fähig, auch einschneidende Veränderungen vorzunehmen, um ihre Kompetenzen und Kapazitäten an den sich wandelnden Herausforderungen auszurichten. Den Mitgliedstaaten hingegen mangelt es nach wie vor an der Fähigkeit, einen Konsens über die Bereiche der Reform herzustellen, in denen ein Wandel von ihrer Zustimmung abhängig sind (Paschke 1999: 190).

Finanzreform

Der einzige Erfolg, den die Mitgliedstaaten in den zurückliegenden Jahren verbuchen konnten, war die Neuordnung der Beitragsskala für den ordentlichen Haushalt und die friedenssichernden Maßnahmen. Hier wurde im Dezember 2000 nach Jahren der schwierigsten Verhandlungen (Koschorreck 2000) eine Regelung gefunden, die dem Interesse der USA nach Reduzierung ihrer Beiträge ebenso Rechnung trägt, wie der Berücksichtigung der Finanzkraft der ärmsten Staaten. Das Spektrum der Beiträge beginnt bei 0,001 Prozent, was im Jahr 2001 genau 10.343 US-Dollar entsprach, und reicht bis zu den 22 Prozent, die die USA seither aufbringen müssen. Die Beiträge müssen formal *on time, in full and without preconditions* von den Mitgliedstaaten gezahlt werden. Auch wenn dem gesamten VN-System jährlich etwa zehn Milliarden US-Dollar zur Verfügung stehen, besteht ein krasses Missverhältnis zwischen den der VN übertragenden Aufgaben und der Bereitschaft der Mitgliedstaaten, dafür finanzielle Ressourcen zu mobilisieren. So leiden die Vereinten Nationen unter ausstehenden Mitgliedsbeiträgen und Beiträgen zur Friedenssicherung in beträchtlicher Höhe. Im Juli 2001 hatten beispielsweise nur rund die Hälfte der Mitgliedstaaten ihre Beiträge für das laufende Jahr in voller Höhe entrichtet. Als einziges Sanktionsinstrument sieht die Charta in ihrem

Artikel 19 vor, dass Staaten, die den Vereinten Nationen mehr als zwei volle Jahresbeiträge schulden, automatisch ihr Stimmrecht in der Generalversammlung verlieren. Da Außenstände im Bereich der Friedenssicherung hierbei nicht angerechnet werden und die meisten notorischen Schuldner durch entsprechende Einmalzahlungen ihren Schuldenstand knapp unter der kritischen Grenze halten, erweist sich diese Sanktion als nicht sonderlich wirkungsvoll. Im Juli 2001 unterlagen 16 ärmere Mitglieder den Bestimmungen des Artikels 19, von denen wiederum sieben Staaten dennoch die zeitlich befristete Ausübung ihres Stimmrechts gestattet wurde.

Als Weg aus der permanenten Finanzkrise wird etwa die Einrichtung von Reservefonds diskutiert, auf die bei Bedarf schnell zurückgegriffen werden kann. Andere Vorstellungen gehen in Richtung einer Art „Weltsteuer" für die VN, die etwa von Abgaben auf Waffengeschäfte und Devisentransaktionen oder der Nutzung des Weltraumes bzw. der Ozeane bezahlt werden könnten. Die auf den Nobelpreisträger für Wirtschaftswissenschaften, James *Tobin*, zurückgehende so genannte *Tobin-Steuer* auf internationale Währungstransaktionen könnte bei einer Besteuerung von nur einem halben Prozent solcher meist rein spekulativer Transaktionen Einnahmen von mehreren Milliarden Dollar bringen. Wegen der Ablehnung wichtiger VN-Staaten wird diesen Plänen aber keine Realisierungschance eingeräumt, wie das Schicksal von Generalsekretär Annans vergleichsweise bescheidenen Vorschlag eines revolvierenden Kreditfonds zeigt. Die Vereinten Nationen werden sich auch weiterhin darauf beschränken müssen, an die Mitglieder zu appellieren, ihre Zahlungsverpflichtungen ernst zu nehmen.

Im Bereich der Friedenssicherung lehnen sich die Beitragssätze an die zum ordentlichen Haushalt an, doch wurde ein zehn Kategorien umfassendes Raster gebildet, nach dem die ärmeren und ärmsten Mitgliedstaaten in den Genuss differenzierter Abschläge von bis zu 90 Prozent auf ihre Beiträge kommen. Einerseits ist diese Einigung zwar von nachhaltiger Bedeutung für die Stabilisierung der VN-Finanzen, nicht zuletzt auch im Hinblick auf die Bereitschaft der USA zu einer verlässlichen Begleichung ihrer Verbindlichkeiten. Andererseits jedoch stellt sie eher die Ausnahme dar, die die Regel der Unfähigkeit der Mitgliedstaaten zum Kompromiss in den wesentlichen Zukunftsfragen bestätigt. Exemplarisch hierfür ist die seit Jahren ungelöste Modernisierung des Sicherheitsrates.

Die Reform des Sicherheitsrates

Die Modernisierung des wichtigsten Hauptorgans der Vereinten Nationen stellt eine der größten Herausforderungen für die Weltorganisation und zugleich einen entscheidenden Test für ihre Reformfähigkeit überhaupt dar, weil in diesem Vorhaben alle Schwierigkeiten und Hindernisse der institutionellen Umgestaltung der Organisation wie in einem Brennglas gebündelt erscheinen. Art. 23 der Charta legt fest, dass dem Sicherheitsrat fünf namentlich genannte Ständige Mitglieder sowie zehn nach dem Grundsatz der angemessenen geographischen Verteilung zu wählende Nichtständige Mitglieder angehören. Die Nichtständigen Mitglieder werden durch die Generalversammlung für ein zweijährige Amtszeit bestimmt, wobei eine unmittelbare Wiederwahl ausgeschlossen ist. Dieser Art. 23 ist in den 1960er Jahren bereits einmal geändert worden. 1963 empfahl die 28. Generalversammlung die Erhöhung der Zahl der Nichtständigen Mitglieder von ursprünglich sechs auf zehn. Das Änderungsverfahren nach Art. 108 der Charta wurde zügig in nur zwei Jahren durchgeführt und trat im August 1965 in Kraft. Auch im Bereich der Ständigen Mitglieder gab es zwei Veränderungen. 1971 löste die Volksrepublik China die Republik China (Taiwan) sowohl als Mitglied der Vereinten Nationen wie auch als Ständiges Mitglied des Sicherheitsrates ab. Im Dezember 1991 teilte der Ständige Vertreter der Russischen Föderation dem VN-Generalsekretär mit, dass sein Land die Nachfolge der aufgelösten Sowjetunion in Generalversammlung und Sicherheitsrat antreten werde. Obwohl die Sowjetunion als Ständiges Mitglied in Artikel 23 namentlich genannt ist, akzeptierten sowohl die Generalversammlung wie auch die übrigen Ständigen Mitglieder diese vereinfachte Nachfolgeregelung ohne eine Änderung der Charta. Mit der ersten Änderung des Art. 23 hatten die Vereinten Nationen klargemacht, dass der Umfang des Sicherheitsrat in einem gewissen Verhältnis zur deutlich gewachsenen Gesamtmitgliederzahl der Organisation stehen sollte. Im Vergleich zum Jahr 1965 hat sich diese Zahl jedoch von 115 schrittweise auf 189 im Jahr 2001 erhöht, so dass schon aus diesem Grund seit den 1970er Jahren immer wieder vereinzelte, jedoch stets beiseitegelegte Initiativen zu einer nochmaligen Erweiterung ergriffen wurden.

Als der Sicherheitsrat nach der Überwindung seiner Lähmung zu Beginn der 1990er Jahre eine bis dahin nicht gekannte Handlungsfähigkeit gewann, wurden sowohl von Seiten wichtiger Beitragszahler (Japan und Deutschland), vor allem aber von Seiten der Blockfreienbewegung energische Forderungen nach Veränderung seiner Zusammensetzung, seiner Entscheidungsmechanismen wie auch seiner immer noch durch die vorläufige Geschäftsordnung von 1946 geregelten Arbeitsweisen laut. Im Gegensatz zu früheren Initiativen zielten diese neuen Vorstöße allerdings nicht nur auf eine Hinzufügung weiterer Nichtständiger Mitglieder, sondern auf Veränderungen im Bereich der Ständigen Mitglieder. Deren Privilegien, die sich aus der permanenten Repräsentation und ihrem Vetorecht in allen inhaltlichen Fragen ergeben, wurden als nicht mehr zeitgemäß betrachtet. So nachvollziehbar und durchaus sinnvoll die Begründung der herausgehobenen Position der Ständigen Mitglieder in der historischen Situation des Jahres 1945 und während des Ost-West-Konflikts war, so wenig angemessen erschien diese Konstellation ein halbes Jahrhundert später. Die großen Entwicklungen der letzten Jahrzehnte, der Ost-West-Konflikt und seine Überwindung sowie der Prozess der Dekolonisation und die Entstehung neuer Staaten haben eine neue globale Ordnung hervorgebracht, der die Machtverteilung im Sicherheitsrat nicht mehr entspricht. Neue politische Gravitationsfelder hatten sich herausgebildet und neue Konfliktformen und -zentren waren entstanden. Dennoch sind Afrika und Lateinamerika im Bereich der Ständigen Mitglieder nach wie vor überhaupt nicht und ist die gesamte asiatische Region nur durch ein Land, die Volksrepublik China, repräsentiert.

Auf der 47. Generalversammlung brachte Indien eine Resolution zur Frage der Sicherheitsratsreform ein, die im November 1992 von der Generalversammlung verabschiedet wurde. In ihr wurde beschlossen, dieses Thema im Laufe der 48. Generalversammlung eingehend zu diskutieren. Dem Generalsekretär wurde aufgetragen, die Mitgliedstaaten um schriftliche Stellungnahmen zu bitten, um so eine Grundlage für die Reformdebatte zu schaffen. Bis Sommer 1993 gingen zunächst 50, dann nach und nach insgesamt 140 mehr oder minder konstruktive Vorschläge zur künftigen Größe und Zusammensetzung, den Entscheidungsstrukturen sowie den Arbeitsweisen des Rates ein. Nach einer eher kurzen ersten Diskussion verwies die Generalversammlung im Herbst 1993 die Auseinandersetzung mit den Vorschlägen sowie die weitere Arbeit an der Reform in eine eigens geschaffene, allen Mitgliedstaaten offenstehende Arbeitsgruppe. Die diversen von den Mitgliedstaaten unterbreiteten Vorschläge können an dieser Stelle ebenso wenig diskutiert werden (siehe hierzu Kühne/Baumann 1995) wie die jährlichen Berichte der *Working Group*, zumal diese wenig mehr konstatieren als die allgemeine Ratlosigkeit in einer Situation, in der alle Argumente vorgelegt sind, Entscheidungen aber dennoch nicht getroffen werden können. Stattdessen sollen zum einen die Linien skizziert werden, an denen entlang ein Kompromiss möglich scheint, zum anderen aber auch auf die entscheidenden Hindernisse eingegangen werden. Dabei wird ein Vorschlag zugrundegelegt, den der Präsident der 51. Generalversammlung, Razali Ismail aus Malaysia, am 20. März 1997 in seiner Funktion als Präsident der *Working Group* vorgelegt hat (*Press Release* GA/9228). Seine Initiative sollte im Dezember 1997 in eine Rahmenresolution der Generalversammlung zur Sicherheitsratsreform eingehen, was jedoch von einer Gruppe von Staaten unter der Wortführung Italiens verhindert wurde (Schuler 1998a). Trotz seines vorläufigen Scheiterns kann der Razali-Vorschlag noch immer als das erfolgversprechendste Grundmodell für eine Reform des Sicherheitsrats betrachtet werden. Nach diesem Vorschlag soll der Rat um fünf Ständige sowie vier Nichtständige Mitglieder auf dann insgesamt 24 erweitert werden. Dabei ist für die Ständigen Sitze eine Erweiterung um zwei Industriestaaten sowie um je einen Vertreter der Entwicklungsländer aus der afrikanischen, der asiatischen sowie der lateinamerikanisch-karibischen Staatengruppe vorgesehen. Jeweils ein Nichtständiger Sitze soll der afrikanischen, der asiatischen, der lateinamerikanisch-karibischen sowie der osteuropäischen Gruppe zukommen. Die neuen fünf Ständigen Mitglieder sollen nach diesem Vorschlag gemeinsam gewählt werden, um einen so genannten *Quick-Fix*, also die schnelle Aufnahme einer kleineren Zahl Ständiger Mitglieder zu vermeiden. Bezüglich der Veto-Frage wird vorgeschlagen, dieses Recht nicht auf die neuen Ständigen Mitglieder auszudehnen, sondern darauf hinzuwirken, dass auch die derzeitigen *Permanent Five* dieses Instrument noch seltener anwenden. Razalis Vorstellungen greifen den Diskussionsstand sowohl in den VN-Gremien wie auch zwischen den Mitgliedstaaten auf. Für eine Beschränkung auf zwei Industriestaaten, wie sie die USA mit Deutschland und Japan lange favorisierten, wäre keine Zustimmung durch die Mehrheit der Mitgliedstaaten zu erwarten. Bezüglich der Zahl der Nichtständigen Mitglieder haben die USA ihren mit Sorge um die Arbeitsfähigkeit eines zu großen Rates begründeten Widerstand zwischenzeitig aufgegeben. In der Veto-Problematik beugt sich der Vorschlag den politischen und rechtlichen Realitäten. Die das Veto-Recht begründenden Bestimmungen des Artikels 27 können nur durch eine Korrektur der Charta verändert werden, die allerdings der Ratifikation durch alle fünf Ständigen Mitglieder bedarf. Eine freiwillige Aufgabe ihres wichtigsten Privilegs ist aber von den *Permanent Five* nicht zu erwarten. Ebenfalls ist nicht davon auszugehen, dass sie dieses Recht mit weiteren Staaten zu teilen bereit sind. Zudem würde die Zulassung weiterer Veto-Rechte die ohnehin schon schwierigen Prozeduren des Interessenausgleichs im Sicherheitsrat in einer nicht hinnehmbaren Weise weiter belasten. Andererseits würde aber auch die Schaffung einer dritten Kategorie Ständiger Mitglieder ohne Veto-Recht zu Status- und Prestigeproblemen führen, die sich ebenfalls negativ auf die Arbeit des Rates auswirken könnten (Gareis 1997a: 52f). Wenn aber die Ideallösung einer Abschaffung des Einzelvetos und der Einführung eines Abstimmungsquorums, das die Überstimmung einer substanziellen Minderheit im Rat unmöglich machen würde, nicht erreicht werden kann, wäre der „zweitbesten" Lösung nach den Razali-Vorstellungen der Vorzug vor dem Status quo zu geben.

Dass die Reform trotz weit verbreiteter Einsicht in ihre Notwendigkeit und einer Reihe von Annäherungen divergierender Positionen dennoch nicht in Sicht ist, liegt vor allem an zwei ungelösten Fragen. Zum einen ist keine Einigung in Sicht, welche Staaten als Ständige Mitglieder in Frage kommen. Während Japan in der asiatischen Staatengruppe weitgehend akzeptiert zu sein scheint, hat sich vornehmlich auf Betreiben Italiens in der Gruppe der Westeuropäischen und Anderen Staaten eine Reihe von Ländern zusammengefunden, die einem deutschen Ständigen Sitz ablehnend gegenüberstehen. Sie befürchten eine relative Verringerung ihres politischen Gewichts in Europa wie in der Weltpolitik, wenn Deutschland der Aufstieg in den exklusiven Kreis der Ständigen Mitglieder gelänge. Völlig unklar ist auch die Situation in den drei weiteren betroffenen Staatengruppen: In Asien ist deren weiterer Ständiger Sitz zwischen Indien, Pakistan und zeitweise auch Indonesien ebenso heftig umstritten wie der lateinamerikanische Sitz zwischen Brasilien, Argentinien und Mexiko. In Afrika stehen mit Ägypten, Nigeria und Südafrika ebenfalls drei ambitionierte Kandidaten bereit. Weil schon aus innenpolitischen Gründen kein Staat auf seine Bemühungen um einen Sitz glaubt verzichten zu können, ist ein Ende dieser Diskussion nicht absehbar. Der von Deutschland ins Spiel gebrachte Vorschlag der Rotation mehrerer Staaten auf einem Ständigen Sitz für eine Regionalgruppe würde von Afrika, Asien und Lateinamerika wohl nur akzeptiert, wenn auch die für die beiden Industriestaaten vorgesehenen Sitze in das Rotationsprinzip einbezogen würden. Wenn sich aber selbst so eng kooperierende Staaten wie die Mitglieder der EU aufgrund interner Interessens- und Statusdivergenzen nicht auf ein Rotationsprinzip einigen können, so scheint eine Festlegung für andere Gruppen mehr als unwahrscheinlich.

Das zweite, derzeit noch gravierendere Problem ist das des Vetorechts. Hier scheint die 1997 noch bestehende Kompromisslinie, zunächst eine Erweiterung durchzuführen und dann in einem zweiten Schritt über Modifikation oder Abschaffung des Vetos zu befinden, durch eine „Alles-oder-Nichts-Position" seitens der Entwicklungsländer abgelöst worden zu sein. Deren Haltung ist durchaus verständlich, wenn man bedenkt, dass eine Reform auch auf den Abbau bestehender Diskriminierungen zielen sollte. Andererseits aber stellt eine Reform in zwei Schritten das geringere Übel im Vergleich zur bestehenden Situation dar, in der die *Permanent Five* exklusiv über beide Privilegien verfügen. Vor diesem Hintergrund ist eine Lösung in überschaubarer Zeit zwar nicht zu erwarten, ausgeschlossen ist sie allerdings auch nicht.

Die Reform des Sicherheitsrates ist für die Akzeptanz seiner Autorität und die Legitimität seiner Entscheidungen unverzichtbar. Dies hat nicht zuletzt die Kosovo-Krise der Jahre 1998/99 gezeigt, als eine durch die Veto-Drohungen Russlands und Chinas bewirkte Blockade des Sicherheitsrates zu einer Militäraktion der NATO am Rat vorbei führte. In einem regelbasierten System internationaler Politik und vor allem in einem kollektiven Sicherheitssystem, in dem Staaten Entscheidungen von großer Tragweite und mitunter existenzieller Bedeutung für andere Länder treffen, bedarf Machtausübung der Kontrolle und Begrenzung (Herbst 1999, Faßbender 1998 und 1998a). Auch ohne ein eigenes Veto-Recht können Staaten über eine permanente Repräsentanz im Sicherheitsrat in ungleich höherem Maße als dies Nicht-Mitglieder vermögen Einfluss auf Entscheidungen nehmen und für eine breitere Basis ihrer Akzeptanz sorgen. Auch die Möglichkeiten, die bisherigen *Permanent Five* zu freiwilliger Beschränkung bei ihrer Anwendung des Vetos zu bewegen (Fischer 1999), sind aus der Position einer Ständigen Mitgliedschaft heraus vielfältiger und nachdrücklicher als aus der eines einfachen VN-Mitglieds. Setzt sich eine derartige Sichtweise irgendwann bei der Mehrheit der VN-Mitgliedstaaten durch, sollte eine Ratsreform an der Veto-Problematik nicht scheitern.

Reform der Generalversammlung

Im Vergleich zur Diskussion um die Modernisierung des Sicherheitsrats stehen Überlegungen zur Aufwertung der Generalversammlung eher am Rande des *Mainstreams* der Reformdebatte. So ist die Generalversammlung zwar das zentrale Hauptorgan der Vereinten Nationen, hat aber *de facto* keine zentrale Rolle inne. Artikel 14 ermöglicht es ihr zwar, Maßnahmen zur friedlichen Beilegung jeder Situation zu empfehlen, wenn diese Situation nach ihrer Auffassung geeignet ist, das friedliche Zusammenleben der Nationen zu beeinträchtigen, in der Praxis werden aber alle Friedenssicherungsaktivitäten vom Sicherheitsrat beschlossen. Es werden Zweifel angemeldet, ob dieses Vorgehen effektiv ist. So argumentiert Ernst-Otto Czempiel (1995: 42), dass die führende Rolle des Sicherheitsrates effizienter erscheine, als sie tatsächlich sei. Das entscheidende Medium der Vereinten Nationen sei das der Kooperation, die aber nicht erzwungen, sondern vielmehr erzeugt werden müsse. Dafür sei die Generalversammlung mit ihren Ausschüssen ein geeigneter Ort. In ihr artikuliere und formuliere sich „das politische Bewusstsein der Welt". Die Voten der Generalversammlung als „öffentliche Meinung der Welt" konstituieren damit eine Art globale Legitimität und es würde – so die Hoffnung – die Legitimität und die Akzeptanz von VN-Entscheidungen erhöhen, wenn sie durch eine aufgewertete Generalversammlung beschlossen würden. Allerdings ist die Generalversammlung in ihrer heutigen Form keineswegs das demokratische Gegenstück zum Sicherheitsrat. Auch sie ist vorwiegend ein Gremium der Exekutiven, nämlich in erster Linie eine Versammlung der nationalen Botschafter. Um eine erhöhte demokratische Legitimation zu erhalten wird diskutiert, eine Parlamentarierversammlung nach dem Vorbild der OSZE oder der NATO einzurichten. Ein solches Zwei-Kammer-System müsste nicht zwangsläufig zu einer bürokratischen Aufblähung führen. Während eine Kammer wie bisher nach dem *one state one vote*-Prinzip aus Regierungsvertreten zusammengesetzt wäre, würde eine zweite Kammer (für die die Bezeichnung *Assembly of the Peoples of the United Nations* vorgeschlagen wurde) aus Parlamentsdelegierten bestehen. Wenn etwa jedes nationale Parlament im Schnitt drei Delegierte entsenden würde, wäre ein solches „Weltparlament" mit rund 570 Mitgliedern immer noch kleiner als der Deutsche Bundestag, also durchaus handlungsfähig. Zudem könnte überlegt werden, auch die Sonderorganisationen und Spezialorgane mit parlamentarischen Gremien auszustatten. So schlägt beispielsweise die Europäische Union in einer Entschließung zur Weltordnungspolitik vom März 1999 vor, parlamentarische Gremien zu schaffen, die sich aus den Vorsitzenden der parlamentarischen Ausschüsse der nationalen und regionalen Parlamente zusammensetzen. Allerdings unterschlägt diese Argumentation, dass auch die Regierungsvertreter in den meisten VN-Staaten demokratisch legitimiert sind und die Vereinten Nationen nicht wie ein demokratischer Staat mit Gewaltenteilung zu organisieren sind. Zudem pflegen die Vereinten Nationen eine außerordentlich intensive Zusammenarbeit mit Nichtregierungsorganisationen (siehe Abschnitt 2.2). Was eine Aufwertung der Generalversammlung für die Akzeptanz bei den Groß- und Mittelmächten bedeuten würde, wird zudem häufig nicht ausreichend bedacht. So ist es schwer vorstellbar, dass gegen den Willen etwa der USA, Chinas oder Russlands mit Mehrheit in der Generalversammlung entschieden würde, und sich diese Staaten dann dem Votum beugen würden.

1.2 Reformen im Bereich der Friedenssicherung

Den sich dramatisch verändernden Anforderungen entsprechend befand sich die Friedenssicherung durch die UNO seit der Renaissance des Peacekeeping im Jahre 1988 in einem permanenten Prozess der Anpassung und Veränderung. Binnen weniger Jahre musste die Organisation unter dem Druck der weltpolitischen Geschehnisse neue Aufgabenprofile und Einsatzformen für Friedensmissionen entwickeln, die mit den klassischen Peacekeeping-Operationen der ersten Generation bald nur noch wenig mehr als den Namen gemeinsam hatten. Doch wie so häufig bei den Vereinten Nationen waren diese Anpassungsprozesse nicht Ergebnisse vorausschauender konzeptioneller Überlegungen und Planungen, sondern reaktive Maßnahmen, die aus der Not der Stunde geboren und dann oft auch nur zögerlich ins Werk gesetzt wurden. Dennoch wurden die Vereinten Nationen seit Mitte der 1990er Jahre mit der Durchführung von Friedensmissionen betraut, deren Komplexität die bis dahin durchgeführten Einsätze weit überstieg. Friedenssicherung mit militärischen Mitteln und Friedenskonsolidierung durch zivile Kräfte gehen in diesen Missionen neuen Typs eine unauflösliche Verbindung ein, so dass mit einiger Berechtigung von „Friedenseinsätzen der vierten Generation" (Kühne 2000b: 1357) gesprochen werden kann. Diese neuartigen Missionen brachten jedoch wiederum neue Schwierigkeiten und Probleme hinsichtlich ihrer Planung, ihrer Aufstellung und schließlich ihrer Durchführung mit sich, die den Reformbedarf erhöhten.

Der Brahimi-Report zur Reform der Friedenssicherung

VN-Generalsekretär Kofi Annan beauftragte daher im Frühjahr 2000 eine unabhängige Expertenkommission unter dem Vorsitz des ehemaligen algerischen Außenministers Lakhdar Brahimi mit einer umfassenden Analyse der Fähigkeiten und Kapazitäten der Vereinten Nationen auf dem Feld der Friedenssicherung sowie der Formulierung von Empfehlungen zur Beseitigung bestehender Defizite und zur Verbesserung der operativen Möglichkeiten der Vereinten Nationen. Der daraufhin im Sommer 2000 vorgelegte und an die Generalversammlung sowie den Sicherheitsrat weitergeleitete Bericht der Expertenkommission (Brahimi-Report 2000, Gareis 2001, Stodiek 2001, Hildenbrand 2001) ist durch eine bis dahin nicht gekannte Offenheit geprägt. So wird gleich in der ersten Ziffer zutreffend festgestellt: „Die Vereinten Nationen wurden gegründet, um [...] künftige Geschlechter vor der Geißel des Krieges zu bewahren. Diese Herausforderung anzunehmen ist die wichtigste Aufgabe der Organisation, und an ihr werden auch die Völker, denen die Vereinten Nationen dienen, die Leistungen der Organisation in erheblicher Weise messen. Während des vergangenen Jahrzehnts sind die Vereinten Nationen wiederholt an dieser Herausforderung gescheitert, und auch heute sieht die Lage nicht besser aus".

Die Implementierung der Empfehlungen innerhalb des Systems der Vereinten Nationen schritt vergleichsweise schnell voran, während die Umsetzung durch die Mitgliedstaaten stark hinterherhinkte. Bereits im Oktober 2000 und dann im Juni 2001 (*Reports of the Secretary General*, A/55/502 und A/55/977) legte der Generalsekretär Berichte vor, in denen er den Stand seiner Bemühungen sowie erste getroffene Entscheidungen darlegt, aber auch auf Hindernisse und Widerstände eingeht. In dem zweiten Bericht vom Sommer 2001 sind zudem Anregungen seitens des *Special Committee on Peacekeeping Operations* eingeflossen. Berücksichtigt wurden ebenfalls die Empfehlungen einer externen Gruppe professioneller *Management Consultants*, durch die mit dem DPKO erstmals eine Abteilung der Vereinten Nationen einer eingehenden Effektivitäts- und Wirtschaftlichkeitsüberprüfung unterzogen wurde. Diese rasch eingeleiteten und weitreichenden Aktivitäten unterstreichen die Priorität, die die UNO der Reform ihrer Friedenssicherung beimisst. Die insgesamt 57 Empfehlungen des Brahimi-Reports lassen sich drei Kategorien zuordnen, die im folgenden kurz dargestellt werden:

- *Erstens* wird eine grundsätzliche Neuorientierung bei der Schaffung der politischen und strategischen Rahmenbedingungen für Friedenseinsätze angemahnt,
- *zweitens* wird das DPKO zur Schaffung der notwendigen personellen und strukturellen Voraussetzungen für die Durchführung komplexer Friedensoperationen aufgefordert und
- *drittens* werden von den Mitgliedstaaten konkret benannte Leistungen gefordert.

Komplexe Friedensmissionen der Vereinten Nationen sind in den zurückliegenden Jahren oft gescheitert, weil ihre Mandate unrealistisch waren und die Aufträge von der eingesetzten Truppe nicht erfüllt werden konnten. Die Parameter, von denen bei der Abfassung der Mandate und dem Zuschnitt der Missionen ausgegangen wurde, waren häufig die eines *Best-Case*-Szenarios, die Gegebenheiten vor Ort jedoch die eines *Wort-Case*-Szenarios. Hinzu kam, dass das für den Erfolg von Friedensmissionen eminent wichtige Gebot der Unparteilichkeit des klassischen Peacekeeping kaum von Indifferenz unterschieden werden konnte. Der Brahimi-Report stellt heraus, dass kein Versagen die Glaubwürdigkeit von VN-Friedensoperationen nachdrücklicher erschüttert habe, als die Zögerlichkeit bei der Unterscheidung von Opfern und Aggressoren. Auffallend ist in der Tat, dass praktisch alle Sicherheitsrats-Resolutionen, die sich mit Frieden und internationaler Sicherheit befasst haben, „Bedrohungen" des Friedens feststellten und damit die weichste Kategorie des Artikels 39 der UN-Charta wählten, während in nur vier Fällen von einem „Bruch des Friedens" die Rede war und Angriffshandlungen nur dort erwähnt wurden, wo sie wiederum zu einer „Bedrohung" führten. Die Mitglieder des Panels fordern daher den Generalsekretär explizit auf, den Mitgliedern des Sicherheitsrates nicht das zu berichten, was sie hören wollen, sondern das, was sie wissen müssen, wenn es um den Zuschnitt von Friedensoperationen geht. Die Abstimmung zwischen dem Entscheidungsgremium Sicherheitsrat und der Planungs- und Durchführungsbehörde Sekretariat steht ebenso zur Verbesserung und Intensivierung an, wie die Einbeziehung der Truppensteller-Staaten nicht nur in die Vorbereitung der Missionen, sondern bereits in der Phase der Abfassung des Mandates durch den Sicherheitsrat. Über klare Mandate hinaus müssen Friedenstruppen aber in die Lage versetzt werden, ihr Mandat gegebenenfalls mit robusten Mitteln durchführen zu können. Die Erfahrungen einer Reihe von VN- bzw. NATO-geführten Friedensmissionen haben gezeigt, dass eine Truppe, die auf potentielle

Friedensstörer abschreckend wirkt, sehr viel weniger in Kampfhandlungen verwickelt wird und ihr Mandat erfolgreicher ausführt, als eine schlecht ausgerüstete Friedenstruppe mit verwirrenden *Rules of Engagement*.

Zum Zwecke einer stringenteren und effektiveren Aufgabenwahrnehmung war von dem unabhängigen Panel eine neue Struktur des DPKO vorgeschlagen worden. Der Generalssekretär machte sich diese Anregungen zu eigen und legte im Juni 2001 eine entsprechende Planung vor. Danach soll das DPKO künftig aus drei Unterabteilungen bestehen, die von je einem *Assistant Secretary General* geleitet werden. Das *Office of Operations* bleibt dabei mit seinen drei Regionalreferaten sowie dem Lagezentrum weitgehend unverändert bestehen. Dem neu zugeschnittenen *Office of Mission Support* werden zwei aus der Teilung der zu groß und unüberschaubar gewordenen *Field Administration and Logistics Division* hervorgegangene Referate unterstehen. Die bedeutendste Veränderung ergibt sich jedoch durch das neugeschaffene *Office of Military and Civilian Police Affairs and Mine Action*. Ihr wird neben der *Military Division* die nunmehr ausgegliederte und rangmäßig aufgewertete *Civilian Police Division* unterstehen. Zudem hat der Generalsekretär vor, dem Zivilpolizei-Referat eine Gruppe von Rechtsexperten an die Seite zu stellen. Damit spiegelt die Struktur des DPKO in deutlich höherem Maße als bislang die Komplexität der von ihm geführten Operationen wider. Zur Verbesserung der integrierten Anstrengungen des Gesamtsystems der Vereinten Nationen hat der Brahimi-Report empfohlen, im Zuständigkeitsbereich des Exekutivausschusses Frieden und Sicherheit ein Sekretariat für Information und Strategische Analyse (*ECPS Information and Strategic Analysis Secretariat*, EISAS) einzurichten, um den Exekutivausschuss und die in ihm vertretenen Departments zu vorausschauendem und langfristigen strategischen Handeln zu befähigen. Dieses Sekretariat soll die unterschiedlichen politischen, militärischen, sozioökonomischen und kulturellen Dimensionen von Friedensoperationen in der Formulierung von mittel- bis langfristigen Strategien zusammenführen. Es kann damit die Rolle eines Dienstleistungszentrums für die an Planung und Durchführung von Friedensmissionen beteiligten VN-Mitarbeitern spielen und ihnen Zugang zu Informationen und Bewertungen bieten, die für ihr jeweiliges Aufgabengebiet von Bedeutung sind. Auch der Sicherheitsrat und die truppenstellenden Länder sollen von der Informations- und Analysearbeit dieses Sekretariates profitieren können. EISAS sollte eigentlich mit einem Personalumfang von rund dreißig Personen im Januar 2001 seine Arbeit aufnehmen. Im

Sommer 2001 hatte sich der Generalsekretär jedoch politischen und haushalterischen Widerständen zu beugen, so dass dieses zentrale Sekretariat wohl nur in einer Rumpfversion entstehen dürfte (Report A/55/977, Ziff. 290-316). Um möglichst umfassende Kompetenzen aus dem Gesamtsystem der Vereinten Nationen für die missionsspezifische Planungsarbeit mobilisieren zu können, regt das Panel zudem die Schaffung integrierter *Mission Task Forces* an. Diese *Task Forces* sollen als Projektmanagement-Teams mit umfassender Verantwortung und weitreichenden fachlichen Kompetenzen gegenüber den verschiedenen Stellen innerhalb des VN-Systems arbeiten. Allerdings wirkt sich der enge Stellenplan innerhalb des VN-Sekretariats als ein streng limitierender Faktor aus. Ohne zusätzlich bewilligte Stellen wird dieses dringend benötigte Planungs- und Management-Instrument nicht wirkungsvoll zum Einsatz zu bringen sein.

Das Standby-Arrangement-System der Vereinten Nationen

Die Zeit unmittelbar nach dem Abschluss eines Waffenstillstandes oder eines Friedensvertrages ist von entscheidender Bedeutung für den Erfolg einer Friedensmission. Der Brahimi-Report dringt deshalb darauf, Zeitpläne zu erarbeiten, nach denen klassische Peacekeeping-Operationen innerhalb von dreißig Tagen (bei komplexeren Missionen innerhalb von neunzig Tagen) nach Verabschiedung einer Sicherheitsrats-Resolution vollständig disloziert werden können. Verbunden werden mit dieser ambitionierten Forderung Vorschläge zur Verbesserung der Auswahl und der Ausbildung von Führungskräften für Friedensoperationen, ihre frühzeitige Zusammenfassung zum Zwecke der Koordination ihrer Aufgaben sowie zur Ermächtigung des Generalsekretärs, mit der Rekrutierung von Personal und der Verwendung von Finanzmitteln bereits beginnen zu können, wenn die Erteilung eines Mandates durch den Sicherheitsrat absehbar ist. Die schnelle Verfügbarkeit und Einsatzbereitschaft von Friedenstruppen ist allerdings an die Kooperationsbereitschaft der Mitgliedstaaten gebunden. Eine rasche und wirkungsvolle Beteiligung der Staaten setzt voraus, dass diese Kapazitäten schaffen und für Einsätze bereithalten. Das seit Mitte der 1990er Jahre im Aufbau befindliche *UN Standby-Arrangement-System* (UNSAS) bildet dabei die Basis, die gleichwohl ausbaufähig ist. Insbesondere die tatsächliche Verfügbarkeit von den Vereinten Nationen in *Planning data sheets* und *Memoranda of Unterstanding* in Aussicht gestellten Kapazitäten bedarf der ständigen Aktualisierung.

Auf diese Weise könnte das Sekretariat – unter Einwilligung der Staaten – in die Lage versetzt werden, durch entsprechende Kontrollteams den Stand der Einsatzbereitschaft der zugesagten Kapazitäten im potenziellen Entsendeland zu überprüfen. Die Mitgliedstaaten werden ermuntert, multinationale Truppenkörper in Brigadestärke zu schaffen, die in Ausrüstung und Ausbildung aufeinander abgestimmt sind, um im Falle einer Anfrage schnell zum Einsatz kommen zu können.

Die gegenwärtig 90 (Stand August 2001) an UNSAS beteiligten Mitgliedstaaten werden vier nach dem Prinzip der zunehmenden Verbindlichkeit ihrer Angebote gestaffelten Gruppen zugeordnet:

- In *Gruppe 4* werden alle Staaten erfasst, die sich grundsätzlich bereiterklärt haben, die Vereinten Nationen durch die Abstellung von Kräften zu unterstützen. Diese Angebote sind nicht weiter spezifiziert und stellen für die konkrete Planungsarbeit des DPKO kaum einen Fortschritt im Vergleich zu den Staaten dar, die sich UNSAS nicht angeschlossen haben. Derzeit haben 21 Staaten immerhin ihren ausdrücklichen Willen zur stärkeren Unterstützung der Vereinten Nationen dokumentiert.
- Die Staaten der *Gruppe 3* haben dem Generalsekretär Angebote über Art und Umfang der Ressourcen vorgelegt, die sie im Bedarfsfall abzustellen bereit sind. Da vor allem im militärischen Bereich ein weitgehend einheitliches Verständnis darüber herrscht, was etwa ein mechanisiertes Infanteriebataillon ist, sind diese Meldungen schon relativ konkret und für die Planung handhabbar. In dieser Gruppe sind momentan 20 Staaten vertreten.
- Die derzeit vierzehn Länder in der *Gruppe 2* haben ihre Angebote detailliert spezifiziert. In *Planning data sheets* machen die Staaten exakte Angaben nicht nur über die Zahl der Personen und Großgeräte, sondern übermitteln auch den Bedarf an Transportraum für die Luft- bzw. Seeverladung. Darüber hinaus legen sie fest, ob die abzustellenden Kontingente zur Eigenversorgung während des Einsatzes befähigt sind oder ob sie auf das Logistiksystem der Vereinten Nationen angewiesen sind. In dieser Form von Meldungen sind zahlreiche zeitaufwendige Planungsschritte durch die truppenstellenden Mitgliedstaaten bereits geleistet worden, was der schnellen Einsatzfähigkeit dieser Kontinente zugute kommt.
- Die mit 35 Staaten weitaus größte *Gruppe 1* hat ihre ausdrückliche Bereitschaft zur Unterstützungsleistung über die Vorlage von *Planning Data Sheets* hinaus in Form eines *Memorandum of Un-*

derstanding (MoU) dokumentiert, in dem die konkreten Bedingungen der Unterstützungsleistung geregelt werden. Zwar stellt die Unterzeichnung eines MoU durchaus eine Selbstverpflichtung des jeweiligen Mitgliedstaates dar, sie ist jedoch von Seiten der Vereinten Nationen nicht verbindlich einforderbar.

Die von den Mitgliedstaaten gemeldeten Ressourcen werden nach *operational units*, also vor allem Infanterie-, Luftverteidigungs- oder Artillerieverbänden, *support units* wie Führungs- und Fernmeldetruppen, Logistikeinheiten und jede andere Form von Unterstützungstruppen, sowie nach besonders qualifizierten Einzelpersonen vom Militärbeobachter oder Flüchtlingshelfer über den Infrastrukturexperten oder Facharzt bis zum Verwaltungsfachmann oder Richter unterschieden. Insgesamt haben die Staaten den Vereinten Nationen rund 150.000 Personen als *Standby*-Kräfte in Aussicht gestellt. Dieser beeindruckenden Zahl zum Trotz existieren aber nach wie vor gravierende Defizite hinsichtlich bestimmter Spezialqualifikationen und Ausrüstungen. Der bei weitem überwiegende Teil der Nennungen bezieht sich mit rund 90.000 Mann auf *operational units* und hier vor allem auf leichte Infanterie. Die überwiegend aus Entwicklungs- und Schwellenländern stammenden Kräfte verfügen häufig nur über einen Mindestumfang an eigener Ausrüstung sowie über nur äußerst begrenzte bis nicht vorhandene Fähigkeiten zur Selbstversorgung. Die von den Qualifikationen und den technischen Anforderungen her sehr aufwendigen und teuren *support units*, die vor allem von den reicheren Ländern und den Industriestaaten gestellt werden können, werden zwar dringend benötigt, jedoch nicht im erforderlichen Umfang angeboten.

Als ein erfolgreiches Beispiel und Vorbild der *Standby-Arrangements* gilt die skandinavische SHIRBRIG (*Standby High Readiness Brigade*). Sie wurde im Januar 2000 den VN als im Rahmen von UNSAS verfügbar gemeldet. An diesem für die künftige Organisation von Friedensmissionen beispielhaften und wegweisendem Projekt sind bisher elf Staaten beteiligt: Argentinien, Dänemark, Finnland, Italien, Kanada, die Niederlande, Norwegen, Österreich, Polen, Rumänien und Schweden. Die Brigade umfasst neben drei Infanteriebataillonen alle für einen eventuellen Einsatz erforderlichen Unterstützungselemente. Am Standort der Brigade im dänischen Hovelte nördlich Kopenhagen ist nur das so genannte *Planning Element* (ein multinationaler Kernstab aus 15 Personen) vertreten, während die weiteren rund fünfzig Angehörigen des Brigadestabes sowie die Truppenteile weiterhin in ihren Heimatländern stationiert sind. Ihren ersten Einsatz hat die Brigade als Teil der VN-Friedenstruppe für Äthiopien und Eritrea (UNMEE) in der ersten Jahreshälfte 2001 durchgeführt. SHIRBRIG ist die bislang einzige militärische Formation mit der Fähigkeit zur eigenständigen Operationsführung, die den Vereinten Nationen von ihren Mitgliedstaaten angeboten wurde.

Komplexe Friedensmissionen benötigen insbesondere dort, wo sie zivile Übergangsverwaltungen einzurichten haben, in großem Umfang Fachpersonal für den administrativen Bereich sowie für die Rechtspflege. Dieses Personal muss nicht nur in der Lage sein, während der Dauer des Einsatzes entsprechende Funktionen auszuüben, sondern vor allem auch Beratungs-, Ausbildungs- und Überwachungsaufgaben gegenüber den im Aufbau befindlichen Behörden und Einrichtungen im Einsatzland wahrzunehmen. Die Mitgliedstaaten verfügen jedoch über praktisch keine Personalreserven für diese Aufgaben, so dass jeder einzelne Verwaltungs- oder Polizeibeamte, jeder Staatsanwalt oder Richter aus seinem Arbeitsbereich herausgelöst werden muss. Die Erfahrungen gerade beim Aufbau ziviler Polizeimissionen auf dem Balkan oder in Haiti haben die gravierenden Rekrutierungsprobleme für diesen Personenkreis deutlich gemacht. Um künftige Friedensmissionen schnell und effektiv in den Einsatz bringen zu können, werden die Mitgliedstaaten entsprechende Kapazitäten aufbauen müssen.

Für den Erfolg von Friedensmissionen ist schließlich eine hinreichende und zuverlässige Finanzierung von entscheidender Bedeutung. In der Vergangenheit haben jedoch Beitragsverweigerungen nicht zuletzt von Seiten großer Industriestaaten erheblich zur Finanzkrise der UNO auch im Bereich der Friedenssicherung beigetragen. Die Vereinten Nationen schulden seit Jahren einer Reihe von personalstellenden Staaten beträchtliche Summen zur Begleichung von deren Aufwendungen für friedenssichernde Maßnahmen. Friedensmissionen werden durch ein je eigenes Budget finanziert, das von den Mitgliedstaaten im Umlageverfahren aufgebracht werden muss. Im Dezember 2000 ist es den Mitgliedstaaten nach Jahren intensiver Verhandlungen gelungen, die seit 1973 gültige Finanzierungsregelung für Friedensmissionen so zu reformieren, dass die Abhängigkeiten von einem Hauptgeldgeber reduziert und die Belastungen nach einer zehnstufig differenzierten Skala auf die Mitgliedstaaten verteilt werden. Möglich wurde diese Regelung, weil sich eine Reihe von Staaten bereiterklärt haben, höhere Beiträge zu leisten. Nachdem die Vereinigten Staaten sich mit ihrer Forderung nach der Plafondierung ihres Finanzanteils an den Friedensmissionen auf 25 Prozent haben durchsetzen können, sind in der Zukunft nicht nur die Begleichung ihrer noch ausstehenden

Beiträge, sondern auch die zuverlässige Entrichtung der laufenden Zahlungsverpflichtungen der USA zu erwarten. Dies würde eine entscheidende Verbesserung für die künftigen Handlungsoptionen der Vereinten Nationen auf dem Gebiet der Friedenssicherung bedeuten. Zur Verbesserung der Organisation und Planung von Missionen sollen dem DPKO durch die Mitgliedstaaten sogenannte *On-Call-Listen* verfügbar gemacht werden, in denen militärische und zivile Experten benannt werden, die innerhalb von sieben Tagen für die Vorbereitung von Missionen abgestellt werden können. Diese Forderungen an die Mitgliedstaaten werden allerdings einige alte Diskussionen wieder aufleben lassen. So wurde im Frühjahr 1999 auf Druck der Entwicklungsländer die Praxis einer Reihe wohlhabenderer Staaten beendet, den Vereinten Nationen so genanntes Gratis-Personal zu überlassen. Diese Experten leisteten im VN-Sekretariat Dienst, wurden aber von den Entsendestaaten bezahlt, was diesen Einfluss sicherte.

Zusammenfassend lässt sich festhalten, dass im Bereich der Friedenssicherung erhebliche Reformanstrengungen unternommen wurden. Die Friedenstruppen sollen in Zukunft grundsätzlich ein robustes Mandat erhalten und nur in Einsätze geschickt werden, wenn die Regeln dafür eindeutig sind, sie hinreichend geführt werden können und gut ausgerüstet sind. Zudem soll gemäß dem Konzept der *stand-by-forces* eine schlagkräftige multinationale Streitkraft bereitgestellt werden, auf die bei Bedarf schnell zugegriffen werden kann. Insgesamt soll damit das System der VN-Friedenssicherung effektiver werden und auch der vorbeugenden Diplomatie sowie der Friedenskonsolidierung mehr Aufmerksamkeit geschenkt werden. Eine offene Frage bleibt, ob der Sicherheitsrat tatsächlich das Monopol im Bereich der Friedenssicherung hat, oder ob es akzeptabel ist, wenn in Sonderfällen – wie etwas beim Einsatz der NATO in Jugoslawien im Jahr 1999 – auch ohne eindeutiges Mandat des SR eingegriffen wird. Die zahlreichen Vorschläge des Brahimi-Reports an die Mitgliedstaaten sind in jedem Fall ein Praxistest für die Ernsthaftigkeit und die Konsequenz, mit der die Staaten an ihre selbst eingegangenen Verpflichtungen einlösen. Es wäre keine neue Erfahrung, dass die Mitgliedstaten bei der Umsetzung der Beschlüsse zögerlich sind und somit eine theoretisch gut durchdachte Reform praktisch verhindern.

1.3 Neue Initiativen im Menschenrechtsschutz: Der Internationale Strafgerichtshof

In den Ausführungen zu den Menschenrechten ist aufgezeigt worden, dass es den Staaten in den zurückliegenden Jahrzehnten gelungen ist, einen umfassenden Bestand von Normen zum Schutz grundlegender Menschenrechte zu schaffen. Die hohe Ratifikationsquote der zentralen Menschenrechtsdokumente belegt zudem, dass die hier festgelegten Vorschriften und Regelungen in der überwiegenden Zahl der Staaten der Welt Gültigkeit besitzen. Dem hohen Grad an formaler Akzeptanz menschenrechtlicher Verträge und Konventionen stehen jedoch tagtägliche Menschenrechtsverletzungen in zahlreichen Staaten der Welt gegenüber. Die Bemühungen zumindest von großen Teilen der Staatenwelt und ihrer gemeinsamen Organisation der Vereinten Nationen sind daher darauf gerichtet, effektivere Instrumente und Mechanismen zur Verwirklichung und Durchsetzung der vereinbarten Normen zu schaffen.

In der Perspektive dieser Bemühungen kann die im Juli 1998 auf der Staatenkonferenz in Rom erzielte Einigung auf ein Statut für einen Ständigen Internationalen Strafgerichtshof (*International Criminal Court*, ICC) nicht hoch genug eingeschätzt werden (Hermsdörfer 1998: 192). Durch den auf der Grundlage dieses Statuts zu schaffenden Gerichtshof wird der seit einigen Jahrzehnten eingeschlagene Weg, das Individuum sowohl hinsichtlich seines Schutzbedürfnisses als auch seiner Verantwortlichkeit ins Zentrum des Völkerrechts zu rücken, fortgesetzt. Dies ist gleichbedeutend mit der weiteren Relativierung des zentralen Wertes des Völkerrechts, der Staatensouveränität (Kreß 1999). Denn tatsächlich ermöglicht das Statut in seinem Art. 1 dem neuen Strafgerichtshof, eine komplementäre Strafgerichtsbarkeit auszuüben, wenn in Staaten das nationale Justizwesen nicht willens oder in der Lage ist, Verstöße gegen die im Statut niedergelegten internationalen Verbrechen zu verfolgen und zu ahnden (Art. 17 ICC-Statut). Damit gehen die Befugnisse des ICC nicht so weit, wie die der Straftribunale für Ex-Jugoslawien und Ruanda, die selbst laufende Verfahren im nationalen Bereich an sich ziehen können, wenn sie dies für geboten halten. Bedenkt man aber, dass die Einsetzung der Ad-hoc-Tribunale als Zwangsmaßnahme des Sicherheitsrates erfolgte, während sich im Falle des ICC die Vertragsstaaten freiwillig auf die Abgabe bestimmter Hoheitsrechte haben einigen müssen, handelt es sich dabei um ein doch bemerkenswerten Schritt.

In Artikel 5 des Statuts sind vier universell strafbare Kernverbrechen verankert worden: Völkermord, Verbrechen gegen die Menschlichkeit, Kriegsverbrechen sowie das Verbrechen der Aggression. Die ersten drei Kernverbrechen werden in den folgenden Art. 6 bis 8 durch konkrete Straftatbestände präzisiert. So entsprechen die Bestimmungen des Art. 6 weitestgehend denen der Völkermordkonvention von 1948. Bezüglich der Verbrechen gegen die Menschlichkeit orientiert sich Art. 7 an den Festlegungen in den Statuten für das Jugoslawien- bzw. Ruanda-Tribunal, mit dem Unterschied allerdings, dass diese Verbrechen nicht mehr an die Voraussetzung eines Konflikts als objektive Strafbarkeitsbedingung gebunden sind (Kaul 1998a: 127). Im Bereich der Kriegsverbrechen sind nicht nur alle bereits im Völkergewohnheitsrecht verankerten Straftatbestände in den Art. 8 eingeflossen. Vielmehr wurde mit der Ausdehnung der Kriegsverbrechen auch auf den innerstaatlichen bewaffneten Konflikt ein neuer Regelungsbereich völkerstrafrechtlich kodifiziert (Ahlbrecht 1999: 382). Für das Verbrechen der Aggression ist jedoch bislang noch keine allgemein akzeptierte Definition und straftatbestandliche Umsetzung gefunden worden. Die Einfügung einer entsprechenden Strafnorm bleibt einem Beschluss der Versammlung der Vertragsstaaten vorbehalten. In Art. 25 wird festgelegt, dass sich die Jurisdiktion auf natürliche Personen bezieht, die für ihre Taten individuell zur Verantwortung gezogen werden können. In bemerkenswerter Eindeutigkeit verwehrt Art. 27 Hoheitsträgern einschließlich Staatsoberhäuptern die Immunität, während Art. 28 die strafrechtliche Verantwortung auch von militärischen Vorgesetzten regelt (Kreß 1999a: 8f). Als Strafen kommen gemäß Art. 77 zeitlich befristete oder lebenslange Haftstrafen in Frage. Zusätzlich zu einer Haftstrafe kann eine Geldstrafe verhängt bzw. ein aus Verbrechen stammendes Vermögen eingezogen werden. Art. 11 des Statuts sieht vor, dass der Gerichtshof nur für Straftaten zuständig ist, die nach dem Inkrafttreten seines Statuts begangen wurden. Hierfür ist es gemäß Artikel 126 erforderlich, dass 60 Staaten das Statut ratifiziert haben.

Im Gegensatz zu den Ad-hoc-Tribunalen für Ex-Jugoslawien und Ruanda soll mit dem ICC ein ständiger internationaler Strafgerichtshof mit obligatorischer Gerichtsbarkeit geschaffen werden. Gleichwohl unterliegt auch die Zuständigkeit des ICC bestimmten Einschränkungen. Zwar konnte die automatische Zuständigkeit für die niedergelegten Verbrechen erreicht werden, jedoch nur, wenn gemäß Art. 12, Abs. 2 des Statuts entweder der Staat, auf dessen Territorium sich das Verbrechen ereignet hat, oder aber der Staat, dem der mutmaßliche Täter angehört, Vertragspartei des ICC Statuts ist. Damit fallen Verbrechen, die in einem internen Konflikt in einem Nicht-Vertragsstaat durch dessen Staatsangehörige begangen werden, auch dann nicht unter die automatische Zuständigkeit des ICC, wenn Verbrechensopfer Staatsangehörige einer Vertragspartei sind. Bezüglich der Kriegsverbrechen sieht Art. 124 vor, dass sich die Vertragsparteien eine siebenjährige Übergangsfrist für auf ihrem Territorium bzw. von ihren Staatsangehörigen begangene Taten ausbedingen können. Gemildert werden diese Einschränkungen jedoch dadurch, dass jeder Nicht-Vertragsstaat *ad hoc* die Zuständigkeit des ICC für einen bestimmten Fall akzeptieren kann, und dass vor allem der Sicherheitsrat unter den Bestimmungen von Kapitel VII der Charta dem Gerichtshof eine Situation überweisen kann, bezüglich derer er den Verdacht hegt, dass Verbrechen in größerer Zahl begangen werden. Da es sich bei einem derartigen Schritt des Sicherheitsrates immer um eine Zwangsmaßnahme handelt, spielt die Frage, ob das betroffene Land Vertragspartei ist oder nicht, keine Rolle. Dies könnte eine für die Effektivität des Gerichts bedeutsame Bestimmung sein, verhindert sie doch, dass sich Staaten bzw. deren Hoheitsträger durch einfachen Nicht-Beitritt zum ICC-Statut dauerhafter Strafverfolgung entziehen können. Allerdings sind auf diese Weise wiederum die Ständigen Mitglieder des Sicherheitsrates in einer privilegierten, weil faktisch unantastbaren Position. Vor diesem Hintergrund ist der nachdrückliche Widerstand der USA gegen den ICC, die den Vertrag bislang nicht ratifizieren wollen, kaum verständlich.

Hans-Peter Kaul, der als deutscher Unterhändler an dem Vertragsabschluss beteiligt war, schreibt zusammenfassend, dass „in Rom fast wider Erwarten ein Statut erreicht werden konnte, welches für die Errichtung eines starken und unabhängigen Gerichtshofes eine tragfähige Grundlage bietet" (1998a: 129). Selbstverständlich stellt ein derartiges Übereinkommen als Ergebnis einer Staatenkonferenz mit rund 150 Teilnehmern immer einen Kompromiss dar. Doch haben sich immerhin 120 Staatenvertreter in geheimer Abstimmung für das Statut ausgesprochen, während sich 21 Länder enthielten. Nur sieben Delegationen stimmten gegen das Statut, wobei sich hier die USA und Israel in der Gesellschaft Chinas, des Irak, Jemens, Katars und Libyens befinden. Insgesamt haben das Statut bis Juli 2001 139 Staaten unterzeichnet, 37 sind zwischenzeitig nach erfolgter Ratifikation Vertragsparteien geworden. Mit dem Inkrafttreten des Statuts ist bei Fortsetzung des Ratifizierungstempos im Jahre 2003 bis 2004 zu rechnen. Dann wird in Den Haag neben dem Staatengericht IGH und dem Ad-hoc-Tribunal für Ex-Jugoslawien auch ein ständiger Internationaler Strafgerichtshof seine Arbeit aufnehmen können. Sicher steht nicht zu erwarten, dass durch diesen Gerichtshof eine grundlegende Wende in der Menschenrechtspraxis in vielen Staaten eintritt. Gleichwohl wird es ein wichtiger Schritt sein, der den Tyrannen dieser Erde ein weiteres Stück von ihrer Selbstgewissheit nimmt, sich nicht für Taten, die sie an ihren und an fremden Staatsbürgern verüben, verantworten zu müssen.

1.4 Reformen im Bereich Wirtschaft, Entwicklung und Umwelt

Veränderungen im Bereich Wirtschaft, Entwicklung und Umwelt sind fester Bestandteil nahezu aller innerhalb und außerhalb der VN entwickelten Reformvorschläge (Nachweise bei Hüfner/Spröte 1994, Knapp 1997: 441-472, Hüfner/Martens 2000: 109-222). Trotz zahlreicher Verbesserungen, die infolge des 1997er Reformprogramms von Kofi Annan im sozioökonomischen und entwicklungspolitischen Bereich vorgenommen wurden, leidet die Arbeit der Vereinten Nationen in diesem Bereich in besonderer Weise unter überlappender Zuständigkeit und mangelhafter Koordinierung. Insbesondere der Wirtschafts- und Sozialrat einschließlich seiner fast unüberschaubaren Anzahl von Unter- und Nebenorganen steht dabei im Zentrum der Kritik. So wird gefordert, das Gesamtsystem gründlich auf den Prüfstand zu stellen. Der Wirtschafts- und Sozialrat sei in seiner derzeitigen Struktur nicht in der Lage, seine koordinierende Funktion wahrzunehmen und arbeite überbürokratisiert und unwirksam. Während einerseits seine Auflösung vorgeschlagen wird, wollen andere mit einer stärkeren Weisungsbefugnis die Effizienz erhöhen. Die Vorschläge reichen von der Schaffung eines neuartigen Wirtschaftsrats mit Kompetenzzuweisung analog zum Sicherheitsrat (d.h. dem Recht, verbindliche Beschlüsse zu fassen) bis zur Schaffung eines miteinander verzahnten Drei-Räte-Modells, bei dem je ein Rat für Sicherheit, Wirtschaft und Soziales/Entwicklung zuständig wäre. Solche Vorschläge sind aber bisher nicht offiziell von einem UNO-Gremium vorgebracht bzw. mit Aussicht auf Erfolg in die Debatte eingebracht worden.

In seinem von der Generalversammlung akzeptiertem Reformprogramm weist der Generalsekretär (Annan 1997: Ziff. 129) vielmehr vergleichsweise unambitioniert auf eine häufig zu wenig beachtete

Funktion der Vereinten Nationen hin. Der Beitrag der UNO sei in einer Zeit des Paradigmenwechsels der Konzeptionen auf dem Gebiet der sozioökonomischen Entwicklung von besonderer Bedeutung. Als Schmiede innovativer Denkansätze und Ort der Konsensbildung auf weltweiter Ebene sollten die Vereinten Nationen ihre Kapazitäten zur Analyse gemeinsamer Probleme und zur Vorlage von Lösungsempfehlungen optimal nutzen. Durch ihre normsetzende Tätigkeit könne die Organisation dazu beitragen, ein Umfeld zu schaffen, das es „allen Ländern und ihren Unternehmen ermöglicht, sich auf den internationalen Märkten gleichberechtigt dem Wettbewerb zu stellen; durch ihre Beratungstätigkeit und ihre operativen Aktivitäten kann sie die Entwicklung der Instrumente und der personellen Kapazitäten unterstützen, die es erlauben, die angebotsseitigen Engpässe in den Griff zu bekommen, mit denen viele Länder zu kämpfen haben". Die Vereinten Nationen müssten sich zudem auch künftig darum bemühen, wirtschaftliche Entscheidungen, die in anderen Foren getroffen werden, vom Standpunkt der Entwicklungsländer aus zu beeinflussen. „Nach wie vor sind es die Vereinten Nationen, die die besten Voraussetzungen dafür mitbringen, aus der Perspektive der Interdependenz der Fragestellungen einen Konsens zu bilden und aufzuzeigen, auf welchem Weg und mit welchen Mitteln alle Länder eine nachhaltige und bestandfähige Entwicklung erreichen können".

Gleichwohl wird dem System aus zahlreichen Sonderorganisationen, Spezialorganen und Programmen mit teilweise ähnlichen Aufträgen Ineffizienz vorgeworfen, was im Extremfall zu sich gegenseitig behindernden Mandaten führen kann. Ein besonders schwerwiegendes Problem ist darüber hinaus die mangelhafte Abstimmung zwischen den VN-Gremien und den in den vergangenen Jahren an Einfluss zunehmenden Bretton-Woods-Organisationen, die alles andere als problemlösend wirkt. So wird vorgeschlagen, die multilaterale Entwicklungszusammenarbeit der VN stärker mit der Handels- und Währungspolitik zu verzahnen oder gar die UNCTAD mit der WTO zu verschmelzen. Die deutsche Entwicklungshilfeministerin, Heidemarie Wieczorek-Zeul (2000) hat angeregt, langfristig die Vielzahl der Organisationen unter einem gemeinsamen Dach zusammenzuführen, welches von der Weltbank und dem UNDP gebildet werden könnte. Die Entscheidungskompetenzen sollten sich aber nicht alleine an der wirtschaftlichen Macht der Mitglieder orientieren, vielmehr müssten auch die schwächeren Staaten angemessen repräsentiert werden. Konkrete Reformpläne mit realistischer Umsetzungsperspektive sind jedoch für diesen Bereich nicht in Sicht. Ein grundsätzlicher Einwand

gegen weitreichende Reformeuphorie im wirtschaftlichen und entwicklungspolitischen Bereich liegt zudem in dem dramatischen Struk-
turwandel der Weltwirtschaft begründet. Die Zeiten, in denen staatliche Akteure relativ exklusiven Einfluss auf Weltwirtschaft und Entwicklungspolitik hatten, sind spätestens mit dem Zeitalter der Globalisierung zu Ende gegangen. So wirkt es fragwürdig, wenn in der Millenniums-Erklärung der Vereinten Nationen vom September 2000 beispielsweise gefordert wird, bis 2015 den Anteil der in extremer Armut
lebenden Menschen zu halbieren. So sinnvoll diese Absicht ist, so
fraglich ist es, ob diese Zielmarke durch internationale Organisationen
erreichbar ist. Solche vollmundigen Versprechungen erinnern vielmehr an die seit Jahrzehnten verfehlte Selbstverpflichtung der Industrieländer, die zugesagten 0,7 Prozent ihres Sozialprodukts für Entwicklungshilfe aufzuwenden. So kommen selbst engagierte UN-Be-
fürworter zu der Schlussfolgerung, dass solche Forderungen zwar
nicht völlig unrealisierbar seien, die Erfahrung aber lehre, „im besten
Fall mit skeptischen, im schlimmsten Fall mit zynischen Erwartungen" an solche Verpflichtungen heranzugehen (Williams 2000: 166).

Eine stark diskutierte institutionelle Veränderung bezieht sich auf
die Schaffung einer neuen Dachorganisation für Umwelt- und Entwicklungsfragen. Eine solche „Weltorganisation für Umwelt und
Entwicklung" (Biermann/Simonis 1998 und 2000), könnte bestimmte
bestehende Institutionen in eine neue, übergeordnete Struktur einbinden und die Zusammenlegung von UNEP, CSD sowie den relevanten
umweltpolitischen Konventionssekretariaten zu einer einzelnen Organisation bedeuten. Eine Zusammenarbeit mit den Bretton-Woods-Organisationen, der Welthandelsorganisation (WTO) und den themen-
verwandten VN-Sonderorganisationen müsse dabei sichergestellt
werden. Mit einer solchen Organisation könne zunächst ein höherer
Stellenwert für die Aufgaben der globalen Umwelt- und Entwicklungspolitik bei den nationalen Regierungen, IGOs und privaten Akteuren erreicht und akute Probleme der Umwelt- und Entwicklungspolitik prominenter auf die Agenda gesetzt werden. Damit sei auch ein
besseres Umfeld zur Politikumsetzung denkbar. Zentrales Problem einer solchen Organisation sind die Entscheidungsverfahren, weil administrative Effektivität und politische Akzeptanz sichergestellt werden
müssten. „Nord" und „Süd" müsse, so die Argumentation der Befürworter, eine gleichberechtigte Stellung eingeräumt werden, was als
dritter Weg zwischen dem „südorientierten" Entscheidungsverfahren
der VN-Vollversammlung und der „nordorientierten" Prozedur der
Bretton-Woods-Organisationen bezeichnet werden kann. Hier liege

der Schlüssel für eine größtmögliche Akzeptanz. Zudem könnten nach dem Modell der ILO auch Nichtregierungsorganisationen beteiligt werden. Hinsichtlich der Finanzierung seien mit einem zusammengelegten Budget von UNEP und UNDP bzw. mit Integration der bestehenden Programme erhebliche Kosten einzusparen, eine weitere Möglichkeit sei eine spezielle Steuer etwa auf Flugbenzin oder eine Devisen- bzw. Börsenumsatzsteuer. In einer etwas abgewandelten Variante empfiehlt auch der Wissenschaftliche Beirat der Bundesregierung Globale Umweltgefährdungen (WBGU 2001) die Schaffung einer so genannten *Earth Alliance* und auch der deutsche Bundestag hat sich in einer gemeinsamen Beschlussempfehlung von SPD, CDU/CSU, Bündnis 90/Die Grünen und FDP im April 2001 dafür ausgesprochen zu prüfen, ob die Einrichtung einer Weltumweltorganisation vorteilhafter ist als die separate Weiterentwicklung der einzelnen Umweltregime zum Schutz von Klima, Ozonschicht, biologischer Vielfalt, Böden und Ozeanen.

Kritiker einer solchen Organisation (Gehring/Oberthür 2000) wenden hingegen ein, dass ein spezifischer Beitrag einer solchen Organisation zur Verbesserung der Umweltprobleme nicht erkennbar sei. Es könnten gute Gründe angeführt werden, weshalb noch keine Weltumweltorganisation bestehe. Neben formalen Kriterien zeichneten sich wirksame internationale Organisationen durch Spezialisierung und Vereinfachung von Entscheidungsprozessen aus und seien dadurch zu eigenständigem Handeln befähigt. Nehme man diese Definition als Grundlage, existierten in der internationalen Umweltpolitik bereits zahlreiche organisatorische Elemente. Es sei nicht einsichtlich, warum Staaten bei einer neuen Organisation eher zur Abgabe von Souveränität bereit seien und damit zu handlungsfähigerer internationaler Umweltpolitik beitrügen. Eine internationale Umweltpolitik im Rahmen einer Weltorganisation würde es aus guten Gründen nicht geben. Dies liege vor allem daran, dass umweltpolitische Problembereiche wie z.B. die Klimapolitik – anders als solche der Welthandelspolitik (WTO) – voneinander trennbar und separat verregelbar seien und vor allem anders als arbeits- (ILO) und gesundheitspolitische (WHO) Themen international separat „überlebensfähig" seien. Wenn dennoch nach denkbaren Modellen für eine Weltumweltorganisation gesucht werde, könne man über drei verschiedene Modelle nachdenken. Analog zum *VN-Modell* könne erstens eine Dachorganisation gebildet werden, womit die bestehenden internationalen Konventionen und Organisation im Wesentlichen unabhängig unter einem Dach zusammenfasst würden. Damit sei die Problemlösungsfähigkeit allerdings sehr gering und kein entscheidender Zusatznutzen zu erwarten. Nach dem *WTO-Modell* entstünde zweitens ein zentrales Entscheidungsgremium im Rahmen dessen über alle Problemfelder der globalen Umweltpolitik beraten würde. Das Modell berge die Gefahr der Verknüpfung von Problemfeldern, die nicht miteinander verknüpft werden sollten. Neben der Gefahr der Überkomplexität ergebe sich auch die Gefahr einer Blockadepolitik, da möglicherweise bei Nichtlösung eines Problems andere Bereiche blockiert werden könnten. Das *EU-Modell* sei schließlich drittens wirksam, aber im Bereich Weltumweltpolitik realitätsfern. Es impliziere die Vorbereitung von Entscheidungen in einzelnen Gremien und nicht die Verbindung einzelner Politikfelder wie beim WTO-Modell. Zudem müssten Mehrheitsentscheidungen von allen Mitgliedern umgesetzt werden, was die weitgehende und unrealistische Übertragung von Souveränitätsrechten an eine solche Organisation impliziere. Die Leistungsfähigkeit der drei Modelle sei also unterschiedlich. Während das UNO-Modell kaum Zusatznutzen bringe und das WTO-Modell sogar negative Effekte bewirken könne, sei das EU Modell nicht durchsetzbar. Um eine erfolgversprechende Organisation zu etablieren, müssten zudem erhebliche Ressourcen eingesetzt werden. Diese Ressourcen könnten gewinnbringender in den schon bestehenden Strukturen eingesetzt werden, um auf diese Weise die bestehenden Organisationselemente zu stärken. Weitere Reformvorschläge im umweltpolitischen Bereich beziehen sich auf die Gründung eines Umweltsicherheitsrats, die Umwandlung des Treuhandschaftrats in einen Umwelttreuhandrat oder die Gründung eines Weltumweltgerichts.

Insbesondere Praktiker der internationalen Umweltpolitik weisen darauf hin, dass es nicht darum gehen könne, auf dem Reißbrett zu planen, sondern man die Realität im Auge behalten müsse. Dies betreffe vor allem die Frage der nationalstaatlichen Souveränitätsrechte, zu deren Aufgabe die Staaten nach wie vor nur eingeschränkt bereit seien. Zu fragen ist deshalb, ob es nicht eine weitere Überdehnung und Überforderung des VN-Systems bedeutet, es mit allen gravierenden Menschheitsproblemen zu befrachten. Außerdem wäre mit der rein deklaratorischen Einrichtung von Umwelt-, Wirtschafts- bzw. Sozialräten oder -organisationen noch nichts gewonnen: es käme einzig und allein auf die Kompetenzen und die Art der Legitimation an, die ihnen zugewiesen würde. Ihrer Verwirklichung stünden zudem aufgrund der erforderlichen Billigung durch die Generalversammlung erhebliche Verfahrensschwierigkeiten entgegen.

Negative Reformbilanz im Wirtschafts- und Sozialbereich

Klaus Hüfner und Jens Marten (2000: 226ff) kommen in einer breit angelegten Auswertung der Reformvorschläge und den tatsächlich praktizierten Reformen im Wirtschafts- und Sozialbereich der vergangenen Jahrzehnte zu dem Ergebnis, dass abgesehen von einer Vielzahl administrativer und organisatorischer Veränderungen und gewissen strukturellen Verbesserungen die Bilanz der bisherigen Reformvorschläge negativ ausfalle. Sie leiten daraus einige Schlussfolgerungen ab, die für die gesamte Reformdiskussion von Interesse sind. Reformvorschläge führten nur dann zum Erfolg, wenn sie mit dem „Wissen und den Eigeninteressen einer hinreichenden Zahl relevanter Entscheidungsträger kompatibel" gewesen seien. Einfluss in der VN-Konstruktion resultiere dabei aus den Faktoren finanzielle (*financial power*) und strukturelle Macht (*voting power*) und angesichts der Machtunterschiede und der enormen Interessenheterogenität unter den 189 Mitgliedstaaten seien Reformvorschläge nur in Einzelfällen zu realisieren. Dies sei etwa dann möglich, wenn wie im Falle der Gründung des Umweltprogramms 1972 aufgrund exogener Faktoren ein Handlungsdruck erzeugt werde, dem sich die Akteure nicht entziehen können. Reformvorschläge könnten jenseits solcher Ausnahmesituationen nur dann Erfolg haben, wenn entweder die Machtunterschiede zwischen den Mitgliedstaten geringer, oder wenn sich die Interessen annähern würden.

Da die realen Machtstrukturen auf absehbare Zeit kaum zu ändern seien und auch die Interessenheterogenität kaum kleiner werde, stelle sich die grundsätzliche Frage nach der Reformierbarkeit der Vereinten Nationen in diesem Bereich. Hüfner und Martens setzen als Ausweg auf die längerfristige Veränderung in dem Wissen der Entscheidungsträger, dass als Schlüsselfaktor zur Veränderung der Eigeninteressen und damit auch zur Veränderung der Vereinten Nationen gesehen wird. „Denn nur wenn sich in der Bevölkerung das Wissen über die konkreten Vorteile und Möglichkeiten einer stärkeren weltweiten Zusammenarbeit im Rahmen des VN-Systems verbreitet, wächst der Druck auf die nationalen Entscheidungsträger und damit letztlich die Chance einer veränderten Politik gegenüber den Vereinten Nationen. Nur so ist langfristig ein Abbau der bestehenden Interessenheterogenität unter den VN-Mitgliedern möglich" (234). Auf diesen Gedanken wird in Abschnitt 2 zurückzukommen sein.

2 Eine neue UNO für die globalisierte Welt?

Die Vereinten Nationen sind – das hat die Analyse der drei exemplarisch ausgewählten Aufgabenfelder „Friedenssicherung", „Menschenrechtsschutz" und „Wirtschaft, Entwicklung, Umwelt" samt ihrer mit unterschiedlichem Erfolg vorgenommenen Reformversuche belegt – zu einem wichtigen Zentrum multilateraler Politik geworden. Allerdings muss in diesem Zusammenhang erneut auf einen bedeutsamen Umstand hingewiesen werden, der bereits ganz zu Beginn des Buches erläutert wurde und der ein Schlüssel zum Verständnis der UNO ist: „die" Vereinten Nationen gibt es nicht. Sie haben vielmehr in verschiedenen Politikbereichen spezifische Werkzeuge zur Verfügung, die unterschiedlich wirksam sind und mit denen ganz unterschiedliche Ziele erreicht werden sollen. Die „drei Vereinten Nationen" (Russett/Starr/Kinsella 2000: 282) entwickeln im besten Fall aufeinander aufbauende und sich gegenseitig verstärkende Synergieeffekte. Das Konzept des erweiterten Sicherheitsbegriffs und der menschlichen Sicherheit (siehe Teil A, Abschnitt 1.4) steht für diese Betrachtungsweise, die verdeutlicht, dass es nicht mehr nur um die Sicherheit von Staaten, sondern vor allem um die Sicherheit der in diesen Staaten lebenden Menschen geht. Damit werden traditionelle Elemente des Sicherheitsbegriffs (die damit keinesfalls unwichtiger werden) mit der Gewährleistung von Menschenrechten, dem Recht auf Entwicklung und auf eine lebenswerte Umwelt verknüpft und gar als sich gegenseitig bedingend angesehen.

Diese Verknüpfung im Rahmen einer universalen Organisation bietet enorme Chancen, es gelten aber ebenfalls die Grenzen zu beachten. Die in ihrer Grundstruktur nach dem Zweiten Weltkrieg entstandenen Institutionen, so VN-Generalsekretär Kofi Annan (2000: Ziff. 30) in seinem Millenniumsbericht, waren auf „eine inter-*nationale* Welt zugeschnitten, doch leben wir heute in einer *globalen* Welt" und in der wirksamen Reaktion auf diesen Übergang liege die institutionelle Grundherausforderung zu Beginn des 21. Jahrhunderts. Im Folgenden werden deshalb einige Grundprinzipien der zukünftigen internationalen Politik diskutiert und nach der Steuerungsfähigkeit der Welt gefragt. Darauf aufbauend werden ausblickend fünf Thesen für die Rolle „der" Vereinten Nationen im 21. Jahrhundert formuliert.

2.1 Multilateralismus und Global Governance: Chancen und Grenzen eines alternativen Politikmodells

Multilateralismus kann ganz allgemein als ein Politikstil verstanden werden, bei dem die Beziehungen zwischen drei oder mehr Staaten auf der Basis bestimmter allgemein akzeptierter Verhaltensregeln und Prinzipen ablaufen (Ruggie 1993: 11). Multilateralismus ist als konzeptionelles Gegenmodell zum Unitaleralismus zu sehen, bei dem einzelne Staaten sich vorbehalten, je nach eigener Interessenslage alleine und wenn notwendig auch gegen andere Staaten zu handeln. In der politischen Praxis neigen vor allem große und mächtige Staaten zu unilateralem Vorgehen, weil sie sich von einem unilateralen Handeln ihre eigene Interessensmaximierung versprechen (Brzezinski 1997, Rice 2000). Selbst wenn solche mächtigen Staaten nach dem Prinzip „soviel Multilateralismus wie möglich, soviel Unilateralismus wie nötig" verfahren würden (d.h. nur im „Notfall" unilateral handelten), würde eine wichtige Vorraussetzung für internationale Kooperation zumindest beschädigt. Denn wer im Einzelfall auch alleine und gegen den Willen seiner potentiellen Partner handelt, der kann sich kaum darüber wundern, wenn dann auch andere Staaten dies tun. Anders gewendet: nur wer sich selbst den Normen der internationalen Kooperation unterwirft, der kann dies auch von anderen erwarten und einfordern. Multilateral zu verfahren erkenne hingegen an, so Ernst-Otto Czempiel (1999: 238), dass die Staaten aufgrund einer gegenseitigen Abhängigkeit (Interdependenz) sich nicht mehr „isoliert, sondern in einem gemeinsamen Kontext gegenüberstehen, der bei der Ausübung von Macht sichtbar gemacht werden muss." Ohne das Grundmuster der Interdependenz ist eine unilateralistische Politik allerdings wahrscheinlicher. Zu den Grundsätzen multilateraler Politik gehört das uneingeschränkte Verbot von Gewalt zur Durchsetzung politischer Ziele und die Erkenntnis, dass nationale Interessen durch Zusammenarbeit besser durchgesetzt werden können, als in einem nationalstaatlichen Gegeneinander (Brenner 1995: 9f). Die Betonung gemeinsamer Interessen ist mithin entscheidend für eine multilaterale Politik. Multilateralismus entsteht dann, „wenn jeder weiß, dass er seine Interessen nur – oder doch am Besten – in der Zusammenarbeit mit anderen erreichen kann" (Czempiel 1999: 239). Unterstellt das multilaterale Konzept ein alles in allem rationales Verhalten der zentralen Akteure, so hebt das unilaterale Konzept stärker auf den anarchischen Grundzustand des internationalen Systems ab. Die mit Gewaltanwendung verbundene Verletzung von Regeln zur eigenen, kurzsichtigen Nutzenmaximierung (manchmal sogar wider besseres Wissen) wird als ehernes Gesetz der Weltpolitik betrachtet und es ist in dieser Sichtweise nicht zu erwarten, dass die zukünftige internationale Politik normgeleitet, friedlich, interdependenz- und konsensorientiert abläuft. Selbst wenn sich ein Akteur an multilaterale Spielregeln halten würde, hieße dies noch lange nicht, dass er sich darauf verlassen kann, dass dies alle anderen Akteure auch tun. Multilateralismus wird insofern als Schönwetterveranstaltung gesehen, die der Natur internationaler Politik nicht gerecht wird. Im Extremfall helfe nur ein unilaterales Verhalten weiter.

In diesen unterschiedlichen Konzepten spiegeln sich theoretische Grundannahmen über die Beschaffenheit des internationalen Systems wider, die bereits in Teil A erläutert wurden und auf die nunmehr – nach Kenntnis der Struktur und der Tätigkeitsfelder der Vereinten Nationen – zurückzukommen ist (schematische Darstellung in Übersicht 17).

Übersicht 17: Die Unilateralismus-Multilateralismus Debatte

Unilaterale Prämisse	Multilaterale Gegenposition
Anarchie ist das vorherrschende Grundmuster und Strukturprinzip der internationalen Beziehungen	Interdependenz ist das vorherrschende Grundmuster und Strukturprinzip der internationalen Beziehungen
Die Staaten sind die einzigen bedeutsamen Akteure der internationalen Politik, anderen Akteuren kommt alleine in ihrer Funktion als Mittel, Agent oder Auftragnehmer der Staaten Bedeutung zu.	Zahlreiche internationale Prozesse können nur in Hinblick auf die Motive und Verhaltensweisen von IGOs und INGOs erklärt werden.
Internationale Politik ist das Ergebnis einzelstaatlicher (Inter-)Aktionen, die als Ziel die Machterhaltung im Sinne klassischer nationaler Sicherheit haben.	Internationale Beziehungen sind das Ergebnis grenzüberschreitender Aktionen zahlreicher internationaler Akteure, die umfassende Sicherheit als Ziel haben.
Die internationalen Beziehungen sind ein Nullsummenspiel, d.h. der Machtgewinn eines Akteurs kann nur zu Lasten eines anderen Akteurs gehen. Austragungsmodus ist der Konflikt.	Die internationalen Beziehungen sind ein Nicht-Nullsummenspiel, d.h. Gewinne der Akteure resultieren aus der Vermehrung der Gesamtmenge an zu verteilenden Gütern. Austragungsmodus ist die Kooperation.
Internationaler Einfluss resultiert aus dem Einsatz oder der Drohung mit dem Einsatz von Macht, die als aktuelle oder potentielle militärische und /oder ökonomische Handlungsbefähigung definiert ist.	Internationaler Einfluss resultiert aus dem gekonnten Umgang mit den Banden der internationalen Interdependenz, die Überzeugung anderer dient als Hilfsmittel zur Erringung von Einfluss.
Internationale Politik gleicht einem Spiel von jeweils geschlossenen, eigenständigen Billardbällen, die sich auf der internationalen Bühne permanent anziehen, abstoßen und in Bewegung halten („Billardball-Modell").	Internationale Beziehungen gleichen einem spinnwebartiges Netzwerk von verschiedenartigen Entscheidungsverflechtungen, die die Staatenwelt sukzessiv überlagern („Spinweb-Modell").

Quelle: eigene Darstellung unter Verwendung der Tabellen in Meyers (1997: 342)

Es hängt also stark von den theoretischen Leitbildern in den betreffenden Staaten ab, ob eine unilaterale oder multilaterale Strategie als erfolgsversprechend angesehen wird. Die Vereinten Nationen können nur dann eine wichtige Rolle in der internationalen Politik spielen, wenn ihre Mitgliedstaaten auf multilaterale Strategien zu Bewältigung der Probleme und Herausforderungen setzen, d.h. ein Erfolg der Vereinten Nationen ist äußerst voraussetzungsreich. In der realen Welt zeigt sich, dass diese Voraussetzungen nicht immer gegeben sind. Zu selten sind die Mitgliedstaaten bereit, die Vereinten Nationen an die Spitze ihrer außenpolitischen Prioritäten zu setzten und vor allem ihr Verständnis von Außenpolitik von „souveränen" Staaten zu ändern.

Die Vereinten Nationen und Global Governance

Eine besonders weitgehende Form des Multilateralismus ist das Konzept der Weltordnungspolitik (*Global Governance*). Es wurde bereits darauf hingewiesen, dass die Frage, in welcher Weise über zwischenstaatliche Politik hinaus verbindliche Abmachungen zur Steuerung globaler Probleme geschaffen bzw. dauerhaft erhalten werden können, zu den ungelösten Fragen der Politikwissenschaft gehört. Konsens besteht allenfalls darüber, dass ein wie auch immer geartetes Regieren über die Grenzen von Staaten hinaus (*international governance*) erforderlich ist (Kohler-Koch 1993: 111ff). Einer klassischen Sichtweise, in der der Staat die einzige Quelle des Regierens ist, wird zunehmend eine Perspektive entgegengesetzt, nach der nicht nur „hierarchisches Regieren durch Staaten, sondern auch horizontales Regieren mit Staaten als gleichberechtigten Partnern oder gar Regieren ohne Staaten möglich ist" (Zürn 1998: 25, siehe auch Rittberger 2000: 198-209). Erst die Anerkennung aller drei Formen des Regierens (durch Staaten, mit Staaten, ohne Staaten) eröffnet, folgt man Michael Zürn, die Möglichkeit eines „Projektes komplexes Weltregieren". Das Konstrukt *Global Governance*, so Franz Nuscheler (1998: 14f) als einer der analytischen Promotoren dieses Projekts, sei aus der Einsicht entstanden, dass die Steuerungsfähigkeit selbst der mächtigen Nationalstaaten infolge der „Vermehrung und Verdichtung grenzüberschreitender Transaktionen, der zunehmenden Entgrenzung der Territorialstaaten und der wachsenden Herausforderung durch globale Risiken" überfordert werde. Zudem würden die bisher praktizierten Formen des internationalen Managements von Krisen und Konflikten den Anforderungen nicht mehr gerecht. Dies werde etwa durch die Turbulenzen auf den internationalen Finanzmärkten belegt.

Positives Regieren jenseits des Nationalstaates – was keineswegs das Ende des Nationalstaates bedeutet – ist theoretisch denkbar, praktisch jedoch mit zahlreichen Problemen behaftet (interessante Debatten hierzu sind in der Zeitschrift *Global Governance* nachzulesen). So mangelt es insbesondere an der kollektiven Bindewirkung internationalen Regierens. Während das klassische nationalstaatliche Regieren darauf beruht, dass zum einen der Kreis der Betroffenen mit dem Raum des zu regelnden Handlungszusammenhangs übereinstimmt und zum anderen einmal gefällte Entscheidungen (zumindest theoretisch) auch umsetzungsfähig sind, ist internationale Zusammenarbeit aufgrund des vorherrschenden Strukturmerkmals der internationalen Anarchie – also dem Phänomen der Staatenwelt, bei dem der Staat die höchste Instanz ist, der keine Autorität über sich anerkennt – ein vergleichsweise mühsamer und zeitraubender Prozess. Dies gilt sowohl für die Beschlussfassung als auch für die Implementierung der Beschlüsse. Deshalb leiden diese *Governance-Modelle* an der doppelten Frage der Praktikabilität und der Legitimität.

- Wie soll *erstens* bei heterogener Interessensstruktur in einem System sich überlappender und durchdringender, geteilter Souveränitäten eine freiwillige Selbstkoordination erfolgen?
- Wie kann *zweitens*, wenn diese Koordination nicht freiwillig erfolgt, ein Verfahren gewährleistet werden, das demokratischen Grundsätzen entspricht?

Es klingt daher durchaus kühn, wenn der deutsche Außenminister vor der Generalversammlung der Vereinten Nationen im Herbst 1999 ein Plädoyer für den Multilateralismus hält: „Die Antwort auf die Herausforderungen der Globalisierung wird im internationalen Staatensystem von morgen allein der Multilateralismus geben. Unsere Welt wird immer plural sein, und deswegen wird jede Form von Unilateralismus auf Dauer nicht funktionieren können. Deshalb wird das 21. Jahrhundert mit seinen über sechs Milliarden Menschen und deren Staaten handlungsfähige Vereinte Nationen brauchen" (Fischer 1999: 109). In der Zielperspektive ist diesem Befund uneingeschränkt zuzustimmen. Allerdings durchläuft das internationale System derzeit einen Spannungs- und Transformationsprozess, in dem, wie Winrich Kühne (2000: 447f) zutreffend darstellt,. Globalisierungs- und Fragmentierungstendenzen miteinander konkurrieren und die Welt auf verschiedenen

Ebenen in Bewegung geraten ist. Im Spannungsfeld dieser gegenläufigen Tendenzen entstehe aber leider keine Weltinnenpolitik, sondern „es bilden sich lediglich Inseln weltinnenpolitikähnlicher Verdichtung. Ihre Stabilisierung durch handlungsfähige multilaterale Institutionen, wie auf globaler Ebene insbesondere die UN, ist in einer von zahlreichen Risiken und Gefahren [...] geschüttelten Welt sicherheits- und friedenspolitisch von zentraler Bedeutung".

Trotz aller konzeptionellen und vor allem praktischen Schwierigkeiten einer solchen Perspektive ist es notwendig, ein politisches Modell zu denken, dass „den vergangenen Reizen der nationalstaatlich organisierten Welt widersteht [...]. Gefragt ist vielmehr institutionelle Phantasie jenseits den Nationalstaates" (Zürn 1998: 28). In diesem Sinne markierte bereits die „Unabhängige Kommission für Internationale Entwicklungsfragen" (1980: 27), die so genannte „Nord-Süd-Kommission" unter dem Vorsitz des ehemaligen Bundeskanzlers Willy Brandt vor mehr als 20 Jahren – damals noch unter vollkommen anderen weltpolitischen Rahmenbedingungen – Eckpunkte einer heute zunehmend aktueller werdenden Debatte. Die Menschheit sehe sich, so der Abschlussbericht der Nord-Süd-Kommission, mehr und mehr Problemen gegenüber, „welche die Menschheit insgesamt angehen, so dass folglich auch die Lösungen hierfür in steigendem Maße internationalisiert werden müssen. Die Globalisierung von Gefahren und Herausforderungen [...] erfordert eine Art Weltinnenpolitik, die über den Horizont von Kirchtürmen, aber auch nationale Grenzen weit hinausreicht" (zur Bilanz der Nord-Süd-Kommission die Beiträge in Nuscheler 2000). Ist über diesen Befund grundsätzlich ein hohes Maß an Einigung feststellbar, so variieren die daraus zu ziehenden Konsequenzen erheblich. Ein Versuch zur Bewältigung der globalen Herausforderungen wird unter dem Schlagwort *Global Governance* diskutiert, das insbesondere durch die Arbeit der ebenfalls von Willy Brandt angeregten „Kommission für Weltordnungspolitik" (*Commission on Global Governance*) bekannt wurde. Diese unabhängige Kommission unter dem Vorsitz des ehemaligen schwedischen Ministerpräsidenten Ingvar Carlsson und des ehemaligen Außenministers Guyanas und Generalsekretärs des Commonwealth, Shridath Ramphal, griff in ihrem 1995 vorgelegten Abschlussbericht die bereits zuvor in der Wissenschaft geführte Debatte auf (etwa Rosenau/Czempiel 1992) und versuchte den Begriff inhaltlich zu füllen. Die Kommission (1995: 4ff) definiert *Global Governance* als „die Gesamtheit der zahlreichen Wege, auf denen Individuen sowie öffentliche und private Institutionen ihre gemeinsamen Angelegenheiten regeln". Der Begriff umfasst sowohl formale Institutionen und mit Durchsetzungsmacht versehene Herrschaftssysteme als auch informelle Regelungen. Grunderkenntnis ist dabei, dass sich bei Globalisierung der Probleme auch „die" Politik globalisieren muss, was sich jedoch nicht nur auf die klassische Zusammenarbeit zwischen den Staaten bezieht, sondern auch auf die Entwicklung eines neuen Politikmodells jenseits eines simplen Mehr an Multilateralismus und globalem Denken zielt, bei dem staatliche und nichtstaatliche Akteure auf verschiedenen Ebenen neuartig zusammenarbeiten.

Das Konzept hat seitdem zahlreiche Wissenschaftler zu Definitionsversuchen und einer inhaltlichen Ausarbeitung angeregt (Messner/Nuscheler 1996b, Diehl 1997, Varwick 1998a, Vincent 1999), deren erste Gemeinsamkeit ist, dass sie sich bewusst von den weltföderalistischen Vorstellungen einer Art Weltregierung abgrenzen. Die Welt, so der Ko-Vorsitzende der Weltordnungskommission, Shridath Ramphal (1998: 3), besitze keine Regierung im Sinne einer zentralen, supranationalen Autorität, „und nur wenige Menschen erachten eine solche Weltregierung für erforderlich oder wünschenswert". Die Idee eines solchen, die Welt regierenden Monolithen sei vielmehr geradezu abschreckend und doch „bedarf die Welt einer Lenkung: formeller und informeller Vereinbarungen, um allgemeine Angelegenheiten zu regeln, gemeinsame Interessen zu fördern und gemeinsame Ziele zu verfolgen". Somit meint *Global Governance*, verstanden im Sinne der deutsche Übersetzung als „Weltordnungspolitik":

- *Erstens* die Neudefinition staatlicher Souveränität, mit der die Basisprinzipien des Souveränitätskonzeptes (Unverletzbarkeit der Grenzen, Verbot der Einmischung in „innere" Angelegenheiten, alleinige Verfügungsgewalt des Staates über gesellschaftliche Verhältnisse) in Frage gestellt werden;
- *zweitens* die Verdichtung und Verrechtlichung der internationalen Beziehungen durch internationale Organisationen und Regime, die als institutionalisierte Formen des norm- und regelgeleiteten Verhaltens bei der politischen Bearbeitung von Konflikten in unterschiedlichen Sachbereichen verstanden werden und die auf gemeinsamen Prinzipien, Normen, Regeln und Entscheidungsverfahren aufbauen sowie
- *drittens* die Fokussierung auf die Erweiterung des Kreises der Akteure über die Staaten und klassische internationale Organisationen hinaus und die Entwicklung eines neuen Politikstils.

Im Mittelpunkt globaler Strategiekonzepte stehen das System der Vereinten Nationen, andere internationale Organisationen wie etwa die Welthandelsorganisation (WTO), internationale Regime wie etwa das zur Nichtverbreitung von Atomwaffen oder das Klimaschutzregime, regionale Zusammenschlüsse wie etwa die Europäische Union, die als Kerne einer solchen Entwicklung wirken könnten, aber auch verschiedene globale Netzwerke. Die tragenden Akteure solcher globalen Netzwerke sind internationale Nichtregierungsorganisationen (INGOs) der so genannten internationalen Zivilgesellschaft. Die Einsicht in die Unzulänglichkeit rein zwischenstaatlicher Kooperationsprozesse wie auch die oft bescheidenen Politikergebnisse klassischer internationaler Organisationen sollen dabei den Grundstein für das Entstehen neuer Kooperationsformen zwischen öffentlichen und privaten Akteuren auf dem Weg zu einer *global public policy* bilden. Die Vereinten Nationen sollten, so wird gefordert, stärker mit diesen Politiknetzwerken zusammenarbeiten, deren Entstehen unterstützen und die Beteiligung von staatlichen und nichtsstaatlichen Akteuren fördern (Benner/Reinicke 1999, Reinicke/Deng 2000, Nölke 2000). In zahlreichen Tätigkeitsfeldern der Vereinten Nationen spielen Nichtregierungsorganisationen bereits heute eine zentrale Rolle. Die rund 1.500 nach Art. 71 der Charta mit Konsultativstatus beim Wirtschafts- und Sozialrat akkreditierten Nichtregierungsorganisationen nehmen Einfluss auf die Entscheidungsfindung bei internationalen Konferenzen und Verhandlungen und auch im operativen Bereich der Entwicklungs- und Umweltpolitik sowie anderen Politikfeldern sind sie unverzichtbar geworden. Zunehmend rückt auch die Kooperation mit Unternehmen der Privatwirtschaft (den so genannten *Business International Nongovernmental Organizations*, BINGOs) in das Blickfeld. Als Beispiel ist etwa die Initiative des VN-Generalsekretärs zu einem „Globalen Pakt" (*Global Compact*) zu nennen, bei dem multinationale Unternehmen zur Förderung gerechter Arbeitsnormen, der Achtung der Menschenrechte und des Umweltschutzes mit den Vereinten Nationen zusammenarbeiten.

In diesen Initiativen zeigt sich, dass in den internationalen Beziehungen die Prozesse an Bedeutung gewinnen, „die sich nicht mehr eindeutig einem zwischenstaatlichen Milieu im Sinne des Modells der internationalen Politik zuordnen lassen". Dass dieser Satz bereits vor mehr als drei Jahrzehnten von dem deutschen Politikwissenschaftler Karl Kaiser (1969: 80) formuliert wurde und das mit seinem Namen verbundene Konzept der „Transnationalen Politik" ebenfalls aus den späten 1960er Jahren stammt, belegt, dass nicht alle Ideen, die als neu verkauft werden, auch tatsächlich neu sind. Es belegt aber auch, dass die Idee der Stärkung der internationalen Zivilgesellschaft ungebrochene Anziehungskraft hat. Ob jedoch, wie etwa Jessica Mathew (1996) argumentiert, eine grundlegende Machttransformation (*power shift*) von der Staatenwelt zu einer transnational vernetzten Zivilgesellschaft feststellbar ist, muss mit einigen Fragezeichen versehen werden. Zumindest muss hier erneut nach Politikfeldern, aber zusätzlich auch nach Weltregionen differenziert werden. Selbst die globalisierte Welt lässt sich nicht über einen Kamm scheren.

2.2 Ausblick: Die Rolle der Vereinten Nationen im 21. Jahrhundert

Welche Rolle werden nun die Vereinten Nationen in der Welt des 21. Jahrhunderts spielen? Da die Politikwissenschaft die Zukunft nicht voraussagen kann, bleibt eine solche Prognose notwendigerweise im spekulativen Bereich. Es lassen sich aber aufgrund der analysierten Strukturen, Prozesse und Akteure in den Vereinten Nationen und der internationalen Politik einige Trends ableiten:

- *Erstens* wird es darauf ankommen, was die Mitgliedstaaten aus ihren Vereinten Nationen machen. Eine internationale Organisation nach dem intergouvernementalen Bauplan kann immer nur in dem Maße agieren, wie es die sie tragenden Mitgliedstaaten zulassen. Eine solche Organisation kann zwar den Rahmen bieten, in dem sich Interessen, Absichten und Strategien der Staaten modifizieren und einander annähern können, diese Lernprozesse müssen aber die Staaten selbst vollziehen.
- *Zweitens* gilt es, das Gefälle zwischen den vollmundigen Ankündigungen und den oft sehr viel weniger ambitionierten praktischen Verhaltensweisen der Mitgliedstaaten zu ändern. Würden die in Artikel 1 der Charta aufgelisteten Ziele der VN sowie die in Artikel 2 zugesagten Grundsätze als Richtschnur des staatlichen Verhaltens genommen, wären die Probleme der internationalen Politik weitaus geringer. Offensichtlich verstehen die Mitgliedstaaten die Bestimmungen der Charta und die daraus ableitbaren Normen jedoch oftmals nicht als konkrete Verpflichtung, sondern vielmehr als rhetorische Floskeln. Beispiele sind etwa die nicht eingehaltene Zusage der Industrienationen, 0,7 Prozent ihres Sozialprodukts für

Entwicklungshilfe aufzuwenden oder die immer noch unzureichende Beteiligung an den *Standby-Arrangements* im Bereich der Friedenssicherung.

- *Drittens* – und dies mag dem zweiten Punkt auf den ersten Blick, widersprechen, zeigt aber die gegenläufigen Trends der internationalen Politik an – ist in den vergangenen Jahren nicht ausschließlich, aber doch unter tätiger Mitwirkung der Vereinten Nationen, ein Milieu entstanden, in dem die Bestimmungen und Normen der Charta Referenzpunkt geworden sind. Sie werden zwar nicht immer eingehalten, der Rechtfertigungsdruck im Falle der Regelverletzung hat aber enorm zugenommen. Selbst große Mächte können sich diesem durch die internationale Öffentlichkeit verstärkten Druck kaum entziehen. Der Trend dürfte also in die Richtung gehen, dass Normverletzter – die es immer geben wird – isoliert werden.

- *Viertens* gilt es, sich von unrealistischen Erwartungen an die Vereinten Nationen zu verabschieden. Es ist zwar davon auszugehen, dass die Bedeutung multilateraler Arrangements in einer unübersichtlicher werdenden, interdependenten und komplexen Welt zunehmen wird, eine Weltregierung aber nicht in Sicht ist. Sie wäre nicht einmal erstrebenswert, weil auf diese Weise wohl weder eine demokratisch kontrollierbare, noch eine effektive Art des Regierens zu erzielen wäre. Die Problembereiche, die sich nicht mehr national mit Aussicht auf Erfolg lösen lassen, haben aber derart zugenommen, dass in einer zunehmenden Zahl von Politikbereichen (von der Friedenssicherung über die Einhaltung der Menschenrechte bis zu Welthandels-, Entwicklungs- und Umweltfragen) gemeinsame Lösungsansätze erforderlich sind. Ein zentraler Ort für diese gemeinsamen Lösungsansätze können die Vereinten Nationen sein.

- *Fünftens* müssen die Vereinten Nationen in Zukunft insbesondere darüber entscheiden, welche Prioritäten sie setzen wollen und dann die Mitgliedstaaten davon überzeugen, für die ihr übertragenden Aufgaben auch die notwendigen Mittel bereitzustellen. Zwar sind zahlreiche sinnvolle Reformschritte eingeleitet worden, eine Reform aus einem Guss ist aber bisher aufgrund der analysierten Hindernisse nicht erfolgt. Es scheint sogar ratsam sich damit abzufinden, dass bei weitgehenden Reformen oftmals der Weg das Ziel ist.

Der anhaltende Reformbedarf der Weltorganisation sollte aber nicht den Blick dafür verstellen, dass die Vereinten Nationen für die Stabilität des internationalen Systems unverzichtbar sind. Tragfähige Antworten auf die zentralen Menschheitsprobleme sind im 21. Jahrhundert allenfalls multilateral zu geben, und in dem Geflecht multilateraler Regime und Organisationen spielen die Vereinten Nationen eine herausragende Rolle. Einer erneuerten UNO kommt daher die Aufgabe zu, die in der Charta formulierten Ziele und Grundsätze einzulösen.

Teil F
Anhang

1 Diskussionsfragen und Lektüreempfehlungen

Die Vereinten Nationen zwischen Anspruch und Wirklichkeit

(1) Welche Konsequenzen hat die Sichtweise von internationalen Organisationen als Akteur, Forum oder Arena in Bezug auf die Rolle der Vereinten Nationen in der internationalen Politik?

(2) In welcher Weise verändert der Globalisierungsprozess die Handlungsfähigkeit der Nationalstaaten und welche Konsequenzen ergeben sich daraus für die Rolle von internationalen Organisationen?

(3) Lässt sich in institutioneller Hinsicht von einer „UNO-Familie" sprechen oder bieten sich andere Differenzierungen an, um die Handlungsmöglichkeiten der Vereinten Nationen zu beurteilen?

(4) Was bedeutet der „Wandel des Sicherheitsbegriffs" für die Tätigkeit der Vereinten Nationen und welche Chancen sowie Risiken ergeben sich daraus?

(5) Lassen sich die in Art. 1 der Charta dargelegten Ziele der Vereinten Nationen mit den in Art. 2 aufgeführten Grundsätzen der Organisation erreichen oder sind hier bereits Zielkonflikte zu erkennen?

(6) Was bedeutet es, zu Beginn des 21. Jahrhunderts von „inneren Angelegenheiten" der Staaten zu sprechen und welche Interessen stehen hinter diesem Konzept?

Literatur- und Quellenauswahl

Annan, Kofi: 2000: Wir, die Völker: Rolle der Vereinten Nationen im 21. Jahrhundert. Bericht des Generalsekretärs vom 27.3.2000, A/54/2000.

Cede, Franz/Lilly Sucharipa-Behrmann (Hrsg.) 1999: Die Vereinten Nationen. Recht und Praxis, Wien.

Claude, Ines L. [4]1970: Swords into Plowshares. The Problems and Progress of International Organizations, New York.

Mingst, Karen A./Margaret P. Karns [2]2000: The United Nations in the Post-Cold War Era, Boulder.

Rittberger, Volker/Martin Mogler/Bernhard Zangl 1997: Vereinte Nationen und Weltordnung. Zivilisierung der internationalen Politik?, Opladen.

United Nations Department of Public Information 2001: Basic Facts About the United Nations, New York.

Unser, Günther [6]1997: Die UNO. Aufgaben und Strukturen der Vereinten Nationen, München.

Simma, Bruno u.a. (Hrsg.) 1991: Charta der Vereinten Nationen. Kommentar, Mün chen.

Vereinten Nationen (hervorragende Zeitschrift, die sechsmal jährlich Fragen des VN-Systems abhandelt und Entwicklungen dokumentiert).

Volger, Helmut (Hrsg.) 2000: Lexikon der Vereinten Nationen, München/Wien.

Das Instrumentarium im Bereich der Friedenssicherung

(1) Welche Vorrausetzungen sind erforderlich, um das Prinzip der „kollektiven Si cherheit" in der Praxis zu verwirklichen?

(2) Welche Schwierigkeiten ergeben sich aus der Handhabung des Allgemeinen Gewaltverbots und seiner in der Charta verankerten Ausnahmen in der Praxis der internationalen Politik?

(3) Über welches Spektrum von Handlungsmöglichkeiten verfügen die Vereinten Nationen bei Bedrohungen oder Brüchen des Friedens hinsichtlich der Be stimmungen der Charta einerseits und der politischen Praxis andererseits?

(4) Welche unterschiedlichen Strukturmerkmale und Problembereiche gehen mit den verschiedenen „Generationen" der Friedenssicherungseinsätze einher?

(5) Was sind die Vorrausetzungen für ein Erfolg der Friedenssicherungseinsätze und wie sind die so genannten „humanitären Interventionen" zu beurteilen?

(6) Welche konzeptionellen und praktischen Konsequenzen für den Einsatz nicht militärischer Sanktionen sollten die Vereinten Nationen aus ihren seit den 1990er Jahren mit diesem Instrument gemachten Erfahrungen ziehen?

Literatur- und Quellenauswahl

Boutros-Ghali, Boutros 1992: Agenda für den Frieden. Vorbeugende Diplomatie, Friedensschaffung und Friedenssicherung, Bonn.

Brahimi-Report, Report of the Panel on United Nations Peace Operations vom 23.8.2000, A/55/305-S/2000/809.

Cortright, David/George Lopez 2000: The Sanctions Decade. Assessing UN-Strategies in the 1990s, Boulder/London.

Eisele, Manfred 2000a: Die Vereinten Nationen und das internationale Krisenma nagement. Ein Insider-Bericht, Frankfurt/M.

Hildenbrand, Jan Christian 2001: Zur Krisenreaktionsfähigkeit der Friedenstruppen der VN. Notwendigkeiten, Konzepte und Perspektiven ihrer Verbesserung, Ba den-Baden.

Informationszentrum der Vereinten Nationen 1998: 50 Jahre Friedenssicherung 1948-1998, Bonn.

International Peacekeeping (hervorragende Zeitschrift zu allen Fragen der VN-Friedenssicherung).

Jett, Dennis C. 2000: Why Peacekeeping fails, New York.

Kühne, Winrich (Hrsg.) 1993: Blauhelme in einer turbulenten Welt, Baden-Baden.

United Nations Department of Public Information (ed.) [3]1996: The Blue Helmets. A Review of the United Nations Peace-keeping, New York.

Das Instrumentarium im Bereich des Menschenrechtsschutzes

(1) Vor welchen Problemen und Hindernissen steht das Prinzip der „Universalität der Menschenrechte" in der politische Praxis?

(2) Durch welche unterschiedlichen Grundannahmen und Sichtweisen lassen sich die so genannten drei Generationen der Menschenrechte charakterisieren?

(3) Welche Unterschiede bestehen zwischen den politischen und juristischen Mechanismen des Menschenrechtsschutzes und wie wirken sich diese in der politischen Praxis aus?

(4) Welche rechtlichen, politischen und ethischen Probleme müssen vor einer Entscheidung für eine humanitäre Intervention unter Anwendung militärischer Zwangsmaßnahmen berücksichtigt werden?

(5) Welche Bedeutung hat die Einführung internationaler Strafnormen und die Schaffung von Strafgerichtshöfen für den Schutz der Menschenrechte?

(6) Vor welchen Herausforderungen stehen die internationalen Bemühungen um den umfassenden Schutz der Menschenrechte zu Beginn des 21. Jahrhunderts?

Literatur- und Quellenauswahl

Amnesty International 1998: Menschenrechte im Umbruch. 50 Jahre Allgemeine Erklärung der Menschenrechte. Frankfurt/M.

Baum, Gerhart/Eibe Riedel/Michael Schäfer 1998 (Hrsg.): Menschenrechtsschutz in den Vereinten Nationen, Baden-Baden.

Bundeszentrale für Poltische Bildung (Hrsg.) [3]1999: Menschenrechte. Dokumente und Deklarationen, Bonn.

Hasse, Jana/Erwin Müller/Patricia Schneider (Hrsg.) 2001: Humanitäres Völkerrecht. Politische, rechtliche und strafgerichtliche Dimensionen, Baden-Baden.

Merkel, Reinhard (Hrsg.) 2000: Der Kosovo-Krieg und das Völkerrecht, Frankfurt/ M.

Tomuschat, Christian (ed.) 1995: The United Nations at Age Fifty. A Legal Perspective, The Hague.

Das Instrumentarium in den Bereichen Wirtschaft, Entwicklung, Umwelt

(1) Welche Philosophie liegt der engen Verbindung zwischen Friedenssicherung und der Zuständigkeit in sozioökonomischen Fragen in der Konstruktion der Vereinten Nationen zugrunde und hat sich diese Betrachtungsweise theoretisch und praktisch bewährt?

(2) Was bedeutet das Konzept der „nachhaltigen Entwicklung" und wie zeigt sich dieses Konzept in der Arbeit der Vereinten Nationen?

(3) Was ist der Unterschied in den Prinzipien der Vereinten Nationen und den so genannten „Bretton-Woods-Organisationen" und welche Bedeutung hat dieser Unterschied für die Arbeit der Vereinten Nationen?

(4) Welches Instrumentarium steht den Vereinten Nationen zur Verfügung, um die konfliktträchtige Disparität zwischen Industrie- und Entwicklungsländern zu reduzieren und reicht dieses Instrumentarium aus?

(5) Welche Problembereiche verbergen sich hinter dem Konzept der so genannten „kollektiven Weltgüter"?

(6) Aus welchen Gründen bleiben die Ergebnisse beim Schutz der internationalen Umwelt bisher hinter den Erfordernissen zurück, die sich aus dem drastischen Gefährdungspotential ergeben?

Literatur- und Quellenauswahl

Agenda 21 vom 14.6.1992, A/Conf.151/26, Bd. I, II und II.

Agenda für Entwicklung vom 15.10.1997, A/Res/51/240.

Conca, Ken/Geoffrey D. Dabelko [2]1998: Green Planet Blues: Environmental Politics from Stockholm to Kyoto, Boulder.

French, Hilary F. 1996: Partner für unseren Planeten. Die Umweltschutzaktivitäten der Vereinten Nationen, Schwalbach (Worldwatch Paper 16).

Hein, Wolfgang 1998: Unterentwicklung. Krise der Peripherie, Opladen.

Kaul, Inge/Isabelle Grunberg/Marc A. Stern (eds.) 1999: Global Public Goods. International Cooperation in the 21st Century, New York.

Nuscheler, Franz (Hrsg.) 2000: Entwicklung und Frieden im Zeichen der Globalisierung, Bonn.

Righter, Rosemary 1995: Utopia lost. The United Nations and World Order, New York.

Stiftung Entwicklung und Frieden (Hrsg.): Globale Trends. Fakten, Analysen, Prognosen, Frankfurt/M (erscheint seit 1991 zweijährig).

United Nations Development Program: Human Development Report, New York (erscheint seit 1990 jährlich).

Reform und Neuorientierung der Vereinten Nationen

(1) Welche Konsequenzen ergeben sich aus unterschiedlichen theoretischen Blickwinkeln für die Reformoptionen der Vereinten Nationen?

(2) Warum ist eine grundlegende Reform der Vereinten Nationen so schwierig zu bewerkstelligen?

(3) Bedeutet die Gründung des internationalen Strafgerichtshofes die Etablierung eines „Weltgerichtes" und welche Strukturveränderungen ergeben sich aus dieser Entwicklung für die internationale Politik?

(4) Wäre es sinnvoll, eine neue VN-Sonderorganisation für Umwelt und Entwicklung zu gründen und welchen Zusatznutzen könnte eine solche Organisation bringen?

(5) Kann das Konzept der „Weltordnungspolitik" einen sinnvollen Beitrag zur Reform der Vereinten Nationen leisten und wie sind die Realisierungschancen eines solchen Projekts zu beurteilen?

(6) Welche Rolle können und sollen die Vereinten Nationen in der Welt des 21. Jahrhunderts spielen und wo liegen die strukturellen Grenzen der Weltorganisation?

Literatur- und Quellenauswahl

Annan, Kofi 1997: Erneuerung der Vereinten Nationen. Ein Reformprogramm. Bericht des Generalsekretärs vom 14.7.1997, A/51/950.

Bhatta, Ghambir 2000: Reforms at the UN: Contextualising the Annan Agenda, Singapore.

Biermann, Frank/Udo Ernst Simonis 1998: Eine Weltorganisation für Umwelt und Entwicklung. Funktionen, Chancen, Probleme, Bonn (Policy Paper 9 der Stiftung Entwicklung und Frieden).

Czempiel, Ernst-Otto 1994: Die Reform der UNO. Möglichkeiten und Missverständnisse, Frankfurt/M.

Gareis, Sven Bernhard 2001: Eine neue UNO für neue Herausforderungen?, in: Europäische Sicherheit (1) 2001, S. 22-26.

Hüfner, Klaus (Hrsg.) 1994: Die Reform der Vereinten Nationen. Die Weltorganisation zwischen Krise und Erneuerung, Opladen.

Hüfner, Klaus/Jens Martens 2000: UNO-Reform zwischen Utopie und Realität. Vorschläge zum Wirtschafts- und Sozialbereich der Vereinten Nationen, Frankfurt/M.

Knapp, Manfred 1997: 50 Jahre Vereinte Nationen: Rückblick und Ausblick im Spiegel der Jubiläumsliteratur, in: Zeitschrift für Politikwissenschaft (2) 1997, S. 423-481.

Varwick, Johannes 1999: Die Vereinten Nationen am Ausgang des Jahrhunderts. Zur Reformdebatte der Weltorganisation, in: Politische Bildung (1) 1999, S. 29-43.

2 Materialien

2.1 Die Charta der Vereinten Nationen

[in der gültigen amtlichen Fassung der Bundesrepublik Deutschland; Kürzungen sind mit [...] kenntlich gemacht; das Statut des Internationalen Gerichtshofs, das integraler Bestandteil der Charta ist, ist nicht mit abgedruckt]

Wir, die Völker der Vereinten Nationen – fest entschlossen,

künftige Geschlechter vor der Geißel des Krieges zu bewahren, die zweimal zu unseren Lebzeiten unsagbares Leid über die Menschheit gebracht hat,

unseren Glauben an die Grundrechte des Menschen, an Würde und Wert der menschlichen Persönlichkeit, an die Gleichberechtigung von Mann und Frau sowie von allen Nationen, ob groß oder klein, erneut zu bekräftigen,

Bedingungen zu schaffen, unter denen Gerechtigkeit und die Achtung vor den Verpflichtungen aus Verträgen und anderen Quellen des Völkerrechts gewahrt werden können,

den sozialen Fortschritt und einen besseren Lebensstandard in größerer Freiheit zu fördern,

und für diese Zwecke

Duldsamkeit zu üben und als gute Nachbarn in Frieden miteinander zu leben,

unsere Kräfte zu vereinen, um den Weltfrieden und die internationale Sicherheit zu wahren,

Grundsätze anzunehmen und Verfahren einzuführen, die gewährleisten, dass Waffengewalt nur noch im gemeinsamen Interesse angewendet wird, und internationale Einrichtungen in Anspruch zu nehmen, um den wirtschaftlichen und sozialen Fortschritt aller Völker zu fördern –

haben beschlossen, in unserem Bemühen um die Erreichung dieser Ziele zusammenzuwirken.

Dementsprechend haben unsere Regierungen durch ihre in der Stadt San Franzisko versammelten Vertreter, deren Vollmachten vorgelegt und in guter und gehöriger Form befunden wurden, diese Charta der Vereinten Nationen angenommen und errichten hiermit eine internationale Organisation, die den Namen „Vereinte Nationen" führen soll.

Kapitel I: Ziele und Grundsätze

Artikel 1
Die Vereinten Nationen setzen sich folgende Ziele:
1. den Weltfrieden und die internationale Sicherheit zu wahren und zu diesem Zweck wirksame Kollektivmaßnahmen zu treffen, um Bedrohungen des Friedens zu verhüten und zu beseitigen, Angriffshandlungen und andere Friedensbrüche zu unterdrücken und internationale Streitigkeiten oder Situationen, die zu einem Friedensbruch führen könnten, durch friedliche Mittel nach den Grundsätzen der Gerechtigkeit und des Völkerrechts zu bereinigen oder beizulegen;
2. freundschaftliche, auf der Achtung vor dem Grundsatz der Gleichberechtigung und Selbstbestimmung der Völker beruhende Beziehungen zwischen den Nationen zu entwickeln und andere geeignete Maßnahmen zur Festigung des Weltfriedens zu treffen;
3. eine internationale Zusammenarbeit herbeizuführen, um internationale Probleme wirtschaftlicher, sozialer, kultureller und humanitärer Art zu lösen und die Achtung vor den Menschenrechten und Grundfreiheiten für alle ohne Unterschied der Rasse, des Geschlechts, der Sprache oder der Religion zu fördern und zu festigen;
4. ein Mittelpunkt zu sein, in dem die Bemühungen der Nationen zur Verwirklichung dieser gemeinsamen Ziele aufeinander abgestimmt werden.

Artikel 2
Die Organisation und ihre Mitglieder handeln im Verfolg der in Artikel 1 dargelegten Ziele nach folgenden Grundsätzen:
1. Die Organisation beruht auf dem Grundsatz der souveränen Gleichheit aller ihrer Mitglieder.
2. Alle Mitglieder erfüllen, um ihnen allen die aus der Mitgliedschaft erwachsenden Rechte und Vorteile zu sichern, nach Treu und Glauben die Verpflichtungen, die sie mit dieser Charta übernehmen.
3. Alle Mitglieder legen ihre internationalen Streitigkeiten durch friedliche Mittel so bei, dass der Weltfriede, die internationale Sicherheit und die Gerechtigkeit nicht gefährdet werden.

4. Alle Mitglieder unterlassen in ihren internationalen Beziehungen jede gegen die territoriale Unversehrtheit oder die politische Unabhängigkeit eines Staates gerichtete oder sonst mit den Zielen der Vereinten Nationen unvereinbare Androhung oder Anwendung von Gewalt.

5. Alle Mitglieder leisten den Vereinten Nationen jeglichen Beistand bei jeder Maßnahme, welche die Organisation im Einklang mit dieser Charta ergreift; sie leisten einem Staat, gegen den die Organisation Vorbeugungs- oder Zwangsmaßnahmen ergreift, keinen Beistand.

6. Die Organisation trägt dafür Sorge, dass Staaten, die nicht Mitglieder der Vereinten Nationen sind, insoweit nach diesen Grundsätzen handeln, als dies zur Wahrung des Weltfriedens und der internationalen Sicherheit erforderlich ist.

7. Aus dieser Charta kann eine Befugnis der Vereinten Nationen zum Eingreifen in Angelegenheiten, die ihrem Wesen nach zur inneren Zuständigkeit eines Staates gehören, oder eine Verpflichtung der Mitglieder, solche Angelegenheiten einer Regelung auf Grund dieser Charta zu unterwerfen, nicht abgeleitet werden; die Anwendung von Zwangsmaßnahmen nach Kapitel VII wird durch diesen Grundsatz nicht berührt.

Kapitel II: Mitgliedschaft

Artikel 3
Ursprüngliche Mitglieder der Vereinten Nationen sind die Staaten, welche an der Konferenz der Vereinten Nationen über eine Internationale Organisation in San Franzisko teilgenommen oder bereits vorher die Erklärung der Vereinten Nationen vom 1. Januar 1942 unterzeichnet haben und nunmehr diese Charta unterzeichnen und nach Artikel 110 ratifizieren.

Artikel 4
(1) Mitglied der Vereinten Nationen können alle sonstigen friedliebenden Staaten werden, welche die Verpflichtungen aus dieser Charta übernehmen und nach dem Urteil der Organisation fähig und willens sind, diese Verpflichtungen zu erfüllen.

(2) Die Aufnahme eines solchen Staates als Mitglied der Vereinten Nationen erfolgt auf Empfehlung des Sicherheitsrats durch Beschluss der Generalversammlung.

Artikel 5
Einem Mitglied der Vereinten Nationen, gegen das der Sicherheitsrat Vorbeugungs- oder Zwangsmaßnahmen getroffen hat, kann die Generalversammlung auf Empfehlung des Sicherheitsrats die Ausübung der Rechte und Vorrechte aus seiner Mitgliedschaft zeitweilig entziehen. Der Sicherheitsrat kann die Ausübung dieser Rechte und Vorrechte wieder zulassen.

Artikel 6
Ein Mitglied der Vereinten Nationen, das die Grundsätze dieser Charta beharrlich verletzt, kann auf Empfehlung des Sicherheitsrats durch die Generalversammlung aus der Organisation ausgeschlossen werden.

Kapitel III: Organe

Artikel 7

(1) Als Hauptorgane der Vereinten Nationen werden eine Generalversammlung, ein Sicherheitsrat, ein Wirtschafts- und Sozialrat, ein Treuhandrat, ein Internationaler Gerichtshof und ein Sekretariat eingesetzt.

(2) Je nach Bedarf können in Übereinstimmung mit dieser Charta Nebenorgane eingesetzt werden.

Artikel 8

Die Vereinten Nationen schränken hinsichtlich der Anwartschaft auf alle Stellen in ihren Haupt- und Nebenorganen die Gleichberechtigung von Männern und Frauen nicht ein.

Kapitel IV: Die Generalversammlung

Zusammensetzung

Artikel 9

(1) Die Generalversammlung besteht aus allen Mitgliedern der Vereinten Nationen.

(2) Jedes Mitglied hat höchstens fünf Vertreter in der Generalversammlung.

Aufgaben und Befugnisse

Artikel 10

Die Generalversammlung kann alle Fragen und Angelegenheiten erörtern, die in den Rahmen dieser Charta fallen oder Befugnisse und Aufgaben eines in dieser Charta vorgesehenen Organs betreffen; vorbehaltlich des Artikels 12 kann sie zu diesen Fragen und Angelegenheiten Empfehlungen an die Mitglieder der Vereinten Nationen oder den Sicherheitsrat oder an beide richten.

Artikel 11

(1) Die Generalversammlung kann sich mit den allgemeinen Grundsätzen der Zusammenarbeit zur Wahrung des Weltfriedens und der internationalen Sicherheit einschließlich der Grundsätze für die Abrüstung und Rüstungsregelung befassen und in bezug auf diese Grundsätze Empfehlungen an die Mitglieder oder den Sicherheitsrat oder an beide richten.

(2) Die Generalversammlung kann alle die Wahrung des Weltfriedens und der internationalen Sicherheit betreffenden Fragen erörtern, die ihr ein Mitglied der Vereinten Nationen oder der Sicherheitsrat oder nach Artikel 35 Absatz 2 ein Nichtmitgliedstaat der Vereinten Nationen vorlegt; vorbehaltlich des Artikels 12 kann sie zu diesen Fragen Empfehlungen an den oder die betreffenden Staaten oder den Sicherheitsrat oder an beide richten. Macht eine derartige Frage Maßnahmen erforderlich, so wird sie von der Generalversammlung vor oder nach der Erörterung an den Sicherheitsrat überwiesen.

(3) Die Generalversammlung kann die Aufmerksamkeit des Sicherheitsrats auf Situationen lenken, die geeignet sind, den Weltfrieden und die internationale Sicherheit zu gefährden.

(4) Die in diesem Artikel aufgeführten Befugnisse der Generalversammlung schränken die allgemeine Tragweite des Artikels 10 nicht ein.

Artikel 12

(1) Solange der Sicherheitsrat in einer Streitigkeit oder einer Situation die ihm in dieser Charta zugewiesenen Aufgaben wahrnimmt, darf die Generalversammlung zu dieser Streitigkeit oder Situation keine Empfehlung abgeben, es sei denn auf Ersuchen des Sicherheitsrats.

(2) Der Generalsekretär unterrichtet mit Zustimmung des Sicherheitsrats die Generalversammlung bei jeder Tagung über alle die Wahrung des Weltfriedens und der internationalen Sicherheit betreffenden Angelegenheiten, die der Sicherheitsrat behandelt; desgleichen unterrichtet er unverzüglich die Generalversammlung oder, wenn diese nicht tagt, die Mitglieder der Vereinten Nationen, sobald der Sicherheitsrat die Behandlung einer solchen Angelegenheit einstellt.

Artikel 13

(1) Die Generalversammlung veranlasst Untersuchungen und gibt Empfehlungen ab,

a) um die internationale Zusammenarbeit auf politischem Gebiet zu fördern und die fortschreitende Entwicklung des Völkerrechts sowie seine Kodifizierung zu begünstigen;

b) um die internationale Zusammenarbeit auf den Gebieten der Wirtschaft, des Sozialwesens, der Kultur, der Erziehung und der Gesundheit zu fördern und zur Verwirklichung der Menschenrechte und Grundfreiheiten für alle ohne Unterschied der Rasse, des Geschlechts, der Sprache oder der Religion beizutragen.

(2) Die weiteren Verantwortlichkeiten, Aufgaben und Befugnisse der Generalversammlung in bezug auf die in Absatz 1 Buchstabe b genannten Angelegenheiten sind in den Kapiteln IX und X dargelegt.

Artikel 14

Vorbehaltlich des Artikels 12 kann die Generalversammlung Maßnahmen zur friedlichen Bereinigung jeder Situation empfehlen, gleichviel wie sie entstanden ist, wenn diese Situation nach ihrer Auffassung geeignet ist, das allgemeine Wohl oder die freundschaftlichen Beziehungen zwischen Nationen zu beeinträchtigen; dies gilt auch für Situationen, die aus einer Verletzung der Bestimmungen dieser Charta über die Ziele und Grundsätze der Vereinten Nationen entstehen.

Artikel 15

(1) Die Generalversammlung erhält und prüft Jahresberichte und Sonderberichte des Sicherheitsrats; diese Berichte enthalten auch eine Darstellung der Maßnahmen, die der Sicherheitsrat zur Wahrung des Weltfriedens und der internationalen Sicherheit beschlossen oder getroffen hat.

(2) Die Generalversammlung erhält und prüft Berichte der anderen Organe der Vereinten Nationen.

Artikel 16

Die Generalversammlung nimmt die ihr bezüglich des internationalen Treuhandsystems in den Kapiteln XII und XIII zugewiesenen Aufgaben wahr; hierzu gehört die Genehmigung der Treuhandabkommen für Gebiete, die nicht als strategische Zonen bezeichnet sind.

Artikel 17

(1) Die Generalversammlung prüft und genehmigt den Haushaltsplan der Organisation.

(2) Die Ausgaben der Organisation werden von den Mitgliedern nach einem von der Generalversammlung festzusetzenden Verteilungsschlüssel getragen.

(3) Die Generalversammlung prüft und genehmigt alle Finanz- und Haushaltsabmachungen mit den in Artikel 57 bezeichneten Sonderorganisationen; sie prüft deren Verwaltungshaushalt mit dem Ziel, Empfehlungen an sie zu richten.

Abstimmung

Artikel 18

(1) Jedes Mitglied der Generalversammlung hat eine Stimme.

(2) Beschlüsse der Generalversammlung über wichtige Fragen bedürfen einer Zweidrittelmehrheit der anwesenden und abstimmenden Mitglieder. Zu diesen Fragen gehören: Empfehlungen hinsichtlich der Wahrung des Weltfriedens und der internationalen Sicherheit, die Wahl der nichtständigen Mitglieder des Sicherheitsrats, die Wahl der Mitglieder des Wirtschafts- und Sozialrats, die Wahl von Mitgliedern des Treuhandrats nach Artikel 86 Absatz 1 Buchstabe c, die Aufnahme neuer Mitglieder in die Vereinten Nationen, der zeitweilige Entzug der Rechte und Vorrechte aus der Mitgliedschaft, der Ausschluss von Mitgliedern, Fragen betreffend die Wirkungsweise des Treuhandsystems sowie Haushaltsfragen.

(3) Beschlüsse über andere Fragen, einschließlich der Bestimmung weiterer Gruppen von Fragen, über die mit Zweidrittelmehrheit zu beschließen ist, bedürfen der Mehrheit der anwesenden und abstimmenden Mitglieder.

Artikel 19

Ein Mitglied der Vereinten Nationen, das mit der Zahlung seiner finanziellen Beiträge an die Organisation im Rückstand ist, hat in der Generalversammlung kein Stimmrecht, wenn der rückständige Betrag die Höhe der Beiträge erreicht oder übersteigt, die dieses Mitglied für die vorausgegangenen zwei vollen Jahre schuldet. Die Generalversammlung kann ihm jedoch die Ausübung des Stimmrechts gestatten, wenn nach ihrer Überzeugung der Zahlungsverzug auf Umständen beruht, die dieses Mitglied nicht zu vertreten hat.

Verfahren

Artikel 20

Die Generalversammlung tritt zu ordentlichen Jahrestagungen und, wenn die Umstände es erfordern, zu außerordentlichen Tagungen zusammen. Außerordentliche Tagungen hat der Generalsekretär auf Antrag des Sicherheitsrats oder der Mehrheit der Mitglieder der Vereinten Nationen einzuberufen.

Artikel 21

Die Generalversammlung gibt sich eine Geschäftsordnung. Sie wählt für jede Tagung ihren Präsidenten.

Artikel 22

Die Generalversammlung kann Nebenorgane einsetzen, soweit sie dies zur Wahrnehmung ihrer Aufgaben für erforderlich hält.

Kapitel V: Der Sicherheitsrat

Zusammensetzung

Artikel 23

(1) Der Sicherheitsrat besteht aus fünfzehn Mitgliedern der Vereinten Nationen. Die Republik China, Frankreich, die Union der Sozialistischen Sowjetrepubliken, das Vereinigte Königreich Großbritannien und Nordirland sowie die Vereinigten Staaten von Amerika sind ständige Mitglieder des Sicherheitsrats. Die Generalversammlung wählt zehn weitere Mitglieder der Vereinten Nationen zu nichtständigen Mitgliedern des Sicherheitsrats; hierbei sind folgende Gesichtspunkte besonders zu berücksichtigen: in erster Linie der Beitrag von Mitgliedern der Vereinten Nationen zur Wahrung des Weltfriedens und der internationalen Sicherheit und zur Verwirklichung der sonstigen Ziele der Organisation sowie ferner eine angemessene geographische Verteilung der Sitze.

(2) Die nichtständigen Mitglieder des Sicherheitsrats werden für zwei Jahre gewählt. Bei der ersten Wahl der nichtständigen Mitglieder, die nach Erhöhung der Zahl der Ratsmitglieder von elf auf fünfzehn stattfindet, werden zwei der vier zusätzlichen Mitglieder für ein Jahr gewählt. Ausscheidende Mitglieder können nicht unmittelbar wiedergewählt werden.

(3) Jedes Mitglied des Sicherheitsrats hat in diesem einen Vertreter.

Aufgaben und Befugnisse

Artikel 24

(1) Um ein schnelles und wirksames Handeln der Vereinten Nationen zu gewährleisten, übertragen ihre Mitglieder dem Sicherheitsrat die Hauptverantwortung für die Wahrung des Weltfriedens und der internationalen Sicherheit und erkennen an, dass der Sicherheitsrat bei der Wahrnehmung der sich aus dieser Verantwortung ergebenden Pflichten in ihrem Namen handelt.

(2) Bei der Erfüllung dieser Pflichten handelt der Sicherheitsrat im Einklang mit den Zielen und Grundsätzen der Vereinten Nationen. Die ihm hierfür eingeräumten besonderen Befugnisse sind in den Kapiteln VI, VII, VIII und XII aufgeführt.

(3) Der Sicherheitsrat legt der Generalversammlung Jahresberichte und erforderlichenfalls Sonderberichte zur Prüfung vor.

Artikel 25

Die Mitglieder der Vereinten Nationen kommen überein, die Beschlüsse des Sicherheitsrats im Einklang mit dieser Charta anzunehmen und durchzuführen.

Artikel 26

Um die Herstellung und Wahrung des Weltfriedens und der internationalen Sicherheit so zu fördern, dass von den menschlichen und wirtschaftlichen Hilfsquellen der Welt möglichst wenig für Rüstungszwecke abgezweigt wird, ist der Sicherheitsrat beauftragt, mit Unterstützung des in Artikel 47 vorgesehenen Generalstabsausschusses Pläne auszuarbeiten, die den Mitgliedern der Vereinten Nationen zwecks Errichtung eines Systems der Rüstungsregelung vorzulegen sind.

Abstimmung

Artikel 27

(1) Jedes Mitglied des Sicherheitsrats hat eine Stimme.

(2) Beschlüsse des Sicherheitsrats über Verfahrensfragen bedürfen der Zustimmung von neun Mitgliedern.

(3) Beschlüsse des Sicherheitsrats über alle sonstigen Fragen bedürfen der Zustimmung von neun Mitgliedern einschließlich sämtlicher ständigen Mitglieder, jedoch mit der Maßgabe, dass sich bei Beschlüssen auf Grund des Kapitels VI und des Artikels 52 Absatz 3 die Streitparteien der Stimme enthalten.

Verfahren

Artikel 28

(1) Der Sicherheitsrat wird so organisiert, dass er seine Aufgaben ständig wahrnehmen kann. Jedes seiner Mitglieder muss zu diesem Zweck jederzeit am Sitz der Organisation vertreten sein.

(2) Der Sicherheitsrat tritt regelmäßig zu Sitzungen zusammen; bei diesen kann jedes seiner Mitglieder nach Wunsch durch ein Regierungsmitglied oder durch einen anderen eigens hierfür bestellten Delegierten vertreten sein.

(3) Der Sicherheitsrat kann außer am Sitz der Organisation auch an anderen Orten zusammentreten, wenn dies nach seinem Urteil seiner Arbeit am dienlichsten ist.

Artikel 29

Der Sicherheitsrat kann Nebenorgane einsetzen, soweit er dies zur Wahrnehmung seiner Aufgaben für erforderlich hält.

Artikel 30

Der Sicherheitsrat gibt sich eine Geschäftsordnung; in dieser regelt er auch das Verfahren für die Wahl seines Präsidenten.

Artikel 31

Ein Mitglied der Vereinten Nationen, das nicht Mitglied des Sicherheitsrats ist, kann ohne Stimmrecht an der Erörterung jeder vor den Sicherheitsrat gebrachten Frage teilnehmen, wenn dieser der Auffassung ist, dass die Interessen dieses Mitglieds besonders betroffen sind.

Artikel 32

Mitglieder der Vereinten Nationen, die nicht Mitglied des Sicherheitsrats sind, sowie Nichtmitgliedstaaten der Vereinten Nationen werden eingeladen, an den Erörterungen des Sicherheitsrats über eine Streitigkeit, mit der dieser befasst ist, ohne Stimmrecht teilzunehmen, wenn sie Streitpartei sind. Für die Teilnahme eines Nichtmitgliedstaats der Vereinten Nationen setzt der Sicherheitsrat die Bedingungen fest, die er für gerecht hält.

Kapitel VI: Die friedliche Beilegung von Streitigkeiten

Artikel 33

(1) Die Parteien einer Streitigkeit, deren Fortdauer geeignet ist, die Wahrung des Weltfriedens und der internationalen Sicherheit zu gefährden, bemühen sich zunächst um eine Beilegung durch Verhandlung, Untersuchung, Vermittlung, Vergleich, Schiedsspruch, gerichtliche Entscheidung, Inanspruchnahme regionaler Einrichtungen oder Abmachungen oder durch andere friedliche Mittel eigener Wahl.

(2) Der Sicherheitsrat fordert die Parteien auf, wenn er dies für notwendig hält, ihre Streitigkeit durch solche Mittel beizulegen.

Artikel 34

Der Sicherheitsrat kann jede Streitigkeit sowie jede Situation, die zu internationalen Reibungen führen oder eine Streitigkeit hervorrufen könnte, untersuchen, um festzustellen, ob die Fortdauer der Streitigkeit oder der Situation die Wahrung des Weltfriedens und der internationalen Sicherheit gefährden könnte.

Artikel 35

(1) Jedes Mitglied der Vereinten Nationen kann die Aufmerksamkeit des Sicherheitsrats oder der Generalversammlung auf jede Streitigkeit sowie auf jede Situation der in Artikel 34 bezeichneten Art lenken.

(2) Ein Nichtmitgliedstaat der Vereinten Nationen kann die Aufmerksamkeit des Sicherheitsrats oder der Generalversammlung auf jede Streitigkeit lenken, in der er Partei ist, wenn er im voraus hinsichtlich dieser Streitigkeit die in dieser Charta für eine friedliche Beilegung festgelegten Verpflichtungen annimmt.

(3) Das Verfahren der Generalversammlung in Angelegenheiten, auf die ihre Aufmerksamkeit gemäß diesem Artikel gelenkt wird, bestimmt sich nach den Artikeln 11 und 12.

Artikel 36

(1) Der Sicherheitsrat kann in jedem Stadium einer Streitigkeit im Sinne des Artikels 33 oder einer Situation gleicher Art geeignete Verfahren oder Methoden für deren Bereinigung empfehlen.

(2) Der Sicherheitsrat soll alle Verfahren in Betracht ziehen, welche die Parteien zur Beilegung der Streitigkeit bereits angenommen haben.

(3) Bei seinen Empfehlungen auf Grund dieses Artikels soll der Sicherheitsrat ferner berücksichtigen, dass Rechtsstreitigkeiten im allgemeinen von den Parteien dem Internationalen Gerichtshof im Einklang mit dessen Statut zu unterbreiten sind.

Artikel 37

(1) Gelingt es den Parteien einer Streitigkeit der in Artikel 33 bezeichneten Art nicht, diese mit den dort angegebenen Mitteln beizulegen, so legen sie die Streitigkeit dem Sicherheitsrat vor.

(2) Könnte nach Auffassung des Sicherheitsrats die Fortdauer der Streitigkeit tatsächlich die Wahrung des Weltfriedens und der internationalen Sicherheit gefährden, so beschließt er, ob er nach Artikel 36 tätig werden oder die ihm angemessen erscheinenden Empfehlungen für eine Beilegung abgeben will.

Artikel 38

Unbeschadet der Artikel 33 bis 37 kann der Sicherheitsrat, wenn alle Parteien einer Streitigkeit dies beantragen, Empfehlungen zu deren friedlicher Beilegung an die Streitparteien richten.

Kapitel VII: Maßnahmen bei Bedrohung oder Bruch des Friedens und bei Angriffshandlungen

Artikel 39

Der Sicherheitsrat stellt fest, ob eine Bedrohung oder ein Bruch des Friedens oder eine Angriffshandlung vorliegt; er gibt Empfehlungen ab oder beschließt, welche Maßnahmen auf Grund der Artikel 41 und 42 zu treffen sind, um den Weltfrieden und die internationale Sicherheit zu wahren oder wiederherzustellen.

Artikel 40

Um einer Verschärfung der Lage vorzubeugen, kann der Sicherheitsrat, bevor er nach Artikel 39 Empfehlungen abgibt oder Maßnahmen beschließt, die beteiligten Parteien auffordern, den von ihm für notwendig oder erwünscht erachteten vorläufigen Maßnahmen Folge zu leisten. Diese vorläufigen Maßnahmen lassen die Rechte, die Ansprüche und die Stellung der beteiligten Parteien unberührt. Wird den vorläufigen Maßnahmen nicht Folge geleistet, so trägt der Sicherheitsrat diesem Versagen gebührend Rechnung.

Artikel 41

Der Sicherheitsrat kann beschließen, welche Maßnahmen - unter Ausschluss von Waffengewalt - zu ergreifen sind, um seinen Beschlüssen Wirksamkeit zu verleihen; er kann die Mitglieder der Vereinten Nationen auffordern, diese Maßnahmen durchzuführen. Sie können die vollständige oder teilweise Unterbrechung der Wirtschaftsbeziehungen, des Eisenbahn-, See- und Luftverkehrs, der Post-, Telegraphen- und Funkverbindungen sowie sonstiger Verkehrsmöglichkeiten und den Abbruch der diplomatischen Beziehungen einschließen.

Artikel 42

Ist der Sicherheitsrat der Auffassung, dass die in Artikel 41 vorgesehenen Maßnahmen unzulänglich sein würden oder sich als unzulänglich erwiesen haben, so kann er mit Luft-, See- oder Landstreitkräften die zur Wahrung oder Wiederherstellung des Weltfriedens und der internationalen Sicherheit erforderlichen Maßnahmen durchführen. Sie können Demonstrationen, Blockaden und sonstige Einsätze der Luft-, See- oder Landstreitkräfte von Mitgliedern der Vereinten Nationen einschließen.

Artikel 43
(1) Alle Mitglieder der Vereinten Nationen verpflichten sich, zur Wahrung des Weltfriedens und der internationalen Sicherheit dadurch beizutragen, dass sie nach Maßgabe eines oder mehrerer Sonderabkommen dem Sicherheitsrat auf sein Ersuchen Streitkräfte zur Verfügung stellen, Beistand leisten und Erleichterungen einschließlich des Durchmarschrechts gewähren, soweit dies zur Wahrung des Weltfriedens und der internationalen Sicherheit erforderlich ist.

(2) Diese Abkommen haben die Zahl und Art der Streitkräfte, ihren Bereitschaftsgrad, ihren allgemeinen Standort sowie die Art der Erleichterungen und des Beistands vorzusehen.

(3) Die Abkommen werden auf Veranlassung des Sicherheitsrats so bald wie möglich im Verhandlungswege ausgearbeitet. Sie werden zwischen dem Sicherheitsrat einerseits und Einzelmitgliedern oder Mitgliedergruppen andererseits geschlossen und von den Unterzeichnerstaaten nach Maßgabe ihres Verfassungsrechts ratifiziert.

Artikel 44
Hat der Sicherheitsrat die Anwendung von Gewalt beschlossen, so lädt er ein in ihm nicht vertretenes Mitglied, bevor er es zur Stellung von Streitkräften auf Grund der nach Artikel 43 übernommenen Verpflichtungen auffordert, auf dessen Wunsch ein, an seinen Beschlüssen über den Einsatz von Kontingenten der Streitkräfte dieses Mitglieds teilzunehmen.

Artikel 45
Um die Vereinten Nationen zur Durchführung dringender militärischer Maßnahmen zu befähigen, halten Mitglieder der Organisation Kontingente ihrer Luftstreitkräfte zum sofortigen Einsatz bei gemeinsamen internationalen Zwangsmaßnahmen bereit. Stärke und Bereitschaftsgrad dieser Kontingente sowie die Pläne für ihre gemeinsamen Maßnahmen legt der Sicherheitsrat mit Unterstützung des Generalstabsausschusses im Rahmen der in Artikel 43 erwähnten Sonderabkommen fest.

Artikel 46
Die Pläne für die Anwendung von Waffengewalt werden vom Sicherheitsrat mit Unterstützung des Generalstabsausschusses aufgestellt.

Artikel 47
(1) Es wird ein Generalstabsausschuss eingesetzt, um den Sicherheitsrat in allen Fragen zu beraten und zu unterstützen, die dessen militärische Bedürfnisse zur Wahrung des Weltfriedens und der internationalen Sicherheit, den Einsatz und die Führung der dem Sicherheitsrat zur Verfügung gestellten Streitkräfte, die Rüstungsregelung und eine etwaige Abrüstung betreffen.

(2) Der Generalstabsausschuss besteht aus den Generalstabschefs der ständigen Mitglieder des Sicherheitsrats oder ihren Vertretern. Ein nicht ständig im Aus-

schuss vertretenes Mitglied der Vereinten Nationen wird vom Ausschuss eingeladen, sich ihm zu assoziieren, wenn die Mitarbeit dieses Mitglieds für die wirksame Durchführung der Aufgaben des Ausschusses erforderlich ist.

(3) Der Generalstabsausschuss ist unter der Autorität des Sicherheitsrats für die strategische Leitung aller dem Sicherheitsrat zur Verfügung gestellten Streitkräfte verantwortlich. Die Fragen bezüglich der Führung dieser Streitkräfte werden später geregelt.

(4) Der Generalstabsausschuss kann mit Ermächtigung des Sicherheitsrats nach Konsultation mit geeigneten regionalen Einrichtungen regionale Unterausschüsse einsetzen.

Artikel 48

(1) Die Maßnahmen, die für die Durchführung der Beschlüsse des Sicherheitsrats zur Wahrung des Weltfriedens und der internationalen Sicherheit erforderlich sind, werden je nach dem Ermessen des Sicherheitsrats von allen oder von einigen Mitgliedern der Vereinten Nationen getroffen.

(2) Diese Beschlüsse werden von den Mitgliedern der Vereinten Nationen unmittelbar sowie durch Maßnahmen in den geeigneten internationalen Einrichtungen durchgeführt, deren Mitglieder sie sind.

Artikel 49

Bei der Durchführung der vom Sicherheitsrat beschlossenen Maßnahmen leisten die Mitglieder der Vereinten Nationen einander gemeinsam handelnd Beistand.

Artikel 50

Ergreift der Sicherheitsrat gegen einen Staat Vorbeugungs- oder Zwangsmaßnahmen, so kann jeder andere Staat, ob Mitglied der Vereinten Nationen oder nicht, den die Durchführung dieser Maßnahmen vor besondere wirtschaftliche Probleme stellt, den Sicherheitsrat zwecks Lösung dieser Probleme konsultieren.

Artikel 51

Diese Charta beeinträchtigt im Falle eines bewaffneten Angriffs gegen ein Mitglied der Vereinten Nationen keineswegs das naturgegebene Recht zur individuellen oder kollektiven Selbstverteidigung, bis der Sicherheitsrat die zur Wahrung des Weltfriedens und der internationalen Sicherheit erforderlichen Maßnahmen getroffen hat. Maßnahmen, die ein Mitglied in Ausübung dieses Selbstverteidigungsrechts trifft, sind dem Sicherheitsrat sofort anzuzeigen; sie berühren in keiner Weise dessen auf dieser Charta beruhende Befugnis und Pflicht, jederzeit die Maßnahmen zu treffen, die er zur Wahrung oder Wiederherstellung des Weltfriedens und der internationalen Sicherheit für erforderlich hält.

Kapitel VIII: Regionale Abmachungen

Artikel 52

(1) Diese Charta schließt das Bestehen regionaler Abmachungen oder Einrichtungen zur Behandlung derjenigen die Wahrung des Weltfriedens und der internationalen Sicherheit betreffenden Angelegenheiten nicht aus, bei denen Maßnahmen

regionaler Art angebracht sind; Voraussetzung hierfür ist, dass diese Abmachungen oder Einrichtungen und ihr Wirken mit den Zielen und Grundsätzen der Vereinten Nationen vereinbar sind.

(2) Mitglieder der Vereinten Nationen, die solche Abmachungen treffen oder solche Einrichtungen schaffen, werden sich nach besten Kräften bemühen, durch Inanspruchnahme dieser Abmachungen oder Einrichtungen örtlich begrenzte Streitigkeiten friedlich beizulegen, bevor sie den Sicherheitsrat damit befassen.

(3) Der Sicherheitsrat wird die Entwicklung des Verfahrens fördern, örtlich begrenzte Streitigkeiten durch Inanspruchnahme dieser regionalen Abmachungen oder Einrichtungen friedlich beizulegen, sei es auf Veranlassung der beteiligten Staaten oder auf Grund von Überweisungen durch ihn selbst.

(4) Die Anwendung der Artikel 34 und 35 wird durch diesen Artikel nicht beeinträchtigt.

Artikel 53

(1) Der Sicherheitsrat nimmt gegebenenfalls diese regionalen Abmachungen oder Einrichtungen zur Durchführung von Zwangsmaßnahmen unter seiner Autorität in Anspruch. Ohne Ermächtigung des Sicherheitsrats dürfen Zwangsmaßnahmen auf Grund regionaler Abmachungen oder seitens regionaler Einrichtungen nicht ergriffen werden; ausgenommen sind Maßnahmen gegen einen Feindstaat im Sinne des Absatzes 2, soweit sie in Artikel 107 oder in regionalen, gegen die Wiederaufnahme der Angriffspolitik eines solchen Staates gerichteten Abmachungen vorgesehen sind; die Ausnahme gilt, bis der Organisation auf Ersuchen der beteiligten Regierungen die Aufgabe zugewiesen wird, neue Angriffe eines solchen Staates zu verhüten.

(2) Der Ausdruck „Feindstaat" in Absatz 1 bezeichnet jeden Staat, der während des Zweiten Weltkriegs Feind eines Unterzeichners dieser Charta war.

Artikel 54

Der Sicherheitsrat ist jederzeit vollständig über die Maßnahmen auf dem laufenden zu halten, die zur Wahrung des Weltfriedens und der internationalen Sicherheit auf Grund regionaler Abmachungen oder seitens regionaler Einrichtungen getroffen oder in Aussicht genommen werden.

Kapitel IX: Internationale Zusammenarbeit auf wirtschaftlichem und sozialem Gebiet

Artikel 55

Um jenen Zustand der Stabilität und Wohlfahrt herbeizuführen, der erforderlich ist, damit zwischen den Nationen friedliche und freundschaftliche, auf der Achtung vor dem Grundsatz der Gleichberechtigung und Selbstbestimmung der Völker beruhende Beziehungen herrschen, fördern die Vereinten Nationen

a) die Verbesserung des Lebensstandards, die Vollbeschäftigung und die Voraussetzungen für wirtschaftlichen und sozialen Fortschritt und Aufstieg;

b) die Lösung internationaler Probleme wirtschaftlicher, sozialer, gesundheitlicher und verwandter Art sowie die internationale Zusammenarbeit auf den Gebieten der Kultur und der Erziehung;

c) die allgemeine Achtung und Verwirklichung der Menschenrechte und Grundfreiheiten für alle ohne Unterschied der Rasse, des Geschlechts, der Sprache oder der Religion.

Artikel 56
Alle Mitgliedstaaten verpflichten sich, gemeinsam und jeder für sich mit der Organisation zusammenzuarbeiten, um die in Artikel 55 dargelegten Ziele zu erreichen.

Artikel 57
(1) Die verschiedenen durch zwischenstaatliche Übereinkünfte errichteten Sonderorganisationen, die auf den Gebieten der Wirtschaft, des Sozialwesens, der Kultur, der Erziehung, der Gesundheit und auf verwandten Gebieten weitreichende, in ihren maßgebenden Urkunden umschriebene internationale Aufgaben zu erfüllen haben, werden gemäß Artikel 63 mit den Vereinten Nationen in Beziehung gebracht.
(2) Diese mit den Vereinten Nationen in Beziehung gebrachten Organisationen sind im folgenden als „Sonderorganisationen" bezeichnet.

Artikel 58
Die Organisation gibt Empfehlungen ab, um die Bestrebungen und Tätigkeiten dieser Sonderorganisationen zu koordinieren.

Artikel 59
Die Organisation veranlasst gegebenenfalls zwischen den in Betracht kommenden Staaten Verhandlungen zur Errichtung neuer Sonderorganisationen, soweit solche zur Verwirklichung der in Artikel 55 dargelegten Ziele erforderlich sind.

Artikel 60
Für die Wahrnehmung der in diesem Kapitel genannten Aufgaben der Organisation sind die Generalversammlung und unter ihrer Autorität der Wirtschafts- und Sozialrat verantwortlich; dieser besitzt zu diesem Zweck die ihm in Kapitel X zugewiesenen Befugnisse.

Kapitel X: Der Wirtschafts- und Sozialrat

Zusammensetzung

Artikel 61
(1) Der Wirtschafts- und Sozialrat besteht aus vierundfünfzig von der Generalversammlung gewählten Mitgliedern der Vereinten Nationen.
(2) Vorbehaltlich des Absatzes 3 werden alljährlich achtzehn Mitglieder des Wirtschafts- und Sozialrats für drei Jahre gewählt. Ein ausscheidendes Mitglied kann unmittelbar wiedergewählt werden.
(3) Bei der ersten Wahl, die nach Erhöhung der Zahl der Ratsmitglieder von siebenundzwanzig auf vierundfünfzig stattfindet, werden zusätzlich zu den Mitgliedern, die anstelle der neun Mitglieder gewählt werden, deren Amtszeit mit dem betreffenden Jahr endet, siebenundzwanzig weitere Mitglieder des Wirtschafts- und

Sozialrats gewählt. Die Amtszeit von neun dieser siebenundzwanzig zusätzlichen Mitglieder endet nach einem Jahr, diejenige von neun weiteren Mitgliedern nach zwei Jahren; das Nähere regelt die Generalversammlung.

(4) Jedes Mitglied des Wirtschafts- und Sozialrats hat in diesem einen Vertreter.

Aufgaben und Befugnisse

Artikel 62

(1) Der Wirtschafts- und Sozialrat kann über internationale Angelegenheiten auf den Gebieten der Wirtschaft, des Sozialwesens, der Kultur, der Erziehung, der Gesundheit und auf verwandten Gebieten Untersuchungen durchführen oder bewirken sowie Berichte abfassen oder veranlassen; er kann zu jeder derartigen Angelegenheit an die Generalversammlung, die Mitglieder der Vereinten Nationen und die in Betracht kommenden Sonderorganisationen Empfehlungen richten.

(2) Er kann Empfehlungen abgeben, um die Achtung und Verwirklichung der Menschenrechte und Grundfreiheiten für alle zu fordern.

(3) Er kann über Angelegenheiten, für die er zuständig ist, Übereinkommen entwerfen und der Generalversammlung vorlegen.

(4) Er kann nach den von den Vereinten Nationen festgesetzten Regeln internationale Konferenzen über Angelegenheiten einberufen, für die er zuständig ist.

Artikel 63

(1) Der Wirtschafts- und Sozialrat kann mit jeder der in Artikel 57 bezeichneten Organisationen Abkommen schließen, in denen die Beziehungen der betreffenden Organisation zu den Vereinten Nationen geregelt werden. Diese Abkommen bedürfen der Genehmigung durch die Generalversammlung.

(2) Er kann die Tätigkeit der Sonderorganisationen koordinieren, indem er Konsultationen mit ihnen führt und an sie, an die Generalversammlung und die Mitglieder der Vereinten Nationen Empfehlungen richtet.

Artikel 64

(1) Der Wirtschafts- und Sozialrat kann geeignete Schritte unternehmen, um von den Sonderorganisationen regelmäßig Berichte zu erhalten. Er kann mit den Mitgliedern der Vereinten Nationen und mit den Sonderorganisationen Abmachungen treffen, um Berichte über die Maßnahmen zu erhalten, die zur Durchführung seiner Empfehlungen und der Empfehlungen der Generalversammlung über Angelegenheiten getroffen werden, für die er zuständig ist.

(2) Er kann der Generalversammlung seine Bemerkungen zu diesen Berichten mitteilen.

Artikel 65

Der Wirtschafts- und Sozialrat kann dem Sicherheitsrat Auskünfte erteilen und ihn auf dessen Ersuchen unterstützen.

Artikel 66

(1) Der Wirtschafts- und Sozialrat nimmt alle Aufgaben wahr, für die er im Zusammenhang mit der Durchführung von Empfehlungen der Generalversammlung zuständig ist.

(2) Er kann mit Genehmigung der Generalversammlung alle Dienste leisten, um die ihn Mitglieder der Vereinten Nationen oder Sonderorganisationen ersuchen.

(3) Er nimmt alle sonstigen Aufgaben wahr, die ihm in dieser Charta oder durch die Generalversammlung zugewiesen werden.

Abstimmung

Artikel 67

(1) Jedes Mitglied des Wirtschafts- und Sozialrats hat eine Stimme.

(2) Beschlüsse des Wirtschafts- und Sozialrats bedürfen der Mehrheit der anwesenden und abstimmenden Mitglieder.

Verfahren

Artikel 68

Der Wirtschafts- und Sozialrat setzt Kommissionen für wirtschaftliche und soziale Fragen und für die Förderung der Menschenrechte sowie alle sonstigen zur Wahrnehmung seiner Aufgaben erforderlichen Kommissionen ein.

Artikel 69

Behandelt der Wirtschafts- und Sozialrat eine Angelegenheit, die für ein Mitglied der Vereinten Nationen von besonderem Belang ist, so lädt er es ein, ohne Stimmrecht an seinen Beratungen teilzunehmen.

Artikel 70

Der Wirtschafts- und Sozialrat kann Abmachungen dahingehend treffen, dass Vertreter der Sonderorganisationen ohne Stimmrecht an seinen Beratungen und an den Beratungen der von ihm eingesetzten Kommissionen teilnehmen und dass seine eigenen Vertreter an den Beratungen der Sonderorganisationen teilnehmen.

Artikel 71

Der Wirtschafts- und Sozialrat kann geeignete Abmachungen zwecks Konsultation mit nichtstaatlichen Organisationen treffen, die sich mit Angelegenheiten seiner Zuständigkeit befassen. Solche Abmachungen können mit internationalen Organisationen und, soweit angebracht, nach Konsultation des betreffenden Mitglieds der Vereinten Nationen auch mit nationalen Organisationen getroffen werden.

Artikel 72

(1) Der Wirtschafts- und Sozialrat gibt sich eine Geschäftsordnung; in dieser regelt er auch das Verfahren für die Wahl seines Präsidenten.

(2) Der Wirtschafts- und Sozialrat tritt nach Bedarf gemäß seiner Geschäftsordnung zusammen; in dieser ist auch die Einberufung von Sitzungen auf Antrag der Mehrheit seiner Mitglieder vorzusehen.

Kapitel XI: Erklärung über Hoheitsgebiete ohne Selbstregierung
[...]

Kapitel XII: Das internationale Treuhandsystem
[...]

Kapitel XIV: Der Internationale Gerichtshof

Artikel 92

Der Internationale Gerichtshof ist das Hauptrechtsprechungsorgan der Vereinten Nationen. Er nimmt seine Aufgaben nach Maßgabe des beigefügten Statuts wahr, das auf dem Statut des Ständigen Internationalen Gerichtshofs beruht und Bestandteil dieser Charta ist.

Artikel 93

(1) Alle Mitglieder der Vereinten Nationen sind ohne weiteres Vertragsparteien des Statuts des Internationalen Gerichtshofs.

(2) Ein Staat, der nicht Mitglied der Vereinten Nationen ist, kann zu Bedingungen, welche die Generalversammlung jeweils auf Empfehlung des Sicherheitsrats festsetzt, Vertragspartei des Statuts des Internationalen Gerichtshofs werden.

Artikel 94

(1) Jedes Mitglied der Vereinten Nationen verpflichtet sich, bei jeder Streitigkeit, in der es Partei ist, die Entscheidung des Internationalen Gerichtshofs zu befolgen.

(2) Kommt eine Streitpartei ihren Verpflichtungen aus einem Urteil des Gerichtshofs nicht nach, so kann sich die andere Partei an den Sicherheitsrat wenden; dieser kann, wenn er es für erforderlich hält, Empfehlungen abgeben oder Maßnahmen beschließen, um dem Urteil Wirksamkeit zu verschaffen.

Artikel 95

Diese Charta schließt nicht aus, dass Mitglieder der Vereinten Nationen auf Grund bestehender oder künftiger Abkommen die Beilegung ihrer Streitigkeiten anderen Gerichten zuweisen.

Artikel 96

(1) Die Generalversammlung oder der Sicherheitsrat kann über jede Rechtsfrage ein Gutachten des Internationalen Gerichtshofs anfordern.

(2) Andere Organe der Vereinten Nationen und Sonderorganisationen können mit jeweiliger Ermächtigung durch die Generalversammlung ebenfalls Gutachten des Gerichtshofs über Rechtsfragen anfordern, die sich in ihrem Tätigkeitsbereich stellen.

Kapitel XV: Das Sekretariat

Artikel 97

Das Sekretariat besteht aus einem Generalsekretär und den sonstigen von der Organisation benötigten Bediensteten. Der Generalsekretär wird auf Empfehlung des Sicherheitsrats von der Generalversammlung ernannt. Er ist der höchste Verwaltungsbeamte der Organisation.

Artikel 98

Der Generalsekretär ist in dieser Eigenschaft bei allen Sitzungen der Generalversammlung, des Sicherheitsrats, des Wirtschafts- und Sozialrats und des Treuhandrats tätig und nimmt alle sonstigen ihm von diesen Organen zugewiesenen Aufgaben wahr. Er erstattet der Generalversammlung alljährlich über die Tätigkeit der Organisation Bericht.

Artikel 99

Der Generalsekretär kann die Aufmerksamkeit des Sicherheitsrats auf jede Angelegenheit lenken, die nach seinem Dafürhalten geeignet ist, die Wahrung des Weltfriedens und der internationalen Sicherheit zu gefährden.

Artikel 100

(1) Der Generalsekretär und die sonstigen Bediensteten dürfen bei der Wahrnehmung ihrer Pflichten von einer Regierung oder von einer Autorität außerhalb der Organisation Weisungen weder erbitten noch entgegennehmen. Sie haben jede Handlung zu unterlassen, die ihrer Stellung als internationale, nur der Organisation verantwortliche Bedienstete abträglich sein könnte.

(2) Jedes Mitglied der Vereinten Nationen verpflichtet sich, den ausschließlich internationalen Charakter der Verantwortung des Generalsekretärs und der sonstigen Bediensteten zu achten und nicht zu versuchen, sie bei der Wahrnehmung ihrer Aufgaben zu beeinflussen.

Artikel 101

(1) Die Bediensteten werden vom Generalsekretär im Einklang mit Regelungen ernannt, welche die Generalversammlung erlässt.

(2) Dem Wirtschafts- und Sozialrat, dem Treuhandrat und erforderlichenfalls anderen Organen der Vereinten Nationen werden geeignete ständige Bedienstete zugeteilt. Sie gehören dem Sekretariat an.

(3) Bei der Einstellung der Bediensteten und der Regelung ihres Dienstverhältnisses gilt als ausschlaggebend der Gesichtspunkt, dass es notwendig ist, ein Höchstmaß an Leistungsfähigkeit, fachlicher Eignung und Ehrenhaftigkeit zu gewährleisten. Der Umstand, dass es wichtig ist, die Auswahl der Bediensteten auf möglichst breiter geographischer Grundlage vorzunehmen, ist gebührend zu berücksichtigen.

Kapitel XVI: Verschiedenes

Artikel 102

(1) Alle Verträge und sonstigen internationalen Übereinkünfte, die ein Mitglied der Vereinten Nationen nach dem Inkrafttreten dieser Charta schließt, werden so bald wie möglich beim Sekretariat registriert und von ihm veröffentlicht.

(2) Werden solche Verträge oder internationalen Übereinkünfte nicht nach Absatz 1 registriert, so können sich ihre Vertragsparteien bei einem Organ der Vereinten Nationen nicht auf sie berufen.

Artikel 103

Widersprechen sich die Verpflichtungen von Mitgliedern der Vereinten Nationen aus dieser Charta und ihre Verpflichtungen aus anderen internationalen Übereinkünften, so haben die Verpflichtungen aus dieser Charta Vorrang.

Artikel 104

Die Organisation genießt im Hoheitsgebiet jedes Mitglieds die Rechts- und Geschäftsfähigkeit, die zur Wahrnehmung ihrer Aufgaben und zur Verwirklichung ihrer Ziele erforderlich ist.

Artikel 105

(1) Die Organisation genießt im Hoheitsgebiet jedes Mitglieds die Vorrechte und Immunitäten, die zur Verwirklichung ihrer Ziele erforderlich sind.

(2) Vertreter der Mitglieder der Vereinten Nationen und Bedienstete der Organisation genießen ebenfalls die Vorrechte und Immunitäten, deren sie bedürfen, um ihre mit der Organisation zusammenhängenden Aufgaben in voller Unabhängigkeit wahrnehmen zu können.

(3) Die Generalversammlung kann Empfehlungen abgeben, um die Anwendung der Absätze 1 und 2 im einzelnen zu regeln, oder sie kann den Mitgliedern der Vereinten Nationen zu diesem Zweck Übereinkommen vorschlagen.

Kapitel XVII: Übergangsbestimmungen betreffend die Sicherheit
[...]
Kapitel XVIII: Änderungen

Artikel 108

Änderungen dieser Charta treten für alle Mitglieder der Vereinten Nationen in Kraft, wenn sie mit Zweidrittelmehrheit der Mitglieder der Generalversammlung angenommen und von zwei Dritteln der Mitglieder der Vereinten Nationen einschließlich aller ständigen Mitglieder des Sicherheitsrats nach Maßgabe ihres Verfassungsrechts ratifiziert worden sind.

Artikel 109

(1) Zur Revision dieser Charta kann eine Allgemeine Konferenz der Mitglieder der Vereinten Nationen zusammentreten; Zeitpunkt und Ort werden durch Beschluss einer Zweidrittelmehrheit der Mitglieder der Generalversammlung und durch Beschluss von neun beliebigen Mitgliedern des Sicherheitsrats bestimmt. Jedes Mitglied der Vereinten Nationen hat auf der Konferenz eine Stimme.

(2) Jede Änderung dieser Charta, die von der Konferenz mit Zweidrittelmehrheit empfohlen wird, tritt in Kraft, sobald sie von zwei Dritteln der Mitglieder der Vereinten Nationen einschließlich aller ständigen Mitglieder des Sicherheitsrats nach Maßgabe ihres Verfassungsrechts ratifiziert worden ist.

(3) Ist eine solche Konferenz nicht vor der zehnten Jahrestagung der Generalversammlung nach Inkrafttreten dieser Charta zusammengetreten, so wird der Vorschlag, eine solche Konferenz einzuberufen, auf die Tagesordnung jener Tagung gesetzt; die Konferenz findet statt, wenn dies durch Beschluss der Mehrheit der Mitglieder der Generalversammlung und durch Beschluss von sieben beliebigen Mitgliedern des Sicherheitsrats bestimmt wird.

Kapitel XIX: Ratifizierung und Unterzeichnung
[...]

Zu Urkund dessen haben die Vertreter der Regierungen der Vereinten Nationen diese Charta unterzeichnet. *Geschehen* in der Stadt San Franzisko am 26. Juni 1945.

Quelle: Deutsche Gesellschaft für die Vereinten Nationen

2.2 Mitgliedstaaten der VN (Stand: August 2001)

Mitgliedstaat	Einwohner	Beitrittsdatum	Beitragssatz ab 2002
Afghanistan	18.797.000	19.11.1946	0,007
Ägypten	65.978.000	24.10.1945	0,081
Albanien	3.791.000	14.12.1955	0,003
Algerien	29.800.000	08.10.1962	0,071
Andorra	72.000	28.07.1993	0,004
Angola	12.092.000	01.12.1976	0,002
Antigua und Barbuda	67.000	11.11.1981	0,002
Äquatorial Guinea	431.000	12.11.1968	0,001
Argentinien	36.125.000	24.10.1945	1,159
Armenien	3.536.000	02.03.1992	0,002
Aserbaidschan	7.953.000	09.03.1992	0,004
Äthiopien	59.882.000	13.11.1945	0,004
Australien	18.750.000	01.11.1945	1,640
Bahamas	298.000	18.09.1973	0,012
Bahrain	642.000	21.09.1971	0,018
Bangladesh	124.774.000	17.09.1974	0,010
Barbados	266.000	09.12.1966	0,009
Belgien	10.213.000	27.12.1945	1,138
Belize	238.000	25.09.1981	0,001
Benin	6.044.000	20.09.1960	0,002
Bhutan	2.004.000	21.09.1971	0,001
Bolivien	7.949.000	14.11.1945	0,008
Bosnien und Herzegowina	4.211.000	22.05.1992	0,004
Botswana	1.571.000	17.10.1966	0,010
Brasilien	161.790.000	24.10.1945	2,093
Brunei Darussalam	315.000	21.09.1984	0.033
Bulgarien	8.256.000	14.12.1955	0,013
Burkina Faso	10.682.000	20.09.1960	0,002
Burundi	6.300.000	18.09.1962	0,001
Chile	14.821.000	24.10.1945	0,187
China	1.255.698.000	24.10.1945	1,545
Costa Rica	3.340.000	02.11.1945	0,020
Dänemark	5.301.000	24.10.1945	0,755
Deutschland	82.024.000	18.09.1973	9,845
Dschibuti	623.000	20.09.1977	0,001
Dominika	71.000	18.12.1978	0,001
Dominikanische Republik	9.327.000	24.10.1945	0,023
Ecuador	12.174.000	21.12.1945	0,025
El Salvador	6.031.000	24.10.1945	0,018
Elfenbeinküste	14.292.000	20.09.1960	0.009

Mitgliedstaat	Einwohner	Beitrittsdatum	Beitragssatz ab 2002
Eritrea	3.577,000	28.05.1993	0,001
Estland	1.429,000	17.09.1991	0,010
Fidschi	796,000	13.10.1970	0,004
Finnland	5.154,000	14.12.1955	0,526
Frankreich	58.846,000	24.10.1945	6,516
Gabun	1.118,000	20.09.1960	0,014
Gambia	1.229,000	21.09.1965	0,001
Georgien	5.059,000	31.07.1992	0.005
Ghana	19.162,000	08.03.1957	0.005
Grenada	93,000	17.09.1974	0,001
Griechenland	10.115,000	25.10.1945	0,543
Großbritannien	58.649,000	24.10.1945	5,579
Guatemala	10.799,000	21.11.1945	0,027
Guinea	7.337,000	12.12.1958	0,003
Guinea Bissau	1.161,000	17.09.1974	0,001
Guyana	850,000	20.09.1966	0,001
Haiti	7.647,000	24.10.1945	0,002
Honduras	6.179,000	17.12.1945	0.005
Indien	970.933,000	30.10.1945	0,344
Indonesien	204.392,00	28.09.1950	0,201
Irak	21.800,000	21.12.1945	0,102
Iran, Islamische Republik	61.626,000	24.10.1945	0,236
Irland	3.705,000	14.12.1955	0,297
Island	273,000	19.11.1946	0,033
Israel	5.963,000	11.05.1949	0,418
Italien	57.588.000	14.12.1955	5,104
Jamaika	2.576,000	18.09.1962	0,004
Japan	126.410,000	18.12.1956	19,669
Jemen	17.071,000	30.09.1947	0,007
Jordanien	6,304,000	14.12.1955	0,008
Jugoslawien, Bundesrepublik	10.615,000	01.11.2000	0,020
Kambodscha	11.426,000	14.12.1955	0,002
Kamerun	14,305,000	20.09.1960	0,009
Kanada	30.301,000	09.11.1945	2,579
Kap Verde	417,000	16.09.1975	0,001
Kasachstan	15.049,000	02.03.1992	0,029
Kenia	29.008,000	16.12.1963	0,008
Kirgisistan	4.699,000	02.03.1992	0,001
Kiribati	81,000	14.09.1999	0,001
Kolumbien	40.826,000	05.11.1945	0,171
Komoren	658,000	12.11.1975	0,001
Kongo	2.785,000	20.09.1960	0,001
Kongo, Demokrat. Republik	46.812,000	20.09.1960	0,004
Korea, Republik	46.429,000	17.09.1991	1,866
Korea, Demokrat. Volksrep.	23.348,000	17.09.1991	0,009
Kroatien	4.572,000	22.05.1992	0,039
Kuba	11.116,000	24.10.1945	0,030
Kuwait	2.027,000	14.05.1963	0,148
Laos, Volksrepublik	5.163,000	14.12.1955	0,001
Lesotho	2.062,000	17.10.1966	0,001
Lettland	2.449,000	17.09.1991	0,010

Mitgliedstaat	Einwohner	Beitrittsdatum	Beitragssatz ab 2002
Libanon	3.191,000	24.10.1945	0,012
Liberia	2.062,000	02.11.1945	0,001
Libyen	5.339,000	14.12.1955	0,067
Liechtenstein	32,000	18.09.1990	0,006
Litauen	3.072,000	17.09.1991	0,017
Luxemburg	426,000	24.10.1945	0,080
Madagaskar	15.057,000	20.09.1960	0,003
Malawi	10.346,000	01.12.1964	0,002
Malaysia	22.179,000	17.09.1957	0,237
Malediven	271,000	21.09.1965	0,001
Mali	10.694,000	28.09.1960	0,002
Malta	377,000	01.12.1964	0,015
Mazedonien, frühere Jug. Rep.	1.999,000	08.04.1993	0,006
Marokko	27.775,000	12.11.1956	0,045
Marshall Inseln	63,000	17.09.1991	0,001
Mauretanien	2.529,000	07.10.1961	0,001
Mauritius	1.159,000	24.04.1968	0,011
Mexiko	95.831,000	07.11.1945	1,095
Mikronesien	114,000	17.09.1991	0,001
Moldawien	3.652,000	02.03.1992	0,002
Monaco	33,000	28.05.1993	0,004
Mongolei	2.403,000	27.10.1961	0,001
Mozambique	16.916,000	16.09.1975	0,001
Myanmar	44.497,000	19.04.1948	0,010
Namibia	1.666,000	23.04.1990	0,007
Nauru	11,000	14.09.1999	0,001
Nepal	21.843,000	14.12.1955	0,004
Neuseeland	3.790,000	24.10.1945	0,234
Nicaragua	4.807,000	24.10.1945	0,001
Niederlande	15.707,000	10.12.1945	1,751
Niger	10.078,000	20.09.1960	0,001
Nigeria	106.409,000	07.10.1960	0,056
Norwegen	4.431,000	27.11.1945	0,652
Oman	2.287,000	07.10.1971	0,062
Österreich	8.077,000	14.12.1955	0,954
Pakistan	148.166,000	30.09.1947	0,061
Palau	19,000	15.12.1994	0,061
Panama	2.763,000	13.11.1947	0,018
Papa Neuguinea	4.600,000	10.10.1975	0,006
Paraguay	5.218,000	24.10.1945	0,016
Peru	24.800,000	31.10.1945	0,119
Philippinen	75.154,000	24.10.1945	0,101
Polen	38.671,000	24.10.1945	0,319
Portugal	9,957,000	14.12.1955	0,466
Qatar	534,000	21.09.1971	0,034
Rumänien	22.502,000	14.12.1955	0,059
Russische Föderation	147.739,000	24.10.1945	1,200
Ruanda	6.604,000	18.09.1962	0,001
Salomon Inseln	417,000	19.09.1978	0,001
Sambia	8.781,000	01.12.1964	0,002
Samoa	168,000	15.12.1976	0,001

Mitgliedstaat	Einwohner	Beitrittsdatum	Beitragssatz ab 2002
San Marino	26,000	02.03.1992	0,002
Sao Tomé und Principe	141,000	16.09.1975	0,001
Saudi Arabien	20.181,000	24.10.1945	0,559
Schweden	8.854,000	19.11.1946	1,035
Senegal	9.037,000	28.09.1960	0.005
Seychellen	78,000	21.09.1976	0,002
Sierra Leone	4.568,000	27.09.1961	0,001
Singapur	3.865,000	21.09.1965	0,396
Slowakei	5.390,000	19.01.1993	0,043
Slowenien	1.983,000	22.05.1992	0,081
Somalia	9.237,000	20.09.1960	0,001
Spanien	39.371,000	14.12.1955	2,539
Sri Lanka	18.774,000	14.12.1955	0,016
St. Kitts und Nevis	39,000	23.09.1983	0,001
St. Lucia	151,000	18.09.1979	0,002
St. Vincent und die Grenadinen	112,000	16.09.1980	0,001
Südafrika	39.357,000	07.11.1945	0,411
Sudan	28.292,000	12.11.1956	0,006
Surinam	414,000	04.12.1975	0,002
Swaziland	952,000	24.09.1968	0,002
Syrien, Arabische Republik	15.597,000	24.10.1945	0,081
Tadschikistan	6.103,000	02.03.1992	0,001
Tansania, Vereinigte Republik	32.102,000	14.12.1961	0,004
Thailand	61.201,000	16.12.1946	0,254
Togo	4.397,000	20.09.1960	0,001
Tonga	98,000	14.09.1999	0,001
Trinidad and Tobago	1.283,000	18.09.1962	0,016
Tschad	7.270,000	20.09.1960	0,001
Tschechische Republik	10.294,000	19.01.1993	0,172
Tunesien	9.332,000	12.11.1956	0,031
Türkei	63.451,000	24.10.1945	0,444
Turkmenistan	4.858,000	02.03.1992	0,003
Tuvalu	10,000	05.09.2000	0,001
Uganda	21.029,000	25.10.1962	0.005
Ukraine	50.499,000	24.10.1945	0,053
Ungarn	10.113,000	14.12.1955	0,121
Uruguay	3.289,000	18.12.1945	0,081
USA	270.561,000	24.10.1945	22,00
Usbekistan	24.050,000	02.03.1992	0,011
Vanuatu	182,000	15.09.1981	0,001
Venezuela	23,436,000	15.11.1945	0,210
Vereinigte Arabische Emirate	2.724,000	09.12.1971	0,204
Vietnam	76.325,000	20.09.1977	0,013
Weißrussland	10.190,000	24.10.1945	0,019
Zentralafrikanische Republik	3.485,000	20.09.1960	0,001
Zimbabwe	12.684,000	25.08.1980	0,008
Zypern	749,000	20.09.1960	0,038

Quelle: Basic Facts About the UN 2000: 289f, www.un.org, A/Res/55/5B vom 23.12.2000

2.3 Das System der Vereinten Nationen (Stand: August 2001)

Name	Gründungsjahr	Hauptsitz
Sonderorganisationen (16)		
Ernährungs- und Landwirtschaftsprogramm (FAO)	1945	Rom
Internationale Arbeitsorganisation (ILO)	1919 bzw. 1946	Genf
Internationale Bank für Wiederaufbau und Entwicklung IBRD	1947	Washington
Internationale Entwicklungsorganisation (IDA)	1960	Washington
Internationale Fernmeldeorganisation (ITU)	1932	Genf
Internationale Finanzkorporation (IFC)	1957	Washington
Internationale Seeschifffahrtsorganisation (IMO)	1948	London
Internationale Zivilluftfahrtorganisation (ICAO)	1947	Montreal
Internationaler Fonds für landwirtschaftliche Entwicklung (IFAD)	1977	Rom
Internationaler Währungsfond (IMF)	1944	Washington
Organisation für Erziehung, Wissenschaft und Kultur (UNESCO)	1945	Paris
Organisation für industrielle Entwicklung (UNIDO)	1985	Wien
Weltgesundheitsorganisation (WHO)	1948	Genf
Weltorganisation für geistiges Eigentum (WIPO)	1970	Genf
Weltorganisation für Meteorologie (WMO)	1951	Genf
Weltpostverein (UPU)	1874 bzw. 1948	Bern
autonome Organisationen (2)		
Internationale Atomenergieorganisation (IAEA)	1957	Wien
Welthandelsorganisation (WTO)	1948	Genf
Spezialorgane und Programme (13)		
Ausbildungs- und Forschungsinstitut (UNITAR)	1963	Genf
Bevölkerungsfonds der VN (UNFPA)	1966	New York
Entwicklungsprogramm der VN (UNDP)	1966	New York
Freiwilligenprogramm der VN (UNV)	1970	Bonn
Handels- und Entwicklungskonferenz (UNCTAD)	1964	Genf
Hilfswerk für Palästinaflüchtlinge (UNRWA)	1949	Wien/Gaza
Hoher Kommissar für Flüchtlinge (UNHCR)	1949	Genf
Internationales Forschungs- und Ausbildungsinstitut zur Förderung der Frau (INSTRAW)	1976	Santa Domingo
Kinderhilfswerk der VN (UNICEF)	1946	New York
Umweltprogramm der VN (UNEP)	1972	Nairobi
Universität der VN (ONU)	1972	Tokio
Welternährungsprogramm der VN (WFP)	1961	Rom
Zentrum für Wohn- und Siedlungswesen (UNCHS/HABITAT)	1977	Nairobi

Regionalkommissionen (4)

Wirtschafts- und Sozialkommission für Asien und Pazifik (ESCAP)	1947	Bangkok
Wirtschafts- und Sozialkommission für Westasien (ESCWA)	1973	Beirut
Wirtschaftskommission für Afrika (ECA)	1958	Adis Adebar
Wirtschaftskommission für Europa (ECE)	1947	Genf
Wirtschaftskommission für Lateinamerika und die Karibik (ECLAC)	1948	Santiago

Funktionale Kommissionen (9)

Statistische Kommission	New York
Kommission für Bevölkerung und Entwicklung	New York
Kommission für soziale Entwicklung	New York
Menschenrechtskommission	New York
Frauenstatuskommission	New York
Suchtstoffkommission	New York
Kommission zur Verbrechensverhütung	New York
Kommission für Wissenschaft und Technologie für Entwicklung	New York
Kommission für nachhaltige Entwicklung	New York

Menschenrechtsgremien (Vertragsorgane)

Ausschuss für die Beseitigung der Rassendiskriminierung (CERD)	1965	New York
Menschenrechtsausschuss (CCPR)	1976	New York
Ausschuss für wirtschaftliche, soziale und kulturelle Rechte (CESCR)	1976	New York
Ausschuss für die Beseitigung der Diskriminierung der Frau (CEDAW)	1981	New York
Ausschuss gegen Folter (CAT)	1987	New York
Ausschuss für die Rechte des Kindes (CRC)	1990	New York

Quelle: United Nations Handbook 2000, Yearbook of the United Nations 1998, Deutsche Gesellschaft für die VN sowie eigene Recherchen. Über die dargestellten Gremien hinaus existieren zahlreiche Ausschüsse, Programme, Untereinheiten und Gremien, die von den Organen, Sonderorganisationen, Spezialorganen oder Programmen eingesetzt werden.

2.4 Literatur und Quellenverzeichnis

Veröffentlichungen der Vereinten Nationen, Dokumente, Jahrbücher, Berichte und Nachschlagewerke

Agenda 21 vom 14.6.1992, A/Conf.151/26, Bd. I, II und II, deutsche Fassung hrsg. vom Bundesministerium für Umwelt, Naturschutz und Reaktorsicherheit, Bonn 1992.

Agenda für den Frieden vom 17.6.1992, A/47/277.

Agenda für Entwicklung vom 15.10.1997, A/Res/51/240.

Allgemeine Erklärung der Menschenrechte vom 10.12.1948, in: Bundeszentrale für Politische Bildung 1999, S. 52-59.

Amnesty International: Jahresbericht, Frankfurt/M. (erscheint seit 1971 jährlich).

Amnesty International 1998: Menschenrechte im Umbruch. 50 Jahre Allgemeine Erklärung der Menschenrechte. Frankfurt/M.

319

Andersen, Uwe/Wichard Woyke (Hrsg.) [2]1995: Handwörterbuch Internationale Organisationen, Opladen.

Annan, Kofi 1997: Erneuerung der Vereinten Nationen. Ein Reformprogramm. Bericht des Generalsekretärs vom 14.7.1997, A/51/950.

Annan, Kofi: 2000: Wir, die Völker: Rolle der Vereinten Nationen im 21. Jahrhundert. Bericht des Generalsekretärs vom 27.3.2000, A/54/2000.

Arbeitsgemeinschaft Kriegsursachenforschung (AKUF): Das Kriegsgeschehen. Daten und Tendenzen der Kriege und bewaffneten Konflikte, Opladen (erscheint jährlich seit 1993).

Banjul-Charta der Menschenrechte und Rechte der Völker vom 27.6.1981, in: Bundeszentrale für Politische Bildung 1999, S. 602-618.

Baratta, Joseph P. 1995: United Nations System (Bibliographie), Oxford.

Bonn International Center for Conversion (BICC): Conversion Survey, Baden-Baden (erscheint seit 1996 jährlich).

Boutros-Ghali, Boutros 1992: Agenda für den Frieden. Vorbeugende Diplomatie, Friedensschaffung und Friedenssicherung, Bonn.

Boutros-Ghali, Boutros 1993: UN-organisierte Welt, Plädoyer für die große Reform der Vereinten Nationen, Stuttgart.

Boutros-Ghali, Boutros 1994: Agenda für Entwicklung. Bericht des Generalsekretärs vom 6.5.1994, A/48935.

Boutros-Ghali, Boutros 1995: Introduction, in: United Nations 1995: The United Nations and Human Rights 1945-1995, New York, S. 3-125.

Boutros-Ghali, Boutros 2000: Hinter den Kulissen der Weltpolitik. Die UNO – wird eine Hoffnung verspielt? Bilanz meiner Amtszeit als Generalsekretär der Vereinten Nationen, Hamburg.

Brahimi-Report, Report of the Panel on United Nations Peace Operations vom 23.8.2000, A/55/305-S/2000/809.

Briand-Kellogg-Pakt vom 27.4.1928, in: Knipping/Mangoldt/Rittberger 1995, S. 1679-1685.

Bundesministerium für wirtschaftliche Zusammenarbeit und Entwicklung (Hrsg.) 2001: Elfter Bericht zur Entwicklungspolitik der Bundesregierung, Berlin.

Bundeszentrale für Poltische Bildung (Hrsg.) [3]1999: Menschenrechte. Dokumente und Deklarationen, Bonn.

Carlsson, Ingvar/Sung-Joo Han/Rufus Kupolati 1999: Report of the independent inquiry into the actions of the United Nations during the 1994 Genocide in Rwanda, New York.

Carnegie Commission On Preventing Deadly Conflicts (ed.) 1998: Preventing Deadly Conflicts, New York.

Charta der Vereinten Nationen und Statut des Internationalen Gerichtshofs vom 26.6.1945, Stuttgart 1995 (Reclam Universal Bibliothek Bd. 9801).

Deutsche Gesellschaft für die Vereinten Nationen (Hrsg.) 1996: Die Vereinten Nationen in der Literatur, Bonn.

Deutscher Bundestag: Beschlussempfehlung des Auswärtigen Ausschusses zu dem Antrag der Fraktionen der SPD, CSU, Bündnis 90/Die Grünen und FDP zu dem Antrag „Die Vereinten Nationen an der Schwelle zum neuen Jahrtausend, Drucksache 14/5855.

Deutsches Übersee-Institut (Hrsg.): Jahrbuch Dritte Welt, München (erscheint jährlich seit 1983).

Dokumentation „50. Jahrestag der Gründung der Vereinten Nationen", in: Internationale Politik (1) 1996, S. 99-130.

Dokumentation „Problemfelder der Global Governance", in: Internationale Politik (11) 1998, S. 79-142.

Dokumentation „Globale Herausforderungen für die Vereinten Nationen und ihre Organisationen", in: Internationale Politik (12) 1999, S. 57-122.

Dokumentation „Millenniumsgipfel der Vereinten Nationen", in: Internationale Politik (12) 2000, S. 71-132.

Dokumentation „Dokumente zum internationalen Klimaschutz", in: Internationale Politik (5) 2001, S. 99-124.

Entschließung der EU zu den Herausforderungen einer Weltordnungspolitik und der Reform der UNO, in: Amtsblatt der Europäischen Gemeinschaften vom 23.3.1999 (C 177/63).

Erklärung über freundschaftliche Beziehungen vom 24.10.1970, in: Knipping/ Mangoldt/Rittberger 1995, S. 293-311.

Fakultativprotokoll zum Internationalen Pakt über bürgerliche und politische Rechte vom 16.12.1966, in: Bundeszentrale für Politische Bildung 1999, S. 91-94.

Fischer, Joseph 1999: Rede des deutschen Außenministers vor der 54 Generalversammlung der Vereinten Nationen am 22.9.1999, in: Internationale Politik (12) 1999, S. 103-109.

Fischer, Joseph 1999a: Das Vetorecht in seiner jetzigen Form erscheint nicht mehr angemessen, in: Vereinte Nationen (5) 1999, S. 169-170.

Forschungsinstitut der Deutschen Gesellschaft für Auswärtige Politik (Hrsg.): Jahrbuch Internationale Politik, München (erscheint seit 1955 jährlich).

Freedom House: Freedom in the World. The Annual Survey of Political and Civil Liberties, New York (erscheint seit 1978 jährlich).

Informationszentrum der Vereinten Nationen 1998: 50 Jahre Friedenssicherung 1948-1998, Bonn.

International Bank for Reconstruction and Development: World Development Report, New York (erscheint seit 1978 jährlich).

International Institute for Strategic Studies (IISS): The Military Balance, London (erscheint jährlich).

International Monetary Fund (IMF): World Economic Outlook, Washington (erscheint seit 1984 halbjährlich).

Internationaler Militärgerichtshof 1947: Der Prozess gegen die Hauptkriegsverbrecher vor dem Internationalen Militärgerichtshof, Bd. 1-20, Nürnberg.

Internationaler Pakt über bürgerliche und politische Rechte vom 16.12.1966, in: Bundeszentrale für Politische Bildung 1999, S. 70-90.

Knipping, Franz/Volker Rittberger/Hans von Mangoldt (Hrsg.) 1995: Das System der Vereinten Nationen und seine Vorläufer/The United Nations System and its Predecessors (Bd. 1/1: Vereinte Nationen, hrsg. von Hans von Mangoldt; Bd. 1/2: Sonderorganisationen und andere Institutionen, hrsg. von Hans von Mangoldt), München.

Kommission für Weltordnungspolitik 1995: Nachbarn in einer Welt, Bonn.

Millenniumserklärung der Vereinten Nationen (A/RES/55/2).

New Zealand Ministry of Foreign Affairs and Trade: United Nations Handbook, Wellington (erscheint seit 1961 jährlich).

Nohlen, Dieter (Hrsg.): [11]2000: Lexikon Dritte Welt, Reinbek.

Nohlen, Dieter/Nuscheler, Franz 1993f: Handbuch der Dritten Welt, 8 Bde., Bonn.

Resolution zur Auflösung des Völkerbundes vom 18.4.1946, in: Knipping/ Mangoldt/Rittberger 1995, S. 427-443.

Simma, Bruno u.a. (Hrsg.) 1991: Charta der Vereinten Nationen. Kommentar, München.

Statut des Internationalen Strafgerichtshofs 1998. Arbeitskopie des Deutschen Übersetzungsdienstes, New York.

Stiftung Entwicklung und Frieden (Hrsg.): Globale Trends. Fakten, Analysen, Prognosen, Frankfurt/M (erscheint seit 1991 zweijährig).

Stockholm International Peace Research Institute: Yearbook Armaments, Disarmament and International Security, London u.a. (erscheint jährlich).

Töpfer, Klaus 1999: Rede des Exekutivdirektors des Umweltprogramms der Vereinten Nationen am 15.9.1999 in London, in: Internationale Politik (12) 1999, S. 85-88.

Unabhängige Kommission für internationale Entwicklungsfragen 1980: Das Überleben sichern. Gemeinsame Interessen der Industrie- und Entwicklungsländer, Köln.

UNCTAD: The Least Developed Countries Report 2000, New York.

UNCTAD: Trade and Development Report, Geneva (erscheint seit 1981 jährlich).

UNCTAD: World Investment Report 2000, Geneva.

UNDP: Human Development Report, New York (erscheint seit 1990 jährlich).

UNEP: Global Environmental Outlook, London (erscheint seit 1995 jährlich).

UNESCO (Hrsg.) 1951: Um die Erklärung der Menschenrechte. Zürich.

UNHCR (Hrsg.): Zur Lage der Flüchtlinge der Welt, Bonn (erscheint jährlich)

United Nations (ed.) 1995: UN Fiftieth Anniversary 1945-1995, Dordrecht u.a.

United Nations Association of the USA (ed.): Global Agenda. Issues before the General Assembly of the United Nations (erscheint jährlich).

United Nations Department of Public Information (ed.) [3]1996: The Blue Helmets. A Review of the United Nations Peace-keeping, New York.

United Nations Department of Public Information: Basic Facts About the United Nations, New York (erscheint unregelmäßig, 2001 ist die Ausgabe 2000 erschienen).

United Nations Department of Public Information: Yearbook of the United Nations, New York (erscheint seit 1947 jährlich, 2001 ist die Ausgabe 1998 erschienen).

United Nations Library: Monthly Bibliography, Geneva (erscheint monatlich).

United Nations Non-Governmental Liaison Service 2000: The Handbook of UN Agencies, Programmes, Funds and Conventions working for sustainable economic and social development, Genf.

United Nations Non-Governmental Liaison Service (ed.) 1999: Economic and social development in the United Nations system. A guide for NGOs, Genf.

Union of International Associations (ed.): Yearbook of International Organizations, 4 Bd., München (erscheint seit 1948 jährlich).

Vienna Declaration and Programme of Action vom 25.6.1993 (A/Conf. 157/23).

Volger, Helmut (Hrsg.) 2000: Lexikon der Vereinten Nationen, München/Wien.

Völkerbundssatzung 1919, in: Knipping/Mangoldt/Rittberger 1995, S. 401-425.

Wieczorek-Zeul, Heidemarie 2000: in: Nuscheler, Franz (Hrsg.) 2000: Entwicklung und Frieden im Zeichen der Globalisierung, Bonn, S. 131-143.

Wilson, Woodrow 1918: Rede des Präsidenten der Vereinigten Staaten vor beiden Häusern des Kongresses, in: Knipping/Mangoldt/Rittberger 1995, S. 360-367.

Wissenschaftlicher Beirat der Bundesregierung Globale Umweltgefahren, WBGU, (Hrsg.) 2001: Welt im Wandel: Neue Strukturen globaler Umweltpolitik, Berlin.

Wolfrum, Rüdiger (Hrsg.) [2]1991: Handbuch Vereinte Nationen, München.

World Bank 2000: Global Statistics, New York.

World Health Organisation: World Health Report, Geneva (erscheint jährlich seit 1995).

World Resources Institute: World Resources, New York (erscheint jährlich)

World Trade Organisation: International Trade, Genf (erscheint seit 1952 jährlich).

Worldwatch Institute (Hrsg.) 2001: Zur Lage der Welt. Prognose für das Überleben unseres Planeten, Frankfurt/M.

Woyke, Wichard (Hrsg.) [8]2000: Handwörterbuch internationale Politik, Opladen.

Sekundärliteratur

Abiew, Francis K. 1999: The Evolution of the Doctrine and Practice of Humanitarian Intervention, The Hague/London/Boston.

Ahlbrecht, Heiko 1999: Geschichte der völkerrechtlichen Strafgerichtsbarkeit im 20. Jahrhundert, Baden-Baden.

Alagappa, Muthiah/Takashi Inoguchi (eds.) 1999: International Security Management and the United Nations, Tokyo.

Albrecht, Ulrich (Hrsg.) 1998: Die Vereinten Nationen am Scheideweg. Von der Staatenorganisation zur internationalen Gemeinschaftswelt, Hamburg.

Alger, Chadwick F. (ed.) 1998: The Future of the United Nations System. Potential for the Twenty-First Century, Tokyo.

Alger, Chadwick F./Gene M. Lyons/John E. Trent (eds.) 1995: The United Nations System. The Policies of Member States, Tokyo/New York/Paris.

Alston, Philip 1994: Appraising the United Nations Human Rights Regime, in: Philip Alston (ed.) 1994: The United Nations and Human Rights, Oxford.

Alston, Philip (ed.) 2000: The Future of UN Human Rights Treaty monitoring, Cambridge.

Ambos, Kai 2000: Zur Bestrafung von Verbrechen im internationalen, nicht-internationalen und internen Konflikt, in: Sicherheit und Frieden (1) 2000, S. 12-24.

Andersen, Uwe 2000: Entwicklungspolitik/-hilfe, in: Woyke 2000, S. 79-89.

Andersen, Uwe 2000a: Internationale Währungspolitik, in: Woyke 2000, S. 210-221.

Andersen, Uwe 2000b: Weltbank(gruppe), in: Woyke 2000, S. 513-519.

Angenendt, Steffen 2000: Eine Welt der Wanderungen, in: Kaiser/Schwarz 2000, S. 90-101.

Ansprenger, Franz 1999: Im „Schutz" der UNO, in: Blätter für deutsche und internationale Politik (10) 1999, S. 1188-1192.

Arangio-Ruiz, Gaetano 1979: The UN Declaration on Friendly Relations and the System of the Sources of International Law, Alphen.

Archer, Clive [2]1992: International Organizations, London.

Armstrong, David/Lorna Lloyd/John Redmond (eds.) 1996: From Versailles to Maastricht. International Organisation in the Twentieth Century, Basingstoke.

Arqilla, John/David Ronfeld (eds.) 1997: In Athena's Camp. Preparing for Conflict in the Information Age, Santa Monica.

Art, Robert J./Kenneth N. Waltz (eds.) [5]1999: The Use of Force. Military Power and International Politics, Lanham.

Baechler, Günther/Kurt Spillmann (Hrsg.) 1996: Kriegsursache Umweltzerstörung, 3 Bde, Zürich.

Bailey, Sydney D./Sam Daws (eds.) [3]1995: The United Nations. A Concise Political Guide, Lanham.

Bailey, Sydney D./Sam Daws [3]1998: The Procedure of the UN Security Council, Oxford.

Bardehle, Peter 1991: UN-Peacekeeping als Musterfall für internationalen Konsens und seine Entstehung, Baden-Baden.

Barker, Enno 1990: Rüstungskontrolle in den Vereinten Nationen, in: Vereinte Nationen (5) 1990, S. 183-185.

Barthel, Armin 1986: Entwicklung und Menschenrechte. Das Recht auf Entwicklung als Menschenrecht, Aachen.

Barthel, Armin 1991: Die Menschenrechte der Dritten Generation, Aachen.

Bartl, Jürgen 1999: Die humanitäre Intervention durch den Sicherheitsrat der Vereinten Nationen im „Failed State", Frankfurt/M. u.a.

Bartosch, Ulrich/Jochen Wagner (Hrsg.) 1998: Weltinnenpolitik, München.

Baum, Gerhart 1999: Die Menschenrechtskommission der Vereinten Nationen, in: Gabriele von Arnim u.a. (Hrsg.): Jahrbuch Menschenrechte 2000, Frankfurt/M., S. 241-248.

Baum, Gerhart/Eibe Riedel/Michael Schäfer 1998 (Hrsg.): Menschenrechtsschutz in den Vereinten Nationen, Baden-Baden.

Behr, Benita von/Lara Huber/Andrea Kimmi/Manfred Wolff (Hrsg.) 1999: Perspektiven der Menschenrechte Frankfurt/M. u.a.

Beise, Marc 2001: Die Welthandelsorganisation (WTO), Baden-Baden.

Berdal, Mats 2000: Lessons Not Learned: The Use of Force in Peace Operations in the 1990s, in: International Peacekeeping (4) 2000, S. 54-74.

Benner, Thorsten/Jan Martin Witte 2001: Brücken im globalen System. Neues Leitbild für internationale Organisationen, in: Internationale Politik (5) 2001, S. 1-8.

Benner, Thorsten/Wolfgang H. Reinicke 1999: Politik im globalen Netz, in: Internationale Politik (8) 1999, S. 25-32.

Bennigsen, Sabine 1989: Das „Recht auf Entwicklung" in der internationalen Diskussion, Frankfurt/M. u.a.

Bertrand, Maurice 1995: UNO. Geschichte und Bilanz, Frankfurt/M.

Bertrand, Maurice/Daniel Warner (eds.) 1996: A New Charter for A Worldwide Organization, The Hague.

Beyerlin, Ulrich 2000: Umweltvölkerrecht, München.

Bhatta, Ghambir 2000: Reforms at the UN: Contextualising the Annan Agenda, Singapore.

Biermann, Frank/Udo Ernst Simonis 1998: Eine Weltorganisation für Umwelt und Entwicklung. Funktionen, Chancen, Probleme, Bonn (Policy Paper 9 der Stiftung Entwicklung und Frieden).

Biermann, Frank/Udo Ernst Simonis 2000: Institutionelle Reform der Weltumweltpolitik? Zur politischen Debatte um die Gründung einer Weltumweltorganisation, in: Zeitschrift für Internationale Beziehungen (1) 2000, S. 163-183.

Birnie, Patricia 1993: The UN and the Environment, in: Roberts/Kingsbury 1993, S. 327-338.

Blum, Rolf 1932: Das System der verbotenen und erlaubten Kriege in Völkerbundsatzung, Locarno-Verträgen und Kellogg-Pakt, Leipzig.

Blumenwitz, Dieter 1994: Die humanitäre Intervention, in: APuZ (47) 1999, S. 3-10.

Boekle, Henning 1998: Die Vereinten Nationen und der Schutz der Menschenrechte, in: APuZ (46-47) 1998, S. 3-17.

Bothe, Michael 1991: Friedenserhaltende Maßnahmen, in: Simma 1991, S. 535-558.

Bothe, Michael/Thomas Dörschel (eds.) 1999: UN Peacekeeping: A Documentary Introduction, The Hague.

Bourantonis, Dimitris 1998: Reform of the UN-Security-Council and the Non-Aligned States, in: International Peacekeeping (1) 1998, S. 89-109.

Brauch, Hans Günter 2000: Abrüstung, in: Volger 2000, S. 1-12.

Brauch, Hans Günter/Czeslaw Mesjasz/Björn Möller 1998: Controlling weapons in the quest for peace: Non-offensive defence, arms control, disarmament, and conversion, in: Alger 1998, S. 15-53.

Braun, Gerald/Angelina Topan 1998: Frieden als Abwesenheit von Krieg? Kritischer Vergleich einiger Blauhelmeinsätze in den neunziger Jahren, in: APuZ (16-17) 1998, S. 3-12.

Bredow, Wilfried von 1994: Turbulente Weltordnung. Internationale Politik am Ende des 20. Jahrhunderts, Stuttgart/Berlin/Köln.

Bredow, Wilfried von 1999: Wen interessiert schon Ost-Timor?, in: Blätter für deutsche und internationale Politik (10) 1999, S. 1192-1195.

Bredow, Wilfried von/Gerhard Kümmel 1999: Das Militär und die Herausforderungen globaler Sicherheit, Strausberg.

Brenner, Michael 1995: The Multilateral Moment, in: Michael Brenner (ed.) Multilateralism and Western Strategy, New York, S. 1-41.

Bretherton, Charlotte 1998: Allgemeine Menschenrechte. Der „menschliche Faktor", in: Ulrich Beck (Hrsg.) 1998: Perspektiven der Weltgesellschaft. Frankfurt/M., S. 256-292.

Brzezinski, Zbigniew 1997: Die einzige Weltmacht. Amerikas Strategie der Vorherrschaft, Weinheim.

Brock, Lothar 1995: UNO und Dritte Welt. Fünf verlorene Jahrzehnte?, in: Jahrbuch Dritte Welt 1996, hrsg. vom Deutschen Übersee-Institut, München, S. 62-80.

Bruha, Thomas 1991: Gewaltverbot, in: Wolfrum 1991, S. 234-244.

Bruha, Thomas/Markus Krajewski 1998: Funktionswandel des Sicherheitsrates als Verfassungsproblem. Zur rechtlichen Sicht der neueren Praxis, in: Vereinte Nationen (1) 1998, S. 13-18.

Bryde, Brun-Otto 1991: Artikel 44-50, in: Simma 1991, S. 595-617.

Butfoy, Andrew 1993: Themes Within the Collective Security Idea, in: The Journal of Strategic Studies (4) 1993, S. 490-510.

Cable, Vincent 1999: Globalization and Global Governance, London.

Carle, Christophe 1999: Disarmament: The Next Ten Years, in: Disarmament Forum (1) 1999, S. 13-18.

Cede, Franz 1999: Die Grundsätze und Ziele der Charta, in: Cede/Sucharipa-Behrmann 1999, S. 11-24.

Cede, Franz/Lilly Sucharipa-Behrmann (Hrsg.) 1999: Die Vereinten Nationen. Recht und Praxis, Wien.

Chesterton, Simon 2001: Just War or Just Peace. Humanitarian Intervention and International Law, New York.

Childers, Erskine/Brian Urquhart 1994: Renewing the United Nations System, (Development Dialogue (1) 1994).

Childers, Erskine/Brian Urquhart 1994a: Für eine Erneuerung der Vereinten Nationen, in: epd-Entwicklungspolitik, 23./24. Dezember 1994, S. 14-47.

Chojnacki, Sven/Wolf-Dieter Eberwein 2001: Kosovo-Indonesien-Tschetschenien: Sind alle Menschen gleich?, in: Hasse/Müller/Schneider 2001, S. 197-220.

Clark, Grenville/Louis B. Sohn [2]1960: World Peace Through World Law, Cambridge.

Claude, Inis L. 1966: Power and International Relations. New York.

Claude, Ines L. [4]1970: Swords into Plowshares. The Problems and Progress of International Organizations, New York.

Conca, Ken/Geoffrey D. Dabelko [2]1998: Green Planet Blues: Environmental Politics from Stockholm to Kyoto, Boulder.

Cortright, David/George Lopez (eds.) 1995: Economic Sanctions – Panacea or Peacebuilding in a Post-Cold War World, Oxford.

Cortright, David/George Lopez 2000: The Sanctions Decade. Assessing UN-Strategies in the 1990s, Boulder/London.

Creveld, Martin 1998: Die Zukunft des Krieges, München.

Czempiel, Ernst-Otto [2]1993: Weltpolitik im Umbruch. Das internationale System nach dem Ende des Ost-West-Konfliktes, München.

Czempiel, Ernst-Otto 1994: Die Reform der UNO. Möglichkeiten und Missverständnisse, Frankfurt/M.

Czempiel, Ernst-Otto 1995: Aktivieren, reformieren, negieren? Zum 50-jährigen Bestehen der Vereinten Nationen, in: APuZ (42) 1995, S. 36-45.

Czempiel, Ernst-Otto [2]1998: Friedensstrategien. Eine systematische Darstellung außenpolitischer Theorien von Machiavelli bis Madariaga, Opladen.

Czempiel, Ernst-Otto 1999: Kluge Macht: Außenpolitik für das 21. Jahrhundert, München.

Czempiel. Ernst-Otto 2000: Intervention in den Zeiten der Interdependenz, Frankfurt/M. (HSFK-Report 2/2000).

Debiel, Tobias/Franz Nuscheler 1996: Der neue Interventionismus. Humanitäre Einmischung zwischen Anspruch und Wirklichkeit, Bonn.

Deiseroth, Dieter 1999: „Humanitäre Intervention" und Völkerrecht, in: NJW (42) 1999, S. 3084-3088.

Delbrück, Jost 1999: Die Effektivität des UN-Gewaltverbots, in: Die Friedenswarte (1-2) 1999, S. 139-158.

Dicke, Detlev Christian/Hans-Werner Rengeling 1975: Die Sicherung des Weltfriedens durch die Vereinten Nationen, Baden-Baden.

Dicke, Klaus 1994: Effizienz und Effektivität internationaler Organisationen. Darstellung und kritische Analyse eines Topos im Reformprozesse der Vereinten Nationen, Berlin.

Dicke, Klaus 1998: „... das von allen Völkern und Nationen zu erreichende gemeinsame Ideal ..." Zum Politikprogramm der Allgemeinen Erklärung, in: Vereinte Nationen (6) 1998, S. 191-194.

Diehl, Paul F. (ed.) 1997: The Politics of Global Governance. International Organizations in an Interdependent World, Boulder.

Doehring, Karl 1991: Kollektive Sicherheit, in: Wolfrum 1991, S. 405-410.

Doyle, Michael W./Ian Johnstone/Robert C. Orr (eds.) 1997: Keeping the Peace: Lessons from Multidimensional UN-Operations in Cambodia and El Salvador, Cambridge.

Durch, W. 1993: The Evolution of UN-Peacekeeping, New York.

Eban, Abba 1995: The U.N. Idea Revisited, in: Foreign Affairs (5) 1995, S. 39-55.

Ebock, Kerstin 2000: Der Schutz grundlegender Menschenrechte durch kollektive Zwangsmaßnahmen der Staatengemeinschaft, Frankfurt/M. u.a.

Eisele, Manfred 2000: Die Vereinten Nationen und das internationale Krisenmanagement. Ein Insider-Bericht, Frankfurt/M.

Eisele, Manfred/Ekkehard Griep 1996: „Standby": neue Wege in der Friedenssicherung, in: Vereinte Nationen (2) 1996, S. 50-56.

Eitel, Tono 1999: Bewährungsprobe für den Sicherheitsrat der Vereinten Nationen, in: Die Friedenswarte (1-2) 1999, S. 126-138.

Erhart, Hans-Georg/Konrad Klingenburg 1996: UN-Friedenssicherung 1985-1995. Analyse und Bibliographie, Baden-Baden.

Esquivel, Adolfo Perez (Hrsg.) 1989: Das Recht auf Entwicklung als Menschenrecht, München/Zürich.

Faßbender, Bardo 1996: Wieder kein Platz an der Sonne?, in: Die Politische Meinung (12) 1996, S. 61-67.

Faßbender, Bardo 1998: UN Security Council and the Right of Veto. A Constitutional Perspective. Den Haag.

Faßbender, Bardo 1998a: Reforming the United Nations, in: Die Friedenswarte (4) 1998, S. 427-442.

Ferdowsi, Mir A. 1995: Der Beitrag der UNO zur wirtschaftlichen Entwicklung der Dritten Welt, in: Opitz 1995, S. 95-112.

Ferencz, Benjamin B. 1998: Von Nürnberg nach Rom. Auf dem Weg zu einem Internationalen Strafgerichtshof, Bonn (Policy Paper 8 der Stiftung Entwicklung und Frieden).

Ferencz, Benjamin B. 2001: The Evolution of International Criminal Law: A Bird's Eye View of the Past Century, in: Hasse/Müller/Schneider 2001, S. 354-364.

Fetherston, Anthony 1994: Towards a Theory of United Nations Peacekeeping, New York.

Fink, Udo 1999: Kollektive Friedenssicherung: Kapitel VII UN-Charta in der Praxis des Sicherheitsrates der Vereinten Nationen, 2 Bd., Frankfurt/M.

Fleischhauer, Carl-August 1999: Der Internationale Gerichtshof und die Staaten-gemeinschaft am Ende des Jahrhunderts, in: Die Friedens-Warte (1-2) 1999, S. 113-125.

Forsythe, David P. 1997: The United Nations, Human Rights and Development, in: Human Rights Quarterly (2) 1997, S. 334-349.

French, Hilary F. 1996: Partner für unseren Planeten. Die Umweltschutzaktivitäten der Vereinten Nationen, Schwalbach (Worldwatch Paper 16).

Frowein, Jochen 1991: Artikel 39-43, in: Simma 1991, S. 559-571.

Galtung, Johan 1975: Strukturelle Gewalt. Beiträge zur Friedens- und Konfliktfor-schung, Reinbek 1975.

Galtung, Johan 2000: Menschenrechte für das nächste Jahrhundert, in: Ders. 2000: Die Zukunft der Menschenrechte, Frankfurt/M./ New York, S. 7-157.

Gantzel, Klaus Jürgen/Torsten Schwinghammer 1995: Die Kriege nach dem Zwei-ten Weltkrieg 1945-1992. Daten und Tendenzen, Münster.

Gareis, Sven Bernhard 1996: Hindernisse bei der UNO-Reform, in: Europäische Sicherheit (9) 1996, S. 17-19.

Gareis, Sven Bernhard 1997: Die Vereinten Nationen – Wege aus der Krise?, in: Europäische Sicherheit (11) 1997, S. 50-51.

Gareis, Sven Bernhard 1997a: Zeit für Entscheidungen. Zur Reform des Sicher-heitsrates, in: IFDT (1) 1997, S. 48-53.

Gareis, Sven Bernhard 1998: Stillstand am East River. Die Vereinten Nationen im Reformstau, in: IFDT (12) 1998, S. 54-59.

Gareis, Sven Bernhard 2000: Das Millennium-Forum der Vereinten Nationen, in: IFDT (5) 2000, S. 28-35.

Gareis, Sven Bernhard 2000a: Zu viele Nebenwirkungen. Die Sanktionspraxis der Vereinten Nationen, in: IFDT (8) 2000, S. 26-33.

Gareis, Sven Bernhard 2001: Eine neue UNO für neue Herausforderungen?, in: Eu-ropäische Sicherheit (1) 2001, S. 22-26.

Gareis, Sven Bernhard 2001a: Wege aus der Krise. Friedenssicherung durch die Vereinten Nationen, in: Reader Sicherheitspolitik (4) 2001, S. 25-40.

Garrett, Laurie 2001: Das Ende der Gesundheit. Bericht über die medizinische Lage der Welt, Berlin.

Gehring, Thomas/Sebastian Oberthür 2000: Was bringt eine Weltumweltorganisa-tion? Kooperationstheoretische Anmerkungen zur institutionellen Neuordnung der internationalen Umweltpolitik, in: Zeitschrift für internationale Beziehun-gen (1) 2000, S. 185-211.

Gerhard, Ute 1999: Menschenrechte sind Frauenrechte – Alte Fragen und neue An-sätze feministischer Rechtskritik, in: Behr/Huber/Kimmi/Wolff 1999, S. 189-217.

Glanzer, Hans-Peter 1999: Wirtschaft und Entwicklung, in: Cede/Sucharipa-Behr-mann 1999, S. 197-211.

Göller, Josef-Thomas 1995: Anwälte des Friedens. Die UNO und ihre sechs Gene-ralsekretäre, Bonn.

Gosepath, Stefan/Georg Lohmann (Hrsg.) 1998: Philosophie der Menschenrechte, Frankfurt/M.

Gottstein, Margit 1998: Frauenrechte - Menschenrechte?, in: Amnesty International 1998, S. 75-86.

Graefrath, Bernhard 1995: Jugoslawien und die Internationale Gerichtsbarkeit, in: Hankel/Stuby 1995, S. 295-324.

Grewe, Wilhelm G. 1984: Epochen der Völkerrechtsgeschichte, Baden-Baden.

Grewe, Wilhelm G. 1991: Entstehung und Wandlung der Vereinten Nationen, in: Simma 1991, S. XXIII-XLIII.

Griffiths, Martin 1999: Fifty Key Thinkers in International Relations, London/ New York.

Guggenheim, Paul 1932: Der Völkerbund in seiner politischen und rechtlichen Wirklichkeit, Leipzig/Berlin.

Guicherd, Catherine 1999: International Law and the War in Kosovo, in: Survival (2) 1999, S. 19-33.

Haftendorn, Helga 1990: Zur Theorie außenpolitischer Entscheidungsprozesse, in: Volker Rittberger (Hrsg.): Theorie der Internationalen Beziehungen, Opladen, S. 401-423.

Haftendorn, Helga 1993: Das Sicherheitspuzzle. Die Suchen nach einem tragfähigen Konzept internationaler Sicherheit, in: Christopher Daase u.a. (Hrsg.): Regionalisierung der Sicherheitspolitik. Tendenzen in den internationalen Beziehungen nach dem Ende des Ost-West-Konfliktes, Baden-Baden, S. 13-38.

Hankel, Gerd/Gerhard Stuby (Hrsg.) 1995: Strafgerichte gegen Menschheitsverbrechen, Hamburg.

Hartmann, Jürgen 2001: Internationale Beziehungen, Opladen.

Hasenclever, Andreas/Peter Mayer/Volker Rittberger 1997: Theories of International Regimes, Cambridge.

Hasse, Jana 2000: Resolutionen des UN-Sicherheitsrates contra Menschenrechte?, in: Sicherheit und Frieden (2) 2000, S. 158-163.

Hasse, Jana/Erwin Müller/Patricia Schneider (Hrsg.) 2001: Humanitäres Völkerrecht. Politische, rechtliche und strafgerichtliche Dimensionen, Baden-Baden.

Hein, Wolfgang 1998: Unterentwicklung. Krise der Peripherie, Opladen.

Heinrich-Böll-Stiftung (Hrsg.) 2001: Entwicklungspolitik als globale Strukturpolitik, Berlin.

Heintze, Hans-Joachim 1998: Menschenrechte durchsetzen! Forderungen zum 50. Jahrestag der UN-Menschenrechtserklärung, Bonn (Stiftung Entwicklung und Frieden Policy Paper 10).

Heinz, Ursula/Christiane Philipp/Rüdiger Wolfrum 1991: Zweiter Golfkrieg: Anwendungsfall von Kapitel VII, in: Vereinte Nationen (4) 1991, S. 121-128.

Heinze, Frank 1993: Die Vereinten Nationen im Politikfeld internationale Sicherheit. Wirkungsmöglichkeiten, Grenzen, Reorganisationsprämissen, Frankfurt/ M.

Herdegen, Matthias 1998: Die Befugnisse des UN-Sicherheitsrates. Aufgeklärter Absolutismus im Völkerrecht?, Heidelberg.

Hermsdörfer, Willibald 1998: Zum Statut des Internationalen Strafgerichtshofs – ein Meilenstein im Völkerstrafrecht, in: NZWehr (5) 1998, S. 193-201.

Herz, Dietmar 1995: Das System von Bretton-Woods, in: Opitz 1995, S. 75-94.

Herz, John 1961: Weltpolitik im Atomzeitalter, Stuttgart.

Hildenbrand, Jan Christian 2001: Zur Krisenreaktionsfähigkeit der Friedenstruppen der VN. Notwendigkeiten, Konzepte und Perspektiven ihrer Verbesserung, Baden-Baden.

Hinic, Dejan 2001: The International Tribunal for the Former Yugoslavia: A Serbian View, in: Hasse/Müller/Schneider 2001, S. 420-425.

Hoch, Martin 2001: Krieg und Politik im 21. Jahrhundert, in: APuZ (20) 2001, S. 17-25.

Hoffman, Stanley 1981: Duties Beyond Borders: On the Limits and Possibilities of Ethical International Politics, Syracuse NY.

Holzer, Werner 1995: Hohe Ziele, schöne Worte, falsche Freunde. Wie die Vereinten Nationen zum Prügelknaben der Politik geworden sind, in: Vereinte Nationen (5-6) 1995, S. 200-203.

Howard, Rhoda 1997/98: Human Rights and the Culture Wars. Globalization and the Universality of Human Rights, in: International Journal (1) 1997/98, S. 94-112.

Hufnagel, Frank-Erich 1996: UN-Friedensoperationen der zweiten Generation. Vom Puffer zur Treuhand, Berlin.

Hüfner, Klaus 1991: Die Vereinten Nationen und ihre Sonderorganisationen. Strukturen, Aufgaben, Dokumente (Teil 1: Die Haupt- und Spezialorgane, 1991; Teil 2: Die Sonderorganisationen, 1992; Teil 3: Vereinte Nationen, Friedensoperationen, Spezialorgane, 1996), Bonn.

Hüfner, Klaus (Hrsg.) 1994: Die Reform der Vereinten Nationen. Die Weltorganisation zwischen Krise und Erneuerung, Opladen.

Hüfner, Klaus 1994a: Die Finanzierung der Vereinten Nationen, in: Hüfner 1994, S. 205-223.

Hüfner, Klaus (ed.) 1995: Agenda for Change. New Task for the United Nations, Opladen.

Hüfner, Klaus ²1995a: Die Vereinten Nationen und ihre Sonderorganisationen. Strukturen, Aufgaben, Dokumente. Teil 1: Die Haupt- und Spezialorgane, Bonn.

Hüfner, Klaus 2000: UN-System, in: Volger 2000, S. 592-596.

Hüfner, Klaus/Wolfgang Spröte 1994: Zur Reform des Wirtschafts- und Sozialbereichs der Vereinten Nationen, in: Hüfner 1994, S. 99-118.

Hüfner, Klaus/Wolfgang Reuther (Hrsg.) 1996: UNESCO-Handbuch, Neuweid.

Hüfner, Klaus/Jens Martens 2000: UNO-Reform zwischen Utopie und Realität. Vorschläge zum Wirtschafts- und Sozialbereich der Vereinten Nationen, Frankfurt/M.

Hurrell, Andrew 1992: Collective Security and International Order Revisited, in: International Relations (1) 1992, S. 37-55.

Ipsen, Knut 1967: Rechtsgrundlagen und Institutionalisierung der atlantisch-westeuropäischen Verteidigung, Hamburg.

Ipsen, Knut 1992: Auf dem Weg zur Relativierung der inneren Souveränität bei Friedensbedrohung, in: Vereinte Nationen (2) 1992, S. 41-45.

Ipsen, Knut 1999: Der Kosovo-Einsatz – Illegal? Gerechtfertigt? Entschuldbar?, in: Die Friedenswarte (1-2) 1999, S. 19-23.

Jakobsen, Peter Viggo 1998: The Danish Approach to UN-Peacekeeping Operations after the Cold War: A New Model in the Making?, in: International Peacekeeping (3) 1998, S. 106-123.

Jarasch, Frank 1999: Errichtung, Organisation und Finanzierung des Internationalen Strafgerichtshofs und die Schlussbestimmungen des Statuts, in: Humanitäres Völkerrecht (1) 1999, S. 10-22.

Jett, Dennis C. 2000: Why Peacekeeping fails, New York.

Kaiser, Karl 1969: Transnationale Politik. Zu einer Theorie der multinationalen Politik, in: Ernst-Otto Czempiel (Hrsg.): Die anachronistische Souveränität. Zum Verhältnis von Innen- und Außenpolitik, Opladen (PVS-Sonderheft 1).

Kaiser, Karl/Hans-Peter Schwarz (Hrsg.) 2000: Weltpolitik im neuen Jahrhundert, Baden-Baden.

Kaldor, Marie 2000: Neue und alte Kriege. Organisierte Gewalt im Zeitalter der Globalisierung, Frankfurt/M.

Kälin, Walter 1998: Die Allgemeine Erklärung der Menschenrechte: Eine Kopernikanische Wende im Völkerrecht?, in: Amnesty International 1998, S. 5-17.

Kaul, Hans-Peter 1996: Die Sanktionsausschüsse des Sicherheitsrats. Ein Einblick in Arbeitsweise und Verfahren, in: Vereinte Nationen (3) 1996, S. 96-103.

Kaul, Hans-Peter 1998: Arbeitsweise und informelle Verfahren des Sicherheitsrats. Beobachtungen eines Unterhändlers, in: Vereinte Nationen (1), 1998, S. 6-13

Kaul, Hans-Peter 1998a: Durchbruch in Rom. Der Vertrag über den Internationalen Strafgerichtshof, in: Vereinte Nationen (4) 1998, S. 125-130.

Kaul, Inge 2000: Entwicklungstheorien und -strategien des UN-Systems, in: Volger 2000, S. 98-107.

Kaul, Inge/Isabelle Grunberg/Marc A. Stern (eds.) 1999: Global Public Goods. International Cooperation in the 21st Century, New York.

Kaul, Inge/Isabelle Grunberg/Marc Stern 1999a: Global Public Goods. Concepts, Policies and Strategies, in: Kaul/Grunberg/Stern 1999, S. 450-507.

Keil, Imke 1994: Die Umweltpolitik der Vereinten Nationen, in: Hüfner 1994, S. 81-98.

Kell, Georg 1999: Weltorganisation und Wirtschaftswelt. Globaler Pakt für das nächste Jahrhundert, in: Vereinte Nationen (5) 1999, S. 163-168.

Kennedy, Paul, Russett, Bruce 1995: Reforming the United Nations, in: Foreign Affairs (5) 1995, S. 56-71.

Keohane, Robert O. 1989: International Institutions and State Power, Boulder.

Kerstin, Wolfgang (Hrsg.) 1998: Politische Philosophie der internationalen Beziehungen, Frankfurt/M.

Kimminich, Otto 1995: Der Beitrag der Vereinten Nationen zur Fortentwicklung des Völkerrechts, in: APuZ (42) 1995, S. 13-26.

Kimminich, Otto 1995a: Der Mythos der humanitären Intervention, in: Archiv des Völkerrechts (4) 1995, S. 430-458.

Kimminich, Otto [6]1997: Einführung in das Völkerrecht, Tübingen/Basel.

Kinloch, Stephen P. 1996: Utopian or pragmatic? A UN permanent military volunteer force, in: International Peacekeeping (4) 1996, S. 166-190.

Klein, Ansgar 2000: Die Menschenrechte in Geschichte und Gegenwart, in: Politische Bildung (1) 2000, S. 7-25.

Klein, Eckart 1998: Fall Faurisson zur Holocaust-Lüge – Die Arbeit des Menschenrechtsausschusses zum Schutz bürgerlicher und politischer Rechte, in: Baum/Riedel/Schäfer 1998, S. 121-128.

Klein, Eckart/Friederike Brinkmeier 2001: CCPR und EGMR. Der Menschenrechtsausschuss der Vereinten Nationen und der Europäische Gerichtshof für Menschenrechte im Vergleich, in: Vereinte Nationen (1) 2001, S. 17-20.

Klingebiel, Stephan 1998: Globale Handlungs(un)fähigkeit. Das Beispiel der UN-Entwicklungszusammenarbeit, in: Internationale Politik (11) 1998, S. 31-36.

Klingebiel, Stephan 1998a: Leistungsfähigkeit und Reform des Entwicklungsprogramms der Vereinten Nationen (UNDP), Köln.

Klingebiel, Stephan 1999: Verlässliche Finanzierung als unverzichtbares Reformelement. Perspektiven für die Entwicklungszusammenarbeit der Vereinten Nationen und das UNDP, in: Vereinte Nationen (1) 1999, S. 7-11.

Klingenburg, Konrad/Albrecht Schnabel 1997: Quo Vadis Peacekeeping?, Hamburg.

Knapp, Manfred 1996: Die Rolle der Vereinten Nationen in den internationalen Beziehungen, in: Knapp/Krell 1996, S. 476-504.

Knapp, Manfred 1997: 50 Jahre Vereinte Nationen: Rückblick und Ausblick im Spiegel der Jubiläumsliteratur, in: Zeitschrift für Politikwissenschaft (2) 1997, S. 423-481.

Knapp, Manfred/Gerd Krell (Hrsg.) [3]1996: Einführung in die internationale Politik, Studienbuch, München,

Knelangen, Wilhelm/Johannes Varwick, 1999: Bomben auf Bagdad – und auf das Völkerrecht? Das schwierige Verhältnis zwischen USA, NATO, UNO und Europa nach der Operation „Wüstenfuchs", in: Gegenwartskunde (1) 1999, S. 77-84.

Kohler-Koch, Beate 1993: Die Welt regieren ohne Weltregierung, in: Carl Böhret/Göttrik Wewer (Hrsg.): Regieren im 21. Jahrhundert – zwischen Globalisierung und Regionalisierung, Opladen, S. 109-141.

Koschorreck, Wilfried 1997: Zahlungsfähigkeit versus Zahlungsbereitschaft. Die Debatte um die Beiträgen zu den Vereinten Nationen, in: Vereinte Nationen (5) 1997, S. 161-167.

Koschorreck, Wilfried 1998: Beitragsfestsetzung weder gerecht noch transparent, in: Vereinte Nationen (1) 1998, S. 33-35.

Koschorreck, Wilfried 2000: Noch mehr Rabatt für die Reichsten?, in: Vereinte Nationen (4) 2000, S. 142-144.

Kötter, Wolfgang 1995: Internationale Apparate als politischer Akteur. Das Beispiel Vereinte Nationen, in: WeltTrends (8) 1995, S. 41-56.

Kratochwil, Friedrich/Edward D. Mansfield (eds.) 1994: International Organizations. A Reader, New York.

Krause, Joachim 2000: Rüstung und Rüstungskontrolle in der heutigen Weltpolitik, in: Kaiser/Schwarz 2000, S. 193-211.

Kreibich, Rolf 1998: Nach den Gipfeln von Rio und Berlin – Was taugen die UN zur Bekämpfung der weltweiten Umweltschädigung?, in: Albrecht 1998, S. 89-107.

Krell, Gerd 2000: Weltbilder und Weltordnung. Einführung in die Theorie der internationalen Beziehungen, Baden-Baden.

Kreß, Claus 1999: Staat und Individuum in Krieg und Bürgerkrieg, in: NKW 1999, S. 3077-3084.

Kreß, Claus 1999a: Die Kristallisation eines Allgemeinen Teils des Völkerstrafrechts; Die Allgemeinen Prinzipien des Strafrechts im Statut des Internationalen Strafgerichtshofs, in: Humanitäres Völkerrecht (1) 1999, S. 4-10.

Kreuzer, Christine 2001: Kinder in bewaffneten Konflikten. In: Hasse/Müller/ Schneider 2001, S. 304-320.

Kühne, Winrich (Hrsg.) 1993: Blauhelme in einer turbulenten Welt, Baden-Baden.

Kühne, Winrich 1993a: Völkerrecht und Friedenssicherung in einer turbulenten Welt: Eine analytische Zusammenfassung der Grundprobleme und Entwicklungsperspektiven, in: Kühne 1993, S. 17-100.

Kühne, Winrich 2000: Die Vereinten Nationen an der Schwelle zum nächsten Jahrtausend, in: Kaiser/Schwarz 2000, S. 442-457.

Kühne 2000a: Humanitäre Konfliktlagen in der globalisierten Welt und die Notwendigkeit zur Fortentwicklung des Völkerrechts, in: Menzel 2000, S. 291-319.

Kühne, Winrich 2000b: Zukunft der UN-Friedenseinsätze. Lehren aus dem Brahimi-Report, in: Blätter für deutsche und internationale Politik, (11) 2000, S. 1355-1364.

Kühne, Winrich/Katja Baumann 1995: Reform des Sicherheitsrates zum 50-jährigen Jubiläum. Auswertung und Analyse der Stellungnahmen der Mitgliedstaaten im Überblick, Ebenhausen.

Kühnhardt, Ludger 1991: Die Universalität der Menschenrechte, Bonn.

Kulessa, Manfred 1998: Stumpfes Friedensinstrument? Zur Problematik der UN-Sanktionen, in: APuZ (16-17) 1998, S. 31-38.

Kulessa, Manfred/Starck, Dorothee 1997: Frieden durch Sanktionen?, Bonn (SEF-Policy Paper Nr 7).

Kümmel, Gerhard 1999: Die Teilbarkeit der Menschenrechte, Strausberg (SOWI-Arbeitspapier Nr. 118).

Kupchan, Charles A./Clifford A. Kupchan 1995: The Promise of Collective Security, in: International Security (1) 1995, S. 52-61.

Lagoni, Rainer 1991: ECOSOC, in: Wolfrum 1991, S. 90-95.

Lailach, Martin 1998: Die Wahrung des Weltfriedens und der internationalen Sicherheit als Aufgabe des Sicherheitsrates der Vereinten Nationen, Berlin.

Lang, Markus, 1998: Menschenrecht auf Demokratie. Artikel 21 der Allgemeinen Erklärung als Bestandsgarantie der demokratischen Verfassungsstaats, in: Vereinte Nationen (6) 1998, S. 195-199.

Lang, Winfried 1999: Abrüstungsfragen, in: Cede/Such-aripa-Behrmann 1999, S. 117-129.

Laulan, Ives Marie 1996: Il faut réformer l'ONU, in: Defense Nationale (12) 1996, S. 45-53.

Lehmkuhl, Ursula 1996: Theorien Internationaler Politik. Einführung und Texte, München/Wien.

Leisinger, Klaus M. 2000: Die sechste Milliarde. Weltbevölkerung und nachhaltige Entwicklung, Bonn.

Leiss, Elisabeth 2000: Interventionen des Sicherheitsrates bei innerstaatlich begangenen Menschenrechtsverletzungen nach Kapitel VII der Charta der Vereinten Nationen, Frankfurt/M.

Liese, Andrea 1998: Menschenrechtsschutz durch Nichtregierungsorganisationen, in: APuZ (46-47) 1998, S. 36-42.

Link, Werner 1998: Die Neuordnung der Weltpolitik. Grundprobleme globaler Politik an der Schwelle zum 21. Jahrhundert, München.

Loibl, Gerhard 1999: Vom Umweltschutz zur nachhaltigen Entwicklung, in: Cede/Sucharipa-Behrmann 1999, S. 179-195.

Luard, Evan ²1995: The United Nations. How it works and what it does, New York.

Luttwak, Edward N. 1999: Give War a Chance, in: Foreign Affairs (4) 1999, S. 36-44.

Lutz, Dieter S. (Hrsg.) 1999/2000: Der Kosovo-Krieg. Rechtliche und rechtsethische Aspekte, Baden-Baden.

MacDermott, Anthony 1999: The New Politics of Financing the UN, Basingstoke.

Malone, David M./Karin Wermester 2000: Boom and Bus? The Changing Nature of UN-Peacekeeping, in: International Peacekeeping (4) 2000, S. 37-54.

Martens, Jens 1998: Kompendium der Gemeinplätze. Die Agenda für die Entwicklung: Chronologie eines gescheiterten Verhandlungsprozesses, in: Vereinte Nationen (2) 1999, S. 47-52.

Martens, Jens 2000: Globale Entwicklungspartnerschaft: Zielvorgabe für 2001, in: Vereinte Nationen (3) 2000, S. 99-104.

Martens, Jens 2001: Möglichkeiten und Probleme in der Zukunft der Entwicklungsfinanzierung, in: Heinrich-Böll-Stiftung 2001, S. 52-63.

Martin, Ian 1998: Auf dem Weg zur verstärkten Menschenrechtsintervention? Zur Rolle der Vereinten Nationen nach dem Ende des Kalten Krieges, in: Amnesty International 1998, S. 147-158.

Mathews, Jessica T. 1997: Power Shift, in: Foreign Affairs (1) 1997, S. 50-66.

Matthies, Volker 1994: Die UNO in Somalia: Operation Enttäuschte Hoffnung, in: APuZ (44) 1994, S. 3-13.

May, Ernest/Angeliki E. Laiou (eds.) 1998: The Dumbarton Oaks Conversations and the United Nations 1944-1994, Washington.

Mayall, James (ed.) 1999: The New Interventionism 1991-1994: United Nations Experience in Cambodia, Former Yugoslavia and Somalia, Cambridge.

McDermott, Anthony 1998: The UN and NGOs: Humanitarian Interventions in Future Conflicts, in: Contemporary Security Policy (3) 1998, S. 1-26.

Mearsheimer, John 1994: The False Promise of International Institutions, in: International Security (3) 1994, S. 5-49.

Menzel, Ulrich 1992: Das Ende der Dritten Welt und das Scheitern der großen Theorie, Frankfurt/M.

Menzel, Ulrich (Hrsg.) 2000: Vom Ewigen Frieden und vom Wohlstand der Nationen. Dieter Senghaas zum 60. Geburtstag, Frankfurt/M.

Merkel, Reinhard (Hrsg.) 2000: Der Kosovo-Krieg und das Völkerrecht, Frankfurt/M.

Messner, Dirk/Franz Nuscheler 1996 (Hrsg.): Weltkonferenzen und Weltberichte. Ein Wegweiser durch die internationale Diskussion, Bonn,

Messner, Dirk/Franz Nuscheler (Hrsg.) 1996a: Die Weltkonferenzen der 90er Jahre. Eine Gipfelei ohne neue Perspektiven?, in: Messner/Nuscheler 1996, S. 160-169.

Messner, Dirk/Franz Nuscheler 1996b: Global Governance. Organisationselemente und Säulen einer Weltordnungspolitik, in: Messner/Nuscheler 1996, S. 12-36.

Metzger, Martina 2000: Internationaler Währungsfonds, in: Volger 2000, S. 295-300.

Meyer, Georg-Maria 1996: Friedensengel im Kampfanzug? Zu Theorie und Praxis militärischer UN-Einsätze, Wiesbaden 1996.

Meyers, Reinhard 1981: Die Lehre von den Internationalen Beziehungen. Ein entwicklungsgeschichtlicher Überblick, Düsseldorf.

Meyers, Reinhard 1995: Von der Globalisierung zur Fragmentierung? Skizzen zum Wandel des Sicherheitsbegriffes und des Kriegsbildes in der Weltübergangsgesellschaft, in: Paul Kevenhörster/Wichard Woyke (Hrsg.): Internationale Politik nach dem Ost-West-Konflikt, Globale und regionale Herausforderungen, Münster, S. 33-82.

Meyers, Reinhard ³1997: Grundbegriffe und theoretische Perspektiven der internationalen Beziehungen, in: Bundeszentrale für politische Bildung (Hrsg.): Grundwissen Politik, Bonn, S. 313-434.

Meyers, Reinhard 2001: Krieg und Frieden – Zur Entwicklung von Konflikt- und Kooperationsformen im 20. Jahrhundert, in: Politische Bildung (1) 2001, S. 8-22.

Mingst, Karen A./Margaret P. Karns ²2000: The United Nations in the Post-Cold War Era, Boulder.

Morgan, Patrick M. 2000: The Impact of the Revolution in Military Affairs, in: Journal of Strategic Studies (March) 2000, S. 132-162.

Morris, Virginia/Michael Scharf 1995: An Insider's Guide to the International Criminal Tribunal for the Former Yugoslavia, Irvingtonon-Hudson.

Mutz, Reinhard 1998: Die UN auf europäisch? Oder die NATO in neuen Kleidern? Zur Regionalisierung der Friedenswahrung, in: Albrecht 1998, S. 159-171.

Neack, Laura/Jeanne Hey/Patrick Haney (eds.) 1995: Foreign Policy Analysis. Continuity and Change in its Second Generation, Englewood Cliffs.

Nohlen, Dieter 2000a: Nord-Süd-Konflikt, in: Woyke 2000, S. 339-347.

Nölke, Andreas 2000: Regieren in transnationalen Politiknetzwerken?, in: Zeitschrift für Internationale Beziehungen (2) 2000, S. 331-358.

Nolte, Georg 1999: Kosovo und Konstitutionalisierung: Zur humanitären Intervention der NATO-Staaten, in: Zeitschrift für ausländisches öffentliches Recht und Völkerrecht (4) 1999, S. 941-959.

Nordquist, Myron H. 1997: What Color Helmet? Reforming Security Council Peacekeeping Mandates, Newport (Newport Paper Nr. 12)

Nullmeier, Frank 1997: Interpretative Ansätze in der Politikwissenschaft, in: Artur Benz/Wolfgang Seibel, (Hrsg.): Theorieentwicklung in der Politikwissenschaft – eine Zwischenbilanz, Baden-Baden, S. 101-144.

Nuscheler, Franz 1996: Das „Recht auf Entwicklung". Blaue Reihe der Deutschen Gesellschaft für die Vereinten Nationen, Heft 67, Bonn.

Nuscheler, Franz ⁴1995: Lern- und Arbeitsbuch Entwicklungspolitik, Bonn.

Nuscheler, Franz ³1997: Das Nord-Süd-Problem, in: Bundeszentrale für politische Bildung (Hrsg.): Grundwissen Politik, Bonn, S. 435-514.

Nuscheler, Franz (Hrsg.) 2000: Entwicklung und Frieden im Zeichen der Globalisierung, Bonn.

Nuscheler, Franz 2001: Halbierung der absoluten Armut: die entwicklungspolitische Nagelprobe, in: APuZ (18/19) 2001, S. 6-12.

Nuscheler, Franz 2001a: Multilateralismus versus Unilateralismus, Bonn (Policy Paper 16 der Stiftung Entwicklung und Frieden).

Nye, Joseph S. 1999: Redefining the National Interest, in: Foreign Affairs (4) 1999, S. 22-35.

Oberthür, Sebastian 1997: Umweltschutz durch internationale Regime. Interessen, Verhandlungsprozesse, Wirkungen, Opladen.

Oberthür, Sebastian/Hermann E. Ott 2000: Das Kyoto-Protokoll. Internationale Klimapolitik für das 21. Jahrhundert, Opladen.

Olsen, Mancur/Richard Zeckhauser 1966: An Economic Theory of Alliances, in: Review of Economics and Statistics (3) 1966, S. 266-279.

Opitz, Peter 1995 (Hrsg.): Die Vereinten Nationen. Geschichte, Struktur, Perspektiven, München.

Otto, Dianne 1996: Nongovernmental Organizations in the United Nations System. The emerging Role of International Civil Society, in: Human Rights Quarterly (1) 1996, S. 107-141.

Otunnu, Olara A./Michael W. Doyle (eds.) 1998: Peacemaking and Peacekeeping for the New Century, Lanham.

Pape, Matthias 1997: Humanitäre Intervention. Zur Bedeutung der Menschenrechte in den Vereinten Nationen, Baden-Baden.

Parsons, Anthony 1995: From Cold War to Hot Peace: UN Interventions 1947-1995, London.

Partsch, Karl Josef 1991: Menschenrechte, allgemein, in: Rüdiger Wolfrum 1991: Handbuch Vereinte Nationen, S. 544-551.

Partsch, Karl Josef 1991a: Artikel 55 (c), in: Simma 1991, S. 720-736.

Partsch, Karl Josef 1991b: Menschenrechte, Staatenbeschwerde, in: Wolfrum 1991, S. 567-572.

Paschke, Karl Theodor 1996: Innenrevision in den Vereinten Nationen – eine neue Erfahrung, in: Vereinte Nationen (2) 1996, S. 41-45.

Paschke, Karl Theodor 1999: Kein hoffnungsloser Fall. Fünf Jahre UN-Inspektorat: Versuch einer Bilanz, in: Vereinte Nationen (6) 1999, S. 187-191.

Peck, Connie 1998: Sustainable Peace. The Role of the UN and Regional Organizations in Preventing Conflict, Lanham.

Pfetsch, Frank R. (Hrsg.): Konflikte seit 1945. Daten – Fakten – Hintergründe. 5 Bde, Freiburg 1991.

Pfetsch, Frank R./Christoph Rohloff 2000: National and international Conflicts 1945-1995. New Empirical and Theoretical Approaches, London.

Pijl, Kees van der 1996: Vordenker der Weltpolitik. Einführung in die internationale Politik aus ideengeschichtlicher Perspektive, Opladen.

Pradetto, August 1998: Konfliktmanagement durch militärische Intervention? Dilemmata westlicher Kosovo-Politik, Hamburg (Studien zur Internationalen Politik 1).

Randelzhofer, Albrecht 1991: Vorbemerkung zu Artikel 2, in: Simma 1991, S. 33-36.

Randelzhofer, Albrecht 1991a: Art. 2, Ziff. 4, in: Simma 1991, S. 67-90.

Reinicke, Wolfgang/Francis Deng, 2000: Critical Choices. The United Nations, Networks, and the Future of Global Governance, Ottawa.

Ress, Georg 1991: Auslegung der Charta, in: Simma 1991, S. XLV-LXV.

Ress, Georg 1991a: Artikel 53, in: Simma 1991, S. 676-695.

Rice, Condoleezza 2000: Promoting the National Interest, in: Foreign Affairs (1) 2000, S. 45-63.

Riedel, Eibe 1991: Menschenrechtskommission, in: Wolfrum 1991, S. 572-582.

Riedel, Eibe 1998: Universeller Menschenrechtsschutz. Vom Anspruch zur Durchsetzung, in: Baum/Riedel/Schäfer 1998, S. 25-55.

Riedel, Eibe 1999: Einleitung, in: Bundeszentrale für Politische Bildung 1999: Menschenrechte. Dokumente und Deklarationen. Bonn, S. 11-36.

Righter, Rosemary 1995: Utopia lost. The United Nations and World Order, New York.

Risse-Kappen, Thomas 1995: Vom Ost-West-Konflikt zur neuen Unübersichtlichkeit, in: Der Bürger im Staat (1) 1995, S. 3-7.

Risse, Thomas 2001: Die Macht der Moral gegen die Normen der Macht. Transnationale Organisationen und Menschrechte, in: Vereinte Nationen (1) 2001, S. 1-6.

Rittberger, Volker 1991: Internationale Organisationen, Theorie der, in: Wolfrum 1991, S. 363-372.

Rittberger, Volker 1994: Vereinte Nationen, in: Dieter Nohlen (Hrsg.): Lexikon der Politik, Band 6: Internationale Beziehungen, hrsg. von Andreas Boeckh, München, S. 561-581.

Rittberger, Volker unter Mitarbeit von Bernhard Zangl [2]1995: Internationale Organisationen. Politik und Geschichte, Opladen.

Rittberger, Volker 1996: Die Vereinten Nationen zwischen weltstaatlicher Autorität und hegemonialer Machtpolitik, in: Berthold Meier (Red.): Eine Welt oder Chaos, Frankfurt/M., S. 301-336.

Rittberger, Volker 2000: Globalisierung und der Wandel der Staatenwelt. Die Welt regieren ohne Weltstaat?, in: Menzel 2000, S. 188-218.

Rittberger, Volker/Martin Mogler/Bernhard Zangl 1997: Vereinte Nationen und Weltordnung. Zivilisierung der internationalen Politik? Opladen.

Roberts, Adam 1993: The United Nations and International Security, in: Survival (2) 1993, S. 3-30.

Roberts, Adam/Benedict Kingsbury (eds.) [2]1993: United Nations, Divided World. The UN´s Roles in International Relations, Oxford.

Rochester, Martin J. 1993: Waiting for the Millennium. The United Nations and the Future of World Order, Columbia.

Roggemann, Herwig [2]1998: Die internationalen Strafgerichtshöfe. Einführung, Rechtsgrundlage, Dokumente, Berlin.

Rosenau, James N. 1992: The United Nations in a Turbulent World, Boulder/ London.

Rosenau, James N./Ernst-Otto Czempiel (eds.) 1992: Governance without Government: Order and Change in World Politics, Cambridge.

Rosenau, James N. 1994: New Dimensions of Security – The Interaction of Globalizing and Localizing Dynamics, in : Security Dialogue (3) 1994, S. 255-281.

Röttger, Martin 1931: Die Voraussetzungen für die Anwendung von Völkerbundzwangsmaßnahmen, insbesondere solche militärischer Natur, Leipzig.

Ruggie, John Gerald 1993: Multilateralism Matters, New York.

Russet, Bruce/Harvey Starr/David Kinsella (eds.) [6]2000: World Politics. The Menu for Choice, Boston/New York.

Russett, Bruce 1996: Ten Balances for Weighing UN-Reform Proposals, in: Political Science Quarterly (2) 1996, S. 259-269.

Saksena, Krishan P. 1993: Reforming the United Nations. The Challenge of Relevance, New Delhi et. al.

Salmon, Trevor C. (ed.) 2000: Issues in International Relations, London.

Schaber, Thomas 1996: Internationale Verrechtlichung der Menschenrechte. Eine reflexive institutionentheoretische Analyse des Menschenrechtsregimes der Vereinten Nationen, Baden-Baden.

Scharpenack, Holger 1996: Das „Recht auf Entwicklung", Frankfurt/M.

Scharpf, Fritz W. 1999: Regieren in Europa. Effektiv und demokratisch?, Frankfurt/New York.

Schellinski, Kristina 1998: Ausbeutung von Kindern – Herausforderung für das gesamte UN-System, in: Baum/Riedel/Schäfer 1998, S. 139-154.

Schlesinger, Thomas 1999: Finanzierung und Finanzkrisen der Vereinten Nationen, in: Cede/Sucharipa-Behrmann 1999, S. 267-279.

Schmalenbach, Kirsten 1998: Die Auslieferung mutmaßlicher deutscher Kriegsverbrecher an das Jugoslawientribunal in Den Haag, in: Archiv des Völkerrechts 36 (1998), S. 285-304.

Schmidt, Rudolf 1993: Das Instrumentarium der Vereinten Nationen zum Krisenmanagement und seine Entwicklung in den letzten Jahren, in: Kühne 1993, S. 133-150.

Scholte, Jan Art 1997: The Globalization of World Politics, in: John Baylis/ Steve Smith (eds.): The Globalization of World Politics. An Introduction to International Relations, Oxford, S. 13-30.

Schöpp-Schilling, Hanna Beate 1998: Das Frauenrechtsübereinkommen – wirksames Instrument für die weltweite Gleichstellung von Frauen?, in: Baum/Riedel/Schäfer 1998, S. 155-165.

Schorlemmer, Sabine von 2000: Menschenrechte und „humanitäre Interventionen", in: Internationale Politik (2) 2000, S. 41-48.

Schücking, Walther/Hans Wehberg [2]1924: Die Satzung des Völkerbundes, Berlin.

Schuler, Thomas 1997: UN-Reform, in: Vereinte Nationen (4) 1997, S. 146-148.

Schuler, Thomas 1998: Annans Anlauf zur Reform, in: Vereinte Nationen (1) 1998, S. 30-31.

Schuler, Thomas 1998a: Fulcis Angst vor dem Abstieg, in: Vereinte Nationen (1) 1998, S. 29-30.

Schulze, Eva-Maria 1991: Selbstverteidigung, in: Wolfrum 1991, S. 753-762.

Schütz-Müller, Ingfried 1995: Zur Reform der Vereinten Nationen, in: Österreichische Zeitschrift für Politikwissenschaft (4) 1995, S. 445-455.

Senghaas, Dieter 1996: Geokultur: Wirklichkeit oder Fiktion, Bremen (INIIS-Arbeitspapier Nr. 1).

Siedschlag, Alexander 1997: Neorealismus, Neoliberalismus und Postinternationale Politik. Beispiel internationale Sicherheit – Theoretische Bestandsaufnahme und Evaluation, Opladen.

Simma, Bruno u.a. (Hrsg.) 1991: Charta der Vereinten Nationen. Kommentar, München.

Simma, Bruno 2000: Die NATO, die UN und militärische Gewaltanwendung: Rechtliche Aspekte, in: Merkel 2000, S. 9-49.

Simonis, Georg 1994: Der Erdgipfel von Rio – zu den Problemen der Institutionalisierung globaler Umweltprobleme, in: Wolfgang Hein (Hrsg.): Umbruch in der Weltgesellschaft. Auf dem Weg zu einer neuen Weltordnung?, Hamburg, S. 459-487.

Simonis, Udo-Ernst [2]1998: Weltumweltpolitik. Grundriss und Bausteine eines neuen Politikfeldes, Berlin.

Simonis, Udo-Ernst 2000: Weltumweltpolitik, in: Woyke 2000, S. 525-537.

Smith, Michael J. 1998: Humanitarian Intervention: An Overview on the Ethical Issues, in: Ethics and International Affairs (12) 1998, S. 63-79.

South Centre (ed.) 1996: For A Strong and Democratic United Nations: A South Perspective on UN Reform, Geneva.

Stares, Paul B. (ed.) 1998: The New Security Agenda. A Global Survey, Tokyo/New York.

Stein, Andreas 1999: Der Sicherheitsrat der Vereinten Nationen und die Rule of Law. Auslegung und Rechtsfortbildung des Begriffs der Friedensbedrohung bei humanitären Interventionen auf der Grundlage des Kapitels VII der Charta der Vereinten Nationen, Baden-Baden.

Stein, Torsten 2000: Einsatzarten der Streitkräfte außer zur Verteidigung, in: NZWehrr (1) 2000, S. 1-15.

Stodiek, Torsten 2001: Mehr Muskeln für die UNO – Reformpläne zur Friedenssicherung, in: Friedensgutachten 2001, S. 95-104.

Stremlau, John 1998: Sharpening international Sanctions, New York.

Strohal, Christian 1999: Die Entwicklung des internationalen Menschenrechtssystems, in: Cede/Sucharipa-Behrmann 1999, S. 143-161.

Strunz, Johann 1930: Der Völkerbund. Leipzig.

Sucharipa, Ernst 1999: Die Vereinten Nationen heute: Überblick, Reformen und Zukunftsperspektiven, in: Cede/Sucharipa-Behrmann 1999, S. 289-307.

Sucharipa-Behrmann, Lilly 1999: Die friedenserhaltenden Operationen der Vereinten Nationen, in: Cede/Sucharipa-Behrmann 1999, S. 85-100.

Swamy, Gita: Humanitäre Hilfe, in: Volger 2000, S. 232- 239.

Tangredi, Sam J. 2000: All Possible Wars? Towards a Consensus View of the Future Security Environment 2001-2025, Washington (McNair Paper 63).

Tetzlaff, Rainer 1996: Weltbank und Währungsfonds. Gestalter der Bretton-Woods-Ära, Opladen.

Thomsen, Bernd 1998: Rechtliche Grundlagen für einen wirksamen Menschenrechtsschutz, in: Amnesty International 1998, S. 19-30.

Thürer, Daniel 2000: Der Kosovo-Konflikt im Lichte des Völkerrechts. Von drei – echten und scheinbaren – Dilemmata, in: Archiv des Völkerrechts (1) 2000, S. 1-22.

Tolmein, Oliver 2001: Strafrecht als Instrument zur Schaffung von Frieden: Das Beispiel des ICTY, in: Hasse/Müller/Schneider 2001, S. 493-513.

Tomuschat, Christian 1983: Neuformulierung der Grundregeln des Völkerrechts durch die Vereinten Nationen: Bewegung, Stillstand oder Rückschritt?, in: Europa-Archiv (23) 1983, S. 729-738.

Tomuschat, Christian 1991: Artikel 33, in: Simma 1991, S. 472-481.

Tomuschat, Christian 1991a: Menschenrechte, Staatenberichte, in: Wolfrum 1991, S. 559-567.

Tomuschat, 1991b: Menschenrechte, Individualbeschwerde, in: Wolfrum 1991, S. 551-559.

Tomuschat, Christian (Hrsg.) 1992: Menschenrechte. Eine Sammlung internationaler Dokumente zum Menschenrechtschutz, Bonn.

Tomuschat, Christian (ed.) 1995: The United Nations at Age Fifty. A Legal Perspective, The Hague.

Tomuschat, Christian 1999: Völkerrechtliche Aspekte des Kosovo-Konflikts, in: Die Friedenswarte (1-2) 1999, S. 33-37.

Tomuschat, Christian 2000: Globale Menschenrechtspolitik, in: Karl Kaiser/Hans-Peter Schwarz (Hrsg.): Weltpolitik im neuen Jahrhundert, Bonn, S. 431-441.

Tomuschat, Christian 2000a: Die Lage der Menschenrechte 50 Jahre nach der Allgemeinen Erklärung, in: Jahrbuch Internationale Politik 1997-1998, München.

Touval, Saadia 1994: Why the U.N. fails, in: Foreign Affairs (5) 1994, S. 44-57.

Trauttmansdorff, Ferdinand 1999: Die Organe der Vereinten Nationen, in: Cede/Sucharipa-Behrmann 1999, S. 25-53.

Trützschler v. Falkenstein, Werner 1975: Die sich ändernde Bedeutung der Feindstaatenartikel (Artikel 53 und 107 der Satzung der Vereinten Nationen) für Deutschland, Bern/Frankfurt.

Ul Haq, Mahbub u.a. (ed.) 1995: The UN and the Bretton Woods Institutions, New York.

Unser, Günther [6]1997: Die UNO. Aufgaben und Strukturen der Vereinten Nationen, München.

Unser, Günther/Ursula Wimmer [2]1996: Die Vereinten Nationen. Zwischen Anspruch und Wirklichkeit, Bonn.

Urquhart, Brian 1972: Hammarskjöld, New York.

Varwick, Johannes 1996: Weltorganisation zwischen Anspruch und Wirklichkeit. Zu den Reformperspektiven der Vereinten Nationen nach ihrem fünfzigsten Geburtstag, in: Gegenwartskunde (4) 1996, S. 555-589.

Varwick, Johannes 1998: Sicherheit und Integration in Europa. Zur Renaissance der Westeuropäischen Union, Opladen.

Varwick 1998a: Globalisierung und Global Governance. Möglichkeiten und Missverständnisse bei der politischen Gestaltung des Globalisierungsprozesses, in: Gegenwartskunde (1) 1998, S. 47-59.

Varwick, Johannes 1999: Die Vereinten Nationen am Ausgang des Jahrhunderts. Zur Reformdebatte der Weltorganisation, in: Politische Bildung (1) 1999, S. 29-43.

Varwick, Johannes 2000: Globalisierung, in: Woyke 2000, S. 136-147.

Varwick, Johannes 2000a: Vereinte Nationen, in: Woyke 2000, S. 496-506.

Varwick, Johannes/Wichard Woyke 2000: Die Zukunft der NATO. Transatlantische Sicherheit im Wandel, Opladen.

Vasak, Karel 1974: Le droit international des droits de l'homme. In : Recueil des Cours de L'Académie de Droit International, vol. IV, S. 333-415.

Verdross, Alfred/Bruno Simma [3]1984: Universelles Völkerrecht, Berlin.

Voeten, Erik 2000: Clashes in the Assembly, in: International Organization (2) 2000, S. 185-215.

Volger, Helmut 1994: Die Vereinten Nationen, München/Wien.

Volger, Helmut 1995: Geschichte der Vereinten Nationen, München/Wien.

Volger, Helmut (Hrsg.) 2000: Lexikon der Vereinten Nationen, München/Wien.

Waldheim, Kurt 1979: Der schwierigste Job der Welt. Die UNO – die beste aller Chancen. München.

Waldmann, Jörg 1999: Agenda 21 – ein neuer Ansatz zur Lösung internationaler Probleme?, in: Politische Bildung (1) 1999, S. 73-87.

Walter, Christian 1996: Vereinte Nationen und Regionalorganisationen, Berlin/Heidelberg u.a.

Weber, Hermann 1991: Völkerbund, in: Wolfrum 1991, S. 1015-1020.

Wehberg, Hans 1927: Das Genfer Protokoll betreffend die friedliche Erledigung internationaler Streitigkeiten, Berlin.

Weiss, Thomas G. 1996: Humanitäre Intervention. Lehren aus der Vergangenheit, Konsequenzen für die Zukunft, in: Debiel/Nuscheler 1996, S. 53-75.

Weiss, Thomas G./David P. Forsythe/Roger A. Coate [3]2000: The United Nations and Changing World Politics, Boulder.

Weizsäcker, Ernst Ulrich von [2]1994: Erdpolitik. Ökologische Realpolitik an der Schwelle zum Jahrhundert der Umwelt, Darmstadt.

Weizsäcker, Richard von 1995: Die Welt braucht eine schnelle Eingreiftruppe, in: Die Zeit vom 23.6.1995, S. 3.

Weizsäcker, Richard von 1999: Über die Zukunft der Vereinten Nationen, in: Sicherheit und Frieden: (3) 1999, S. 167-171.

Weizsäcker, Richard von/Moeen Quereshi 1995: The United Nations in its Second Half Century. A Report of the Independent Working Group on the Future of the United Nations, New York.

Wilenski, Peter 1993: The Structure of the UN in the Post-Cold-War Period, in: Roberts/Kingsbury 1993, S. 437-467.

Williams, Ian 2000: Eine kritische Masse an Staatskunst. Der „Millennium-Gipfel" der Vereinten Nationen vom September 2000, in: Vereinte Nationen (5) 2000), S. 161-167.

Wöhlcke, Manfred 1992: Der ökologische Nord-Süd-Konflikt. Interessen, Argumente und Verantwortlichkeiten in der internationalen Umweltpolitik, Ebenhausen (SWP-Studie 380).

Wolff, Jürgen [2]1998: Entwicklungspolitik, Entwicklungsländer. Fakten – Erfahrungen – Lehren, München.

Wolfrum, Hildegard 1991: Frauenrechte, in: Wolfrum (Hrsg.) 1991, S. 168-174.

Wolfrum, Rüdiger 1989 (Hrsg.): Die Reform der Vereinten Nationen: Möglichkeiten und Grenzen, Berlin.

Wolfrum, Rüdiger (Hrsg.) 1991: Handbuch Vereinte Nationen, München.

Wolfrum, Rüdiger 1991a: Präambel, in: Simma 1991, S. 1-5.

Wolfrum, Rüdiger 1991b: Ziele und Grundsätze, in: Simma 1991, S. 6-14.

Wolfrum, Rüdiger 1991c: Haushalt, in: Wolfrum 1991, S. 268-275.

Wolfrum, Rüdiger/Christiane Philipp (eds.) 1995: United Nations: Law, Policies and Practice, 2 Bd., München u.a.

Yoder, Amos [3]1997: The Evolution of the United Nations System, Washington.

Zimmer, Gerhard 1998: Rechtsdurchsetzung (Law Enforcement) zum Schutz humanitärer Gemeinschaftsgüter. Zur Theorie und Praxis der Intervention im zeitgenössischen Völkerrecht, Aachen.

Zumach, Andreas 2001: Globale Zukunftssicherung oder Geldverschwendung? Was die UN-Weltkonferenzen bewirken könne, in: Internationale Politik (5) 2001, S. 21-24.

Zürn, Michael 1998: Regieren jenseits des Nationalstaates. Globalisierung und Denationalisierung als Chance, Frankfurt/M.

Informationsmöglichkeiten im Internet

Die Vereinten Nationen sind umfassend und sehr professionell im Internet vertreten. Die dominierende Sprache ist dabei das Englische. Neben Informationen über einzelne Politikfelder der Organisation sind alle offiziellen Dokumente und Berichte vergleichsweise aktuell im Internet abrufbar. Über die Adresse http://www.un.org ist ein erster Überblick zu den vielfältigen Informationsmöglichkeiten erhältlich. Die zahlreichen Sonderorganisationen und Spezialorgane sind ebenfalls mit eigenen Adressen im Internet vertreten, die sich sehr übersichtlich über http://www.unsystem.org ermitteln lassen. Informationen in Deutsch finden sich unter http://www.uno.de, der Adresse des Informationszentrums der Vereinten Nationen in Bonn und http://www.un.org/Depts/ german, dem deutschen Übersetzungsdienst bei den Vereinten Nationen, der die wichtigsten Dokumente aller Organe ins Deutsche übersetzt. Nützliche Hinweise finden sich auch auf den Seiten der Deutschen Gesellschaft für die Vereinten Nationen (http://www.dgvn.de), des Forschungskreises Vereinte Nationen (http://www.forschungskreis-vereinte-nationen.de) und des *Global Policy Forum* (http://www.globalpolicy.org).

Zeitschriften

Archiv des Völkerrechts	vierteljährlich
Blätter für deutsche und internationale Politik	vierteljährlich
Cooperation and Conflict	vierteljährlich
Die Friedenswarte	vierteljährlich
Entwicklung und Zusammenarbeit	monatlich
epd-Entwicklungspolitik	vierzehntägig
Foreign Affairs	sechsmal jährlich
Global Governance	vierteljährlich
Humanitäres Völkerrecht	vierteljährlich
Human Rights Quarterly	vierteljährlich
International Organizations	vierteljährlich
International Peacekeeping	vierteljährlich
International Security	vierteljährlich
Internationale Politik	monatlich
Journal of Conflict Resolution	sechsmal jährlich
Journal of Peace Research	vierteljährlich
Millennium	vierteljährlich
Nord-Süd-Aktuell	vierteljährlich
Politique Etrangère	vierteljährlich
Peripherie	vierteljährlich
Security Studies	vierteljährlich
Security Dialogue	vierteljährlich
Sicherheit und Frieden	vierteljährlich
Survival	vierteljährlich
Vereinte Nationen	sechsmal jährlich
World Politics	vierteljährlich
World Affairs	vierteljährlich

2.5 Abkürzungsverzeichnis

ACABQ	Advisory Committee for Administrative and Budgetary Questions/ Beratender Ausschuss für Verwaltungs- und Haushaltsfragen
AEMR	Allgemeine Erklärung der Menschenrechts
ASG	Assistant Secretary General/ Beigeordneter Generalsekretär
AWACS	Airborn Warning and Control System
CAT	Convention against Torture/ Anti-Folter-Konvention
CC	Committee on Conferences/ Konferenzausschuss
CCPR	Committee under the International Covenant on Civil and Political Rights/ Menschenrechtsausschuss
CEDAW	Convention on the Elimination of all Forms of Discrimination against Women /Konvention zur Beseitigung jeder Form von Diskriminierung von Frauen
CERD	Convention on the Elimination of all Forms of Racism/ Anti-Rassismus-Konvention
CPC	Committee on Planning an Coordination/ Planungs- und Koordinierungsausschuss
CRC	Convention on the Rights of the Child/ Kinderrechtskonvention
CSD	Commission on Sustainable Development/ Kommission für nachhaltige Entwicklung
CTBT	Comprehensive Test Ban Treaty/Atomteststopp-Vertrag
DPA	Department or Political Affairs
DPKO	Department of Peacekeeping Operations
ECA	Economic Commission for Africa
ECE	Economic Commission for Europe
ECLAC	Economic Commission for Latin America and the Caribbean
ECOMOG	Economic Community of West African States- Mobile Group/Eingreiftruppe der Wirtschaftsgemeinschaft Westafrikanischer Staaten
ECOSOC	Economic and Social Council/Wirtschafts- und Sozialrat
ECOWAS	Economic Community of West African States/ Wirtschaftsgemeinschaft Westafrikanischer Staaten
ECPS	Executive Committee for Peace and Security/ Exekutivausschuß Frieden und Sicherheit im UN-Hauptquartier
EGMR	Europäischer Gerichtshof für Menschenrechte
EMRK	Europäische Menschenrechtskonvention
ESCAW	Economic Commission for Western Asia
EU	Europäische Union
FAO	Food and Agriculture Organization/ Welternährungsorganisation
GA	General Assembly/ Generalversammlung der Vereinten Nationen
GEF	Global Environmental Facility
IAEA	International Atomic Energy Agency/ Internationale Atomenergiebehörde
IBRD	International Bank for Reconstruction and Development/ Weltbank

ICC	International Criminal Court/Internationaler Strafgerichtshof
ICCPR	International Covenant on Civil and Political Rights/ Internationaler Pakt über die Bürgerlichen und Politischen Rechte
ICESCR	International Covenant on Economic, Social and Cultural Rights/ Internationaler Pakt über die Ökonomischen, Sozialen und Kulturellen Rechte
ICJ	International Court of Justice/Internationaler Gerichtshof
ICTR	International Criminal Tribunal for Rwanda/ Strafgerichtshof für Ruanda
ICTY	International Criminal Tribunal for the Former Yugoslavia/ Strafgerichtshof für Ex-Jugoslawien
IDA	International Development Agency
IDA	International Development Association
IFAD	International Fund for Agricultural Development/ Internationaler Fond für landwirtschaftliche Entwicklung
IFOR	Implementation Force
IGH	Internationaler Gerichtshof
IGO	International Governmental Organization
ILC	International Law Commission/ Völkerrrechtskommission
ILO	International Labour Organization
IMF	International Monetary Fund/Internationaler Währungsfond
INGO	International Nongovernmental Organization
INSTRAW	International Research and Training Institute for the Advancement of Women
KFOR	Kosovo-Force
MIGA	Multilateral Investment Guarantee Agency
MINURSO	United Nations Mission for the Referendum in Western Sahara
MONUC	United Nations Organizations Mission in the Democratic Republic of Congo
MoU	Memorandum of Understanding
MRK	Menschenrechtskommission
NATO	North Atlantic Treaty Organization/Nordatlantische Vertragsorganisation
NGO	Nongovernmental Organization/ Nichtregierungsorganisation
OAS	Organization of American States
OAU	Organization of African Unity/Organisation für Afrikanische Einheit
OCHA	Office for the Coordination of Humanitarian Affairs
OCHA	Office for the Coordination of Humanitarian Affairs
OECD	Organization for Economic Cooperation and Development/ Organization für Wirtschaftliche Zusammenarbeit und Entwicklung
OIOS	Office of Internal Oversight Services/Amt für Interne Aufsichtsdienste
ONUC	United Nations Operation in the Congo
OSZE	Organisation für Sicherheit und Zusammenarbeit in Europa
P5	Permanent Five
PKO	Peacekeeping Operation

RDMHQ	Rapidly Deployable Missions Headquarters/ schnell verlegbares Hauptquartier für Friedensmissionen
SC	Security Council/Sicherheitsrat
SFOR	Stabilization Force
SHIRBRIG	Stand-by High Readiness Brigade
SRSG	Special Representative of the Secretary General/ Sondergesandter des Generalsekretärs der Vereinten Nationen
UNAMIR	United Nations Assistance Mission for Rwanda
UNAMSIL	United Nations Mission in Sierra Leone
UNAVEM	UN Angola Verification Mission
UNCED	UN Conference on Environment and Development
UNCHS	UN Centre for Human Settlement
UNCRO	United Nations Confidence Restoration Operation in Croatia
UNCTAD	UN Conference on Trade and Development/Handels- und Entwicklungskonferenz
UNDG	UN Development Group/ Entwicklungsgruppe der Vereinten Nationen
UNDOF	United Nations Disengagement Observer Force
UNDP	United Nations Development Programme/Entwicklungsprogramm der Vereinten Nationen
UNEF	United Nations Emergency Force
UNEP	UN Environmental Programme/ Umweltprogramm
UNESCO	UN Educational, Scientific and Cultural Organization
UNFICYP	United Nations Peacekeeping Force in Cyprus
UNFPA	UN Fund for Population Activities
UNHCHR	United Nations High Commissioner for Human Rights/ UN-Menschenrechtskommissar
UNHCR	United Nations High Commissioner for Refugees/UN-Hochkommissar für Flüchtlinge
UNICEF	United Nations Childrens Fund/VN-Kinderhilfswerk
UNIDIR	UN Institute for Disarmament Research
UNIDO	UN Industrial Development Organization/ Organisation für Industrielle Entwicklung
UNIFEM	UN Development Fund for Women
UNIFIL	United Nations Interim Force in Lebanon
UNIKOM	United Nations Iraq-Kuwait Observation Mission
UNITAR	UN Institute for Training and Research
UNMEE	United Nations Mission in Ethiopia and Eritrea
UNMIBH	United Nations Mission in Bosnia and Herzegovina
UNMIK	United Nations Interim Administration Mission in Kosovo/ Übergangsadministration der Vereinten Nationen im Kosovo
UNMOGIP	United Nations Military Observer Group in India and Pakistan
UNMOP	United Nations Mission of Observers in Prevlaka
UNMOVIC	UN Monitoring, Verification and Inspection Commission (Irak)
UNO	United Nations Organization/Organisation der Vereinten Nationen

UNOMIG	United Nations Observer Mission in Georgia
UNPREDEP	United Nations Preventive Deployment Force
UNPROFOR	United Nations Protection Force
UNRWA	UN Relief and Works Agency for Palestine Refugees in the Near East
UNSAS	United Nations Stand-by Arrangement System
UNSCOM	UN Special Commission (Irak)
UNTAC	United Nations Transitional Authority in Cambodia
UNTAES	United Nations Transitional Administration for Eastern Slavonia, Baranja and Western Smyrnum
UNTAET	United Nations Transitional Administration in East Timor
UNTAG	United Nations Transition Assistance Group
UNTSO	United Nations Truce Supervision Organization
UNU	UN University
USG	Under Secretary-General/ Untergeneralsekretär
WEU	Western European Union/Westeuropäische Union
WFP	World Food Programme/ Welternährungsprogramm
WHO	World Health Organisation/ Weltgesundheitsorganisation
WMO	World Meteorological Organization
WTO	World Trade Organization/Welthandelsorganisation

Sachregister

348

349